JN418376

개정3판

관세법

송선욱 저

THE CUSTOMS LAW

도서출판 두남

불법복사는 지적재산을 훔치는 범죄행위입니다

저작권법 제97조의 5(권리의 침해죄)에 따라 위반자는 5년 이하의 징역 또는 5천만원 이하의 벌금에 처하거나 이를 병과할 수 있습니다.

국제거래환경 및 국내경제상황 등 다양한 변수들로 인해 관세법령은 지속적으로 개정되고 있다. 이렇게 개정된 관련 법령을 지속적으로 반영하여 2년에 한번 정도는 개정판을 출간하겠다는 약속은 저자의 게으름으로 인해 3년 만에 개정3판이 나오게 되었다.

금번 개정에는 그 간의 관련 개정 사항이 모두 반영되었다.

그 가운데 주요 개정 사항으로는 첫째, 입국장 면세점 제도를 관세법에 반영한 것이다. 이는 국민의 해외여행 불편을 해소하고 해외소비를 국내로 전환함으로써 일자리를 창출하기 위한 것이다. 입국장 면세점은 그 규모가 출국장 보세판매장에 비해 작고 판매물품의 종류도 많지 않을 것이라는 점 등을 고려하여, 중소기업 및 중견기업에게 우선적으로 특허를 부여하도록 하였다.

둘째, 납세자권리헌장의 교부 대상을 확대하며, 납세자의 장부 및 서류를 임의로 보관할 수 없도록 하는 등 납세자의 권익 보호를 강화하였다. 또한 납세자의 편의를 제고하기 위하여 과세가격 결정방법의 사전심사 및 재심사의 신청대상을 확대하였다.

셋째, 관세포탈 등의 범죄를 범한 수입신고인 등에게 관세의 연대납부 의무를 부과하였으며 고액·상습체납자의 명단 공개 대상을 확대하였다.

넷째, 과세전적부심사 청구 또는 심사청구에 대한 결정의 종류에 재조사 결정을 추가하였다.

다섯째, 보세판매업의 안정적인 성장기반을 제공하기 위하여 보세판매장의 특허 갱신 횟수를 조정하였다.

기타 현행 제도 운영상의 일부 미비점을 개선·보완하도록 개정된 관세법령 내용을 반영하였다.

2019년 3월

송 선 욱

관세법은 국제거래활동과 관련된 국제거래법적 성격을 가지고 있으므로 변화하는 국제거래 환경 및 관행 등에 영향을 받고 이를 반영하기 위해 지속적으로 개정되고 있다.

본 개정 2판에서는 관세법령상의 개정사항을 반영하였을 뿐만 아니라 독자들이 관세법을 보다 쉽게 이해할 수 있도록 관련규정에 대한 설명을 덧붙였다.

또한 「자유무역협정의 이행을 위한 관세법의 특례에 관한 법률」의 전면 개정을 사항을 반영하였다. 「자유무역협정의 이행을 위한 관세법의 특례에 관한 법률」의 전면 개정은 본 법의 제정 이래로 자유무역협정이 체결될 때마다 부분적인 개정을 반복함에 따라 조문체계가 복잡하고, 납세자의 권리와 관련된 일부 내용들이 하위법령에 규정되어 법령체계와 내용을 납세자가 이해하기 어려운 문제점에 대한 해결과 현행 제도의 운영상 나타난 일부 미비점을 개선·보완하기 위해서 이루어졌다.

본서를 최초 발간할 때 약속한 지속적인 수정과 보완 작업의 일환으로 약 2년에 한번 정도 개정판을 출간하고 있다. 본 개정2판이 관세법을 학습하고자 하는 독자들에게 보다 효과적인 학습도구가 되기를 희망한다.

2016년 3월

송 선 욱

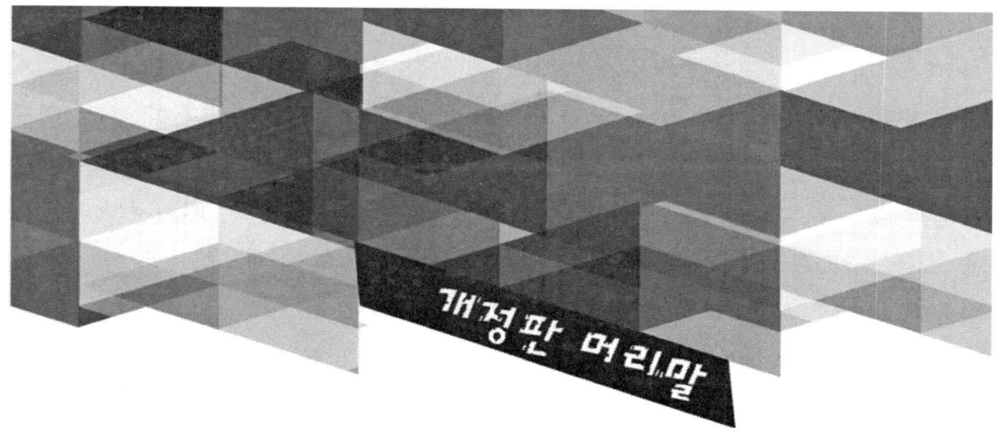

관세법은 관세의 부과·징수 및 수출입물품의 통관을 적정하게 하고 관세수입을 확보함으로써 국민경제의 발전에 이바지함을 목적으로 하고 있다.

2013년도 한국의 교역규모는 글로벌 경기 둔화에도 불구하고 3년 연속 무역 1조 달러를 달성하였다. 구체적으로 수출 5,596억 달러, 수입 5,156억 달러, 총 무역규모가 10,752억 달러를 기록하였다. 이러한 무역규모 하에서 관세 수입 실적은 2012년 9조 8,157억 원을 징수하였으며 국가 전체 세입 203조 149억 원의 4.8%를 차지하고 있다.

한편 2014년 1월 현재 9건의 자유무역협정(Free Trade Agreement ; FTA)을 통해 총 46개국과 FTA를 발효하여 FTA 특혜관세 등이 적용되고 있다.

이러한 상황 하에서 「관세법」과 「자유무역협정의 이행을 위한 관세법의 특례에 관한 법률」은 수출입통관의 효율성 강화 및 보다 효과적인 관세수입의 확보, 그리고 계속해서 확대되고 있는 FTA 협정의 반영과 그 시행에 따른 문제점을 보완하기 위해서 지속적으로 개정이 이루어지고 있다.

이러한 개정사항에 대해 본서는 공부하는 학생들과 무역에 종사하는 무역인들이 관련 내용을 학습하고 숙지함에 있어서 도움이 되도록 지속적인 개정작업을 해 나가도록 할 것이다.

본 개정판에서 반영한 최근의 개정내용은 원산지증명관련, 과세가격 결정 방법 관련 개선 사항, 중소기업 등이 보세판매장을 운영할 수 있도록 제도적 장치 마련

내용, 할당관세 등으로 세율을 인하하여 적용해왔던 품목에 대한 기본관세율 인하 내용, 납세자의 권리구제를 강화하고 관세제도의 선진화를 위하여 관세 및 가산금 등에 대한 납세의무의 승계 및 연대납세 의무자를 명확히 규정한 부분, 면세물품 부정유출 방지 및 탁송품 배송을 통한 관세포탈을 방지하는 조치 내용, 할당관세의 효과를 분석한 결과의 국회 보고 사항, 일정금액 이상의 해외 신용카드사용 내역 등을 분기별로 관세청에 통보하게 하는 등의 현행 제도의 운영상 나타난 일부 미비점을 개선·보완한 개정 내용을 반영하였다.

2014년 3월

송 선 욱

국제무역환경은 무역규모의 지속적인 증가와 지역무역협정(RTA: Regional Trade Agreement)의 급증에 따른 무역원활화(Trade Facilitation)와 2001년 미국의 9.11 테러에 따른 국제공급망 보안(Security) 강화라는 두 가지 큰 흐름으로 요약할 수 있다.

세계 상품 수출 연평균 증감율이 1990년에서 1999년까지 6.5% 증가, 2000년에서 2008년까지 5% 증가로 나타나, 지속적으로 국제무역규모가 증가하고 있음을 보여주고 있다. 또한 지역무역협정과 관련하여 2008년 3월말 현재 GATT/WTO에 통보 또는 등록된 국제협정 및 협약은 모두 364건이며 이 중 199건이 발효되었으며 현재 발효 중인 지역협정을 체결시기별로 살펴보면 70년 이전 3건, 70년대 3건, 80년대 10건에 불과하던 것이 90년대 37건, 2000년 이후 146건이 체결되어 최근 지역주의의 급속한 확산을 확인할 수 있다. 특히 자유무역협정(FTA: Free Trade Agreement)체결은 1995년 WTO 출범 이후 매년 급속히 확대되어, 2005년 기준 세계 교역량의 50% 이상이 지역무역협정 내 교역에서 이루어지고 있는 것으로 추정하고 있다.

한편 2001년 미국의 9.11 테러는 국경관리에 대한 생각의 혁신적 전환을 가져오게 되었고 미국을 중심으로 한 선진국들은 국경보안을 강화하기 위한 다양한 조치들을 개발, 도입, 시행해 오고 있다.

이러한 국제무역환경 하에서 관세의 부과·징수 및 수출입물품의 통관을 적정하게 하는 수단을 통해 궁극적으로 국민경제의 발전에 이바지하고자 하는 「관세법」에 대한 중요성은 더욱 강조되어야 할 것이다.

왜냐하면 무역량의 지속적 증가, 한국의 높은 무역의존도(80% 이상), 국제공급망 보안 강화 추세 하에서 「관세법」 상의 운송수단, 보세구역, 수출입물품의 통관, 관세의 부과·징수 등의 관리 내용은 중요한 학습주제가 된다.

또한 자유무역협정의 확대에 따른 무관세, 저관세화로 관세의 부과·징수 부분의 역할은 다소 축소되었으나 그와는 상반되게 자유무역협정에 따른 원산지규정의 적용에 대해서는 보다 복잡하게 되었다. 따라서 「관세법」상의 원산지 규정과 「자유무역협정의 이행을 위한 관세법의 특례에 관한 법률」상의 원산지 규정 등에 대한 내용을 정확히 숙지하는 것이 자유무역협정이 급속히 확대되는 현 시점에서 무역관련 내용을 학습하고 있는 학생들과 무역실무자들에게 중요한 과제가 되고 있다.

이에 본서는 「관세법」과 「자유무역협정의 이행을 위한 관세법의 특례에 관한 법률」을 중심으로 법, 시행령, 시행규칙에 나타나 있는 내용을 정리, 제시하여 무역을 공부하는 학생들과 무역에 종사하는 무역인들에게 관세 관련 내용을 학습하고 숙지하는데 도움을 주고자 한다.

그러나 저자의 일천한 지식으로 인해 미흡한 부분은 지속적인 연구를 통해 수정, 보완해 나갈 것을 약속하며 아무튼 본서가 학생들과 실무자들에게 효과적인 지침서가 될 수 있기를 기대한다.

2011년 8월

송 선 욱

관세법

제3장 관세의 부과·징수 / 111

제4장 관세감면·환급 및 분할납부 / 143

제5장 납세자의 권리 및 불복절차 / 167

제6장 운송수단 / 189

제7장 보세구역 / 209

제8장 운송 / 253

제9장 통관 / 265

제10장 세관공무원의 자료 제출 요청 등 / 323

제11장 벌칙 / 335

제12장 조사와 처분 / 363

제13장 보칙 / 375

제2편 자유무역협정의 이행을 위한 관세법의 특례에 관한 법률

| 표 차례 |

| 그림 차례 |

제1편

관세법

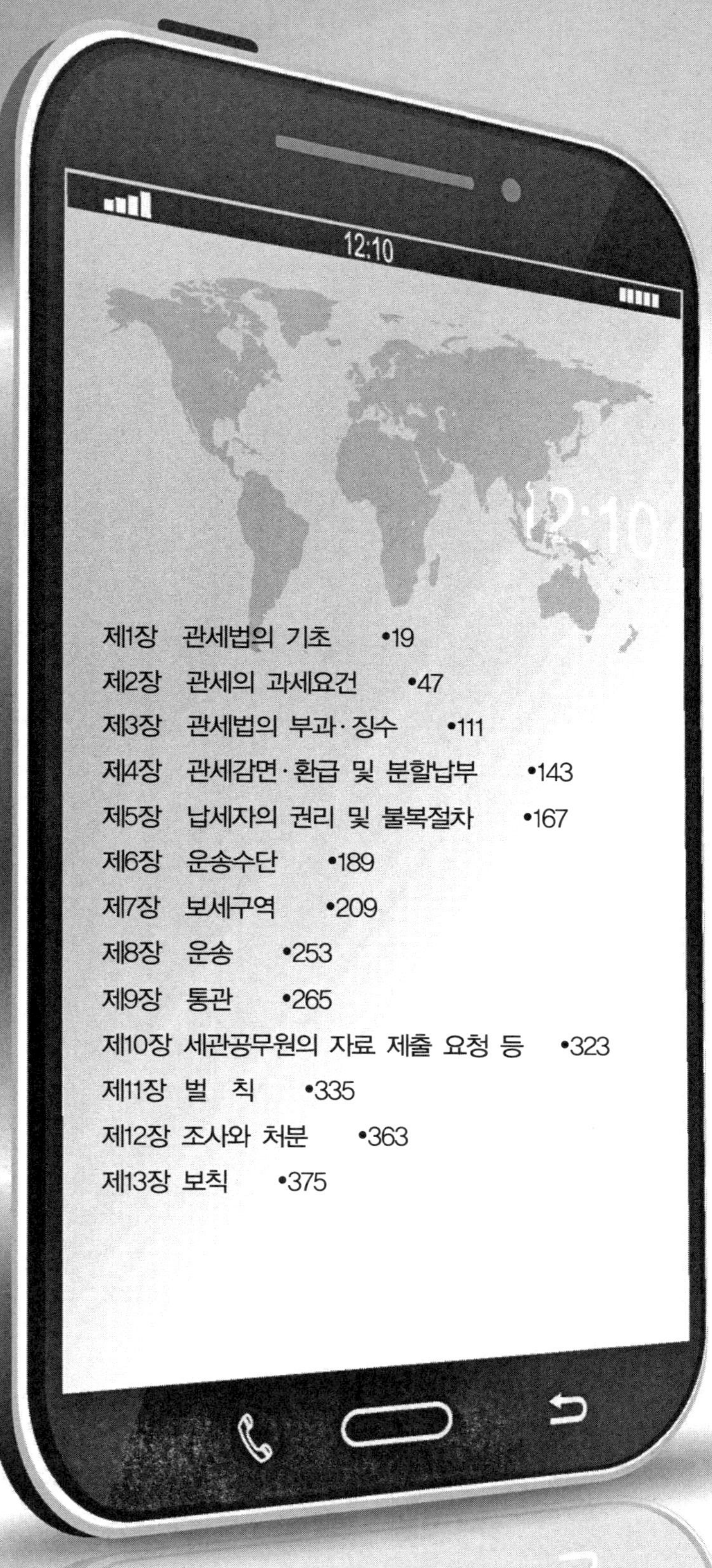

Chapter 01

관세법의 기초

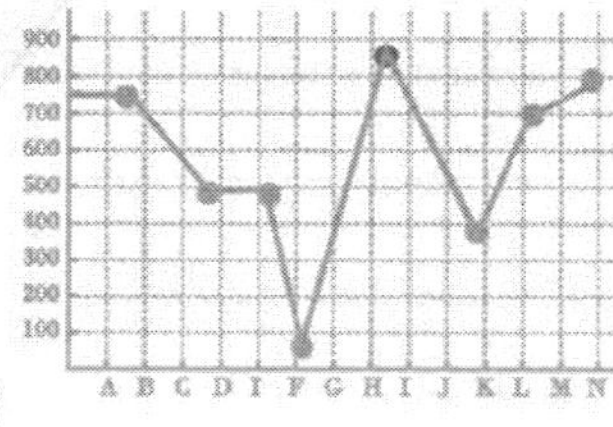

1-1 법과 조세

01 법의 구별

1) 법률(法律)

일반적으로 법률은 국민의 대의기관인 국회의 의결을 거쳐 대통령이 서명·공포함으로써 성립하는 성문법으로, 일반적으로 '형식적 의미의 법률'을 지칭한다. '형식적 의미의 법률'과 구별하여 '실질적 의미의 법률'이 있는데 이는 일반적인 법을 일컫는 것으로 형식적 의미의 '법률'과 구분하여 단순히 '법'이라고 부르는 것이 타당하다.

2) 법규(法規)

일반적으로 전체 법규범 중 직접 국민의 권리·의무와 관계있는 법규범만을 의미한다.

3) 법령(法令)

일반적으로 전체 법규범 중 법률과 명령만을 의미한다. 즉, 국회에서 제정한 법률과 그 하위규범인 대통령령(大統領令), 총리령(總理令), 부령(部令) 등의 시행령(施行令) 및 시행규칙(施行規則)을 일컫는 말이다.

02 법의 존재형식

1) 법원(法源)의 의의

법의 연원(淵源)으로서 법의 존재형식을 말한다. 즉, 법관이 재판의 근거(기준)

로 원용할 수 있는 것으로, 법의 존재 형식 또는 법을 인식하는 근거가 되는 자료를 말한다. 일반적으로 법원에는 성문법으로 헌법·법률·조약·명령·조례(條例)·규칙이 있고, 불문법으로는 관습법·판례법·조리(條理)·학설 등이 있다.

2) 법의 존재형식과 형식적 법원

법원은 법의 존재형식을 의미하며 이는 법이 존재하는 모습을 의미하는 것으로 형식적 법원이라고 할 수 있다. 이는 성문법과 불문법으로 나눌 수 있다.

(1) 성문법(成文法)

성문법은 일정한 형식과 절차에 따라 문자로 만들어진 법으로서, 제정법(制定法)이라고 한다. 성문법에는 헌법, 법률, 명령, 조례, 규칙, 조약 등이 있다.

(2) 불문법(不文法)

불문법은 일정한 형식과 절차에 따라 문자로 만들어지지 않은 법을 말한다. 불문법에는 관습법, 판례법, 조리(條理) 등이 있다.

※ 참고(성문법과 불문법의 종류)

▶ 헌법 - 국민의 기본권과 통치기구 및 그 작용에 관한 것을 규율하는 최고기본법. 모든 법의 제정은 헌법에 그 근거를 두고 있으며 헌법을 만드는 힘은 오직 국민에게 있음.

▶ 법률 - 입법기관인 국회가 제정한 성문법

▶ 명령 - 명령(시행령과 시행규칙)은 국회의 의결을 거치지 않고 행정기관에 의하여 제정된 성문법으로서, 그 형식적 효력이 법률의 하위에 존재함.
명령은 그것을 발하는 주체에 따라 대통령령, 총리령, 부령으로 나누어지고, 그 성질에 따라 헌법에 근거하고 법률에서 구체적으로 범위를 정하여 위임받는 사항을 정하는 명령인 위임명령과 법에 근거하여 법률을 집행하기 위하여 필요한 세칙에 관한 사항을 정하는 명령인 집행명령으로 나눌 수 있음.

▶ 규칙 - 헌법에서 행정부 이외에 특별한 독립적 국가기관에 의하여 제정케 한 명령으로서의 성격을 띠는 성문법

▶ 자치법규 - 지방자치단체가 법령의 범위 안에서 제정하는 성문법.
자치에 관한 규정으로 여기에는 조례(條例), 규칙 등이 있다.
(* 조례 - 지방자치단체가 법령의 범위 안에서 지방의회의 의결을 거쳐 그 지방의 사무에 관하여 제정한 법을 말한다.)

▶ 조약 - 문서에 의한 국가와 국가 사이의 합의

* 행정규칙은 상급행정기관이 하급행정기관의 행정의 통일성을 구현하기 위하여 제정

하는 규정으로서 훈령과 예규통첩 등을 말한다. 이러한 행정규칙은 내부지침에 해당하는 것이므로 조세법의 법원으로는 인정되지 아니한다.

▶ 관습법 - 일상생활 속에서 자연적으로 발생하여 반복적으로 행하여온 관행이 불특정 다수인에 의하여 법적 인식(확신, 지지)을 수반하게 된 것.

▶ 판례법 - 법원의 판결을 통하여 밝혀진 이론이나 법칙인 판례의 형태로 존재하는 법. 판례는 참고가 될 수 있으나 법원은 아니다. 왜냐하면 기존 판례와 다른 판결을 내릴 수 있기 때문이다.

▶ 조리(條理) - 보통 사람의 생각으로 판단할 수 있는 사물의 이치나 도리로서, 경험칙·사회관념·정의·형평·이성 등의 모습으로 표시됨.

성문법	법원성의 유무	불문법	법원성의 유무
헌법	O	판례	X
법률	O		
명령	O	관습법	X
조례규칙	O		
조약	O	조리	O
행정규칙	X		

※ 참고(기타 법의 구분)

▶ 일반법과 특별법

- 법의 효력이 미치는 범위에 따른 구분으로, 일반법은 법이 미치는 범위에 제한이 없이 적용되는 법이고 특별법은 일정한 사항·사람·장소의 범위 안에서만 제한적으로 적용되는 법이다.

  일반법과 특별법을 구별하는 실익은 동일한 사안에 대하여 일반법과 특별법이 병존하는 경우에는 특별법이 일반법에 우선하여 적용된다는 점이다.

▶ 실체법과 절차법

- 실체법은 직접 권리·의무의 실체(권리·의무의 성질·내용·범위 및 그 발생·변경·소멸 등)를 규율하는 법이며 절차법은 직접 권리·의무의 실현절차(실체법상의 권리·의무의 행사·보전·이행·강행 등)를 규율하는 법이다.

▶ 강행법과 임의법

- 법의 효력이 절대적인 것인가 임의적인 것인가를 표준으로 구분한 것으로, 강행법은 당사자가 법의 규정과 다른 의사표시를 했을 때에도 절대적으로 적용되는 법이며 여기에는 공법(헌법, 형법, 행정법, 민사소송법, 형사소송법 등)이 있다. 임의법은 당사자가 법의 규정과 다른 의사표시를 하지 않았을 때에만 적용되는 법으로서, 그 법의 규정을 임의규정 또는 임의법규라고 한다. 여기에는 사법(민법, 상법)이 해당된다. 임의법에는 요청하거나 신청하는 경우 적용되는 규정이 있다.

03 법의 적용과 효력

1) 법 적용의 기본 개념

(1) 준용(準用)

법규를 제정할 때에 법률의 간결을 위하여 비슷한 사항에 관하여는 유사한 다른 법규를 유추 적용할 것을 규정한 것이다.

(2) 의제(擬制)

당사자에게 증거에 의하여 사실을 인정하는 입증에 대한 부담을 지우지 않게 하기 위하여 법의 규정에 의하여 사실을 인정하는 것이다. 이에는 추정과 간주가 있다. 추정(推定)은 법의 규정에 의하여 사실을 인정하는 것 중 반대의 증거가 제출되면 법규정의 적용이 배제되는 의제의 방법이다. 간주(看做)는 법의 규정에 의하여 사실을 인정하는 것 중 반대의 증거제출을 허용하지 않고 바로 법률이 정한 효력을 당연히 생기게 하는 의제의 방법이다.

2) 법의 시행과 폐지

(1) 법의 시행

법은 제정(또는 개정) 공포와 동시에 효력을 발생하는 것이 아니라, 원칙적으로 법이 공포된 후 국민들에게 이를 알리기 위한 일정한 기간, 즉 시행예정기간〔일명 주지기간(周知期間)〕의 경과 후에 시행된다. 여기서 시행예정기간은 당해 법의 부칙에 특별히 정함이 없으면 헌법 제53조 제7항에 따라 20일이다.

(2) 법의 폐지

법이 시행되는 한계시점으로 명시적으로 규정하거나 신법우선의 원칙에 따라 구법이 폐지되는 묵시적 폐지가 있다.

3) 사람에 관한 효력

(1) 속인주의(屬人主義)

국민이 자국 안에 있거나 타국에 있는지 여부에 관계없이 모든 한국인에게 적용된다는 법 적용 원칙이다.

(2) 속지주의(屬地主義)

대한민국의 영토 안에 있는 모든 사람, 즉 한국인은 물론이고 외국인에게도 적용되는 원칙이다.

04 조세(租稅)와 관세(關稅)

1) 조세의 개념과 특징

(1) 조세의 개념

조세는 국가 또는 지방자치단체가 재정수입을 조달할 목적으로 법률에 규정된 과세요건을 충족한 모든 자에게 직접적인 반대급부 없이 부과하는 금전급부이다.

(2) 조세의 특징

① 과세주체

조세의 과세주체는 국가 또는 지방자치단체이다. 따라서 공공단체가 사업수행에 필요한 경비에 충당하기 위하여 부과하는 공과금과 구분된다.

② 과세목적

과세의 주된 목적은 재정수입의 조달(국고적 목적)이다. 따라서 법을 위반한 경우에 그에 대한 제재로서 부과하는 벌금, 과료, 과태료와는 구분된다.

③ 과세근거

조세는 법률에 의하여 사전적으로 규정된 과세요건을 충족한 경우에만 과세를 할 수 있다. 여기서 과세요건은 납세의무자, 과세대상, 과세표준, 세율을 말한다.

④ 무보상성

조세는 조세납부에 대한 직접적인 반대급부없이 부과된다. 따라서 조세는 국가 또는 지방자치단체가 제공하는 특정 용역의 사용에 대한 대가로 지급하는 수수료, 사용료 등과는 구분된다.

⑤ 납부방법

조세는 금전에 의한 납부를 원칙으로 한다. 다만, 법인세법, 소득세법(양도소득세에 한함), 상속세 및 증여세법, 종합부동산세법, 지방세법(재산세에 한함)에는 예외적으로 금전 이외의 재산으로 조세를 납부할 수 있는 물납 제도가 규정되어 있다.

2) 조세의 분류와 우리나라 조세체계

(1) 조세의 분류

① 과세주체 또는 과세권자에 따른 분류(국세/지방세)

② 조세부담의 전가여부에 따른 분류(직접세/간접세)

직접세는 납세의무자와 담세자가 일치할 것을 예견하고 제정한 조세를 말하며 간접세는 납세의무자와 담세자가 불일치할 것을 예견하고 제정한 조세이다.

③ 사용목적의 특정여부에 따른 분류(보통세/목적세)

보통세는 일반적인 재정수요에 충당하기 위한 조세를 말하며 목적세는 특정 재정수요에 충당하기 위하여 사용목적이 제한된 조세를 말한다.

④ 납세의무자의 담세능력의 고려여부에 따른 분류(인세/물세)

인세는 납세의무자의 담세능력을 감안하는 조세를 말하며 물세는 납세의무자의 담세능력과 관계없이 특정한 사실이나 행위 등을 포착하여 과세대상으로 하는 조세를 말한다.

⑤ 과세표준의 계산단위에 따른 분류(종가세/종량세)

종가세는 과세표준을 가액으로 하는 조세(세율 : 00%)를 말하며 종량세는 과세표준을 수량으로 하는 조세(세율 : 00금액)를 말한다.

⑥ 독립된 세원의 유무에 따른 분류(독립세/부가세)

독립세는 독립된 세원이 존재하는 조세를 말하며 부가세는 독립된 세원이 존재하지 않고 다른 조세에 부가되는 조세를 말한다.

⑦ 담세력의 형태에 따른 분류(수득세/재산세/소비세/유통세)

수득세는 소득을 구현한 자는 담세력이 있다고 보아 과세하는 조세, 재산세는 특정재산의 소유자는 담세력이 있다고 보아 과세하는 조세, 소비세는 재화 또는 용역을 소비하는 자는 담세력이 있다고 보아 과세하는 조세, 유통세는 재산의 취득·변경 또는 이전의 경우에는 담세력이 있다고 보아 과세하는 조세를 각각 말한다.

구분	내용
소득세	국세, 직접세, 보통세, 인세, 종가세, 독립세, 수득세
부가가치세	국세, 간접세, 보통세, 물세, 종가세, 독립세, 소비세
관세	국세, 간접세, 보통세, 물세, 종가(종량)세, 독립세

(2) 관세의 특징

① 국가권력에 의해 징수되는 강제성

② 국제기구 또는 다른 국가와 관련되는 국제성

③ 국경세로서 무역장벽의 기능

④ 물품의 수입에 부과되는 물품세

⑤ 수입될 때마다 부과되는 수시세

⑥ 납세자와 담세자가 상이(소비세로서 간접세)

⑦ 재정수입과 산업정책의 수단

관세 징수를 통한 재정수입확보 및 상대적으로 관세율이 높은 산업에 대해서는 보호수준이 높아져서 생산자원과 투자가 상대적으로 촉진되어 산업정책적 수단으로 작용할 수 있다.

⑧ 상반된 이해관계의 발생

관세의 부과는 생산자간, 생산자와 소비자간 상반되는 이해관계가 따른다.

(3) 우리나라의 조세체계

<table>
<tr><th colspan="3">구분</th><th>세 목</th></tr>
<tr><td rowspan="4">국세</td><td rowspan="3">내국세</td><td>직접세</td><td>법인세, 소득세, 상속세, 증여세, 종합부동산세</td></tr>
<tr><td>간접세</td><td>부가가치세, 개별소비세, 주세, 인지세, 증권거래세</td></tr>
<tr><td>부가세</td><td>교육세, 농어촌특별세</td></tr>
<tr><td colspan="2">관세</td><td>관세, 임시수입부가세</td></tr>
</table>

구분			세 목
지방세	도세	보통세	취득세, 등록면허세, 레저세, 지방소비세
		목적세	지역자원시설세, 지방교육세
	시·군세(광역시의 군세포함)		주민세, 재산세, 자동차세, 담배소비세, 지방소득세
	구세		등록면허세, 재산세

※참고 (관세의 역사)

중세시대 유럽국가들은 많은 장원(莊園 ; 유럽 중세에 귀족이나 사원에 딸린 토지로, 봉건제도에서의 토지소유의 한 형태임.)과 도시로 이루어졌는데, 이들은 독자적으로 재정수입을 조달하기 위해 도로, 교량, 항만시설, 창고 등을 사용하는 자로부터 통행세, 교량세 등을 징수하였다. 국경이 아닌 국내 주요 통행료로 세관을 설치하고 이곳을 통과하는 물품에 대해 여러 명목의 세금을 징수한 것이다. 이처럼 중세시대에는 국내 이동과정에서 징수했다는 점에서 내국관세라 할 수 있다. 그러나 시간이 지남에 따라 국가의 권력이 강화되고 무역의 증가함에 따라 내국관세는 사라지고 국경관세가 등장하게 된다. 국경관세 시대의 특징은 종래 관세가 재정수입목적으로만 과세되던 것이 국내산업보호라는 경제정책 목적으로 부과되기 시작했다. 특히 15세기부터 18세기 후반에 이르기까지 유럽에서의 관세는 중요한 재정수입 및 산업보호 정책의 수단으로 활용되었다.

※ 한국의 관세사(關稅史)

조선후기까지 장보고시대와 같이 일부 예외적인 경우가 있긴 하였으나 대개 인근 국가들과의 조공(朝貢) 무역수준이 대부분이었다. 조공무역에서는 교역물품에 대해 관세가 부과되지 않았다. 임진왜란 이후 영조 30년(1754년)에 이르러 청국 상인과 조선국 상인 간 사무역 장소인 책문후시(柵門後市)를 공인하고 상인들이 후시(後市)에 가지고 오는 물품에 대해 일종의 세금을 부과한 바 있다. 그러나 그것은 근대적 의미의 관세제도가 아니다.

근대적 의미의 관세제도가 생성된 것은 1876년 강화조약에 따라 부산과 원산, 인천이 개항하면서부터다. 부산을 개항하면서 조선정부는 1878년 8월 10일부터 부산 두모진에 해관(海關)을 개설해 소정의 관세를 징수하였다. 이에 일본은 관세 징수가 조일간 체결된 협정위반이라 항의하며 부산에서 함포를 연발하고 해관인근에서 무력시위를 벌였다. 이에 조선정부는 같은 해 12월 4일 해관을 폐쇄하고 말았다. 그 5년 후인 1883년에 부산, 인천, 원산 등에 다시 해관이 설치되었고 1890년대에는 진남포, 목포, 군산, 마산 등이 개항되어 여기에도 해관 또는 해관지서가 설치되었다.

1910년 8월 조선(대한제국)을 공식적 식민지로 만든 일제는 1912년 조선관세령, 조선관세정률령, 조선보세창고령, 조선통세령과 1913년 조선육접국경관세령을 공포하여 시행하다 1920년 8월「관세법, 관세정률법, 보세창고법, 가치장법 등을 조선에 시행하는 것」을 공포하여 일본의 관세관련법들을 식민지에도 전면적으로 시행하였다.

제2차세계대전이 발발하자 1943년 12월 전 세관을 폐쇄하고 그 기구와 업무는 총독부의 부두국이 담당하였다. 일본으로부터 식민지 조선으로 수입되는 물품에 대한 관세는 1941년에 이르러 완전히 폐지되었다.

01 관세법의 목적

관세법은 관세의 부과·징수 및 수출입물품의 통관을 적정하게 하고 관세수입을 확보함으로써 국민경제의 발전에 이바지함을 목적으로 한다.(관세법 제1조)

관세법은 관세의 부과·징수 및 수출입물품 통관의 적정성 확보를 수단으로 관세수입을 확보하여 궁극적으로 국민경제의 발전에 이바지함을 목적으로 하고 있다.

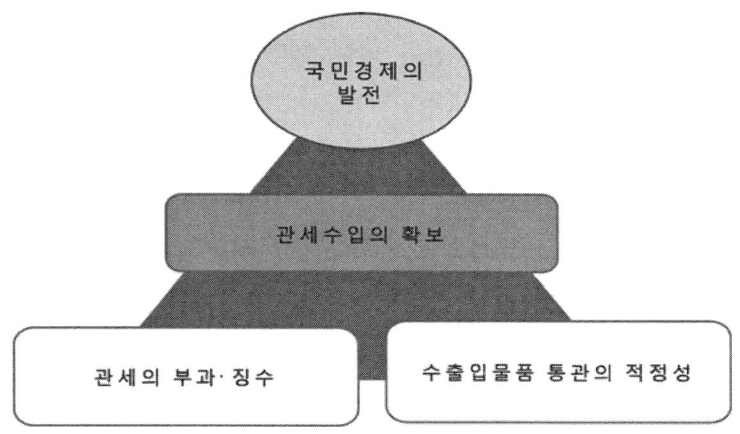

02 관세법의 성격[1)]

1) 행정법적 성격

행정을 대상으로 하는 법을 행정법이라 하는데 관세법은 관세행정을 그 대상으로 하고 있으므로 행정법의 성격을 갖는다. 관세법의 행정법적 성격은 관세법이

1) 한국관세포럼, 관세법 강의, 2004, pp.47-48.

공익, 즉 공공복리를 실현하기 위해 작용하며 국가라는 공법적인 권리주체에 의해 수행되며 수출입물품에 대해 관세의 부과징수와 통관이라는 구체적인 행정조치에 적용되는 점 등에서 찾을 수 있다.

2) 조세법적 성격

관세는 국세로 조세에 해당하며[2] 관세법은 관세의 부과·징수와 그 절차에 대한 내용이 대부분을 차지하고 있다. 관세법 제1조의 목적에서 관세의 부과·징수를 목적으로 하고 있다는 내용에서 조세법적 성격을 확인할 수 있다. 즉, 관세법에는 관세의 납부의무 등 과세요건과 감면요건을 규정하는 동시에 그 징수절차와 감면절차도 함께 규정하고 있다. 따라서 관세법은 조세법적 성격을 가지고 있다.

3) 통관법적 성격

관세법은 그 목적에서 "수출입물품의 통관을 적정하게 한다"라고 밝힌 바와 같이 수출입물품의 적정한 통관을 집행하는 통관법적 성격을 가진 법이다. 통관(Customs clearance)은 관세법의 규정에 의한 절차를 이행하여 물품을 수출, 수입 또는 반송하는 것을 말한다. 즉, 대외무역을 관리하는 각종 법령에 의거하여 정부의 주무부처나 정부의 위탁을 받은 기타 관련단체가 수출입을 허가 또는 승인한 사항을 수출입되는 실물과 대조, 확인하여 실물이 허가(승인)사항과 다름이 없을 때 수출입신고의 수리를 하는 형식을 취하는 것으로 세관장이 동 업무를 집행하고 있다.

4) 형사법적 성격

관세징수와 통관의 적정성 보장이라는 법의 목적을 달성하기 위해 관세법은 벌칙(11장)과 관세범의 조사, 처분에 관한 절차규정(12장)을 독자적으로 두고 있으며 관세사건의 전문성을 고려하여 관세범의 조사, 처분권은 전적으로 세관공무원

---

2) 조세범처벌법 제2조(정의) "이 법에서 "조세"란 관세를 제외한 국세를 말한다."라고 규정하고 있어서 관세를 제외하고 있으며 국세기본법 제2조(정의) 제1호에서 국가가 부과하는 조세인 국세의 종류를 열거하면서 관세는 포함되어 있지 않고 있다. 그러나 국세기본법 제3조(세법 등과의 관계) 2호에서 "② 「관세법」과 「수출용 원재료에 대한 관세 등 환급에 관한 특례법」에서 세관장이 부과·징수하는 국세에 관하여 이 법에 대한 특례규정을 두고 있는 경우에는 「관세법」과 「수출용 원재료에 대한 관세 등 환급에 관한 특례법」에서 정하는 바에 따른다."라고 하여 관세법이 국세인 조세를 다루는 법임을 확인할 수 있다.

에게 부여하고 있다.

이러한 이유로 관세법은 일반 형사법인 형법 및 형사소송법과는 특별법적인 지위에 있으며 내국세 분야의 처벌법규인 조세범처벌법 및 동 절차법과도 독립된 법체계하에 있다.

5) 실체법 및 절차법적 성격

실체법은 권력행사 또는 분쟁의 해결 등에 대해 규정한 법이다. 즉, 법률의 규정 내용을 표준으로 한 권리나 의무의 실체, 권리나 의무의 발생, 변경, 소멸, 성질, 내용, 범위 등의 실체적 법률관계를 규정하는 법률로서 헌법, 민법, 형법, 상법 등이 있다. 절차법은 실체법상의 권리 또는 의무를 실행하거나 실행시키기 위한 절차에 관한 법이다. 관세법에서는 관세부과에 대해 규정하고 있는 제1장에서 제4장까지의 여러 조항, 관세범에 대한 벌칙을 규정한 제11장 등은 실체법적 성격을 가지고 있다. 또한 관세징수절차(제1장에서 제4장의 일부 규정), 통관절차(제6조에서 제10조까지 규정), 행정심판과 행정소송절차(제5장), 관세범 처벌절차(제12장) 등은 절차법적 성격을 갖는다.

6) 국제거래법적 성격

관세법은 국제거래활동과 관련되는 법이다. 즉, 관세법 제51조(덤핑방지관세의 부과대상) 내지 제72조(계절관세)의 탄력관세제도와 제73조(국제협력관세) 내지 제80조(양허 및 철회의 효력) 등 국제관세협상의 결과를 반영하는 조항들이 포함되어 있을 뿐만 아니라 국제간 교역물품의 통관을 담당하고 있는 법으로 국제거래법적 성격을 가지고 있다.

다시 말해, 관세법에는 다수의 WTO협정, 세계관세기구(WCO)협약, 특정국과의 협정 그리고 일반적으로 승인된 국제법규가 관세제도나 관세율로서 반영되어 있어 있으므로 국제거래법적 성격을 갖는다.

03 관세법의 구성

현행 관세법[시행 2019. 1. 1] [법률 제16093호, 2018. 12. 31, 일부개정]은 총 13장 330조로 구성되어 있다. 구체적인 구성내용은 <표 1-1>과 같다.

〈표 1-1〉 관세법의 구성

관세법의 구성	법규의 성격
제1장 총칙	조세법 실체법
제2장 과세가격과 관세의 부과·징수 등	
제3장 세율 및 품목 분류	
제4장 감면·환급 및 분할납부 등	
제5장 납세자의 권리 및 불복 절차	
제6장 운송수단	통관법 절차법
제7장 보세구역	
제8장 운송	
제9장 통관	
제10장 세관공무원의 자료제출요청 등	조세법
제11장 벌칙	형사법
제12장 조사와 처분	
제13장 보칙	조세법
별표 관세율표	조세법

04 관세 및 내국세 징수와 징수 실적

1) 관세 및 내국세 징수

(1) 관세징수의 우선

관세를 납부하여야 하는 물품에 대하여는 다른 조세, 그 밖의 공과금 및 채권에 우선하여 그 관세를 징수한다.(관세법 제3조 1항)

국세징수의 예에 따라 관세를 징수하는 경우 체납처분의 대상이 해당 관세를 납부하여야 하는 물품이 아닌 재산인 경우에는 관세의 우선순위는 「국세기본법」에 따른 국세와 동일하게 한다.(관세법 제3조 2항)

2) 내국세등의 부과·징수

수입물품에 대하여 세관장이 부과·징수하는 부가가치세, 지방소비세, 담배소비세, 지방교육세, 개별소비세, 주세, 교육세, 교통·에너지·환경세 및 농어촌특별세(이하 "내국세등"이라 하되, 내국세등의 가산금·가산세 및 체납처분비를 포함한다)의 부과·징수·환급 등에 관하여 「국세기본법」, 「국세징수법」, 「부가가치세법」, 「지방세법」, 「개별소비세법」, 「주세법」, 「교육세법」, 「교통·에너지·환경세법」 및 「농어촌특별세법」의 규정과 이 법의 규정이 상충되는 경우에는 이 법의 규정을 우선하여 적용한다.(관세법 제4조 1항)

수입물품에 대하여 세관장이 부과·징수하는 내국세등의 체납이 발생하였을 때에는 징수의 효율성 등을 고려하여 필요하다고 인정되는 경우 대통령령으로 정하는 바에 따라 납세의무자의 주소지(법인의 경우 그 법인의 등기부에 따른 본점이나 주사무소의 소재지)를 관할하는 세무서장이 체납세액을 징수할 수 있다. (관세법 제4조 2항)

관세법에 따른 가산금·가산세 및 체납처분비의 부과·징수·환급 등에 관하여는 관세법 중 관세의 부과·징수·환급 등에 관한 규정을 적용한다.(관세법 제4조 3항)

수입물품에 대하여 세관장이 부과·징수하는 내국세등에 대한 담보제공 요구, 국세충당, 담보해제, 담보금액 등에 관하여는 이 법 중 관세에 대한 담보 관련 규정을 적용한다.(관세법 제4조 4항)

2) 관세징수 실적

수입물품에 대한 관세 등 징수는 국내산업보호, 국제무역수지개선 등의 다양한 정책적 의의를 지니고 있으며 특히 국가재정수입에 있어서 중요한 비중을 차지하고 있다.

<표 1-2>에서 보는 바와 같이 2018년도 관세청의 관세 등 징수실적은 총 62조 9,479억 원(관세 8조 8,144억 원, 내국세 54조 1,335억 원)이다. 2017년 기준 총 국세 대비 관세비율은 3.2%에 불과하지만 총 국세에서 세관이 징수하는 비율은 21.6%에 해당한다.

〈표 1-2〉 관세청의 관세 및 내국세 징수액 추이

(단위 : 억원, %)

	2013	2014	2015	2016	2017	2018
관세	105,616	87,210	84,954	80,454	85,292	88,144
내국세	549,507	494,257	437,593	414,829	488,242	541,335
관세청 총 징수액	655,123	581,467	522,548	495,283	573,534	629,479
총 국세 징수액(조)	2,019,065	2,055,198	2,178,851	2,425,617	2,653,849	-
총 국세 대비 관세비율(%)	5.2	4.2	3.9	3.3	3.2	-
총 국세 대비 세관 징수 비율(%)	32.5	28.3	24	20.4	21.6	-

자료 : 관세청 (관세행정정보시스템), e-나라지표

〈표 1-3〉 세목별 징수 실적

(단위 : 억원, %)

세종 \ 구분		2016년도 실적(A)	2017년도 예산(B)	2017년도 실적(C)	전년대비 (C/A)
관세		80,453	89,906	85,292	106.0
내국세	부가가치세	347,218	347,644	406,374	117.0
	개별소비세	45,084	47,651	55,821	123.8
	주세	4,311	4,187	4,843	112.3
	기타내국세	13,564	13,519	15,793	116.4
	교통세	769	640	1,309	170.2
	교육세	3,655	3,587	3,826	104.7
	농특세	227	220	227	121.7
	소계	414,830	417,448	488,242	117.7
국세합계		495,283	507,354	573,534	115.8
세외수입		317	447	322	101.7
총합계		495,600	507,801	573,856	115.8
수입액(백만$)		4,057	4,464	4,784	117.9
실효관세율(%)		1.70	1.79	1.56	91.9
과세환율(원)		1,170	1,150	1,144	97.8

자료 : 관세청, 관세연감, 2018.

1-3 관세법의 적용원칙

01 관세법 적용의 기본원칙[3)]

1) 조세법률주의

과세권자는 법률에 의해서만 조세를 부과·징수할 수 있으며, 납세의무자 또한 법률에 의해서만 납세의무를 진다는 원칙을 말한다.

우리나라 헌법 제38조의 "모든 국민은 법률이 정하는 바에 의하여 납세의무를 진다."는 국민의 기본 의무적 측면에서의 규정과 제59조의 "조세의 종목과 세율은 법률로 정한다."는 국가의 과세권적 측면에서의 규정이 바로 조세법률주의를 나타내 주는 근거이다.

이러한 조세법률주의는 국가가 자의적으로 과세하는 것을 방지함으로써 국민의 재산권을 보호하고 국민생활의 법적 안정성 및 예측가능성을 확보하게 하는 기능을 갖는다.

조세법률주의를 구현하기 위한 요건으로는 과세요건 등의 법정주의[4)], 과세요건 명확주의,[5)] 소급과세의 금지,[6)] 세법의 엄격해석[7)] 등이 있다. 관세도 조세이므로

---

3) 한국관세포럼, 관세법 강의, 2004, pp.71-98.

4) 과세요건, 조세의 부과·징수절차는 모두 법률로서 규정해야 한다. 이는 조세법이 본질적으로 국민의 기본권 중 하나인 재산권을 침해하는 속성을 가지고 있으므로 형법상 죄형법정주의와 같이 모든 사항을 법률로서 규정하여야 한다는 것이다.

5) 과세요건에 관한 세법의 규정은 명확하고 상세하여야 한다. 만일 세법의 규정이 애매하고 다의적이며 추상적일 경우에는 과세당국의 자의적 해석으로 납세자의 법적안정성 및 예측가능성이 심각하게 침해되는 결과가 초래될 수 있기 때문이다.

6) 새로운 세법의 효력발생 전에 이미 완결된 사실에 대해서는 새로운 세법 또는 새로운 해석·관행을 적용할 수 없다는 원칙이다.

7) 세법의 해석은 원칙적으로 문리해석에 의하여야 하며 보충적·제한적으로 논리해석이 허용된다. 문리해석은 조세법률주의에 입각하여 법령의 규정을 그 자구나 문장이 뜻하는 바에 따라 해석하는 방법으로서, 법령을 구성하는 자구의 해석에서부터 시작하여 읽어 내려가면서 법규 전체의 뜻을 파악해 나가는 방법이다.

법률에 따라 관세가 부과·징수되는 조세법률주의 원칙에 따른다.

2) 조세평등주의와 납세자재산권의 부당한 침해금지

조세평등주의는 조세정의를 실현하기 위하여 입법에 있어서는 국민의 조세부담이 공평하게 배분하도록 하며, 세법의 해석·적용에 있어서는 국민을 평등하게 취급하여야 한다는 원칙을 말한다.

관세법에서도 "관세법을 해석하고 적용할 때에는 과세의 형평과 해당 조항의 합목적성에 비추어 납세자의 재산권을 부당하게 침해하지 아니하도록 하여야 한다."(관세법 제5조 1항) 라는 조세평등주의 원칙이 포함되어 있으며 또한 납세자재산권의 부당한 침해금지의 원칙이 제시되고 있다.

3) 소급과세금지의 원칙

관세법 제5조 2항은 "이 법의 해석이나 관세행정의 관행이 일반적으로 납세자에게 받아들여진 후에는 그 해석이나 관행에 따른 행위 또는 계산은 정당한 것으로 보며, 새로운 해석이나 관행에 따라 소급하여 과세되지 아니한다."라고 규정하여 소급과세를 금지하고 있다.

4) 신의성실의 원칙

관세법 제6조에서는 "납세자가 그 의무를 이행할 때에는 신의에 따라 성실하게 하여야 한다. 세관공무원이 그 직무를 수행할 때에도 또한 같다."라고 규정하여 신의성실의 원칙을 제시하고 있다.

신의성실의 원칙은 법률행위를 함에 있어서 권리의 행사자와 의무의 이행자는 권리행사와 의무이행에 있어 상대방의 신뢰와 기대가 무너지지 않도록 신의와 성실을 가지고 행동하여야 한다는 원칙으로서 신의칙(信義則)이라고도 한다.

세법에서의 신의성실의 원칙은 이유 없이 종전보다 불이익한 세무상의 취급을 당하지 아니하는 원칙으로서 조세법률관계에서 과세관청의 세법해석이나 조세행정에 관한 국민의 신뢰를 보호하는 법리임을 명시한 것이다.

5) 세관공무원 재량권 남용금지의 원칙

관세법 제7조에서는 "세관공무원은 그 재량으로 직무를 수행할 때에는 과세의 형평과 이 법의 목적에 비추어 일반적으로 타당하다고 인정되는 한계를 엄수하여야 한다."라고 규정하여 세관공무원 재량권 남용금지의 원칙을 제시하고 있다.

세법이 재산권 침해를 본질로 한다는 점에서 세관공무원의 법 집행에 있어 과세의 형평, 법의 목적 등에 벗어나 재량행위를 하지 못하도록 함으로써 납세자의 재산권 보호에 기여하고 있는 것이다.

***소급과세금지 원칙 관련 대법원 판례**

대법원 2011.5.13. 선고 2008두18250 판결【관세등부과처분취소】[공2011상,1208]

【판시사항】

[1] 구 관세법 제5조 제2항에 의한 비과세관행의 성립요건 및 성립된 비과세관행의 소멸시점

[2] 수입업체들이 전자제품의 전원공급·제어 기능을 수행하는 트랜지스터 모듈을 수입하면서 양허관세율 0%가 적용되는 관세율표상 품목번호로 수입신고를 하여 왔고 과세관청들은 이러한 수입신고를 아무런 이의 없이 수령하여 왔는데, 일부 세관장이 위 물품이 기본관세율 8%가 적용되는 품목번호로 분류되어야 한다는 점을 검토사항으로 제시하며 수입업체들에게 자료제출 요구를 하였고, 이후 관세청 관세품목분류위원회가 같은 취지의 결정을 한 뒤 과세관청들이 위 물품에 대하여 기본관세율 8%를 적용한 관세 등을 부과한 사안에서, 위 물품에 대하여 성립된 비과세관행의 소멸시점은 일부 세관장의 자료제출 요구일이 아니라 관세청 관세품목분류위원회가 위 물품을 기본관세율 8%가 적용되는 품목번호로 분류하기로 결정함으로써 향후 그에 대하여 과세하겠다는 확정적인 의사표시를 한 날로 보아야 한다고 본 원심판단을 수긍한 사례

【판결요지】

[1] 구 관세법(2010. 12. 30. 법률 제10424호로 개정되기 전의 것) 제5조 제2항에 의한 비과세관행이 성립하려면 과세물건에 대하여 상당한 기간에 걸쳐 과세하지 아니한 객관적 사실이 존재할 뿐만 아니라 과세관청이 과세할 수 있음을 알면서도 특별한 사정 때문에 과세하지 아니한다는 의사표시가 있어야 하나, 그러한 의사표시는 과세물건에 대한 비과세의 사실상태가 장기간에 걸쳐 지속된 경우 묵시적인 의향의 표시라고 볼 수 있는 정도이면 족하다고 할 것이다. 그리고 일단 성립한 비과세관행이 더 이상 유효하지 아니하다고 하기 위해서는 종전의 비과세관행을 시정하여 앞으로 당해 과세물건에 대하여 과세하겠다는 과세관청의 확정적인 의사가 표시되어야 하며, 그러한 의사표시는 반드시 전체 과세관청에 의하여 이루어지거나 처분 또는 결정과 같이 구체적인 행정작용을 통하여 이루어질 필요는 없지만, 적어도 공적 견해의 표명으로서 그로 인하여 납세자가 더 이상 종전의 비과세관행을 신뢰하는 것이 무리라고 여겨질 정도에 이르러야 한다.

[2] 수입업체들이 전자제품의 전원공급·제어 기능을 수행하는 트랜지스터 모듈(이하 '쟁점물품'이라 한다)을 수입하면서 양허관세율 0%가 적용되는 관세율표상 품목번호 8541호 또는 8542호로 수입신고를 하였고 과세관청들은 이러한 수입신고를 아무런 이의 없이 수령하여 왔는데, 2004. 3. 26. 구미세관장이 수입업체들에게 서면으로 쟁점물품에 대한 자료제출을 요구하면서 쟁점물품이 기본관세율 8%가 적용되는 관세율표상 품목번호 8504호로 분류되어야 한다는 점을 검토사항으로 제시하였고, 이후 관세청 관세품목분류위원회가 2005. 7. 28. 쟁점물품을 관세율표상 품목번호 8504호로 분류하는 결정을 하였으며, 이후 과세관청들이 2003. 12. 1.부터 수입신고된 물품에 대하여 기본관세율 8%를 적용한 관세 등을 부과하였다가 쟁점물품에 관하여 성립된 비과세관행이 구미세관장의 자료제출 요구일인 2004. 3. 26. 소멸하였다고 보아 그 전에 수입신고된 물품에 대한 관세 등은 취소한 사안에서, 쟁점물품에 대하여 성립된 비과세관행의 소멸시점은 자료제출 요구일인 2004. 3. 26.이 아니라 관세청 관세품목분류위원회가 위 물품을 품목번호 8504호로 분류하기로 결정함으로써 향후 그에 대하여 과세하겠다는 확정적인 의사표시가 있었던 2005. 7. 28.로 보아야 한다고 본 원심판단을 수긍한 사례.

1-4 기간과 기한의 개념

01 기간(期間)

1) 기간의 의의

기간은 어느 일정한 시기부터 다른 어느 일정한 시기까지의 사이를 말한다. 이러한 기간의 개념은 관세법 상에 신고서류의 보관기간, 관세부과의 제척기간[8], 관세의 분할납부기간·징수유예기간·체납처분유예기간 또는 사해행위(詐害行爲)

8) 제척기간(除斥期間) - 권리관계를 빨리 확정하기 위하여 어떤 종류의 권리에 대하여 법률이 정하고 있는 존속 기간. 이 기간이 지나면 권리가 소멸되는데 점유소권, 혼인의 취소권, 상소권, 즉시항고권 등에 적용된다.

취소소송의 기간, 보정기간, 관세의 부과기간 등 다양한 기간에 대한 규정이 있는데 이러한 기간이 경과하면 일정한 법률효과가 발생하게 된다.

2) 기간의 계산

관세법의 규정에 의한 기간의 계산은 관세법에 특별한 규정이 있는 것을 제외하고는 「민법」에 따른다.(관세법 제8조 2항) 관세법에 따른 기간을 계산할 때 제252조에 따른 수입신고수리전 반출승인을 받은 경우에는 그 승인일을 수입신고의 수리일로 본다.(관세법 제8조 1항)

여기서 민법상의 기간에 대한 규정을 살펴보면 다음과 같다.(민법 제155~161조)

기간의 계산은 법령, 재판상의 처분 또는 법률행위에 다른 정한 바가 없으면 본장의 규정에 의한다.

기간의 기산점은 기간을 시, 분, 초로 정한 때에는 즉시로부터 기산하고 기간을 일, 주, 월 또는 연으로 정한 때에는 기간의 초일은 산입하지 아니한다. 그러나 그 기간이 오전영시로부터 시작하는 때에는 그러하지 아니하다(초일불산입원칙),

기간의 만료점은 기간을 일, 주, 월 또는 연으로 정한 때에는 기간말일의 종료로 기간이 만료한다.

기간을 주, 월 또는 연으로 정한 때에는 역(歷 ; 주, 월, 년)에 의하여 계산한다. 즉, 월의 대소, 연의 평윤에 관계없이, 즉 일수를 계산하지 않고 달력에 의하여 계산한다.

주, 월 또는 연의 처음으로부터 기간을 기산하지 아니하는 때에는 최후의 주, 월 또는 연에서 그 기산일에 해당한 날의 전일로 기간이 만료한다. 월 또는 연으로 정한 경우에 최종의 월에 해당일이 없는 때에는 그 월의 말일로 기간이 만료한다. 기간의 말일이 토요일 또는 공휴일에 해당한 때에는 기간은 그 익일로 만료한다.

※ 민법상 기간

ㅁ 기간 계산방법
- 자연적계산방법 : 시간의 흐름을 순간까지 계산하는 방법
- 역법적계산방법 : 역(歷 주, 월, 년)에 따라 계산하는 방법

*민법상 기간 계산방법은 역법적 계산방법을 사용한다.

ㅁ 기간의 기산점
- 기간을 시, 분, 초로 정한 때에는 즉시로부터 기산하고 기간을 일, 주, 월 또는 연으로 정한 때에는 기간의 초일은 산입하지 아니한다.(초일불산입원칙)
- 그러나 그 기간이 오전영시로부터 시작하는 때에는 그러하지 아니하다.

ㅁ 기간의 만료점
- 기간을 일, 주, 월 또는 연으로 정한 때에는 기간말일의 종료로 기간이 만료한다.
- 기간을 주, 월 또는 연으로 정한 때에는 역(歷)에 의하여 계산한다. 즉, 월의 대소, 연의 평윤에 관계없이, 즉 일수를 계산하지 않고 달력에 의하여 계산한다.
- 주, 월 또는 연의 처음으로부터 기간을 기산하지 아니하는 때에는 최후의 주, 월 또는 연에서 그 기산일에 해당한 날의 전일로 기간이 만료한다.
- 월 또는 연으로 정한 경우에 최종의 월에 해당일이 없는 때에는 그 월의 말일로 기간이 만료한다.
- 기간의 말일이 토요일 또는 공휴일에 해당한 때에는 기간은 그 익일로 만료한다.

예제 1) 2015년 7월 15일부터 앞으로 1년간의 기간이란?
기간의 기산일은 초일불산입원칙에 따라 2015년 7월 16일부터 시작하며 만료일은 그 기산일에 해당하는 날의 전일이므로 2016년 7월 15일에 만료됨.

예제 2) 2015년 4월 30일에 앞으로 1개월의 기간이란?
5월 1일부터 5월 31일까지의 기간을 의미함.

예제 3) 2007년 6월 25일부터 2015년 2월 28일까지의 근무기간은 총 몇 년, 몇 월, 몇 일인가?
기간일 - 초일불산입원칙 적용. 2007년 6월 26일부터
만료일 - 2015.2.28.
2007.6.26. - 2014.6.25 : 7년
2014.6.26. - 2015.2.25 : 8개월
2015.2.26. - 2015.2.28 : 3일

⇒ 총근무기간은 7년 8개월 3일

02 기한(期限)

1) 기한의 의의

기한은 미리 한정하여 놓은 시기로, 법률적으로는 법률 행위의 효력의 발생 및 소멸, 채무 이행을 장래에 발생할 것이 확실한 사실에 의존시키는 일을 말한다.

민법상에서 기한은 "시기(始期)있는 법률행위는 기한이 도래한 때로부터 그 효력이 생기고 종기(終期)있는 법률행위는 기한이 도래한 때로부터 그 효력을 잃는다."(민법 제152조) 라고 규정하고 있다.

기한은 확정기한과 불확정기한이 있는데 확정기한은 발생 시기가 확정되어 있는 경우로 예를 들어 "내년 1월 1일부터"와 같은 것이며 불확정기한은 발생 시기가 확정되어 있지 않은 경우로 "A가 사망하였을 때"와 같은 것을 말한다.

2) 기한의 특례

관세법에 따른 기한이 공휴일(「근로자의 날 제정에 관한 법률」에 따른 근로자의 날과 토요일을 포함한다) 또는 대통령령으로 정하는 날에 해당하는 경우에는 그 다음 날을 기한으로 한다.(관세법 제8조 3항)

여기서 "대통령령으로 정하는 날"이란 금융기관(한국은행 국고대리점 및 국고수납대리점인 금융기관에 한한다. 이하 같다) 또는 체신관서의 휴무, 그 밖에 부득이한 사유로 인하여 정상적인 관세의 납부가 곤란하다고 관세청장이 정하는 날을 말한다.(시행령 제1조의4 1항)

또한 관세법 제327조(국가관세종합정보망의 구축 및 운영)에 따른 국가관세종합정보망 또는 전산처리설비가 대통령령으로 정하는 장애로 가동이 정지되어 이 법에 따른 기한까지 이 법에 따른 신고, 신청, 승인, 허가, 수리, 교부, 통지, 통고, 납부 등을 할 수 없게 되는 경우에는 그 장애가 복구된 날의 다음 날을 기한으로 한다.(관세법 제8조 4항) 또한 정전, 프로그램의 오류, 한국은행(그 대리점을 포함한다) 또는 체신관서의 정보처리장치의 비정상적인 가동 기타 관세청장이 정하는 사유로 인하여 법 제327조에 따른 국가관세종합정보망 또는 전산처리설비의 가동이 정지되어 법의 규정에 의한 신고·신청·승인·허가·수리·교부·통지·통고·납부 등을 기한 내에 할 수 없게 된 때에는 법 제8조 제4항에 따라 해당 국가관세종합정보망 또는 전산처리설비의 장애가 복구된 날의 다음날을 기한으로 한다.(시행령 제1조의4 2항)

3) 기한의 연장

세관장은 천재지변이나 그 밖에 대통령령으로 정하는 사유로 이 법에 따른 신고, 신청, 청구, 그 밖의 서류의 제출, 통지, 납부 또는 징수를 정하여진 기한까지 할 수 없다고 인정되는 경우에는 1년을 넘지 아니하는 기간을 정하여 대통령령으로 정하는 바에 따라 그 기한을 연장할 수 있다. 이 경우 세관장은 필요하다고 인정하는 경우에는 납부할 관세에 상당하는 담보를 제공하게 할 수 있다.(관세법 제10조)

여기서 "대통령령으로 정하는 사유"라 함은 다음 하나에 해당하는 경우를 말한다.(시행령 제2조 1항)

① 전쟁·화재 등 재해나 도난으로 인하여 재산에 심한 손실을 입은 경우

② 사업에 현저한 손실을 입은 경우

③ 사업이 중대한 위기에 처한 경우

④ 그 밖에 세관장이 위의 ①, ②, ③에 준하는 사유가 있다고 인정하는 경우

세관장은 위의 규정에 의해 납부기한을 연장하는 때에는 관세청장이 정하는 기준에 의하여야 한다.(시행령 제2조 2항)

위의 규정에 따라 납부기한을 연장받고자 하는 자는 i) 납세의무자의 성명·주소 및 상호, ii) 납부기한을 연장받고자 하는 세액 및 당해 물품의 신고일자·신고번호·품명·규격·수량 및 가격, iii) 납부기한을 연장받고자 하는 사유 및 기간을 기재한 신청서를 당해 납부기한이 종료되기 전에 세관장에게 제출하여야 한다.(시행령 제2조 3항)

세관장은 위의 규정에 의하여 납부기한을 연장한 때에는 납세고지를 하여야 한다.(시행령 제2조 4항)

세관장은 납부기한연장을 받은 납세의무자가 다음 하나에 해당하게 된 때에는 납부기한연장을 취소할 수 있다.(시행령 제2조 6항)

① 관세를 지정한 납부기한 내에 납부하지 아니하는 때

② 재산상황의 호전 기타 상황의 변화로 인하여 납부기한연장을 할 필요가 없게 되었다고 인정되는 때

③ 파산선고, 법인의 해산 기타의 사유로 당해 관세의 전액을 징수하기 곤란하다고 인정되는 때

세관장은 납부기한연장을 취소한 때에는 15일 이내의 납부기한을 정하여 납세고지를 하여야 한다.(시행령 제2조 7항)

03 관세의 납부기한 등

1) 원칙적 납부기한

관세의 납부기한은 이 법에서 달리 규정하는 경우를 제외하고는 다음 하나의 구분에 의한다.(관세법 제9조 1항)

① 제38조 제1항[9]의 규정에 의한 납세신고를 한 경우(신고납부) : 납세신고수리일 부터 15일 이내

② 제39조 제3항[10]의 규정에 의한 납세고지를 한 경우(부과고지) : 납세고지를 받은 날부터 15일 이내

③ 제253조 제1항[11]의 규정에 의한 수입신고전 즉시반출신고를 한 경우 : 수입신고일부터 15일 이내[12]

납세의무자는 위의 규정에도 불구하고 수입신고가 수리되기 전에 해당 세액을 납부할 수 있다.(관세법 제9조 2항)

2) 월별납부

(1) 월별납부

세관장은 납세실적 등을 고려하여 관세청장이 정하는 요건을 갖춘[13] 성실납세

---

9) 第38조(신고납부) ① 물품(제39조에 따라 세관장이 부과고지하는 물품은 제외한다)을 수입하려는 자는 수입신고를 할 때에 세관장에게 관세의 납부에 관한 신고(이하 "납세신고"라 한다)를 하여야 한다.

10) 第39조(부과고지) ③ 제1항과 제2항에 따라 세관장이 관세를 징수하려는 경우에는 대통령령으로 정하는 바에 따라 납세의무자에게 납세고지를 하여야 한다.

11) 第253조(수입신고전의 물품 반출) ① 수입하려는 물품을 수입신고 전에 운송수단, 관세통로, 하역통로 또는 이 법에 따른 장치 장소로부터 즉시 반출하려는 자는 대통령령으로 정하는 바에 따라 세관장에게 즉시반출신고를 하여야 한다. 이 경우 세관장은 납부하여야 하는 관세에 상당하는 담보를 제공하게 할 수 있다.

12) 즉시반출신고의 경우 즉시반출일로부터 10일 이내에 수입신고를 하여야 하며(제253조 제3항) 이 수입신고일로부터 15일 이내에 납부하게 된다. 따라서 즉시반출일로부터 25일의 납부기한을 갖게 되는 효과가 있다.

자가 대통령령으로 정하는 바에 따라 신청을 할 때에는 위의 ①, ③의 규정에도 불구하고 납부기한이 동일한 달에 속하는 세액에 대하여는 그 기한이 속하는 달의 말일까지 한꺼번에 납부하게 할 수 있다. 이 경우 세관장은 필요하다고 인정하는 경우에는 납부할 관세에 상당하는 담보를 제공하게 할 수 있다.(관세법 제9조 3항)

(2) 월별납부의 신청

납부기한이 동일한 달에 속하는 세액을 월별로 일괄하여 납부(이하 "월별납부"라 한다)하고자 하는 자는 납세실적 및 수출입실적에 관한 서류 등 관세청장이 정하는 서류를 갖추어 세관장에게 월별납부의 승인을 신청하여야 한다.(시행령 제1조의5 1항)

세관장은 위의 규정에 의하여 월별납부의 승인을 신청한 자가 관세법 제9조 제3항의 규정에 의하여 관세청장이 정하는 요건을 갖춘 경우에는 세액의 월별납부를 승인하여야 한다. 이 경우 승인의 유효기간은 승인일부터 그 후 2년이 되는 날이 속하는 달의 마지막 날까지로 한다.(시행령 제1조의5 2항) 이러한 승인을 갱신하려는 자는 납세실적 및 수출입실적에 관한 서류 등 관세청장이 정하는 서류를 갖추어 그 유효기간 만료일 1개월 전까지 승인갱신 신청을 하여야 한다.(시행령 제1조의5 5항)

(3) 월별납부 승인의 취소

세관장은 납세의무자가 다음 하나에 해당하게 된 때에는 위의 규정에 의한 월별납부의 승인을 취소할 수 있다. 이 경우 세관장은 월별납부의 대상으로 납세신고된 세액에 대하여는 15일 이내의 납부기한을 정하여 납세고지하여야 한다.(시행령 제1조의5 4항)

① 관세를 납부기한이 경과한 날부터 15일 이내에 납부하지 아니하는 경우

② 월별납부를 승인받은 납세의무자가 관세법 제9조 제3항의 규정에 의한 관세청장이 정한 요건을 갖추지 못하게 되는 경우

---

13) 「월별납부제도 운영에 관한 고시」 제3조(월별납부업체의 승인) 제2항

② 「관세법」 제9조 제3항에 따라 월별납부를 하려는 사업자는 다음 각 호의 요건을 갖추어야 한다.

1. 최근 2년간 법 위반으로 형사처벌 받은 사실이 없는 수출입자.
2. 최근 2년간 관세 등의 체납이 없는 자.
3. 최근 3년간 수입실적과 납세실적이 있는 자(「중소기업기본법」 제2조에 따른 중소기업은 최근 2년) 또는 담보제공 생략대상자

③ 사업의 폐업, 경영상의 중대한 위기, 파산선고 및 법인의 해산 등의 사유로 월별납부를 유지하기 어렵다고 세관장이 인정하는 경우

01 납세고지서의 송달[14)]

1) 송달 원칙

관세 납세고지서의 송달은 납세의무자에게 직접 발급하는 경우를 제외하고는 인편(人便), 우편 또는 제327조에 따른 전자송달의 방법으로 한다.(관세법 제11조 1항)

2) 공시송달

세관장은 관세의 납세의무자의 주소, 거소(居所)(실질적 거주지), 영업소 또는 사무소(사업장)[15)]가 모두 분명하지 아니하여 관세의 납세고지서를 송달할 수 없을 때에는 해당 세관의 게시판이나 그 밖의 적당한 장소에 납세고지사항을 공시(公示)할 수 있다.(관세법 제11조 2항)

위의 규정에 의하여 납세고지사항을 공시하였을 때에는 공시일부터 14일이 지나면 관세의 납세의무자에게 납세고지서가 송달된 것으로 본다.(관세법 제11조 3항)

---

14) 송달(送達) : 관세법상의 일정 서류를 일정방식에 의하여 납세의무자에게 알리는 것을 목적으로 하는 작용
고지(告知) : 관세부과결정 등 사실을 관계자에게 통지하여 알리는 것

15) 납세의무자의 주소는 주민등록상의 주소, 거소(居所)는 실질적 거주), 영업소 또는 사무소는 사업장을 의미한다.

02 신고서류의 보관기간

1) 신고서류의 보관기간

관세법에 따라 가격신고, 납세신고, 수출입신고, 반송신고, 보세화물반출입신고, 보세운송신고를 하거나 적하목록을 제출한 자는 신고 또는 제출한 자료(신고필증을 포함한다)를 신고 또는 제출한 날부터 5년의 범위에서 대통령령으로 정하는 기간 동안 보관하여야 한다.(관세법 제12조)

여기서 "대통령령으로 정하는 기간"이라 함은 다음 구분에 따른 기간을 말한다.(시행령 제3조 1항)

① 다음 하나에 해당하는 서류 : 해당 신고에 대한 수리일부터 5년
  ㉠ 수입신고필증
  ㉡ 수입거래관련 계약서 또는 이에 갈음하는 서류
  ㉢ 관세법 제237조에 따른 지식재산권의 거래에 관련된 계약서 또는 이에 갈음하는 서류
  ㉣ 수입물품 가격결정에 관한 자료

② 다음 어느 하나에 해당하는 서류 : 해당 신고에 대한 수리일부터 3년
  ㉠ 수출신고필증
  ㉡ 반송신고필증
  ㉢ 수출물품·반송물품 가격결정에 관한 자료
  ㉣ 수출거래·반송거래 관련 계약서 또는 이에 갈음하는 서류

③ 다음 어느 하나에 해당하는 서류 : 당해 신고에 대한 수리일부터 2년
  ㉠ 보세화물반출입에 관한 자료
  ㉡ 적하목록에 관한 자료
  ㉢ 보세운송에 관한 자료

위의 각 자료는 관세청장이 정하는 바에 따라 마이크로필름·광디스크 등 자료전달매체에 의하여 보관할 수 있다.(시행령 제3조 2항)

Chapter 02

관세의 과세요건

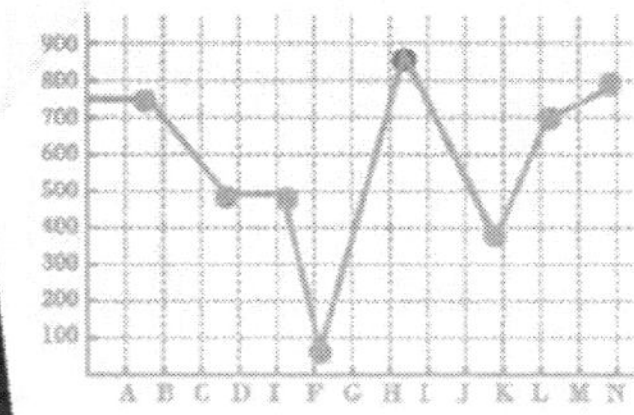

2-1 관세의 과세요건

01 관세의 과세요건[16)]

1) 과세물건

관세의 과세물건이란 과세의 객체 또는 과세대상을 말한다. 즉 "수입물품에는 관세를 부과한다.(관세법 제14조)"라는 규정에 따라 관세의 과세물건은 수입물품이다.

2) 과세표준

과세표준이란 세법에 의하여 직접적으로 세액 산출의 기초가 되는 과세물건의 수량 또는 가격을 말하며 관세의 과세표준은 수입물품의 가격(종가세) 또는 수량(종량세)이 된다.

우리나라는 수입물품 대부분의 과세표준을 수입물품의 가격으로 하는 종가세 주의를 취하고 있기 때문에 사실상 관세의 과세표준이라 함은 과세가격을 의미한다고 할 수 있다.

총 6,457개의 관세품목 중 6,414개 품목은 종가세율로, 43개 품목은 종량세율 또는 선택세율로 정해져 있다.

3) 납세의무자

납세의무자란 관세를 납부할 의무가 있는 자를 말하며 수입신고한 물품에 대하여 그 물품을 수입한 화주가 원칙적으로 관세 납부의무자가 된다.

4) 세율

세율이란 세액을 결정하는데 있어서 과세표준에 대하여 적용되는 비율을 말한다.

---

16) 납세의무에 필요한 법률상의 요건으로 과세물건, 과세표준, 세율, 납세의무자를 의미한다.

세액은 관세비율(세율) × 과세표준으로 산출되기 때문에 세율은 과세표준과 더불어 세액을 결정하는 2대 요인 중 하나로서 세액산출에 중요한 역할을 한다.

〈표 2-1〉 종량세와 종가세의 장·단점

구분	종량세	종가세
장점	• 세액의 계산이 쉽다.(kg, *L*등으로 국제적으로 통일된 계량기준이 있음) • 동종, 동질물품이면 관세도 같다. • 저가상품의 국내산업보호에 효과적이다.	• 관세부담이 공평하다. • 시장가격등락에 관계없이 관세부담에 균형이 가능하다.
단점	• 품질격차가 큰 품목은 관세부담이 불공평해진다. • 물가변동시 관세부담에 불균형이 발생한다.	• CIF과세가격원칙에 따라 원거리국가에서 수입되는 것일수록 관세부담이 커진다. • 정확한 과세가격 파악이 어렵다. • 저가상품의 국내산업보호기능이 취약하다.

01 관세의 과세물건

1) 관세의 과세물건

관세의 과세물건은 "수입물품에는 관세를 부과한다."(관세법 제14조) 라는 규정에 따라 관세의 과세물건은 수입물품이다.

2) 과세물건 확정의 시기

(1) 원칙

관세는 수입신고(입항전수입신고를 포함한다.)를 하는 때의 물품의 성질과 그 수량에 따라 부과한다.(관세법 제16조 본문)

(2) 예외

다음 어느 하나에 해당하는 물품에 대하여는 각각에서 규정된 때의 물품의 성질과 그 수량에 따라 부과한다.(관세법 제16조 단서)

① 외국물품인 선용품 또는 기용품과 외국무역선 또는 외국무역기안에서 판매할 물품이 하역허가의 내용대로 운송수단에 적재되지 아니하여 해당 허가를 받은 자로부터 즉시 관세를 징수하는 물품(차량용품과 국경출입차량안에서 판매할 물품이 허가된 내용대로 운송수단에 적재되지 아니하여 관세를 징수하는 물품을 포함) : 하역을 허가받은 때

② 보세구역 밖에서의 보수작업의 승인기간을 경과하여 관세를 징수하는 물품 : 보세구역 밖에서 하는 보수작업을 승인받은 때

③ 보세구역에 장치된 외국물품이 멸실되거나 폐기됨에 따라 관세를 징수하는 물품 : 해당 물품이 멸실되거나 폐기된 때

④ 보세공장외 작업허가 기간을 경과하여 관세를 징수하는 물품(보세건설장외 작업허가 기간을 경과한 물품, 종합보세구역외 작업의 신고기간을 경과한 물품을 포함함) : 보세공장외 작업, 보세건설장외 작업 또는 종합보세구역외 작업을 허가받거나 신고한 때

⑤ 보세운송신고 또는 승인을 받은 물품이 지정기간 내에 목적지에 도착하지 아니하여 관세를 징수하는 물품 : 보세운송의 신고를 하거나 승인받은 때

⑥ 수입신고가 수리되기 전에 소비 또는 사용하는 물품(소비 또는 사용을 수입으로 보지 아니하는 물품은 제외) : 해당 물품을 소비하거나 사용한 때

⑦ 수입신고전 즉시반출신고를 하고 반출한 물품 : 수입신고전 즉시반출 신고를 한 때

⑧ 우편에 의하여 수입되는 물품(관세법 제258조 제2항[17])에 의해 수입신고를

17) 제258조(우편물통관에 대한 결정)

해야 하는 우편물을 제외) : 통관우체국에 도착한 때

⑨ 도난물품 또는 분실물품 : 해당 물품이 도난되거나 분실된 때

⑩ 관세법의 규정에 의하여 매각되는 물품 : 해당 물품이 매각된 때

⑪ 수입신고를 하지 아니하고 수입된 물품(위의 ①~⑩에 규정된 것을 제외) : 수입된 때

※ 대법원 판례(관세법 제16조 관련)

대법원 2008.12.11. 선고 2007도386 판결
[특정범죄가중처벌등에관한법률위반(관세)(인정된죄명:관세법위반)][공2009상,51]

【판시사항】
[1] 구 관세법 제50조 제1항, 제49조에 따른 관세율표 품목번호 제0902호의 '차류'에 해당하기 위한 요건 및 '차류'로 신고·수입한 후 다른 용도로 유통·사용한 경우에도 위 '차류'에 해당하는지 여부(적극)
[2] 입욕제 용도로 수입하면서 '차류'로 신고한 녹차 및 홍차가 구 관세법 제50조 제1항, 제49조에 따른 관세율표 품목번호 제0902호의 '차류'에 해당한다고 한 사례

【판결요지】
[1] 구 관세법(2006. 12. 30. 법률 제8136호로 개정되기 전의 것) 제16조 본문은 '관세는 수입신고를 하는 때의 물품의 성질과 그 수량에 의하여 부과한다'고 규정하는 한편, 같은 법 제50조 제1항, 제49조에 따른 관세율표 품목번호 제0902호는 '차류'에 관한 관세율을 규정하고 있다. 품질에 기초한 일반적인 용도에 의하여 품목분류를 할 경우, 위 '차류'에 해당하려면 대상물품이 수입신고시를 기준으로 음용에 적합한 것이어야 하고, 대상물품이 음용에 적합한 이상 다른 특별한 사정이 없는 한 위 '차류'에 해당한다. 수입자가 음용에 적합한 대상물품을 '차류'로 신고하여 수입한 다음 실제로는 입욕제 등으로 유통·사용하였다고 하더라도, 수입 후의 위와 같은 사정만으로 달리 볼 것은 아니다.
[2] 입욕제 용도로 수입하면서 '차류'로 신고한 녹차 및 홍차가 수입신고시를 기준으로 음용에 적합하고 원래의 용도가 음용 녹차 등과 같으므로, 구 관세법(2006. 12. 30. 법률 제8136호로 개정되기 전의 것) 제50조 제1항, 제49조에 따른 관세율표 품목번호 제0902호의 '차류'에 해당한다고 한 사례.

② 우편물이 「대외무역법」 제11조에 따른 수출입의 승인을 받은 것이거나 그 밖에 대통령령으로 정하는 기준에 해당하는 것일 때에는 해당 우편물의 수취인이나 발송인은 제241조에 따른 신고를 하여야 한다.

【참조조문】
[1] 구 관세법(2006. 12. 30. 법률 제8136호로 개정되기 전의 것) 제16조, 제49조, 제50조 제1항 [2] 구 관세법(2006. 12. 30. 법률 제8136호로 개정되기 전의 것) 제16조, 제49조, 제50조 제1항

【주 문】
상고를 기각한다.

【이 유】
상고이유(기간이 지난 후 제출된 보충이유는 이를 보충하는 범위에서)를 본다.

구 관세법(2006. 12. 30. 법률 제8136호로 개정되기 전의 것, 이하 '법'이라 한다) 제16조 본문은 '관세는 수입신고를 하는 때의 물품의 성질과 그 수량에 의하여 부과한다'고 규정하는 한편, 법 제50조 제1항, 제49조는 수입물품에 부과되는 관세의 세율은 별표 관세율표(이하 '관세율표'라 한다)에 의하여 정하도록 규정하고 있고, 이에 따라 관세율표 품목번호 제0902호는 '차류(가향한 것인지의 여부를 불문한다)'에 관한 관세율을 규정하고 있는바, 품질에 기초한 일반적인 용도에 의하여 품목분류를 할 경우, 위 '차류'에 해당되기 위해서는 대상물품이 수입신고시를 기준으로 음용에 적합한 것이어야 하고 대상물품이 음용에 적합한 이상 다른 특별한 사정이 없는 한 위 '차류'에 해당된다고 할 것이므로, 수입자가 음용에 적합한 대상물품을 차류로 신고하여 수입한 다음 실제로는 입욕제 등으로 유통·사용하였다고 하더라도 그 수입 후의 위와 같은 사정만으로 달리 볼 것은 아니다.

원심판결 이유와 기록에 의하면, 이 사건 녹차 및 홍차는 수입신고시를 기준으로 그 성상, 기능, 형태, 제조 방법 등에 비추어 음용에 적합하고 원래의 용도가 음용 녹차 등의 그것과 다르지 아니하며, 피고인 스스로도 수입 당시 이 사건 녹차 및 홍차에 관하여 관세율표 품목번호 제0902호 소정의 '차류'로 신고하였다는 것인바, 사실관계가 그와 같다면 이 사건 녹차 및 홍차가 관세율표 품목번호 제0902호 소정의 '차류'에 해당한다고 본 원심의 판단은 정당하고, 거기에 법 제16조의 해석·적용에 관한 법리오해, 입증책임에 관한 법리오해 등의 위법은 없다.

위와 달리, 피고인이 실제로는 목욕탕에 입욕제로 첨가할 용도로 이 사건 녹차 및 홍차를 수입하였다고 주장하면서 그와 같은 사정만으로 당연히 이 사건 녹차 및 홍차가 관세율표 품목번호 제3307호의 소정의 '기타 목욕용 제품류'에 해당한다고 하는 상고이유는 받아들일 수 없다.

그러므로 상고를 기각하기로 하여 관여 대법관의 일치된 의견으로 주문과 같이 판결한다.

3) 적용법령의 시기

(1) 원칙

관세는 수입신고 당시의 법령에 의하여 부과한다.(관세법 제17조 본문)

(2) 예외

다음 하나에 해당되는 물품에 대하여는 각각에 규정된 날에 시행되는 법령에 따라 부과한다.(관세법 제17조 단서)

① 위의 과세물건 확정시기의 예외에 해당되는 물품 : 그 사실이 발생한 날

② 보세건설장에 반입된 외국물품 : 사용전 수입신고가 수리된 날

보세건설장의 경우 시설재 등을 수입신고하여 이를 이용해서 먼저 공사하고 시설이 완성되면 완성된 시설에 대하여 신고수리하는 제도이다. 수입신고한 때 물품상태는 원재료이지만 완성된 시설의 완제품 세 번으로 미리 신고하고 공사가 완성되면 신고된 완성품 세 번으로 수입신고를 수리하게 된다. 반면 보세공장은 먼저 반입신고하여 작업한 후, 나중에 수입신고하여 신고 수리한다.

4) 과세환율

과세가격을 결정하는 경우 외국통화로 표시된 가격을 내국통화로 환산할 때에는 관세법 제17조 적용법령의 시기에서 규정한 날(보세건설장에 반입된 물품의 경우에는 수입신고를 한 날을 말한다)이 속하는 주의 전주(前週)의 외국환매도율을 평균하여 관세청장이 그 율을 정한다.(관세법 제18조)

「수입물품 과세가격 결정에 관한 고시」 제3조 제1항[18]에서는 관세평가분류원장이 주요 외국환은행의 전주 월요일부터 금요일까지 매일 최초 고시하는 대고객 전신환매도율을 평균하여 과세환율을 결정하도록 하고 있으며, 대고객 전신환매도율이 제공되지 않는 경우에는 대고객 현찰매도율을 평균하여 과세환율을 결정

18) 「수입물품 과세가격 결정에 관한 고시」 제3조(과세환율) ① 「관세법」 제18조 및 「관세법 시행령」 제288조에 따라 관세평가분류원장은 주요 외국환은행이 전주 월요일부터 금요일까지 매일 최초 고시하는 대고객 전신환매도율을 평균하여 과세환율을 결정하며, 대고객 전신환매도율이 제공되지 않는 경우에는 대고객 현찰매도율을 평균하여 과세환율을 결정한다.

하도록 규정하고 있다.

보세건설장의 경우 수입신고와 수입신고 수리의 기간이 장기간 소요될 수 있으므로 일반수입신고 물품과 다르게 수입신고가 수리된 날에 시행되는 법령을 적용하도록 정하고 있다. 그러나 과세환율은 일반수입신고와 같이 수입신고한 날의 과세환율에 의한다.

2-3 관세의 납세의무자

01 관세의 납세의무자

1) 관세의 납세의무자

관세의 납세의무자는 관세를 납부할 법률상의 의무를 부담하는 자를 말한다. 관세는 소비세적 성질과 간접세적 성질로 인해 관세의 납세의무자가 실질적인 담세자가 되지 않는다. 즉, 관세는 물품의 가격에 포함시키게 되므로 그 물품을 구매한 최종소비자가 실질적 담세자가 된다.

2) 일반납세의무자

수입신고를 한 물품인 경우에는 그 물품을 수입신고하는 때의 화주가 납세의무자가 된다. 다만 화주가 불분명한 때에는 다음 하나에 해당하는 자가 납세의무자가 된다.(관세법 제19조 1항 1호)

① 수입을 위탁받아 수입업체가 대행수입한 물품인 경우 : 그 물품의 수입을 위탁한 자[19]

19) 대행수입의 경우 납세의무자와 수입자가 다르게 된다. 실질과세원칙에 따라 수입을 위탁한 자가 납세의무자가 된다.

② 수입을 위탁받아 수입업체가 대행수입한 물품이 아닌 경우 : 송품장, 선하증권 또는 항공화물운송장에 기재된 수하인

③ 수입물품을 수입신고전에 양도한 경우 : 그 양수인

3) 특별납세의무자(관세법 제19조 1항 2~12호)

① 외국물품인 선용품 또는 기용품과 외국무역선 또는 외국무역기안에서 판매할 물품이 하역허가의 내용대로 운송수단에 적재되지 아니하여 관세를 징수하는 물품(차량용품과 국경출입차량안에서 판매할 물품이 허가된 내용대로 운송수단에 적재되지 아니하여 관세를 징수하는 물품을 포함) : 하역허가를 받은 자

② 보세구역 밖에서의 보수작업의 승인기간을 경과하여 관세를 징수하는 물품 : 보세구역밖에서의 보수작업의 승인을 받은 자

③ 보세구역에 장치된 외국물품이 멸실되거나 폐기됨에 따라 관세를 징수하는 물품 : 운영인 또는 보관인

④ 보세공장외 작업허가 기간을 경과하여 관세를 징수하는 물품(보세건설장외 작업허가 기간을 경과한 물품, 종합보세구역외 작업의 신고기간을 경과한 물품을 포함함) : 보세공장외 작업·보세건설장외 작업 또는 종합보세구역외 작업의 허가를 받거나 신고를 한 자

⑤ 보세운송신고 또는 승인을 받은 물품이 지정기간내에 목적지에 도착하지 아니하여 관세를 징수하는 물품 : 보세운송의 신고를 하거나 승인을 받은 자

⑥ 수입신고가 수리되기 전에 소비하거나 사용하는 물품[소비 또는 사용을 수입으로 보지 아니하는 물품(관세법 제239조)은 제외)] : 그 소비자 또는 사용자

⑦ 수입신고전 즉시반출신고를 하고 반출한 물품 : 당해 물품을 즉시 반출한 자

⑧ 우편으로 수입되는 물품 : 그 수취인[20)]

⑨ 도난물품이나 분실물품인 경우에는 다음에 규정된 자

㉠ 보세구역의 장치물품 : 그 운영인 또는 화물관리인[21)]

---

20) 수취인이 수취 거부할 시에는 반송, 반송할 때에는 납세의무는 소멸된다.
21) 특허보세구역에 장치된 물품의 보관책임을 운영인, 지정보세구역에 장치된 물품의 보관책

㉡ 보세운송물품 : 보세운송의 신고를 하거나 승인을 받은 자

㉢ 그 밖의 물품 : 그 보관인 또는 취급인

⑩ 관세법 또는 다른 법률의 규정에 의하여 따로 납세의무자로 규정된 자

⑪ ①~⑩외의 물품 : 그 소유자 또는 점유자[22)]

4) 경합시의 납세의무자

위의 일반납세의무자와 특별납세의무자가 경합되는 경우에는 특별납세의무자가 납세의무자로 된다.(관세법 제19조 2항)

5) 연대납세의무자

(1) 수입화주가 불분명한 경우 등의 납세의무자

수입신고가 수리된 물품 또는 관세법 제252조에 따른 수입신고수리전 반출승인을 받아 반출된 물품에 대하여 납부하였거나 납부하여야 할 관세액이 부족한 경우 해당 물품을 수입신고하는 때의 화주의 주소 및 거소가 분명하지 아니하거나 수입신고인이 화주를 명백히 하지 못하는 경우에는 그 신고인은 해당 물품을 수입신고하는 때의 화주와 연대하여 해당 관세를 납부하여야 한다.(관세법 제19조 1항 1호 단서)

(2) 공유물 등의 납세의무자

앞의 일반납세의무자와 특별납세의무자 규정(제19조 제1항)에 따른 물품에 관계되는 관세·가산금·가산세 및 체납처분비에 대해서는 다음 각각에 규정된 자가 연대하여 납부할 의무를 진다.(관세법 제19조 5항)

① 일반납세의무자 규정(제19조 제1항 제1호)에 따른 수입신고물품의 경우 아래에 규정된 자

- 수입신고물품이 공유물이거나 공동사업에 속하는 물품인 경우 그 공유자 또는 공동사업자인 납세의무자

임은 운영인이나 화주, 지정보세구역 중 지정장치장은 화주가 보관책임을 지지만 화주에 갈음하는 관리인을 지정하는 경우 관리인이 보관인이 되거나 납세의무를 진다.

22) 최종적으로 해당 물품을 소유하거나 점유한 자를 의미한다.(소유 : 목적물을 일반적, 전면적으로 지배하는 것, 점유 : 유체물을 사실상 지배하는 것)

- 수입신고인이 수입신고를 하면서 수입신고하는 때의 화주가 아닌 자를 납세의무자로 신고한 경우: 수입신고인 또는 납세의무자로 신고된 자가 제270조 제1항 또는 제4항에 따른 관세포탈 또는 부정감면의 범죄를 범하거나 제271조 제1항(제270조 제1항 또는 제4항에 따른 행위를 교사하거나 방조한 경우에 한정한다)에 따른 범죄를 범하여 유죄의 확정판결을 받은 경우 그 수입신고인 및 납세의무자로 신고된 자와 해당 물품을 수입신고하는 때의 화주. 다만, 관세포탈 또는 부정감면으로 얻은 이득이 없는 수입신고인 또는 납세의무자로 신고된 자는 제외한다.

② 특별납세의무자 규정(제19조 제1항 제2호부터 제12호까지)에 따른 물품에 대한 납세의무자가 2인 이상인 경우 그 2인 이상의 납세의무자

(3) 법인의 분할 또는 분할 합병되는 경우 등의 납세의무자

다음 어느 하나에 해당되는 경우 「국세기본법」 제25조 제2항부터 제4항까지의 규정을 준용하여 분할되는 법인이나 분할 또는 분할합병으로 설립되는 법인, 존속하는 분할합병의 상대방 법인 및 신회사가 관세·가산금·가산세 및 체납처분비를 연대하여 납부할 의무를 진다.(관세법 제19조 6항)

① 법인이 분할되거나 분할합병되는 경우

② 법인이 분할 또는 분할합병으로 해산하는 경우

③ 법인이 「채무자 회생 및 파산에 관한 법률」 제215조에 따라 신회사를 설립하는 경우

(4) 관세 등 연대 납부 의무에 대한 「민법」 규정 준용

관세법에 따라 관세·가산금·가산세 및 체납처분[23]비를 연대하여 납부할 의무에 관하여는 「민법」 제413조부터 제416조까지, 제419조, 제421조, 제423조 및 제425조부터 제427조까지의 규정[24]을 준용한다.(관세법 제19조 7항)

---

23) 체납처분은 강제징수절차로서 독촉, 재산압류, 압류재산환가처분, 배분하는 과정을 말한다. 여기서 독촉은 재정상의 지급의무이행을 최고하고 일정한 기한까지 의무를 이행하지 아니할 때에 강제징수할 뜻을 통지하는 것이며, 재산압류는 납세의무자가 재산을 처분하는 것을 금지하고 그 재산을 확보하는 것이며, 압류재산환가처분은 금전 이외 재산을 매각 등의 방법으로 금전으로 바꾸는 것이며 배분은 매각대금을 압류와 관련된 관세, 체납처분비 등에 충당하거나 잔여액을 납세자에게 환부하는 것을 말한다.

24) 민법 제3편 채권 제1장 총칙 제3절 수인의 채권자 및 채무자 제3관 연대채무 관련 규정들

6) 납세보증자

관세법 또는 다른 법령, 조약, 협약 등에 따라 관세의 납부를 보증한 자[25]는 보증액의 범위에서 납세의무를 진다.(관세법 제19조 3항)

7) 법인이 합병하거나 상속이 개시된 경우

법인이 합병하거나 상속이 개시된 경우에는 「국세기본법」 제23조 및 제24조[26]를 준용하여 관세·가산금·가산세 및 체납처분비의 납세의무를 승계한다. 이 경우 같은 법 제24조 제2항 및 제4항의 "세무서장"은 "세관장"으로 본다.(관세법 제19조 4항)

중 일부를 준용한다.

25) 보증보험증권 발행자, 은행지급 보증 발행자, 협약·조약에 의한 보증단체로서 까르네협약에 의한 대한상공회의소 등이 있다.

* ATA까르네는 ATA협약 가입국 간에 일시적으로 물품을 수입/수출 또는 보세운송하기 위하여 필요로 하는 복잡한 통관 서류나 담보금을 대신하는 증서로서 통관절차를 신속하고 편리하게 하는 제도이다. 따라서 ATA 협약가입국간 통관 시에 ATA까르네를 이용하면, 부가적인 통관서류의 작성이 필요 없음은 물론 관세 및 부가세, 담보금 등을 수입국 세관에 납부할 필요 없이 신속하고 원활한 통관을 할 수가 있다.

ATA는 Admission Temporaire(불어)와 Temporary Admission(영어)의 합성어이며 Carnet는 불어로 표(증서)라는 뜻으로 물품의 무관세임시통관증서를 말한다.

26) 제23조(법인의 합병으로 인한 납세의무의 승계) 법인이 합병한 경우 합병 후 존속하는 법인 또는 합병으로 설립된 법인은 합병으로 소멸된 법인에 부과되거나 그 법인이 납부할 국세·가산금과 체납처분비를 납부할 의무를 진다.

제24조(상속으로 인한 납세의무의 승계) ① 상속이 개시된 때에 그 상속인[수유자(受遺者)를 포함한다. 이하 같다] 또는 「민법」 제1053조에 규정된 상속재산관리인은 피상속인에게 부과되거나 그 피상속인이 납부할 국세·가산금과 체납처분비를 상속으로 받은 재산의 한도에서 납부할 의무를 진다.

② 제1항의 경우에 상속인이 2명 이상일 때에는 각 상속인은 피상속인에게 부과되거나 그 피상속인이 납부할 국세·가산금과 체납처분비를 「민법」 제1009조·제1010조·제1012조 및 제1013조에 따른 상속분에 따라 나누어 계산한 국세·가산금과 체납처분비를 상속으로 받은 재산의 한도에서 연대하여 납부할 의무를 진다. 이 경우 각 상속인은 그들 중에서 피상속인의 국세·가산금 및 체납처분비를 납부할 대표자를 정하여 대통령령으로 정하는 바에 따라 관할 세무서장에게 신고하여야 한다.

③ 제1항의 경우에 상속인이 있는지 분명하지 아니할 때에는 상속인에게 하여야 할 납세의 고지·독촉이나 그 밖에 필요한 사항은 상속재산관리인에게 하여야 한다.

④ 제1항의 경우에 상속인이 있는지 분명하지 아니하고 상속재산관리인도 없을 때에는 세무서장은 상속개시지를 관할하는 법원에 상속재산관리인의 선임을 청구할 수 있다.

⑤ 피상속인에게 한 처분 또는 절차는 제1항에 따라 상속으로 인한 납세의무를 승계하는 상속인이나 상속재산관리인에 대해서도 효력이 있다.

8) 2차 납세의무자

관세의 징수에 관하여는 「국세기본법」 제38조부터 제41조[27]까지의 규정을 준

---

27) 제38조(청산인 등의 제2차 납세의무) ① 법인이 해산한 경우에 그 법인에 부과되거나 그 법인이 납부할 국세·가산금 또는 체납처분비를 납부하지 아니하고 청산 후 남은 재산을 분배하거나 인도하였을 때에 그 법인에 대하여 체납처분을 집행하여도 징수할 금액에 미치지 못하는 경우에는 청산인 또는 청산 후 남은 재산을 분배받거나 인도받은 자는 그 부족한 금액에 대하여 제2차 납세의무를 진다.
② 제1항에 따른 제2차 납세의무는 청산인의 경우 분배하거나 인도한 재산의 가액을 한도로 하고, 그 분배 또는 인도를 받은 자의 경우에는 각자가 받은 재산의 가액을 한도로 한다.
제39조(출자자의 제2차 납세의무) ① 법인(주식을 「자본시장과 금융투자업에 관한 법률」 제9조제13항제1호에 따른 유가증권시장에 상장한 법인은 제외한다. 이하 이 조에서 같다)의 재산으로 그 법인에 부과되거나 그 법인이 납부할 국세·가산금과 체납처분비에 충당하여도 부족한 경우에는 그 국세의 납세의무 성립일 현재 다음 각 호의 어느 하나에 해당하는 자는 그 부족한 금액에 대하여 제2차 납세의무를 진다. 다만, 제2호에 따른 과점주주의 경우에는 그 부족한 금액을 그 법인의 발행주식 총수(의결권이 없는 주식은 제외한다. 이하 이 조에서 같다) 또는 출자총액으로 나눈 금액에 과점주주의 소유주식 수(의결권이 없는 주식은 제외한다) 또는 출자액(제2호가목 및 나목의 과점주주의 경우에는 그 과점주주가 실질적으로 권리를 행사하는 주식 수 또는 출자액)을 곱하여 산출한 금액을 한도로 한다.
1. 무한책임사원
2. 과점주주 중 다음 각 목의 어느 하나에 해당하는 자
   가. 해당 법인의 발행주식 총수 또는 출자총액의 100분의 50을 초과하는 주식 또는 출자지분에 관한 권리를 실질적으로 행사하는 자
   나. 명예회장, 회장, 사장, 부사장, 전무, 상무, 이사, 그 밖에 그 명칭에 관계없이 법인의 경영을 사실상 지배하는 자
   다. 가목과 나목에 규정된 사람의 배우자(사실상 혼인관계에 있는 사람을 포함한다) 및 그와 생계를 같이하는 직계존비속

② 제1항제2호에서 "과점주주"란 주주 또는 유한책임사원 1명과 그와 대통령령으로 정하는 친족이나 그 밖의 특수관계에 있는 자로서 그들의 소유주식 합계 또는 출자액 합계가 해당 법인의 발행주식 총수 또는 출자총액의 100분의 50을 초과하는 자들(이하 "과점주주"라 한다)을 말한다.
제40조(법인의 제2차 납세의무) ① 국세(둘 이상의 국세의 경우에는 납부기한이 뒤에 오는 국세)의 납부기간 만료일 현재 법인의 무한책임사원 또는 과점주주(이하 "출자자"라 한다)의 재산(그 법인의 발행주식 또는 출자지분은 제외한다)으로 그 출자자가 납부할 국세·가산금과 체납처분비에 충당하여도 부족한 경우에는 그 법인은 다음 각 호의 어느 하나에 해당하는 경우에만 그 부족한 금액에 대하여 제2차 납세의무를 진다.
1. 정부가 출자자의 소유주식 또는 출자지분을 재공매(再公賣)하거나 수의계약으로 매각하려 하여도 매수희망자가 없는 경우
2. 법률 또는 그 법인의 정관에 의하여 출자자의 소유주식 또는 출자지분의 양도가 제한된 경우

② 제1항에 따른 법인의 제2차 납세의무는 그 법인의 자산총액에서 부채총액을 뺀 가액을 그 법인의 발행주식 총액 또는 출자총액으로 나눈 가액에 그 출자자의 소유주식 금액 또는 출자액을 곱하여 산출한 금액을 한도로 한다
제41조(사업양수인의 제2차 납세의무) ① 사업이 양도·양수된 경우에 양도일 이전에 양도

용한다.(관세법 제19조 8항)

관세징수에 준용되는 「국세기본법」 제38조부터 제41조까지의 규정에 따른 제2차 납세의무자는 관세의 담보로 제공된 것이 없고 납세의무자와 관세의 납부를 보증한 자가 납세의무를 이행하지 아니하는 경우에 납세의무를 진다.(관세법 제19조 9항)

02 양도담보재산에 의한 체납세 징수

납세의무자(관세의 납부를 보증한 자와 제2차 납세의무자를 포함)가 관세·가산금·가산세 및 체납처분비를 체납한 경우 그 납세의무자에게 「국세기본법」 제42조 제2항[28]에 따른 양도담보재산이 있을 때에는 그 납세의무자의 다른 재산에 대하여 체납처분을 집행하여도 징수하여야 하는 금액에 미치지 못한 경우에만 「국세징수법」 제13조[29]를 준용하여 그 양도담보재산으로써 납세의무자의 관세·가산금·가산세 및 체납처분비를 징수할 수 있다. 다만, 그 관세의 납세신고일(관세법 제39조에 따라 부과고지하는 경우에는 그 납세고지서의 발송일을 말한다) 전에 담보의 목적이 된 양도담보재산에 대하여는 그러하지 아니하다.(관세법 제19조 10항)

인의 납세의무가 확정된 그 사업에 관한 국세·가산금과 체납처분비를 양도인의 재산으로 충당하여도 부족할 때에는 대통령령으로 정하는 사업의 양수인은 그 부족한 금액에 대하여 양수한 재산의 가액을 한도로 제2차 납세의무를 진다.

② 제1항에 규정된 양수한 재산의 가액은 대통령령으로 정한다.

28) 제42조(양도담보권자의 물적납세 의무)

② 제1항에서 "양도담보재산"이란 당사자 간의 계약에 의하여 납세자가 그 재산을 양도하였을 때에 실질적으로 양도인에 대한 채권담보의 목적이 된 재산을 말한다.

29) 제13조(양도담보권자로부터의 징수절차) ① 세무서장은 「국세기본법」 제42조에 따라 양도담보권자로부터 납세자의 체납액을 징수하려면 양도담보권자에게 제12조를 준용하여 납부고지를 하여야 한다. 이 경우에는 양도담보권자의 주소 또는 거소(居所)를 관할하는 세무서장과 납세자에게 그 사실을 통지하여야 한다.

② 제1항에 따른 고지가 있은 후 해당 재산의 양도에 의하여 담보된 채권이 채무불이행 등 변제 외의 이유로 소멸된 경우(양도담보재산의 환매, 재매매의 예약, 그 밖에 이와 유사한 계약을 체결한 경우에 기한의 경과 등 그 계약의 이행 외의 이유로 계약의 효력이 상실되었을 때를 포함한다)에도 양도담보재산으로서 존속하는 것으로 본다.

01 관세의 과세표준

관세의 과세표준은 수입물품의 가격 또는 수량으로 한다.(관세법 제15조) 물품의 가격을 과세표준으로 하는 경우 종가세라고 하고 물품의 수량을 과세표준으로 하는 경우 종량세라고 한다. 우리나라는 관세의 대부분을 수입물품의 가격을 과세표준으로 한 종가세이다.

과세표준이 가격이 되는 경우 동일한 물품이라도 거래시기, 거래수량, 거래수준, 당사자간의 관계 등에 따라 차이가 발생할 수 있으므로 수량에 의한 종량세와는 달리 가격심사시 전문성과 공정성이 요구된다. 따라서 수입물품의 가격을 과세표준을 하는 경우 과세가격결정에 대한 구체적인 방법을 관세법에 명시하고 있다.

02 과세가격의 결정방법

과세가격을 결정하는 방법은 아래의 6가지 방법이 있다. 각 방법은 순차적으로 적용하며 납세의무자의 요청이 있는 경우 제5방법을 제4방법에 우선하여 적용할 수 있으나 제5방법에 따라 결정할 수 없는 경우에는 제4방법, 제6방법의 순서에 따라 관세가격을 결정한다.(관세법 제33조 1항 단서)

〈표 2-2〉 과세가격 결정방법

평가방법	관세법 규정	과세가격 결정방법
제 1 방법	제 30 조	당해 물품의 거래가격을 기초
제 2 방법	제 31 조	동종·동질물품의 거래가격을 기초
제 3 방법	제 32 조	유사물품의 거래가격을 기초

평가방법	관세법 규정	과세가격 결정방법
제 4 방법	제 33 조	국내판매가격을 기초
제 5 방법	제 34 조	산정가격을 기초
제 6 방법	제 35 조	합리적 기준

1) 당해 물품의 거래가격을 기초로한 과세가격 결정방법(제1방법)

(1) 거래가격

당해 물품의 거래가격을 기초로 한 과세가격 결정방법으로 가장 기본적이고 원칙적인 방법이다.

여기서 거래가격은 우리나라에 수출하기 위하여 판매되는 물품[30]에 대하여 당해 수입물품의 대가로서 구매자가 지급하였거나 지급하여야 할 총금액(구매자가 당해 수입물품의 대가와 판매자의 채무를 상계하는 금액, 구매자가 판매자의 채무를 변제하는 금액, 그 밖의 간접적인 지급액[31])을 포함함.)에 아래의 가산요소 금액을 가산하고 조정비용(공제 요소)을 차감한 거래가격으로 한다. 다만, 다음의 가산요소 금액을 가산함에 있어서는 객관적이고 수량화할 수 있는 자료에 근거하

---

30) 여기서 우리나라에 수출하기 위하여 판매되는 물품에는 다음 각호의 물품은 포함되지 아니하는 것으로 한다.(시행령 제17조)
1. 무상으로 수입하는 물품
2. 수입 후 경매 등을 통하여 판매가격이 결정되는 위탁판매수입물품
3. 수출자의 책임으로 국내에서 판매하기 위하여 수입하는 물품
4. 별개의 독립된 법적 사업체가 아닌 지점 등에서 수입하는 물품
5. 임대차계약에 따라 수입하는 물품
6. 무상으로 임차하는 수입물품
7. 산업쓰레기 등 수출자의 부담으로 국내에서 폐기하기 위하여 수입하는 물품

31) ⑥ 법 제30조 제2항 각 호 외의 부분 본문에 따른 "그 밖의 간접적인 지급액"에는 다음 각 호의 금액이 포함되는 것으로 한다.(시행령 제20조 6항)
1. 판매자의 요청으로 수입물품의 대가 중 전부 또는 일부를 제3자에게 지급하는 경우 그 지급금액
2. 구매자가 해당 수입물품의 거래조건으로 판매자 또는 제3자가 수행하여야 하는 하자보증을 대신하고 그에 해당하는 금액을 할인받았거나 하자보증비 중 전부 또는 일부를 별도로 지급하는 경우 해당 금액
3. 수입물품의 거래조건으로 구매자가 지급하는 외국훈련비 또는 외국교육비
4. 그 밖에 일반적으로 판매자가 부담하는 금융비용 등을 구매자가 지급하는 경우 그 지급금액

여야 하며, 이러한 자료가 없는 경우에는 이 방법으로 과세가격을 결정하지 아니하고, 관세법 제31조부터 제35조까지에 규정된 방법(제2~6방법)으로 과세가격을 결정한다.(관세법 제30조 1항)

■ 가산요소 금액

① 구매자가 부담하는 수수료 및 중개료. 다만, 구매수수료[32]를 제외한다.

② 해당 수입물품과 동일체로 취급되는 용기의 비용과 해당 수입물품의 포장에 드는 노무비 및 자재비로서 구매자가 부담하는 비용

③ 구매자가 해당 수입물품의 생산 및 수출거래를 위하여 대통령령으로 제한하는 물품 및 용역을 무료 또는 인하된 가격으로 직접 또는 간접으로 공급한 경우에는 그 물품 및 용역의 가격 또는 인하차액을 해당 수입물품의 총생산량 등 대통령령으로 정하는 요소를 고려하여 적절히 배분한 금액
여기서 "대통령령으로 정하는 물품 및 용역"이란 구매자가 직접 또는 간접으로 공급하는 것으로서 다음 하나에 해당하는 것을 말한다.(시행령 제18조)

㉠ 수입물품에 결합되는 재료·구성요소·부분품 및 그 밖에 이와 비슷한 물품

㉡ 수입물품의 생산에 사용되는 공구·금형·다이스 및 그 밖에 이와 비슷한 물품으로서 기획재정부령이 정하는 것

㉢ 수입물품의 생산과정에 소비되는 물품

㉣ 수입물품의 생산에 필요한 기술·설계·고안·공예 및 디자인. 다만, 우리나라에서 개발된 것은 제외한다.

④ 특허권, 실용신안권, 디자인권, 상표권 및 이와 유사한 권리를 사용하는 대가로 지급하는 것으로서 대통령령으로 정하는 바에 따라 산출된 금액
여기서 "이와 유사한 권리"라 함은 다음 하나에 해당하는 것을 말한다.(시행령 제19조 1항)

㉠ 저작권 등의 법적 권리

㉡ 법적 권리에는 속하지 아니하지만 경제적 가치를 가지는 것으로서 상

32) 구매수수료: 수입물품을 구매할 때 해외에서 구매자를 대신하는 역무의 대가로 구매자가 지급하는 비용

당한 노력에 의하여 비밀로 유지된 생산방법·판매방법 기타 사업활동에 유용한 기술상 또는 경영상의 정보 등(이하 "영업비밀" 이라 한다)

⑤ 해당 수입물품의 수입후의 전매·처분 또는 사용하여 생긴 수익금액 중 판매자에게 직접 또는 간접으로 귀속되는 금액[33)]

⑥ 수입항(輸入港)까지의 운임·보험료와 그 밖에 운송과 관련되는 비용으로서 대통령령으로 정하는 바에 따라 결정된 금액. 다만, 기획재정부령으로 정하는 수입물품의 경우에는 이의 전부 또는 일부를 제외할 수 있다.
여기서 "대통령령으로 정하는 바에 의하여 결정된 금액"이란 다음의 산출방법에 따른다.(시행령 제20조 1~5항)

㉠ 운임 및 보험료는 당해 사업자가 발급한 운임명세서·보험료명세서 또는 이에 갈음할 수 있는 서류에 의하여 산출한다.

㉡ 운임 및 보험료를 산출할 수 없는 때에는 운송거리·운송방법 등을 참작하여 관세청장이 정하는 바에 따라 산출한다.

㉮ 관세청장이 정하는 물품이 항공기로 운송되는 경우에는 당해 물품이 항공기외의 일반적인 운송방법에 의하여 운송된 것으로 보아 운임 및 보험료를 산출한다.

㉯ 수입자의 선박 또는 항공기로 운송되는 물품, 운임과 적재수량을 특약한 항해용선계약에 따라 운송되는 물품(실제 적재수량이 특약수량에 미치지 아니하는 경우를 포함한다), 기타 특수조건에 의하여 운송되는 물품의 운임이 통상의 운임과 현저하게 다른 때에는 운송거리·운송방법 등을 참작하여 관세청장이 정하는 통상의 운임을 당해 물품의 운임으로 할 수 있다.

㉰ 수입항까지의 운임·보험료 기타 운송에 관련되는 비용으로서 대통령령으로 정하는 바에 따라 결정된 금액은 당해 수입물품이 수입항에 도착하여 본선하역준비가 완료될 때까지 수입자가 부담하는 비용을 말한다.

---

33) 이는 결과적으로 구매자가 판매자에게 물품가격을 추가 지불하는 것이므로, 추가지불하는 금액을 과세가격에 포함시킨다.

■ **조정 비용(공제 요소)**

구매자가 지급하였거나 지급하여야 할 총금액에서 다음 하나에 해당하는 금액을 명백히 구분할 수 있는 때에는 그 금액을 뺀 금액을 말한다.(관세법 제30조 2항 단서)

① 수입 후에 하는 해당 수입물품의 건설, 설치, 조립, 정비, 유지 또는 해당 수입물품에 관한 기술지원에 필요한 비용

② 수입항에 도착한 후 해당 수입물품을 운송하는 데에 필요한 운임·보험료와 그 밖에 운송과 관련되는 비용

③ 우리나라에서 해당 수입물품에 부과된 관세 등의 세금과 그 밖의 공과금

④ 연불조건(延拂條件)의 수입인 경우에는 해당 수입물품에 대한 연불이자
여기서 "연불이자"는 다음의 요건을 갖춘 것이어야 한다.(시행령 제20조 7항)

㉠ 연불이자가 수입물품의 대가로 실제로 지급하였거나 지급하여야 할 금액과 구분될 것

㉡ 서면에 의한 계약서로 확인될 것

㉢ 당해 물품이 수입신고된 가격으로 판매되고, 이자율이 금융이 제공된 국가에서 당시 그러한 거래에서 통용되는 수준을 초과하지 아니할 것

(2) 제1 평가방법의 배제

다음 하나에 해당하는 경우에는 제1평가방법인 거래가격을 해당 물품의 과세가격으로 하지 아니하고 관세법 제31조부터 제35조까지에 규정된 방법(제2~6방법)으로 과세가격을 결정한다. 이 경우 세관장은 다음 어느 하나에 해당하는 것으로 판단하는 근거를 납세의무자에게 미리 서면으로 통보하여 의견을 제시할 기회를 주어야 한다.(관세법 제30조 3항)

① 해당 물품의 처분 또는 사용에 제한이 있는 경우. 다만, 세관장이 제1항에 따른 거래가격에 실질적으로 영향을 미치지 아니한다고 인정하는 제한이 있는 경우 등 대통령령으로 정하는 경우는 제외한다.
여기서 "물품의 처분 또는 사용에 제한이 있는 경우"란 i) 전시용·자선용·교육용 등 당해 물품을 특정용도로 사용하도록 하는 제한, ii) 당해 물품을 특정인에게만 판매 또는 임대하도록 하는 제한, iii) 기타 당해 물품의 가격에 실질적으로 영향을 미치는 제한을 말한다.(시행령 제21조)

또한 "세관장이 제1항에 따른 거래가격에 실질적으로 영향을 미치지 아니한다고 인정하는 제한이 있는 경우 등 대통령령으로 정하는 경우"란 i) 우리나라의 법령이나 법령에 의한 처분에 의하여 부과되거나 요구되는 제한, ii) 수입물품이 판매될 수 있는 지역의 제한, iii) 그 밖에 수입가격에 실질적으로 영향을 미치지 아니한다고 세관장이 인정하는 제한을 말한다.(시행령 제22조 1항)

② 해당 물품에 대한 거래의 성립 또는 가격의 결정이 금액으로 계산할 수 없는 조건 또는 사정에 따라 영향을 받은 경우

여기서 "금액으로 계산할 수 없는 조건 또는 사정에 의하여 영향을 받은 경우"란 i) 구매자가 판매자로부터 특정수량의 다른 물품을 구매하는 조건으로 당해 물품의 가격이 결정되는 경우, ii) 구매자가 판매자에게 판매하는 다른 물품의 가격에 따라 당해 물품의 가격이 결정되는 경우, iii) 판매자가 반제품을 구매자에게 공급하고 그 대가로 그 완제품의 일정수량을 받는 조건으로 당해 물품의 가격이 결정되는 경우가 포함되는 것으로 한다.(시행령 제22조 2항)

③ 해당 물품을 수입한 후에 전매·처분 또는 사용하여 생긴 수익의 일부가 판매자에게 직접 또는 간접으로 귀속되는 경우. 다만, 제1평가방법에 따라 적절히 조정할 수 있는 경우는 제외한다.

④ 구매자와 판매자간에 대통령령으로 정하는 특수관계(이하 "특수관계"라 한다)가 있어 그 특수관계가 해당 물품의 가격에 영향을 미친 경우[34] 다

---

34) ② 법 제30조 제3항 제4호 단서에서 "해당 산업부문의 정상적인 가격결정 관행에 부합하는 방법으로 결정된 경우 등 대통령령으로 정하는 경우"란 다음 각 호의 어느 하나에 해당하는 경우를 말한다. (시행령 제23조 2항)

1. 특수관계가 없는 구매자와 판매자간에 통상적으로 이루어지는 가격결정방법으로 결정된 경우
2. 당해 산업부문의 정상적인 가격결정 관행에 부합하는 방법으로 결정된 경우
3. 해당 물품의 가격이 다음 각 목의 어느 하나의 가격에 근접하는 가격으로서 기획재정부령으로 정하는 가격에 해당함을 구매자가 입증한 경우
   가. 특수관계가 없는 우리나라의 구매자에게 수출되는 동종·동질물품 또는 유사물품의 거래가격
   나. 법 제33조 및 법 제34조의 규정에 의하여 결정되는 동종·동질물품 또는 유사물품의 과세가격

③ 당해 물품의 가격과 제2항 제3호의 가격을 비교함에 있어서는 당해 물품의 거래단계 및 거래수량, 법 제30조 제1항에 규정된 사항의 차이 등을 참작하여야 한다.(시행령 제23조 3항)

④ 제2항의 규정을 적용받고자 하는 자는 관세청장이 정하는 바에 따라 가격신고를 하는 때에 그 증명에 필요한 자료를 제출하여야 한다.(시행령 제23조 4항)

만, 해당 산업부문의 정상적인 가격결정 관행에 부합하는 방법으로 결정된 경우 등 대통령령으로 정하는 경우는 제외한다.

여기서 "구매자와 판매자간에 대통령령으로 정하는 특수관계"란 다음 하나에 해당하는 경우를 말한다.(시행령 제23조 1항)

㉠ 구매자와 판매자가 상호 사업상의 임원 또는 관리자인 경우

㉡ 구매자와 판매자가 상호 법률상의 동업자인 경우

㉢ 구매자와 판매자가 고용관계에 있는 경우

㉣ 특정인이 구매자 및 판매자의 의결권 있는 주식을 직접 또는 간접으로 5퍼센트 이상 소유하거나 관리하는 경우

㉤ 구매자 및 판매자중 일방이 상대방에 대하여 법적으로 또는 사실상으로 지시나 통제를 할 수 있는 위치에 있는 등 일방이 상대방을 직접 또는 간접으로 지배하는 경우

㉥ 구매자 및 판매자가 동일한 제3자에 의하여 직접 또는 간접으로 지배를 받는 경우

㉦ 구매자 및 판매자가 동일한 제3자를 직접 또는 간접으로 공동지배하는 경우

㉧ 구매자와 판매자가 「국세기본법 시행령」 제1조의2 제1항 각호의[35] 규정 중 어느 하나에 해당하는 친족관계에 있는 경우

(3) 거래가격에 대한 증명자료의 제출[36]

세관장은 납세의무자가 위의 규정에 의한 거래가격으로 가격신고를 한 경우 해당 신고가격이 동종·동질물품 또는 유사물품의 거래가격과 현저한 차이가 있는 등 이를 과세가격으로 인정하기 곤란한 경우로서 대통령령으로 정하는 경우에는 대통령령으로 정하는 바에 따라 납세의무자에게 신고가격이 사실과 같음을 증명할

35) 제1조의2(특수관계인의 범위) ① 법 제2조 제20호 가목에서 "혈족·인척 등 대통령령으로 정하는 친족관계"란 다음 각 호의 어느 하나에 해당하는 관계(이하 "친족관계"라 한다)를 말한다. 1. 6촌 이내의 혈족 2. 4촌 이내의 인척 3. 배우자(사실상의 혼인관계에 있는 자를 포함한다) 4. 친생자로서 다른 사람에게 친양자 입양된 자 및 그 배우자·직계비속

36) 해당물품이 거래가격에 영향을 미친 부분이 있더라도 실제 지급금액을 조정할 수 있는 객관적 수치가 있는 경우 이를 과세가격으로 인정할 수 있다. 그러나 객관적 수치가 있더라도 그 가격이 동종·동질물품, 유사물품과 현저한 차이가 있을 때에는 신고가격이 사실과 같음을 증명하는 자료를 별도로 요구할 수 있다.

수 있는 자료를 제출할 것을 요구할 수 있다.(관세법 제30조 4항) 자료제출을 요구하는 때에는 그 사유와 자료제출에 필요한 기간을 기재한 서면으로 하여야 한다.(시행령 제24조 2항)

여기서 "과세가격으로 인정하기 곤란한 경우로서 대통령령으로 정하는 경우"란 다음 하나에 해당하는 경우를 말한다.(시행령 제24조 1항)

① 납세의무자가 신고한 가격이 동종·동질물품 또는 유사물품의 가격과 현저한 차이가 있는 경우

② 납세의무자가 동일한 공급자로부터 계속하여 수입하고 있음에도 불구하고 신고한 가격에 현저한 변동이 있는 경우

③ 신고한 물품이 원유·광석·곡물 등 국제거래시세가 공표되는 물품인 경우 신고한 가격이 그 국제거래시세와 현저한 차이가 있는 경우

④ 신고한 물품이 원유·광석·곡물 등으로서 국제거래시세가 공표되지 않는 물품인 경우 관세청장 또는 관세청장이 지정하는 자가 조사한 수입물품의 산지 조사가격이 있는 때에는 신고한 가격이 그 조사가격과 현저한 차이가 있는 경우

⑤ 납세의무자가 거래처를 변경한 경우로서 신고한 가격이 종전의 가격과 현저한 차이가 있는 경우

⑥ 위의 ①~⑤의 사유에 준하는 사유로서 기획재정부령이 정하는 경우

또한 세관장은 납세의무자에게 신고가격이 사실과 같음을 증명할 수 있는 자료를 제출할 것을 요청한 경우 납세의무자가 요구받은 자료를 제출하지 아니하거나 납세의무자가 제출한 자료가 일반적으로 인정된 회계원칙에 부합하지 아니하게 작성된 경우, 그 밖에 대통령령으로 정하는 사유에 해당하여 신고가격을 과세가격으로 인정하기 곤란한 경우에는 제1평가방법에 의하여 과세가격을 결정하지 아니하고 관세법 제31조부터 제35조까지에 규정된 방법(제2~6방법)으로 과세가격을 결정한다. 이 경우 세관장은 빠른 시일 내에 과세가격 결정을 하기 위하여 납세의무자와 정보교환 등 적절한 협조가 이루어지도록 노력하여야 하며, 신고가격을 과세가격으로 인정하기 곤란한 사유와 과세가격 결정내용을 해당 납세의무자에게 통보하여야 한다.(관세법 제30조 5항) 여기서 "그 밖에 대통령령으로 정하는 사유에 해당하여 신고가격을 과세가격으로 인정하기 곤란한 경우"란 다음 어느 하나에 해당하는 경우를 말한다.(시행령 제24조 3항)

① 납세의무자가 제출한 자료가 수입물품의 거래관계를 구체적으로 나타내지 못하는 경우

② 그 밖에 납세의무자가 제출한 자료에 대한 사실관계를 확인할 수 없는 등 신고가격의 정확성이나 진실성을 의심할만한 합리적인 사유가 있는 경우

2) 동종·동질물품[37]의 거래가격을 기초로 한 과세가격의 결정(제2방법)

제1평가방법으로 과세가격을 결정할 수 없는 경우에는 과세가격으로 인정된 사실이 있는 동종·동질물품의 거래가격으로서 다음의 요건을 갖춘 가격을 기초로 하여 과세가격을 결정한다.(관세법 제31조 1항)

① 과세가격을 결정하려는 해당 물품의 생산국에서 생산된 것으로서 해당 물품의 선적일(船積日)에 선적되거나 해당 물품의 선적일을 전후하여 가격에 영향을 미치는 시장조건이나 상관행(商慣行)에 변동이 없는 기간 중에 선적되어 우리나라에 수입된 것일 것

② 거래 단계, 거래 수량, 운송 거리, 운송 형태 등이 해당 물품과 같아야 하며, 두 물품 간에 차이가 있는 경우에는 그에 따른 가격차이를 조정한 가격일 것

위의 규정에 따라 과세가격으로 인정된 사실이 있는 동종·동질물품의 거래가격이라 하더라도 그 가격의 정확성과 진실성을 의심할만한 합리적인 사유가 있는 경우 그 가격은 과세가격 결정의 기초자료에서 제외한다. (관세법 제31조 2항)

동종·동질물품의 거래가격이 둘 이상 있는 경우에는 생산자, 거래 시기, 거래 단계, 거래 수량 등(이하 "거래내용등"[38]이라 한다)이 해당 물품과 가장 유사한 것에 해당하는 물품의 가격을 기초로 하고, 거래내용등이 같은 물품이 둘 이상이 있고 그 가격도 둘 이상이 있는 경우에는 가장 낮은 가격을 기초로 하여 과세가격을 결정한다.(관세법 제31조 3항)

---

37) 당해 수입물품의 생산국에서 생산된 것으로서 물리적 특성, 품질 및 소비자 등의 평판을 포함한 모든 면에서 동일한 물품(외양에 경미한 차이가 있을 뿐 그 밖의 모든 면에서 동일한 물품을 포함한다)을 말한다.(시행령 제25조)

38) 운송거리, 운송형태는 운임이 포함되어 가산할 수 있기 때문에 거래내용에서 제외한 것이다.

3) 유사물품[39]의 거래가격을 기초로 한 과세가격의 결정(제3방법)

제1방법과 제2방법으로 과세가격을 결정할 수 없을 때에는 과세가격으로 인정된 사실이 있는 유사물품의 거래가격으로서 관세법 제31조 제1항 각호의 요건(제2방법)을 갖춘 가격을 기초로 하여 과세가격을 결정한다.(관세법 제32조 1항)

위의 규정에 따라 과세가격으로 인정된 사실이 있는 유사물품의 거래가격이라 하더라도 그 가격의 정확성과 진실성을 의심할만한 합리적인 사유가 있는 경우 그 가격은 과세가격 결정의 기초자료에서 제외한다.(관세법 제32조 2항)

유사물품의 거래가격이 둘 이상 있는 때에는 거래내용 등이 해당 물품과 가장 유사한 것에 해당하는 물품의 가격을 기초로 하고, 거래내용등이 같은 물품이 둘 이상 있고 그 가격이 둘 이상이 있는 경우에는 가장 낮은 가격을 기초로 하여 과세가격을 결정한다.(관세법 제32조 3항)

4) 국내판매가격을 기초로 한 과세가격의 결정(제4방법)[40]

위의 제1, 2, 3방법으로 과세가격을 결정할 수 없을 때에는 ① 해당 물품, 동종·동질물품 또는 유사물품이 수입된 것과 동일한 상태로 해당 물품의 수입신고일 또는 수입신고일과 거의 동시에 특수관계가 없는 자에게 가장 많은 수량으로 국내에서 판매되는 단위가격[41]을 기초로 하여 산출한 금액에서 ② i) 국내판매와 관련하여 통상적으로 지급하였거나 지급하여야 할 것으로 합의된 수수료[42] 또는 동종·동류의 수입물품[43]이 국내에서 판매되는 때에 통상적으로 부가되는 이윤

---

39) 당해 수입물품의 생산국에서 생산된 것으로서 모든 면에서 동일하지는 아니하지만 동일한 기능을 수행하고 대체사용이 가능할 수 있을 만큼 비슷한 특성과 비슷한 구성요소를 가지고 있는 물품을 말한다.(시행령 제26조)

40) 국내판매가격에서 각 비용을 공제하여 수입항도착상태의 가격에 근접하게 하는 것이다. 아래 ①에서 ②를 빼면 과세가격이 된다.

41) 제27조(수입물품의 국내판매가격 등) ① 법 제33조 제1항 제1호에서 "국내에서 판매되는 단위가격"이란 수입 후 최초의 거래에서 판매되는 단위가격을 말한다. 다만, 다음 각 호의 어느 하나에 해당하는 경우의 가격은 이를 국내에서 판매되는 단위가격으로 보지 아니한다.(시행령 제27조 1항)
1. 최초거래의 구매자가 판매자 또는 수출자와 제23조 제1항에 따른 특수관계에 있는 경우
2. 최초거래의 구매자가 판매자 또는 수출자에게 제18조 각호의 물품 및 용역을 수입물품의 생산 또는 거래에 관련하여 사용하도록 무료 또는 인하된 가격으로 공급하는 경우

42) 외국수출자와 국내수입업자간 계약에 의해 정해진 수수료

43) "동종·동류의 수입물품"이라 함은 당해 수입물품이 제조되는 특정산업 또는 산업부문에서 생산되고 당해 수입물품과 일반적으로 동일한 범주에 속하는 물품(동종·동질물품 또는 유사물품을 포함한다)을 말한다.(시행령 제27조 3항)

및 일반경비에 해당하는 금액, ii) 수입항에 도착한 후 국내에서 발생된 통상의 운임·보험료와 그 밖의 관련비용, iii) 해당 물품의 수입 및 국내판매와 관련하여 납부하였거나 납부하여야 하는 조세와 그 밖의 공과금을 뺀 가격을 과세가격으로 한다. 다만, 납세의무자가 요청하면 관세법 제34조(산정가격을 기초로 한 과세가격의 결정 ; 제5방법[44])에 따라 과세가격을 결정하되 제34조에 따라 결정할 수 없는 경우에는 제4방법, 제6방법(합리적인 기준에 의한 과세가격의 결정)의 순서에 따라 과세가격을 결정한다.(관세법 제33조 1항)

위의 규정에 따른 특수관계가 없는 자에게 가장 많은 수량으로 국내에서 판매되는 단위가격이라 하더라도 그 가격의 정확성과 진실성을 의심할만한 합리적인 사유가 있는 경우에는 의의 과세가격결정방법(제4방법)을 적용하지 아니할 수 있다.(관세법 제33조 2항)

해당 물품, 동종·동질물품 또는 유사물품이 수입된 것과 동일한 상태로 국내판매되는 사례가 없는 경우 납세의무자가 요청할 때에는 해당 물품이 국내에서 가공된 후 특수관계가 없는 자에게 가장 많은 수량으로 판매되는 단위가격을 기초로 하여 산출된 금액에서 i) 국내판매와 관련하여 통상적으로 지급하였거나 지급하여야 할 것으로 합의된 수수료 또는 동종·동류의 수입물품이 국내에서 판매되는 때에 통상적으로 부가되는 이윤 및 일반경비에 해당하는 금액, ii) 수입항에 도착한 후 국내에서 발생된 통상의 운임·보험료와 그 밖의 관련비용, iii) 해당 물품의 수입 및 국내판매와 관련하여 납부하였거나 납부하여야 하는 조세와 그 밖의 공과금, iv) 국내 가공에 따른 부가가치 금액을 뺀 가격을 과세가격으로 한다.(관세법 제33조 2항)

5) 산정가격을 기초로 한 과세가격의 결정(제5방법)[45]

위의 제1~4방법으로 과세가격을 결정할 수 없을 때에는 다음 금액을 합한 가격을 기초로 하여 과세가격을 결정한다.(관세법 제34조 1항)

① 해당 물품의 생산에 사용된 원자재 비용 및 조립이나 그 밖의 가공에 드는

---

44) 산정가격을 기초로 한 과세가격 결정방법은 납세의무자가 자료를 제공하는 것이 가능하므로 납세의무자의 요청에 따라 적용하는 것이다.

45) 비용 등을 가산해서 과세가격에 접근하는 방식으로 이는 우리나라에 수입될 물품은 수출국 공장에서 제조하여 원자재 및 조립비용, 수출자의 이윤 및 일반경비, 운임, 보험료 등을 붙여서 거래가격을 정하여 수입자에게 판매한다. 산정가격에 기초한 과세가격 결정방법은 이러한 절차에 따라서 최초 원자재에서 각종 비용을 가산하여 과세가격에 접근해 나가는 방식이다.

비용 또는 그 가격[46]

② 수출국 내에서 해당 물품과 동종·동류의 물품의 생산자가 우리나라에 수출하기 위하여 판매할 때 통상적으로 반영하는 이윤 및 일반 경비에 해당하는 금액

③ 해당 물품의 수입항까지의 운임·보험료와 그 밖에 운송과 관련된 비용으로서 관세법 제30조 제1항 제6호[47]에 따라 결정된 금액

납세의무자가 위의 규정에 따른 금액을 확인하는데 필요한 자료를 제출하지 않은 경우에는 이 방법(제5방법)을 적용하지 않을 수 있다.(관세법 제34조 2항)

6) 합리적 기준에 의한 과세가격의 결정(제6방법)

위의 제1~5방법으로 과세가격을 결정할 수 없는 때에는 대통령령으로 정하는 바에 따라 제1~5방법에 규정된 원칙과 부합되는 합리적인 기준에 의하여 과세가격을 결정한다.(관세법 제35조 1항)

합리적 기준에 의한 과세가격을 결정함에 있어서는 다음 방법에 의한다.(시행령 제29조 1항)

① 제2평가방법(관세법 제31조) 또는 제3평가방법(관세법 제32조)의 규정을 적용함에 있어서 관세법 제31조 제1항 제1호의 요건(과세가격을 결정하고자 하는 당해 물품의 생산국에서 생산된 것으로서 당해 물품의 선적일에 선적되거나 당해 물품의 선적일을 전후하여 가격에 영향을 미치는 시장조건이나 상관행에 변동이 없는 기간중에 선적되어 우리나라에 수입된 것일 것)을 신축적으로 해석·적용하는 방법

② 제4평가방법(관세법 제33조)을 적용함에 있어서 수입된 것과 동일한 상태로 판매되어야 한다는 요건을 신축적으로 해석·적용하는 방법[48]

③ 제4평가방법(관세법 제33조) 또는 제5평가방법(관세법 제34조)의 규정에 의하여 과세가격으

---

46) 조립 기타 가공에 소요되는 비용 또는 그 가격에는 법 제30조제1항제2호의 규정에 의한 금액이 포함되는 것으로 하며, 우리나라에서 개발된 기술·설계·고안·디자인 또는 공예에 소요되는 비용을 생산자가 부담하는 경우에는 당해 비용이 포함되는 것으로 한다.(시행령 제28조)

47) 수입항(輸入港)까지의 운임·보험료와 그 밖에 운송과 관련되는 비용으로서 대통령령으로 정하는 바(시행령 제20조 1~5항)에 따라 결정된 금액. 다만, 기획재정부령으로 정하는 물품의 경우에는 이의 전부 또는 일부를 제외할 수 있다.

48) 해당 물품이 국내에서 가공된 후 판매되는 가격을 조정하여 과세가격을 결정하는 것

로 인정된 바 있는 동종·동질물품 또는 유사물품의 과세가격을 기초로 과세가격을 결정하는 방법

④ 제27조제2항 단서(법 제33조제1항제1호의 규정을 적용함에 있어서의 수입신고일과 거의 동시에 판매되는 단위가격은 당해 물품의 종류와 특성에 따라 수입신고일의 가격과 가격변동이 거의 없다고 인정되는 기간중의 판매가격으로 한다. 다만, 수입신고일부터 90일이 경과된 후에 판매되는 가격을 제외한다.)의 규정을 적용하지 아니하는 방법[49]

⑤ 그 밖에 거래의 실질 및 관행에 비추어 합리적이라고 인정되는 방법

합리적 기준에 의한 과세가격을 결정함에 있어서는 다음에 해당하는 가격을 기준으로 하여서는 아니된다.(시행령 제29조 2항) 이는 행정편의주의로 인해 자의적으로 가격을 결정할 우려를 감안하여 기준으로 삼을 수 없는 가격의 종류를 정해 놓은 것이다.

① 우리나라에서 생산된 물품의 국내판매가격

② 선택가능한 가격중 반드시 높은 가격을 과세가격으로 하여야 한다는 기준에 따라 결정하는 가격

③ 수출국의 국내판매가격

④ 동종·동질물품 또는 유사물품에 대하여 법 제34조의 규정에 의한 방법외의 방법으로 생산비용을 기초로 하여 결정된 가격

⑤ 우리나라외의 국가에 수출하는 물품의 가격

⑥ 특정수입물품에 대하여 미리 설정하여 둔 최저과세기준가격

⑦ 자의적 또는 가공적인 가격

합리적인 방법으로 과세가격을 결정할 수 없을 때에는 국제거래시세·산지조사가격을 조정한 가격을 적용하는 방법 등 거래의 실질 및 관행에 비추어 합리적으로 인정되는 방법에 따라 과세가격을 결정한다.(관세법 제35조 2항)

실제가격을 기초로 하여 과세가격을 산출하여야 하나, 실제가격을 확인할 수 없는 경우 확인가능한 실제가격에 가장 가까운 상당치에 기초하여야 한다. 실제

49) 수입신고일로부터 180일까지 판매되는 가격을 적용하는 방법(관리규칙 제7조 제3항)

가격에 가장 가까운 상당치인 국제거래시세, 산지조사가격을 기초로 과세가격을 결정할 수 있도록 한 규정이다.

03 과세가격 결정방법의 통보 및 사전심사

1) 과세가격 결정방법 등의 통보

세관장은 납세의무자가 서면으로 요청하면 과세가격을 결정하는 데에 사용한 방법과 과세가격 및 그 산출근거를 그 납세의무자에게 서면으로 통보하여야 한다.(관세법 제36조)

2) 과세가격 결정방법의 사전심사

납세신고를 하여야 하는 자는 과세가격 결정과 관련하여 다음 사항에 관하여 의문이 있을 때에는 가격신고를 하기 전에 대통령령으로 정하는 바에 따라 관세청장에게 미리 심사하여 줄 것을 신청할 수 있다.(관세법 제37조 1항)

① 관세법 제30조 제1항부터 제3항까지에 규정된 사항

- 구매자가 부담하는 수수료와 중개료. 다만, 구매수수료는 제외한다.
- 해당 수입물품과 동일체로 취급되는 용기의 비용과 해당 수입물품의 포장에 드는 노무비와 자재비로서 구매자가 부담하는 비용
- 구매자가 해당 수입물품의 생산 및 수출거래를 위하여 대통령령으로 정하는 물품 및 용역을 무료 또는 인하된 가격으로 직접 또는 간접으로 공급한 경우에는 그 물품 및 용역의 가격 또는 인하차액을 해당 수입물품의 총생산량 등 대통령령으로 정하는 요소를 고려하여 적절히 배분한 금액

② 제1평가방법으로 과세가격을 결정할 수 없는 경우에 적용되는 과세가격 결정방법

③ 특수관계가 있는 자들 간에 거래되는 물품의 과세가격 결정 방법

위의 규정에 따른 신청을 받은 관세청장은 대통령령으로 정하는 기간 이내에 과세가격의 결정방법을 심사한 후 그 결과를 신청인에게 통보하여야 한다.(관세법 제37조 2항)

여기서 "대통령령으로 정하는 기간"이란 다음의 구분에 따른 기간을 말한다. 이 경우 관세청장이 제출된 과세가격 결정에 관한 사전심사 신청서 및 서류의 보완을 요구한 경우에는 그 기간은 산입하지 아니한다.(시행령 제31조 3항)

① 위의 ①, ②에 해당하는 경우 : 1개월

② 위의 ③에 해당하는 경우 : 1년

위의 과세가격 결정과 관련하여 사전심사를 신청하여 관세청장으로부터 결과를 통보 받은 자가 그 결과에 이의가 있는 경우에는 그 결과를 통보받은 날부터 30일 이내에 대통령령으로 정하는 바에 따라 관세청장에게 재심사를 신청할 수 있다. 이 경우 재심사의 기간 및 결과의 통보에 관하여는 위의 기간을 준용한다. (관세법 제37조 3항)

세관장은 관세의 납세의무자가 통보된 과세가격의 결정방법에 따라 납세신고를 한 경우 대통령령으로 정하는 요건을 갖춘 때에는 그 결정방법에 따라 과세가격을 결정하여야 한다.(관세법 제37조 4항) 여기서 "대통령령으로 정하는 요건"이란 다음요건을 말한다.(시행령 제31조 5항)

① 과세가격 결정방법의 사전심사 신청인과 납세의무자가 동일할 것

② 과세가격 결정방법의 사전심사 신청시 제출된 내용에 거짓이 없고 그 내용이 가격신고된 내용과 같을 것

③ 사전심사의 기초가 되는 법령이나 거래관계 등이 달라지지 아니하였을 것

④ 과세가격결정 방법 사전 심사 결과의 통보일로부터 3년 이내에 신고될 것

특수관계가 있는 자들 간에 거래되는 물품의 과세가격 결정 방법(법 제37조 제1항 제3호)에 대해 사전심사를 신청하여 결과를 통보받은 자는 심사결과 결정된 과세가격 결정방법을 적용하여 산출한 과세가격 및 그 산출과정 등이 포함된 보고서를 대통령령으로 정하는 바에 따라 관세청장에게 제출하여야 한다.(관세법 제37조 5항)

관세청장은 위의 보고서를 제출하지 아니하는 등 대통령령으로 정하는 사유에 해당하는 경우에는 사전심사 결과를 변경, 철회 또는 취소할 수 있다. 이 경우 관세청장은 사전심사를 신청한 자에게 그 사실을 즉시 통보하여야 한다.(관세법 제37조 6항)

3) 관세의 과세가격 결정방법과 국세의 정상가격 산출방법의 사전조정

관세법 제37조 제1항 제3호(③ 특수관계가 있는 자들 간에 거래되는 물품의 과세가격 결정 방법)에 관하여 의문이 있어 사전심사를 신청하는 자는 관세의 과세가격과 국세의 정상가격을 사전에 조정(이하 이 조에서 "사전조정"이라 한다)받기 위하여 「국제조세조정에 관한 법률」 제6조 제1항에 따른 정상가격 산출방법의 사전승인(같은 조 제2항 단서에 따른 일방적 사전승인의 대상인 경우에 한정한다)을 관세청장에게 동시에 신청할 수 있다.(관세법 제37조의2 1항)

관세청장은 위의 규정에 따른 신청을 받은 경우에는 국세청장에게 정상가격 산출방법의 사전승인 신청서류를 첨부하여 신청을 받은 사실을 통보하고, 국세청장과 과세가격 결정방법, 정상가격 산출방법 및 사전조정 가격의 범위에 대하여 대통령령으로 정하는 바에 따라 협의하여야 한다.(관세법 제37조의2 2항)

관세청장은 이 같은 협의가 이루어진 경우에는 사전조정을 하여야 한다.(관세법 제37조의2 3항)

관세청장은 위의 규정에 따른 사전조정 신청의 처리결과를 사전조정을 신청한 자와 기획재정부장관에게 통보하여야 한다.(관세법 제37조의2 4항)

04 과세가격결정에 필요한 세부사항의 결정과 가산율 또는 공제율의 적용

1) 과세가격결정에 필요한 세부사항

관세청장은 다음 하나에 해당하는 물품에 대한 과세가격결정에 필요한 기초자료, 금액의 계산방법 등 과세가격결정에 필요한 세부사항을 정할 수 있다.(시행령 제29조 3항)

① 수입신고전에 변질·손상된 물품

② 여행자 또는 승무원의 휴대품·우편물·탁송품 및 별송품

③ 임차수입물품

④ 중고물품

⑤ 관세법 제188조(제품과세) 단서의 규정에 의하여 외국물품으로 보는 물품

⑥ 범칙물품

⑦ 기타 관세청장이 과세가격결정에 혼란이 발생할 우려가 있다고 인정하는 물품

2) 가산율 또는 공제율의 적용

관세청장 또는 세관장은 장기간 반복하여 수입되는 물품에 대하여 법 제30조[당해 물품의 거래가격을 기초로 한 과세가격의 결정(제1방법)] 제1항이나 법 제33조[국내판매가격을 기초로 한 과세가격의 결정(제4방법)] 제1항 또는 제2항의 규정을 적용함에 있어서 납세의무자의 편의와 신속한 통관업무를 위하여 필요하다고 인정되는 때에는 당해 물품에 대하여 통상적으로 인정되는 가산율 또는 공제율을 정하여 이를 적용할 수 있다.(시행령 제30조 1항)

위의 규정에 의한 가산율 또는 공제율의 적용은 납세의무자의 요청이 있는 경우에 한한다.(시행령 제30조 2항)

05 관세의 부과 등을 위한 정보제공 등

1) 관세의 부과 등을 위한 정보제공

관세청장 또는 세관장은 과세가격의 결정·조정 및 관세의 부과·징수를 위하여 필요한 경우에는 국세청장, 지방국세청장 또는 관할 세무서장에게 대통령령으로 정하는 정보 또는 자료를 요청할 수 있다. 이 경우 요청을 받은 기관은 정당한 사유가 없으면 요청에 따라야 한다.(관세법 제37조의 3)

2) 특수관계자 수입물품 과세가격결정자료 제출

세관장은 제38조(신고납부) 제2항에 따른 세액심사시 특수관계에 있는 자가 수입하는 물품의 과세가격의 적정성을 심사하기 위하여 해당 특수관계자에게 과세가격결정자료를 제출할 것을 요구할 수 있다. 이 경우 자료의 제출범위, 제출방법 등은 대통령령으로 정한다.(관세법 제37조의 4 1항)

세관장은 제출받은 과세가격결정자료에서 제30조(과세가격 결정의 원칙) 제1항 각 호의 어느 하나에 해당하는 금액이 이에 해당하지 아니하는 금액과 합산되어 있는지 불분명한 경우에는 이를 구분하여 계산할 수 있는 객관적인 증명자료의 제출을 요구할 수 있다.(관세법 제37조의 4 2항)

위의 과세가격결정자료의 제출을 요구받은 자는 자료제출을 요구받은 날부터 60일 이내에 해당 자료를 제출하여야 한다. 다만, 대통령령으로 정하는 부득이한 사유로 제출기한의 연장을 신청하는 경우에는 세관장은 한 차례만 60일까지 연장할 수 있다.(관세법 제37조의 4 3항)

세관장은 특수관계에 있는 자가 위의 제2항에 따른 증명자료를 위에서 정한 기한까지 제출하지 아니하는 경우에는 해당 과세가격결정자료에 따른 금액을 제30조(과세가격 결정의 원칙) 제1항 각 호 외의 부분 본문에 따른 거래가격으로 하여 과세가격을 결정할 수 있다. 다만, 특수관계에 있는 자의 요청이 있는 경우에는 제31조부터 제35조까지에 규정된 방법으로 과세가격을 결정하여야 한다.(관세법 제37조의 4 4항)

01 관세율의 개념과 종류

1) 관세율의 개념

세율은 세액을 결정하는데 있어서 과세표준에 대하여 적용되는 비율을 말한다. 관세율은 과세표준인 수입물품의 가격 또는 수량에 대한 관세액의 비율이다. 즉, 관세액은 관세율 × 과세표준으로 산출된다. 세율은 조세법률주의에 따라 국회에서 법률로 정하는 것이 원칙이다.

종가세인 경우 과세표준은 물품의 과세가격, 관세율은 백분율(%)이 되고, 종량세인 경우 과세표준은 물품의 과세수량, 관세율은 1단위 수량당 금액으로 나타낸다.

2) 관세율의 종류

수입물품에 부과되는 관세의 세율은 기본세율, 잠정세율, 관세법 제51조부터 제67조까지, 제67조의2 및 제68조부터 제77조까지의 규정에 따라 대통령령 또는 기

획재정부령이 정하는 세율이 있다.(관세법 제49조)

(1) 기본세율

우리나라 국회에서 법률의 형식으로 제정한 세율을 말하며, 관세법별표 관세율표상에 기본세율로 정해진 관세율을 말한다. 이는 수입물품에 원칙적으로 적용되는 세율이다. 기본세율은 잠정세율의 인상 또는 인하의 기준이 되며 탄력세율 산정의 기준이 된다.

(2) 잠정세율

관세율표상에 기본세율과 함께 잠정세율이란 이름으로 규정되어 있는 세율로서, 특정물품에 대하여 기본세율에 대한 예외적인 세율을 잠정적으로 적용하기 위하여 마련된 세율이다.

(3) 관세법 제51조부터 제67조까지, 제67조의2 및 제68조부터 제77조까지의 규정에 따라 대통령령 또는 기획재정부령이 정하는 세율

① 탄력세율 : 관세법 제51조 내지 제72조, 제74조, 제75조에 규정된 세율을 소위 탄력세율이라고 한다. 관세율은 조세법률주의원칙에 따라 국회에서 법률로서 정해지지만, 급변하는 국내외 경제정세에 신속히 대처하기 위하여 일정한 범위 내에서 행정부에 관세율을 탄력적으로 조정, 변경할 수 있도록 위임할 필요가 있다. 이렇게 행정부가 관세율을 변경, 조정한 관세율을 탄력세율이라고 한다.

② 협정세율 : 협정세율은 대외무역의 증진을 위하여 필요하다고 인정되는 때에 정부가 특정국가 또는 국제기구와 관세에 관한 협상을 수행하는 과정에서 관세율을 양허한 경우의 관세율을 말한다. 관세법 제73조의 국제협력관세, 제76조와 제77조의 일반특혜관세가 이에 해당된다.

※ 탄력세율의 종류

▸ 덤핑방지관세 (관세법 제51조 내지 제56조)
외국의 덤핑판매에 대하여 국내산업을 보호할 필요가 있을 경우 부과

▸ 상계관세 (관세법 제57조 내지 제62조)
외국에서 보조금 또는 장려금을 받은 물품의 수입으로 인한 국내산업의 피해방지를 위하여 부과

▸ 보복관세 (관세법 제63조 및 제64조)
우리나라의 무역이익을 침해하는 나라로부터 수입되는 물품에 대하여 피해상당액의 범위 안에서 관세부과

▸ 긴급관세 (관세법 제65조 내지 제67조)
특정물품의 수입증가로 인하여 국내산업이 피해를 받거나 받을 우려가 있을 때 부과

▸ 농림축산물에 대한 특별긴급관세 (관세법 제68조)
국내외가격차에 상당한 율로 양허한 농림축산물의 수입물량이 급증 하거나 수입가격이 하락하는 경우 양허한 세율을 초과하여 부과

▸ 조정관세 (관세법 제69조 및 제70조)
물품간 세율불균형 해소, 국민보건, 환경보전, 소비자 보호, 국내 시장 및 산업기반 보호 등을 목적으로 부과

▸ 할당관세 (관세법 제71조)
특정물품의 수입촉진, 수입가격이 급등한 물품의 국내가격 안정, 세율불균형 해소를 목적으로 특정물품의 수입에 대하여 일정한 수량의 쿼터를 설정하여 놓고 그 수량 또는 금액만큼 수입되는 분에 대하여는 무세 내지 저세율을 적용하고 그 이상 수입되는 분에 대하여는 고세율 적용

▸ 계절관세 (관세법 제72조)
가격이 계절에 따라 현저하게 차이가 있는 물품으로서 동종물품, 유사물품, 대체물품의 수입으로 인해 국내시장 및 산업이 피해를 받거나 받을 우려가 있을 때 부과

▸ 편익관세 (관세법 제74조 및 제75조)
관세에 관한 조약에 의해 관세상의 편익을 받지 아니 하는 특정 국가에서 생산된 특정물품이 수입될 때 기존 외국과의 조약에 의해 부과하고 있는 편익의 한도 내에서 관세에 관한 편익을 부여하는 것

3) 세율적용의 우선순위

관세율은 아래 <표 2-3>의 순서에 따라 적용한다.(관세법 제50조 1,2항)

〈표 2-3〉 세율적용의 우선순위

1순위	• 덤핑방지관세(제51조) • 상계관세(제57조) • 보복관세(제63조) • 긴급관세(제65조) • 특정국물품긴급관세(제67조의2) • 농림축산물에 대한 특별긴급관세(제68조) • 조정관세(제69조) 부과대상 중 공중도덕 보호, 인간·동물·식물의 생명 및 건강 보호, 환경보전, 유한(有限) 천연자원 보존 및 국제평화와 안전보장 등을 위하여 필요한 경우(제69조 제2호)	최우선 적용
2순위	• 국제협력관세(제73조)* • 편익관세(제74조)	3~6순위 세율보다 낮은 경우에 한해 우선 적용
3순위	• 조정관세(제69조 제1, 3, 4호)**) • 할당관세(제71조) • 계절관세(제72조)	할당관세는 4순위 세율보다 낮은 경우에 한해 우선 적용
4순위	• 일반특혜관세(제76조)	
5순위	• 잠정관세율(제50조)	
6순위	• 기본관세율(제50조)	

* 국제협력관세(제73조) 중 국제기구와 관세에 관한 협상에서 국내외 가격차에 상당하는 율로 양허하거나 국내시장개방과 함께 기본세율보다 높은 세율로 양허한 농림축산물 중 대통령령이 정하는 물품에 대하여 양허한 세율(시장접근물량에 대한 양허세율을 포함한다)은 기본세율 및 잠정세율에 우선하여 적용

** 1. 산업구조의 변동 등으로 물품 간의 세율 불균형이 심하여 이를 시정할 필요가 있는 경우
3. 국내에서 개발된 물품을 일정 기간 보호할 필요가 있는 경우
4. 농림축수산물 등 국제경쟁력이 취약한 물품의 수입증가로 인하여 국내시장이 교란되거나 산업기반이 붕괴될 우려가 있어 이를 시정하거나 방지할 필요가 있는 경우

관세법 별표 관세율표 중 잠정세율의 적용을 받는 물품에 대하여는 대통령령으로 정하는 바에 따라 그 물품의 전부 또는 일부에 대하여 잠정세율의 적용을 정지하거나 기본세율과의 세율차를 좁히도록 잠정세율을 올리거나 내릴 수 있다.(관세법 제50조 4항) 이에 따라 잠정세율의 적용정지나 잠정세율의 인상 또는 인하의 필요

가 있다고 인정되는 때에는 이를 기획재정부장관에게 요청할 수 있으며 요청시 관계부처의 장 또는 이해관계인은 다음의 사항에 관한 자료를 기획재정부장관에게 제출하여야 한다.(시행령 제57조 1,2항)

① 해당 물품의 관세율표 번호·품명·규격·용도 및 대체물품

② 해당 물품의 제조용 투입원료 및 해당 물품을 원료로 하는 관련제품의 제조공정설명서 및 용도

③ 적용을 정지하여야 하는 이유 및 기간

④ 변경하여야 하는 세율·이유 및 그 적용기간

⑤ 최근 1년간의 월별 주요 수입국별 수입가격 및 수입실적

⑥ 최근 1년간의 월별 주요 국내제조업체별 공장도가격 및 출고실적

⑦ 기타 참고사항

기획재정부장관은 잠정세율의 적용정지 등에 관한 사항을 조사하기 위하여 필요하다고 인정되는 때에는 관계기관·수출자·수입자 기타 이해관계인에게 관련자료의 제출 기타 필요한 협조를 요청할 수 있다.(시행령 제57조 3항)

한편 관세법 제51조부터 제67조까지, 제67조의2 및 제68조부터 제77조까지의 규정에 따라 대통령령 또는 기획재정부령으로 정하는 세율(탄력세율, 협정세율)을 적용함에 있어서 별표 관세율표 중 종량세인 경우에는 당해 세율에 상당하는 금액을 적용한다.(관세법 제50조 5항)

02 탄력세율과 협정세율

1) 탄력세율

(1) 덤핑방지관세

① 덤핑방지관세의 부과대상

국내산업에 이해관계가 있는 자로서 대통령령으로 정하는 자 또는 주무부장관의 부과요청을 한 경우로서 외국의 물품이 대통령령으로 정하는 정상가격 이하로 수입(이하 “덤핑”이라 한다)되어 i) 국내산업이 실질적인 피해

를 받거나 받을 우려가 있는 경우 또는 ii) 국내산업의 발전이 실질적으로 지연된 경우에 해당하는 것(이하 "실질적 피해 등"이라 한다)으로 조사를 통하여 확인되고 해당 국내산업을 보호할 필요가 있다고 인정되는 경우에는 기획재정부령으로 그 물품과 공급자 또는 공급국을 지정하여 해당 물품에 대하여 정상가격과 덤핑가격 간의 차액(이하 "덤핑차액"이라 한다)에 상당하는 금액 이하의 관세 즉, 덤핑방지관세를 추가하여 부과할 수 있다.(관세법 제51조)

여기서 "정상가격"이라 함은 당해 물품의 공급국에서 소비되는 동종물품의 통상거래가격을 말한다. 다만, 동종물품이 거래되지 아니하거나 특수한 시장상황 등으로 인하여 통상거래가격을 적용할 수 없는 때에는 당해 국가에서 제3국으로 수출되는 수출가격 중 대표적인 가격으로서 비교 가능한 가격 또는 원산지국에서의 제조원가에 합리적인 수준의 관리비 및 판매비와 이윤을 합한 가격(이하 "구성가격"이라 한다)을 정상가격으로 본다.(시행령 제58조 1항)

당해 물품의 원산지국으로부터 직접 수입되지 아니하고 제3국을 거쳐 수입되는 경우에는 그 제3국의 통상거래가격을 정상가격으로 본다. 다만, 그 제3국안에서 당해 물품을 단순히 옮겨 싣거나 동종물품의 생산실적이 없는 때 또는 그 제3국내에 통상거래가격으로 인정될 가격이 없는 때에는 원산지국의 통상거래가격을 정상가격으로 본다.(시행령 제58조 2항)

당해 물품이 통제경제를 실시하는 시장경제체제가 확립되지 아니한 국가로부터 수입되는 때에는 위의 규정에 불구하고 i) 우리나라를 제외한 시장경제국가에서 소비되는 동종물품의 통상거래가격 또는 ii) 우리나라를 제외한 시장경제국가에서 우리나라를 포함한 제3국으로의 수출가격 또는 구성가격을 정상가격으로 본다. 다만, 시장경제체제가 확립되지 아니한 국가가 시장경제로의 전환체제에 있는 등 기획재정부령이 정하는 경우에는 위의 규정에 따른 통상거래가격 등을 정상가격으로 볼 수 있다.(시행령 제58조 3항)

또한 "덤핑가격"이라 함은 덤핑 및 실질적 피해 등의 조사가 개시된 조사대상물품에 대하여 실제로 지급하였거나 지급하여야 하는 가격을 말한다. 다만, 공급자와 수입자 또는 제3자 사이에 특수관계 또는 보상약정이 있어 실제로 지급하였거나 지급하여야 하는 가격에 의할 수 없는 때에는 i) 수입물품이 그 특수관계 또는 보상약정이 없는 구매자에게 최초로 재판매된 경우에는 기획재정부령이 정하는 바에 따라 그 재판매 가격을 기초로 산정한

가격, ii) 수입물품이 그 특수관계 또는 보상약정이 없는 구매자에게 재판매된 실적이 없거나 수입된 상태로 물품이 재판매되지 아니하는 때에는 기획재정부령이 정하는 합리적인 기준에 의한 가격을 덤핑가격으로 할 수 있다.(시행령 제58조 4항)

한편 정상가격과 덤핑가격의 비교는 가능한 한 동일한 시기 및 동일한 거래단계(통상적으로 공장도 거래단계를 말한다)에서 비교하여야 한다. 이 경우 당해 물품의 물리적 특성, 판매수량, 판매조건, 과세상의 차이, 거래단계의 차이, 환율변동 등이 가격비교에 영향을 미치는 경우에는 기획재정부령이 정하는 바에 따라 정상가격 및 덤핑가격을 조정하여야 하며, 덤핑률 조사대상기간은 6월 이상의 기간으로 한다.(시행령 제58조 5항)

이해관계인은 물리적 특성, 판매수량 및 판매조건의 차이로 인하여 덤핑가격 또는 정상가격의 가격조정을 요구하는 때에는 그러한 차이가 시장가격 또는 제조원가에 직접적으로 영향을 미친다는 사실을 입증하여야 한다.(시행령 제58조 6항)

② 덤핑 및 실질적 피해등의 조사

덤핑사실과 실질적 피해등의 사실에 관한 조사는 대통령령으로 정하는 바에 따른다.(관세법 제52조 1항)

기획재정부장관은 덤핑방지관세를 부과할 때 관련 산업의 경쟁력 향상, 국내 시장구조, 물가안정, 통상협력 등을 고려할 필요가 있는 경우에는 이를 조사하여 반영할 수 있다.(관세법 제52조 2항)

③ 덤핑방지관세를 부과하기 전의 잠정조치

기획재정부장관은 덤핑방지관세의 부과여부를 결정하기 위하여 조사가 개시된 경우로서 다음 하나에 해당하는 경우에는 조사기간 중에 발생하는 피해를 방지하기 위하여 해당 조사가 종결되기 전이라도 대통령령으로 정하는 바에 따라 그 물품과 공급자 또는 공급국 및 기간을 정하여 잠정적으로 추계된 덤핑차액에 상당하는 금액 이하의 잠정덤핑방지관세를 추가하여 부과하도록 명하거나 담보를 제공하도록 명하는 조치(이하 (1) 덤핑방지관세에서 "잠정조치"라 한다)를 할 수 있다.(관세법 제53조 1항)

- 해당 물품에 대한 덤핑사실 및 그로 인한 실질적 피해등의 사실이 있다고 추정되는 충분한 증거가 있는 경우

- 관세법 제54조(덤핑방지관세와 관련된 약속의 제의)의 규정에 따른 약속을 위반하거나 약속의 이행에 관한 자료제출 요구 및 제출자료의 검증허용 요구에 응하지 아니한 경우로서 이용할 수 있는 최선의 정보가 있는 경우

한편 다음 하나에 해당하는 경우에는 대통령령으로 정하는 바에 따라 납부된 잠정덤핑방지관세를 환급하거나 제공된 담보를 해제하여야 한다.(관세법 제53조 2항)

- 잠정조치를 한 물품에 대한 덤핑방지관세의 부과요청이 철회되어 조사가 종결된 경우
- 잠정조치를 한 물품에 대한 덤핑방지관세의 부과여부가 결정된 경우
- 관세법 제54조(덤핑방지관세와 관련된 약속의 제의)에 따른 약속이 수락된 경우

다음 하나에 해당하는 경우 덤핑방지관세액이 잠정덤핑방지관세액을 초과할 때에는 그 차액을 징수하지 아니하며, 덤핑방지관세액이 잠정덤핑방지관세액에 미달될 때에는 그 차액을 환급하여야 한다.(관세법 제53조 3항)

- 덤핑과 그로 인한 산업피해를 조사한 결과 해당 물품에 대한 덤핑 사실 및 그로 인한 실질적 피해등의 사실이 있는 것으로 판정된 이후에 관세법 제54조(덤핑방지관세와 관련된 약속의 제의)에 따른 약속이 수락된 경우
- 관세법 제55조(덤핑방지관세의 부과 시기) 단서에 따라 덤핑방지관세를 소급하여 부과하는 경우

④ 덤핑방지관세와 관련된 약속의 제의

덤핑방지관세의 부과여부를 결정하기 위한 예비조사결과 해당 물품에 대한 덤핑사실 및 그로 인한 실질적 피해등의 사실이 있는 것으로 판정된 경우 해당 물품의 수출자 또는 기획재정부장관은 대통령령으로 정하는 바에 따라 덤핑으로 인한 피해가 제거될 정도의 가격수정이나 덤핑수출의 중지에 관한 약속을 제의할 수 있다.(관세법 제54조 1항)

이러한 약속이 수락된 경우 기획재정부장관은 잠정조치 또는 덤핑방지관세의 부과 없이 조사가 중지 또는 종결되도록 하여야 한다. 다만, 기획재정

부장관이 필요하다고 인정하거나 수출자가 조사를 계속하여 줄 것을 요청한 경우에는 그 조사를 계속할 수 있다.(관세법 제54조 2항)

⑤ 덤핑방지관세의 부과시기

덤핑방지관세의 부과와 잠정조치는 각각의 조치일 이후 수입되는 물품에 대하여 적용된다. 다만, 잠정조치가 적용된 물품에 대하여 국제협약에서 달리 정하는 경우와 그 밖에 대통령령으로 정하는 경우에는 그 물품에 대하여도 덤핑방지관세를 부과할 수 있다.(관세법 제55조)

⑥ 덤핑방지관세에 대한 재심사 등

기획재정부장관은 필요하다고 인정될 때에는 대통령령으로 정하는 바에 따라 덤핑방지관세의 부과와 관세법 제54조(덤핑방지관세와 관련된 약속의 제의)에 따른 약속에 대하여 재심사를 할 수 있으며, 재심사의 결과에 따라 덤핑방지관세의 부과, 약속의 내용변경, 환급 등 필요한 조치를 할 수 있다.(관세법 제56조 1항)

덤핑방지관세의 부과나 관세법 제54조(덤핑방지관세와 관련된 약속의 제의)의 규정에 의하여 수락된 약속은 기획재정부령으로 그 적용시한을 따로 정하는 경우를 제외하고는 해당 덤핑방지관세 또는 약속의 시행일부터 5년이 지나면 그 효력을 잃으며, 위의 규정(관세법 제56조 1항)에 따라 덤핑과 산업피해를 재심사하고 그 결과에 따라 내용을 변경할 때에는 기획재정부령으로 그 적용시한을 따로 정하는 경우를 제외하고는 변경된 내용의 시행일부터 5년이 지나면 그 효력을 잃는다.(관세법 제56조 2항)

덤핑방지관세의 부과 및 시행 등에 관하여 필요한 사항은 대통령령으로 정한다.(관세법 제56조 3항)

(2) 상계관세

① 상계관세의 부과대상

국내산업에 이해관계가 있는 자로서 대통령령으로 정하는 자 또는 주무부장관이 부과요청을 한 경우로서 외국에서 제조·생산 또는 수출에 관하여 직접 또는 간접으로 보조금이나 장려금(이하 "보조금등"이라 한다)을 받은 물품의 수입으로 인하여 i) 국내산업이 실질적인 피해를 받거나 받을 우려가 있는 경우 또는 ii) 국내산업의 발전이 실질적으로 지연된 경우에 해당하는 것(이하 "실질적 피해 등"이라 한다)으로 조사를 통하여 확인되고, 해당 국내산업을 보호할 필요가 있다고 인정되는 경우에는 기획재정부령으로 그 물품과 수출자 또는 수출국을 지정하여 그 물품에 대하여 해당 보조금등의 금액 이하의 관세(이하 "상계관세"라 한다)를 추가하여 부과할 수 있다.(관세법 제57조)

여기서 "보조금등"은 정부·공공기관 등의 재정지원 등에 의한 혜택 중 특정성이 있는 것을 말한다. 다만, 기획재정부령이 정하는 보조금 또는 장려금은 제외한다. "특정성"이라 함은 보조금등이 특정기업이나 산업 또는 특정기업군이나 산업군에 지급되는 경우를 말하며, 구체적인 판별기준은 기획재정부령으로 정한다. 보조금등의 금액은 수혜자가 실제로 받는 혜택을 기준으로 하여 기획재정부령이 정하는 바에 따라 계산한다.(시행령 제72조 1,2,3항)

② 보조금등의 지급과 실질적 피해등의 조사

보조금등의 지급과 실질적 피해등의 사실에 관한 조사는 대통령령으로 정하는 바에 따르며(관세법 제58조 1항) 기획재정부장관은 상계관세를 부과할 때 관련 산업의 경쟁력 향상, 국내 시장구조, 물가안정, 통상협력 등을 고려할 필요가 있는 경우에는 이를 조사하여 반영할 수 있다.(관세법 제58조 2항)

③ 상계관세를 부과하기 전의 잠정조치

기획재정부장관은 상계관세의 부과여부를 결정하기 위하여 조사가 개시된 물품이 보조금등을 받아 수입되어 다음 하나에 해당한다고 인정되는 경우에는 대통령령으로 정하는 바에 따라 국내산업의 보호를 위하여 조사가 종결되기 전이라도 그 물품의 수출자 또는 수출국 및 기간을 정하여 보조금등의 추정액에 상당하는 금액 이하의 잠정상계관세를 부과하도록 명하거나 담보를 제공하도록 명하는 조치(이하 "잠정조치"라 한다)를 할 수 있다.(관세법 제59조 1항)

- 국내산업에 실질적 피해등이 발생한 사실이 있다고 추정되는 충분한 증거가 있음이 확인되는 경우
- 관세법 제60조(상계관세와 관련된 약속의 제의)에 따른 약속을 철회하거나 위반한 경우와 그 약속의 이행에 관한 자료를 제출하지 아니한 경우로서 이용할 수 있는 최선의 정보가 있는 경우

잠정조치가 취하여진 물품에 대하여 상계관세의 부과요청이 철회되어 조사가 종결되거나 상계관세의 부과여부가 결정된 경우 또는 제60조에 따른 약속이 수락된 경우에는 대통령령으로 정하는 바에 따라 납부된 잠정상계관세를 환급하거나 제공된 담보를 해제하여야 한다. 다만, 다음 하나에 해당하는 경우 상계관세액이 잠정상계관세액을 초과할 때에는 그 차액을 징수하지 아니하고, 상계관세액이 잠정상계관세액에 미달될 때에는 그 차액을 환급하여야 한다.(관세법 제59조 2항)

- 보조금등의 지급과 그로 인한 산업피해를 조사한 결과 해당 물품에 대한 보조금등의 지급과 그로 인한 실질적 피해등의 사실이 있다고 판정된 이후에 제60조(상계관세와 관련된 약속의 제의에 따른 약속이 수락된 경우
- 제61조(상계관세의 부과 시기) 단서에 따라 상계관세를 소급하여 부과하는 경우

④ 상계관세와 관련된 약속의 제의

상계관세의 부과여부를 결정하기 위한 예비조사를 한 결과 보조금등의 지급과 그로 인한 실질적 피해등의 사실이 있는 것으로 판정된 경우 해당 물품의 수출국정부 또는 기획재정부장관은 대통령령으로 정하는 바에 따라 해당 물품에 대한 보조금등을 철폐 또는 삭감하거나 보조금등의 국내산업에 대한 피해효과를 제거하기 위한 적절한 조치에 관한 약속을 제의할 수 있으며, 해당 물품의 수출자는 수출국정부의 동의를 얻어 보조금등의 국내산업에 대한 피해효과가 제거될 수 있을 정도로 가격을 수정하겠다는 약속을 제의할 수 있다.(관세법 제60조 1항) 이러한 약속이 수락된 경우 기획재정부장관은 잠정조치 또는 상계관세의 부과 없이 조사가 중지 또는 종결되도록 하여야 한다. 다만, 기획재정부장관이 필요하다고 인정하거나 수출국 정부가 피해 조사를 계속하여 줄 것을 요청한 경우에는 그 조사를 계속할 수 있다.(관세법 제60조 2항)

⑤ 상계관세의 부과시기

상계관세의 부과와 잠정조치는 각각의 조치일 이후 수입되는 물품에 대하여 적용된다. 다만, 잠정조치가 적용된 물품에 대하여 국제협약에서 달리 정하고 있는 경우와 그 밖에 대통령령으로 정하는 경우에는 그 물품에 대

하여도 상계관세를 부과할 수 있다.(관세법 제61조)

⑥ 상계관세에 대한 재심사 등

기획재정부장관은 필요하다고 인정될 때에는 대통령령으로 정하는 바에 따라 상계관세의 부과와 제60조에 따른 약속에 대하여 재심사를 할 수 있으며, 재심사의 결과에 따라 상계관세의 부과, 약속 내용의 변경, 환급 등 필요한 조치를 할 수 있다.(관세법 제62조 1항)

상계관세의 부과나 제60조에 따라 수락된 약속은 기획재정부령으로 그 적용시한을 따로 정하는 경우를 제외하고는 해당 상계관세 또는 약속의 시행일부터 5년이 지나면 그 효력을 잃으며, 제1항에 따라 보조금등의 지급과 산업피해를 재심사하고 그 결과에 따라 내용을 변경할 때에는 기획재정부령으로 그 적용시한을 따로 정하는 경우를 제외하고는 변경된 내용의 시행일부터 5년이 지나면 그 효력을 잃는다.(관세법 제62조 2항)

상계관세의 부과 및 시행 등에 관하여 필요한 사항은 대통령령으로 정한다.(관세법 제62조 3항)

(3) 보복관세

① 보복관세의 부과대상

교역상대국이 우리나라의 수출물품 등에 대하여 다음 어느 하나에 해당하는 행위를 하여 우리나라의 무역이익이 침해되는 경우에는 그 나라로부터 수입되는 물품에 대하여 피해상당액의 범위에서 관세(이하 "보복관세"라 한다)를 부과할 수 있다.(관세법 제63조 1항)

㉠ 관세 또는 무역에 관한 국제협정이나 양자 간의 협정 등에 규정된 우리나라의 권익을 부인하거나 제한하는 경우

㉡ 그 밖에 우리나라에 대하여 부당하거나 차별적인 조치를 하는 경우

보복관세를 부과하여야 하는 대상국가·물품·수량·세율·적용시한 기타 필요한 사항에 관하여는 대통령령으로 정한다.(관세법 제63조 2항)

② 보복관세의 부과에 관한 협의

기획재정부장관은 보복관세를 부과할 때 필요하다고 인정되는 경우에는 관련 국제기구 또는 당사국과 미리 협의할 수 있다.(관세법 제64조)

(4) 긴급관세

① 긴급관세의 부과대상 등

특정물품의 수입증가로 인하여 동종물품 또는 직접적인 경쟁관계에 있는 물품을 생산하는 국내산업(이하 "국내산업"이라 한다)이 심각한 피해를 받거나 받을 우려(이하 "심각한 피해등"이라 한다)가 있음이 조사를 통하여 확인되고 해당 국내산업을 보호할 필요가 있다고 인정되는 경우에는 해당 물품에 대하여 심각한 피해등을 방지하거나 치유하고 조정을 촉진(이하 "피해의 구제등"이라 한다)하기 위하여 필요한 범위에서 관세(이하 "긴급관세"라 한다)를 추가하여 부과할 수 있다.(관세법 제65조 1항)

긴급관세는 해당 국내산업의 보호 필요성, 국제통상관계, 긴급관세 부과에 따른 보상 수준 및 국민경제 전반에 미치는 영향 등을 검토하여 부과 여부와 그 내용을 결정한다.(관세법 제65조 2항)

기획재정부장관은 긴급관세를 부과하는 경우에는 이해당사국과 긴급관세 부과의 부정적 효과에 대한 적절한 무역보상방법에 관하여 협의를 할 수 있다(관세법 제65조 3항)

긴급관세의 부과와 잠정긴급관세의 부과는 각각의 부과조치 결정 시행일 이후 수입되는 물품에 한정하여 적용한다.(관세법 제65조 4항)

긴급관세의 부과기간은 4년을 초과할 수 없으며, 잠정긴급관세는 200일을 초과하여 부과할 수 없다. 다만, 제67조(긴급관세에 대한 재심사 등)에 따른 재심사의 결과에 따라 부과기간을 연장하는 경우에는 잠정긴급관세의 부과기간, 긴급관세의 부과기간, 「대외무역법」 제39조 제1항에 따른 수입수량제한 등의 적용기간 및 그 연장기간을 포함한 총 적용기간은 8년을 초과할 수 없다.(관세법 제65조 5항)

긴급관세 또는 잠정긴급관세를 부과하여야 하는 대상 물품, 세율, 적용기간, 수량, 수입관리방안, 그 밖에 필요한 사항은 기획재정부령으로 정한다.(관세법 제65조 6항)

기획재정부장관은 긴급관세 또는 잠정긴급관세의 부과 여부를 결정하기 위하여 필요하다고 인정되는 경우에는 관계 행정기관의 장 및 이해관계인 등에게 관련 자료의 제출 등 필요한 협조를 요청할 수 있다.(관세법 제65조 7항)

② 잠정긴급관세의 부과 등

긴급관세의 부과 여부를 결정하기 위하여 조사가 시작된 물품 또는 「불공정무역행위 조사 및 산업피해구제에 관한 법률」 제7조 제1항에 따라 잠정조치가 건의된 물품에 대하여 조사기간 중에 발생하는 심각한 피해등을 방지하지 아니하는 경우 회복하기 어려운 피해가 초래되거나 초래될 우려가 있다고 판단될 때에는 조사가 종결되기 전에 피해의 구제등을 위하여 필요한 범위에서 잠정긴급관세를 추가하여 부과할 수 있다.(관세법 제66조 1항)

긴급관세의 부과 또는 수입수량제한등의 조치 여부를 결정한 때에는 제1항에 따른 잠정긴급관세의 부과를 중단한다.(관세법 제66조 2항)

긴급관세의 부과 또는 수입수량제한등의 조치 여부를 결정하기 위하여 조사한 결과 수입증가가 국내산업에 심각한 피해를 초래하거나 초래할 우려가 있다고 판단되지 아니하는 경우에는 납부된 잠정긴급관세를 환급하여야 한다.(관세법 제66조 3항)

③ 긴급관세에 대한 재심사 등

기획재정부장관은 필요하다고 인정되는 때에는 긴급관세의 부과결정에 대하여 재심사를 할 수 있으며, 재심사결과에 따라 부과내용을 변경할 수 있다. 이 경우 변경된 내용은 최초의 조치내용보다 더 강화되어서는 아니된다.(관세법 제67조)

(5) 특정국물품긴급관세 부과

① 부과요건

국제조약 또는 일반적인 국제법규에 따라 허용되는 한도에서 대통령령으로 정하는 국가를 원산지로 하는 물품(이하 "특정국물품"이라 한다)이 다음 어느 하나에 해당하는 것으로 조사를 통하여 확인된 경우에는 피해를 구제하거나 방지하기 위하여 필요한 범위에서 관세(이하 "특정국물품 긴급관세"라 한다)를 추가하여 부과할 수 있다.(관세법 제67조의2 1항)

㉠ 해당 물품의 수입증가가 국내시장의 교란 또는 교란우려의 중대한 원인이 되는 경우

㉡ 세계무역기구 회원국이 해당 물품의 수입증가에 대하여 자국의 피해를 구제하거나 방지하기 위하여 한 조치로 인하여 중대한 무역전환이 발

생하여 해당 물품이 우리나라로 수입되거나 수입될 우려가 있는 경우

여기서 "국내시장의 교란 또는 교란우려"란 특정국물품의 수입증가로 인하여 동종물품 또는 직접적인 경쟁관계에 있는 물품을 생산하는 국내산업이 실질적 피해를 받거나 받을 우려가 있는 경우를 말한다.(관세법 제67조의2 2항)

특정국물품 긴급관세 또는 특정국물품 잠정긴급관세를 부과하여야 하는 대상 물품, 세율, 적용기간, 수량, 수입관리방안 등에 관하여 필요한 사항은 기획재정부령으로 정한다.(관세법 제67조의2 3항)

② 이해당사국과의 협의

기획재정부장관은 특정국물품 긴급관세를 부과할 때에는 이해당사국과 해결책을 모색하기 위하여 사전 협의를 할 수 있다.(관세법 제67조의2 4항)

③ 특정국물품잠정긴급관세의 부과 및 환급

관세법 제67조의 1 제1항 제1호(해당 물품의 수입증가가 국내시장의 교란 또는 교란우려의 중대한 원인이 되는 경우)에 따라 특정국물품 긴급관세의 부과 여부를 결정하기 위한 조사가 시작된 물품에 대하여 조사기간 중에 발생하는 국내시장의 교란을 방지하지 아니하는 경우 회복하기 어려운 피해가 초래되거나 초래될 우려가 있다고 판단될 때에는 조사가 종결되기 전에 피해를 구제하거나 방지하기 위하여 필요한 범위에서 특정국물품에 대한 잠정긴급관세(이하 "특정국물품 잠정긴급관세"라 한다)를 200일의 범위에서 부과할 수 있다.(관세법 제67조의2 5항)

특정국물품 긴급관세의 부과 여부를 결정하기 위하여 조사한 결과 국내시장의 교란 또는 교란우려가 있다고 판단되지 아니하는 경우에는 제5항에 따라 납부된 특정국물품 잠정긴급관세를 환급하여야 한다.(관세법 제67조의2 6항)

④ 특정국물품긴급관세의 부과중지

관세법 제67조의 1 제1항 제2호(세계무역기구 회원국이 해당 물품의 수입증가에 대하여 자국의 피해를 구제하거나 방지하기 위하여 한 조치로 인하여 중대한 무역전환이 발생하여 해당 물품이 우리나라로 수입되거나 수입될 우려가 있는 경우)에 따른 특정국물품 긴급관세 부과의 원인이 된 세계무역기구 회원국의 조치가 종료된 때에는 그 종료일부터 30일 이내에 특정국물품 긴급관세 부과를 중지하여야 한다.(관세법 제67조의2 7항)

⑤ 특정국물품 (잠정)긴급관세에 대한 (잠정)긴급관세 규정 준용

특정국물품 긴급관세 또는 특정국물품 잠정긴급관세의 부과에 관하여는 제65조(긴급관세의 부과대상 등)제2항·제4항·제7항, 제66조(잠정긴급관세의 부과 등)제2항 및 제67조(긴급관세에 대한 재심사 등)를 준용한다.(관세법 제67조의2 8항)

(6) 농림축산물에 대한 특별긴급관세

관세법 제73조(국제협력관세)에 따라 국내외 가격차에 상당한 율로 양허한 농림축산물의 수입물량이 급증하거나 수입가격이 하락하는 경우에는 대통령령으로 정하는 바에 따라 양허한 세율을 초과하여 관세(이하 "특별긴급관세"라 한다)를 부과할 수 있다.(관세법 제68조 1항)

특별긴급관세를 부과하여야 하는 대상물품·세율·적용시한·수량 등은 기획재정부령으로 정한다.(관세법 제68조 2항)

(7) 조정관세

① 조정관세의 부과대상

다음 하나에 해당하는 경우에는 100분의 100에서 해당 물품의 기본세율을 뺀 율을 기본세율에 더한 율의 범위에서 관세를 부과할 수 있다. 다만, 농림축수산물 또는 이를 원재료로 하여 제조된 물품의 국내외 가격차가 해당 물품의 과세가격을 초과하는 경우에는 국내외 가격차에 상당하는 율의 범위에서 관세를 부과할 수 있다.(관세법 제69조)

㉠ 산업구조의 변동 등으로 물품 간의 세율 불균형이 심하여 이를 시정할 필요가 있는 경우

㉡ 공중도덕 보호, 인간·동물·식물의 생명 및 건강 보호, 환경보전, 유한(有限) 천연자원 보존 및 국제평화와 안전보장 등을 위하여 필요한 경우

㉢ 국내에서 개발된 물품을 일정 기간 보호할 필요가 있는 경우

㉣ 농림축수산물 등 국제경쟁력이 취약한 물품의 수입증가로 인하여 국내시장이 교란되거나 산업기반이 붕괴될 우려가 있어 이를 시정하거나 방지할 필요가 있는 경우

② 조정관세의 적용세율 등

조정관세는 해당 국내산업의 보호 필요성, 국제통상관계, 국제평화·국가안보·사회질서·국민경제 전반에 미치는 영향 등을 검토하여 부과 여부와 그 내용을 정한다.(관세법 제70조 1항)

조정관세를 부과하여야 하는 대상 물품, 세율 및 적용시한 등은 대통령령으로 정한다.(관세법 제70조 2항)

(8) 할당관세

다음 하나에 해당하는 경우에는 100분의 40의 범위의 율을 기본세율에서 빼고 관세를 부과할 수 있다. 이 경우 필요하다고 인정될 때에는 그 수량을 제한할 수 있다.(관세법 제71조 1항)

① 원활한 물자수급 또는 산업의 경쟁력 강화를 위하여 특정물품의 수입을 촉진할 필요가 있는 경우

② 수입가격이 급등한 물품 또는 이를 원재료로 한 제품의 국내가격을 안정시키기 위하여 필요한 경우

③ 유사물품 간의 세율이 현저히 불균형하여 이를 시정할 필요가 있는 경우 원활한 물자수급 또는 산업의 경쟁력 강화를 위하여 특정물품의 수입을 촉진시킬 필요가 있는 경우

특정물품의 수입을 억제할 필요가 있는 경우에는 일정한 수량을 초과하여 수입되는 분에 대하여 100분의 40의 범위의 율을 기본세율에 더하여 관세를 부과할 수 있다. 다만, 농림축수산물인 경우에는 기본세율에 동종물품·유사물품 또는 대체물품의 국내외 가격차에 상당하는 율을 더한 율의 범위에서 관세를 부과할 수 있다.(관세법 제71조 2항)

위의 규정에 따른 관세를 부과하여야 하는 대상 물품, 수량, 세율, 적용기간 등은 대통령령으로 정한다.(관세법 제71조 3항)

기획재정부장관은 매 회계연도 종료 후 5개월 이내에 위의 규정에 따른 관세의 전년도 부과 실적 및 그 결과(관세 부과의 효과 등을 조사·분석한 보고서를 포함한다)를 국회 소관 상임위원회에 보고하여야 한다.[50](관세법 제71조 4항)

---

50) 2015년 1월 1일부터 시행

(9) 계절관세

계절에 따라 가격의 차이가 심한 물품으로서 동종물품·유사물품 또는 대체물품의 수입으로 인하여 국내시장이 교란되거나 생산 기반이 붕괴될 우려가 있을 때에는 계절에 따라 해당 물품의 국내외 가격차에 상당하는 율의 범위에서 기본세율보다 높게 관세를 부과하거나 100분의 40의 범위의 율을 기본세율에서 빼고 관세를 부과할 수 있다.(관세법 제72조 1항)

계절관세를 부과하여야 하는 대상 물품, 세율 및 적용시한 등은 기획재정부령으로 정한다.(관세법 제72조 2항)

(10) 편익관세

① 편익관세의 적용기준 등

관세에 관한 조약에 따른 편익을 받지 아니하는 나라의 생산물로서 우리나라에 수입되는 물품에 대하여 이미 체결된 외국과의 조약에 따른 편익의 한도에서 관세에 관한 편익(이하 "편익관세"라 한다)을 부여할 수 있다.(관세법 제74조 1항) 편익관세를 부여할 수 있는 대상 국가, 대상 물품, 적용 세율, 적용방법, 그 밖에 필요한 사항은 대통령령으로 정한다.(관세법 제74조 2항)

편익관세적용대상국가(시행령 제95조 제1항)

지 역	국 가
1. 아시아	부탄
2. 중동	이란·이라크·레바논·시리아
3. 대양주	나우루
4. 아프리카	코모로·에디오피아·소말리아
5. 유럽	안도라·모나코·산마리노·바티칸·덴마크(그린란드 및 페로제도에 한정한다.)

② 편익관세의 적용정지 등

기획재정부장관은 다음 어느 하나에 해당하는 경우에는 국가, 물품 및 기간을 지정하여 편익관세의 적용을 정지시킬 수 있다.(관세법 제75조)

㉠ 편익관세의 적용으로 국민경제에 중대한 영향이 초래되거나 초래될 우

려가 있는 경우

㉡ 그 밖에 편익관세의 적용을 정지시켜야 할 긴급한 사태가 있는 경우

2) 협정관세

(1) 국제협력관세

정부는 우리나라의 대외무역 증진을 위하여 필요하다고 인정될 때에는 특정 국가 또는 국제기구와 관세에 관한 협상을 할 수 있다.(관세법 제73조 1항)

위의 규정에 따른 협상을 수행할 때 필요하다고 인정되면 관세를 양허할 수 있다. 다만, 특정 국가와 협상할 때에는 기본 관세율의 100분의 50의 범위를 초과하여 관세를 양허할 수 없다.(관세법 제73조 2항)

위의 규정에 따른 관세를 부과하여야 하는 대상 물품, 세율 및 적용기간 등은 대통령령으로 정한다.(관세법 제73조 3항)

(2) 일반특혜관세

① 일반특혜관세의 적용기준

대통령령으로 정하는 개발도상국가(이하 "특혜대상국"이라 한다)를 원산지로 하는 물품 중 대통령령으로 정하는 물품(이하 "특혜대상물품"이라 한다)에 대하여는 기본세율보다 낮은 세율의 관세(이하 "일반특혜관세"라 한다)를 부과할 수 있다.(관세법 제76조 1항)

일반특혜관세를 부과할 때 해당 특혜대상물품의 수입이 국내산업에 미치는 영향 등을 고려하여 그 물품에 적용되는 세율에 차등을 두거나 특혜대상물품의 수입수량 등을 한정할 수 있다.(관세법 제76조 2항)

또한 국제연합총회의 결의에 따른 최빈(最貧) 개발도상국 중 대통령령으로 정하는 국가를 원산지로 하는 물품에 대하여는 다른 특혜대상국보다 우대하여 일반특혜관세를 부과할 수 있다.(관세법 제76조 3항)

특혜대상물품에 적용되는 세율 및 적용기간과 그 밖에 필요한 사항은 대통령령으로 정한다.(관세법 제76조 4항)

② 일반특혜관세의 적용정지 등

기획재정부장관은 특정한 특혜대상 물품의 수입이 증가하여 이와 동종의

물품 또는 직접적인 경쟁관계에 있는 물품을 생산하는 국내산업에 중대한 피해를 주거나 줄 우려가 있는 등 일반특혜관세를 부과하는 것이 적당하지 아니하다고 판단될 때에는 대통령령으로 정하는 바에 따라 해당 물품과 그 물품의 원산지인 국가를 지정하여 일반특혜관세의 적용을 정지할 수 있다.(관세법 제77조 1항)

기획재정부장관은 특정한 특혜대상국의 소득수준, 우리나라의 총수입액 중 특정한 특혜대상국으로부터의 수입액이 차지하는 비중, 특정한 특혜대상국의 특정한 특혜대상물품이 지니는 국제경쟁력의 정도, 그 밖의 사정을 고려하여 일반특혜관세를 부과하는 것이 적당하지 아니하다고 판단될 때에는 대통령령으로 정하는 바에 따라 해당 국가를 지정하거나 해당 국가 및 물품을 지정하여 일반특혜관세의 적용을 배제할 수 있다.(관세법 제77조 2항)

(3) 관세양허에 대한 조치 등

① 양허의 철회 및 수정

정부는 외국에서의 가격 하락이나 그 밖에 예상하지 못하였던 사정의 변화 또는 조약상 의무의 이행으로 인하여 특정물품의 수입이 증가됨으로써 이와 동종의 물품 또는 직접 경쟁관계에 있는 물품을 생산하는 국내 생산자에게 중대한 피해를 가져오거나 가져올 우려가 있다고 인정되는 경우에는 다음 구분에 따른 조치를 할 수 있다(관세법 제78조 1항)

㉠ 조약에 따라 관세를 양허하고 있는 경우: 해당 조약에 따라 이루어진 특정물품에 대한 양허를 철회하거나 수정하여 이 법에 따른 세율이나 수정 후의 세율에 따라 관세를 부과하는 조치

㉡ 특정물품에 대하여 위의 ㉠의 조치를 하려고 하거나 그 조치를 한 경우: 해당 조약에 따른 협의에 따라 그 물품 외에 이미 양허한 물품의 관세율을 수정하거나 양허품목을 추가하여 새로 관세의 양허를 하고 수정 또는 양허한 후의 세율을 적용하는 조치

위의 ㉡의 조치는 ㉠의 조치에 대한 보상으로서 필요한 범위에서만 할 수 있다.(관세법 제78조 2항)

관세양허에 대한 조치의 시기 및 내용과 그 밖에 필요한 사항은 대통령령

으로 정한다.(관세법 제78조 3항)

② 대항조치

정부는 외국이 특정물품에 관한 양허의 철회·수정 또는 그 밖의 조치를 하려고 하거나 그 조치를 한 경우 해당 조약에 따라 대항조치를 할 수 있다고 인정될 때에는 다음 조치를 할 수 있다.(관세법 제79조 1항)

㉠ 특정물품에 대하여 이 법에 따른 관세 외에 그 물품의 과세가격 상당액의 범위에서 관세를 부과하는 조치

㉡ 특정물품에 대하여 관세의 양허를 하고 있는 경우에는 그 양허의 적용을 정지하고 이 법에 따른 세율의 범위에서 관세를 부과하는 조치

위의 조치는 외국의 조치에 대한 대항조치로서 필요한 범위에서만 할 수 있다.(관세법 제79조 2항)

대항조치의 대상 국가, 시기, 내용, 그 밖에 필요한 사항은 대통령령으로 정한다.(관세법 제79조 3항)

③ 양허 및 철회의 효력

조약에 따라 우리나라가 양허한 품목에 대하여 그 양허를 철회한 경우에는 해당 조약에 따라 철회의 효력이 발생한 날부터 이 법에 따른 세율을 적용한다.(관세법 제80조 1항)

위의 규정에 따른 양허의 철회에 대한 보상으로 우리나라가 새로 양허한 품목에 대하여는 그 양허의 효력이 발생한 날부터 이 법에 따른 세율을 적용하지 아니한다.(관세법 제80조 2항)

03 세율의 적용 등[51)]

1) 간이세율

(1) 간이세율의 적용

간이세율은 수입물품에는 관세 이외에도 특소세, 부가세, 주세, 교육세 등 내국세가 부과되는데 여행자 휴대품이나 우편물 등 수입은 빈번하나 그 금액이 크지

51) 류수현, 관세법론, 무역경영사, pp.202~203.

않은 물품에 대하여 관세와 내국세를 포함하여 간이한 세율을 적용하여 신속, 간편하게 처리하기 위해 채택한 것이다.

다음 하나에 해당하는 물품 중 대통령령으로 정하는 물품에 대하여는 다른 법령에도 불구하고 간이세율을 적용할 수 있다.(관세법 제81조 1항)

① 여행자 또는 외국을 오가는 운송수단의 승무원이 휴대하여 수입하는 물품

② 우편물. 다만, 수입신고를 하여야 하는 것을 제외한다.

③ 탁송품 또는 별송품

간이세율은 수입물품에 대한 관세, 임시수입부가세 및 내국세의 세율을 기초로 하여 대통령령으로 정한다.(관세법 제81조 3항)

위의 ①에 해당하는 물품으로서 그 총액이 대통령령으로 정하는 금액 이하인 물품에 대하여는 일반적으로 휴대하여 수입하는 물품의 관세, 임시수입부가세 및 내국세의 세율을 고려하여 위의 규정(관세법 제81조 3항)에 의한 세율을 단일한 세율로 할 수 있다.(관세법 제81조 4항)

간이세율(이하 "간이세율"이라 한다)을 적용하는 물품과 그 세율은 <별표 2>와 같다.(시행령 제96조 1항)

〈별표 2〉 간이세율(시행령 제96조)

품명	세율(%)
1. 다음 각 목의 어느 하나에 해당하는 물품 중 개별소비세가 과세되는 물품	
가. 투전기, 오락용 사행기구 그 밖의 오락용품, 수렵용 총포류	55
나. 보석·진주·별갑·산호·호박 및 상아와 이를 사용한 제품, 귀금속 제품	92만 6천원 + 463만원을 초과하는 금액의 50
다. 고급 시계, 고급 가방	37만 4백원 + 185만 2천원을 초과하는 금액의 50
라. 삭제 <2017. 3. 27.>	
2. 수리선박(관세가 무세인 것을 제외한다)	2.5

품명	세율(%)
3. 다음 각 목의 어느 하나에 해당하는 물품 중 기본관세율이 10 퍼센트 이상인 것으로서 개별소비세가 과세되지 아니하는 물품	
가. 모피의류, 모피의류의 부속품 그 밖의 모피제품	30
나. 가죽제 또는 콤포지션레더제의 의류와 그 부속품, 방직용 섬유와 방직용 섬유의 제품, 신발류	25
다. 녹용	32
4. 다음 각 목의 어느 하나에 해당하는 물품. 다만, 고급모피와 그 제품, 고급융단, 고급가구, 승용자동차, 주류 및 담배를 제외한다.	20
가. 제1호부터 제3호까지에 해당하지 아니하는 물품	
나. 제1호 및 제3호에 불구하고 여행자가 휴대수입하는 물품으로 1인당 과세대상 물품가격의 합산총액이 미화 1천불 이하인 물품	

(2) 간이세율 적용의 예외

간이세율 적용대상 물품임에도 다음의 물품에 대하여는 간이세율을 적용하지 아니한다.(시행령 제96조 2항)

① 관세율이 무세인 물품과 관세가 감면되는 물품

② 수출용원재료

③ 관세법 제11장(벌칙)의 범칙행위에 관련된 물품

④ 종량세가 적용되는 물품

⑤ 다음 하나에 해당하는 물품으로서 관세청장이 정하는 물품

㉠ 상업용으로 인정되는 수량의 물품

㉡ 고가품

㉢ 해당 물품의 수입이 국내산업을 저해할 우려가 있는 물품

㉣ 관세법 제81조(간이세율의 적용) 제4항의 규정에 의한 단일한 간이세율의 적용이 과세형평을 현저히 저해할 우려가 있는 물품

⑥ 화주가 수입신고를 할 때에 과세대상물품의 전부에 대하여 간이세율의 적용을 받지 아니할 것을 요청한 경우의 해당 물품

2) 합의에 의한 세율적용

여러 종류의 견본, 시약 등 소량 다품종의 물품을 일괄하여 수입신고된 물품으로서 물품별 세율이 다른 물품에 대하여 신고인의 신청에 의하여 그 세율 중 가장 높은 세율을 적용할 수 있도록 한 것이 합의에 의한 세율적용이다. 즉, 일괄하여 수입신고된 물품으로서 물품별 세율이 다른 물품에 대하여는 신고인의 신청에 따라 그 세율 중 가장 높은 세율을 적용할 수 있다.(관세법 제82조 1항)

위의 규정을 적용하는 때에는 관세법 제5장 제2절[심사와 심판(제119조부터 제132조까지)]은 적용하지 아니한다.(관세법 제82조 2항)

3) 용도세율의 적용

하나의 물품이라도 그 물품의 용도에 따라 세율을 달리하는 경우가 있는데 이와 같이 용도에 따라 달리하는 세율 중 낮은 세율을 용도세율이라고 한다.

관세법의 별표 관세율표나 제50조 제4항, 제65조, 제67조의2, 제68조, 제70조부터 제73조까지 및 제76조에 따른 대통령령 또는 기획재정부령으로 용도에 따라 세율을 다르게 정하는 물품을 세율이 낮은 용도에 사용하려는 자는 대통령령으로 정하는 바에 따라 세관장의 승인을 받아야 한다. 다만, 물품의 성질과 형태가 그 용도 외의 다른 용도에 사용할 수 없는 경우에는 그러하지 아니하다.(관세법 제83조 1항)

용도세율의 적용을 받고자 하는 자는 해당 물품의 수입신고를 하는 때부터 해당 수입신고가 수리되기 전까지 그 품명·규격·수량·가격·용도·사용방법 및 사용장소를 기재한 신청서를 세관장에게 제출하여야 한다.(시행령 제97조)

위의 규정에 의하여 낮은 세율(이하 "용도세율"이라 한다)이 적용된 물품은 그 수입신고의 수리일부터 3년의 범위에서 대통령령으로 정하는 기준에 따라 관세청장이 정하는 기간에는 해당 용도 외의 다른 용도에 사용하거나 양도할 수 없다. 다만, 다음 어느 하나에 해당하는 경우에는 그러하지 아니하다.(관세법 제83조 2항)

① 대통령령으로 정하는 바에 따라 미리 세관장의 승인을 얻은 경우

② 위의 관세법 제83조 제1항 단서에 해당하는 경우

용도세율 적용을 위해 세관장에게 승인을 얻은 물품을 위의 규정에 따른 기간에 해당 용도 외의 다른 용도에 사용하거나 그 용도 외의 다른 용도에 사용하려는 자에게 양도한 경우에는 해당 물품을 특정용도 외에 사용한 자 또는 그 양도인으로부터 해당 물품을 특정용도에 사용할 것을 요건으로 하지 아니하는 세율에 따라 계산한 관세액과 해당 용도세율에 따라 계산한 관세액의 차액에 상당하는 관세를 즉시 징수하며, 양도인으로부터 해당 관세를 징수할 수 없을 때에는 그 양수인으로부터 즉시 징수한다. 다만, 재해나 그 밖의 부득이한 사유로 멸실되었거나 미리 세관장의 승인을 받아 폐기한 경우에는 그러하지 아니하다.(관세법 제83조 3항)

01 관세 · 통계통합품목분류표(HSK)

1) 관세·통계통합품목분류표의 고시

기획재정부장관은 「통일상품명 및 부호체계에 관한 국제협약」(이하 이 조에서 "협약"이라 한다) 제3조 제3항의 규정에 의하여 수출입물품의 신속한 통관, 통계 파악 등을 위하여 협약 및 관세법 별표 관세율표를 기초로 하여 품목을 세분한 관세·통계통합품목분류표(이하 이 조에서 "품목분류표"라 한다)를 고시할 수 있다.(시행령 제98조 1항) 이에 따라 현재 기획재정부는 관세통계통합품목분류표 개정고시(기획재정부고시 제 2008-19호)를 통해 2009년 1월 1일부터 개정된 품목분류표를 적용하고 있다.

기획재정부장관은 관세협력이사회로부터 협약의 품목분류에 관한 권고 또는 결정이 있거나 새로운 상품이 개발되는 등 법 별표 관세율표와 「세계무역기구협정 등에 의한 양허관세규정」·「특정국가와의 관세협상에 따른 국제협력관세의 적용에 관한 규정」 및 「최빈개발도상국에 대한 특혜관세 공여규정」(이하 이 항에서 "양허관세규정등"이라 한다)에 의한 품목분류 및 품목분류표를 변경할 필요가 있는 때에는 그 세율을 변경함이 없이 관세법 별표 관세율표와 양허관세규정등에 의한 품목분류 및 품목분류표를 변경고시할 수 있다.(시행령 제98조 2항)

기획재정부장관은 관세협력이사회로부터 협약의 품목분류에 관한 권고 또는 결정이 있어서 품목분류를 변경하는 때에는 협약 제16조제4항의 규정에 의한 기한내에 관세법 별표 관세율표상의 품목분류 및 품목분류표에 이를 반영하여야 한다.(시행령 제98조 3항)

2) 품목분류체계의 수정

기획재정부장관은 「통일상품명 및 부호체계에 관한 국제협약」에 따른 관세협력이사회의 권고 또는 결정이나 새로운 상품의 개발 등으로 별표 관세율표 또는 제73조(국제협력관세) 및 제76조(일반특혜관세의 적용기준)에 따라 대통령령으로 정한 품목분류를 변경할 필요가 있는 경우 그 세율이 변경되지 아니하는 경우에는 대통령령으로 정하는 바에 따라 새로 품목분류를 하거나 다시 품목분류를 할 수 있다.(관세법 제84조)

3) 품목분류의 적용기준 등

기획재정부장관은 대통령령으로 정하는 바에 따라 품목분류를 적용하는 데에 필요한 기준을 정할 수 있다.(관세법 제85조 1항)

이에 따른 품목분류의 적용기준은 기획재정부령으로 정한다.(시행령 제99조 1항) 또한 기획재정부장관은 관세협력이사회가 협약에 따라 권고한 통일상품명 및 부호체계의 품목분류에 관한 사항을 관세청장으로 하여금 고시하게 할 수 있다. 이 경우 관세청장은 고시할 때 기획재정부장관의 승인을 받아야 한다.(시행령 제99조 2항)

02 관세품목분류위원회

1) 관세품목분류위원회의 설치

다음 사항을 심의하기 위하여 관세청에 관세품목분류위원회(이하 이 부분에서

"분류위원회"라 한다)를 둔다.(관세법 제85조 2항)

① 품목분류의 적용기준의 신설 또는 변경과 관련하여 관세청장이 기획재정부장관에게 요청할 사항

② 특정물품에 적용될 품목분류의 사전심사 및 재심사

③ 특정물품에 적용될 품목분류의 변경 및 재심사

④ 그 밖에 품목분류에 관하여 관세청장이 분류위원회에 부치는 사항

2) 관세품목분류위원회의 구성

관세품목분류위원회는 위원장 1인과 20인 이상 30인 이하의 위원으로 구성한다.(시행령 제100조 1항)

관세품목분류위원회의 위원장은 관세청의 3급 공무원 또는 고위공무원단에 속하는 일반직공무원으로서 관세청장이 지정하는 자가 되고, 위원은 다음 어느 하나에 해당하는 자중에서 관세청장이 임명 또는 위촉한다.(시행령 제100조 2항)

① 관세청소속 공무원

② 관계중앙행정기관의 공무원

③ 시민단체(「비영리민간단체 지원법」 제2조의 규정에 의한 비영리민간단체를 말한다.)에서 추천한 자

④ 기타 상품학에 관한 지식이 풍부한 자

03 특정물품에 적용될 품목분류의 사전심사

1) 특정물품에 적용될 품목분류의 사전심사

물품을 수출입하려는 자, 수출할 물품의 제조자 및 「관세사법」에 따른 관세사·관세법인 또는 통관취급법인(이하 "관세사등"이라 한다)은 수출입신고를 하기 전에 대통령령으로 정하는 서류를 갖추어 관세청장에게 해당 물품에 적용될 별표 관세율표상의 품목분류를 미리 심사하여 줄 것을 신청할 수 있다.(관세법 제86조 1항)

법 제86조(특정물품에 적용될 품목분류의 사전심사) 제1항·제3항 및 법 제87조(특정물품에 적용되는 품목분류의 변경 및 적용) 제3항에 따라 특정물품에 적용

될 품목분류의 사전심사 또는 재심사(이하 이 조에서 "사전심사 또는 재심사"라 한다)를 신청하려는 자는 관세청장에게 다음 각 호의 서류 및 물품을 제출하여야 한다. 다만, 관세청장은 물품의 성질상 견본을 제출하기 곤란한 물품으로서 견본이 없어도 품목분류 심사에 지장이 없고, 해당 물품의 통관 시에 세관장이 이를 확인할 수 있다고 인정되는 때에는 아래 ②에 따른 견본의 제출을 생략하게 할 수 있다.(시행령 제106조 1항)

① 물품의 품명·규격·제조과정·원산지·용도·통관예정세관 및 신청사유 등을 기재한 신청서

② 신청대상물품의 견본

③ 그 밖의 설명자료

관세청장은 위의 규정에 따라 제출된 신청서와 견본 및 그 밖의 설명자료가 미비하여 품목분류를 심사하기가 곤란한 때에는 20일 이내의 기간을 정하여 보정을 요구할 수 있다.(시행령 제106조 2항)

관세청장은 사전심사 또는 재심사의 신청이 다음 각 호의 어느 하나에 해당하는 경우에는 해당 신청을 반려할 수 있다.(시행령 제106조 3항)

① 품목분류의 사전심사의 보정기간 내에 보정하지 아니한 경우

② 신청인이 사전심사 또는 재심사를 신청한 물품과 동일한 물품을 이미 수출입신고한 경우

2) 품목분류 사전 심사의 통지 및 고시

위의 규정에 따른 품목분류 사전심사의 신청을 받은 관세청장은 해당 물품에 적용될 품목분류를 심사하여 대통령령으로 정하는 기간 이내에 이를 신청인에게 통지하여야 한다. 다만, 제출자료의 미비 등으로 품목분류를 심사하기 곤란한 경우에는 그 뜻을 통지하여야 한다.(관세법 제86조 2항)

품목분류를 심사하여 신청인에게 통지 하는 경우에는 통관예정세관장에게 그 내용을 통지하여야 한다. 이 경우 설명자료를 함께 송부하여야 한다.(시행령 제106조 5항)

위 규정에 따른 "대통령령으로 정하는 기간"이란 사전심사 또는 재심사의 신청을 받은 날부터 30일(품목분류 사전심사에 따른 보정기간은 제외한다)을 말한다.(시행령 제106조 4항)

품목분류 사전심사 결과를 통지 받은 자는 통지받은 날부터 30일 이내에 대통령령으로 정하는 서류를 갖추어 관세청장에게 재심사를 신청할 수 있다. 이 경우 관세청장은 해당 물품에 적용될 품목분류를 재심사하여 대통령령으로 정하는 기간 이내에 이를 신청인에게 통지하여야 하며, 제출자료의 미비 등으로 품목분류를 심사하기 곤란한 경우에는 그 뜻을 통지하여야 한다.(관세법 제86조 3항)

관세청장은 심사 신청에 의해 품목분류를 심사한 물품 및 재심사 결과 적용할 품목 분류가 변경된 물품에 대하여는 해당 물품에 적용될 품목분류와 품명, 용도, 규격, 그 밖에 필요한 사항을 고시 또는 공표하여야 한다. 다만, 신청인의 영업 비밀을 포함하는 등 해당 물품에 적용될 품목분류를 고시 또는 공표하는 것이 적당하지 아니하다고 인정되는 물품에 대하여는 고시 또는 공표하지 아니할 수 있다.(관세법 제86조 4항)

세관장은 수출입신고가 된 물품이 품목분류 사전심사 및 재심사에 따라 통지한 물품과 같을 때에는 그 통지 내용에 따라 품목분류를 적용하여야 한다. 이 경우 재심사 결과 적용할 품목분류가 변경되었을 때에는 신청인이 변경 내용을 통지받은 날과 위의 규정에 따른 고시 또는 공표일 중 빠른 날(이하 "변경일"이라 한다)부터 변경된 품목분류를 적용하되, 다음 각 호의 기준에 따라 달리 적용할 수 있다.(관세법 제86조 5항)

① 변경일부터 30일이 지나기 전에 우리나라에 수출하기 위하여 선적된 물품에 대하여 변경 전의 품목분류를 적용하는 것이 수입신고인에게 유리한 경우: 변경 전의 품목분류 적용

② 다음 어느 하나에 해당하는 경우: 변경일 전에 수출입신고가 수리된 물품에 대해서도 소급하여 변경된 품목분류 적용

㉠ 거짓자료 제출 등 신청인에게 책임 있는 사유로 품목분류가 변경된 경우

㉡ 다음의 어느 하나에 해당하는 경우로서 수출입신고인에게 유리한 경우

- 신청인에게 자료제출 미비 등의 책임 있는 사유가 없는 경우
- 신청인이 아닌 자가 관세청장이 결정하여 고시하거나 공표한 품목분류에 따라 수출입신고를 한 경우

관세청장은 품목분류를 심사 또는 재심사하기 위하여 해당 물품에 대한 구성재료의 물리적·화학적 분석이 필요한 경우에는 해당 품목분류를 심사 또는 재심사

하여 줄 것을 신청한 자에게 기획재정부령으로 정하는 수수료를 납부하게 할 수 있다.(관세법 제86조 6항)

품목분류 사전심사 신청에 따라 통지받은 사전심사 결과의 유효기간은 해당 통지를 받은 날부터 3년으로 한다. 다만, 재심사 결과 품목분류가 변경된 경우에는 해당 통지를 받은 날부터 유효기간을 다시 기산한다.(관세법 제86조 7항)

04 특정물품에 적용되는 품목분류의 변경 및 적용

1) 특정물품에 적용되는 품목분류의 변경 및 적용

관세청장은 관세법 제86조(특정물품에 적용될 품목분류의 사전심사)에 따라 심사한 품목분류를 변경하여야 할 필요가 있거나 그 밖에 관세청장이 직권으로 한 품목분류를 변경하여야 할 부득이한 사유가 생겼을 때에는 해당 물품에 적용할 품목분류를 변경할 수 있다.(관세법 제87조 1항)

품목분류를 변경할 수 있는 경우는 다음과 같다.(시행령 제107조)

① 관계법령의 개정에 따라 해당 물품의 품목분류가 변경된 경우

② 관세법 제84조(품목분류체계의 수정)의 규정에 의하여 품목분류를 변경한 경우

③ 신청인의 허위자료제출 등으로 품목분류에 중대한 착오가 생긴 경우

관세청장은 위의 규정에 의하여 품목분류를 변경한 때에는 그 내용을 고시하고, 품목분류 사전 심사 및 재심사에 의한 결과를 통지한 신청인에게는 그 내용을 통지하여야 한다. 다만, 신청인의 영업 비밀을 포함하는 등 해당 물품에 적용될 품목분류를 고시하는 것이 적당하지 아니하다고 인정되는 물품에 대해서는 고시하지 아니할 수 있다.(관세법 제87조 2항)

위의 규정에 따라 통지를 받은 자는 통지받은 날부터 30일 이내에 대통령령으로 정하는 서류를 갖추어 관세청장에게 재심사를 신청할 수 있다. 이 경우 재심사의 기간, 재심사 결과의 통지 및 고시·공표, 수수료 및 재심사의 절차·방법 등에 관하여는 제86조(특정물품에 적용될 품목분류의 사전심사) 제3항, 제4항, 제6항 및 제8항을 준용한다.(관세법 제87조 3항)

품목분류 사전심사 신청 및 재심사 신청에 따라 관세청장이 품목분류를 변경하

거나 직권으로 변경한 경우 및 이 변경 사항에 대한 재심사로 인해 품목분류가 변경된 경우 품목분류의 적용에 관하여는 제86조 제5항을 준용한다. 다만, 관계법령의 개정이나 제84조(품목분류체계의 수정)에 따라 품목분류를 변경한 경우에는 제86조 제5항 제2호 나목[52])을 준용하지 아니한다.(관세법 제87조 4항)

품목분류 사전심사 신청 및 재심사 신청에 따라 관세청장이 품목분류를 변경하거나 직권으로 변경한 경우 및 이 변경 사항에 대한 재심사로 인해 품목분류가 변경된 경우 품목분류의 유효기간은 해당 통지를 받은 날부터 3년으로 한다.(관세법 제87조 5항)

---

52) ⑤ 세관장은 제241조제1항에 따른 수출입신고가 된 물품이 제2항 본문 및 제3항에 따라 통지한 물품과 같을 때에는 그 통지 내용에 따라 품목분류를 적용하여야 한다. 이 경우 제3항에 따른 재심사 결과 적용할 품목분류가 변경되었을 때에는 신청인이 변경 내용을 통지받은 날과 제4항에 따른 고시 또는 공표일 중 빠른 날(이하 "변경일"이라 한다)부터 변경된 품목분류를 적용하되, 다음 각 호의 기준에 따라 달리 적용할 수 있다.

1. 변경일부터 30일이 지나기 전에 우리나라에 수출하기 위하여 선적된 물품에 대하여 변경 전의 품목분류를 적용하는 것이 수입신고인에게 유리한 경우: 변경 전의 품목분류 적용
2. 다음 각 목의 어느 하나에 해당하는 경우: 변경일 전에 수출입신고가 수리된 물품에 대해서도 소급하여 변경된 품목분류 적용
   가. 거짓자료 제출 등 신청인에게 책임 있는 사유로 품목분류가 변경된 경우
   나. 다음의 어느 하나에 해당하는 경우로서 수출입신고인에게 유리한 경우
      1) 제1항 및 제3항에 따른 신청인에게 자료제출 미비 등의 책임 있는 사유가 없는 경우
      2) 제1항 및 제3항에 따른 신청인이 아닌 자가 관세청장이 결정하여 고시하거나 공표한 품목분류에 따라 수출입신고를 한 경우

Note

Chapter 03

관세의 부과 · 징수

가격신고

01 가격신고

1) 가격신고

관세의 납세의무자는 수입신고를 할 때 i) 수입관련거래에 관한 사항, ii) 과세가격산출내용에 관한 사항을 적은 서류를 세관장에게 제출하여 해당 물품의 가격에 대한 신고(이하 "가격신고"라 한다)를 하여야 한다.(관세법 제27조 1항)(시행령 제15조 1항)

세관장은 다음 어느 하나에 해당하는 경우로서 관세청장이 정하여 고시하는 경우에는 위의 서류의 전부 또는 일부를 제출하지 아니하게 할 수 있다.(시행령 제15조 2항)

① 같은 물품을 같은 조건으로 반복적으로 수입하는 경우

② 수입항까지의 운임 및 보험료 외에 우리나라에 수출하기 위하여 판매되는 물품에 대하여 구매자가 실제로 지급하였거나 지급하여야 할 가격에 가산할 금액이 없는 경우

③ 그 밖에 과세가격결정에 곤란이 없다고 인정하여 관세청장이 정하는 경우

세관장은 가격신고를 하려는 자가 같은 물품을 같은 조건으로 반복적으로 수입하는 경우에는 가격신고를 일정기간 일괄하여 신고하게 할 수 있다.(시행령 제15조 3항)

다만, 통관의 능률을 높이기 위하여 필요하다고 인정되는 경우에는 물품의 수입신고를 하기 전에 가격신고를 할 수 있으며(관세법 제27조 1항 단서) 물품의 수입신고일 이전에 가격신고를 하고자 하는 자는 그 사유와 i) 수입관련거래에 관한 사항, ii) 과세가격산출내용에 관한 사항을 기재한 신고서를 세관장에게 제출하여야 한다.(시행령 제15조 4항)

가격신고를 할 때에는 대통령령으로 정하는 바에 따라 과세가격의 결정에 관계되는 자료(이하 "과세가격결정자료"라 한다)를 제출하여야 한다.(관세법 제27조 2항) 과세자료는 다음과 같다. 다만, 해당 물품의 거래의 내용, 과세가격결정방법 등에 비추

어 과세가격결정에 곤란이 없다고 세관장이 인정하는 경우에는 자료의 일부를 제출하지 아니할 수 있다.(시행령 제15조 5항)

① 송품장

② 계약서

③ 각종 비용의 금액 및 산출근거를 나타내는 증빙자료

④ 기타 가격신고의 내용을 입증하는 데에 필요한 자료

과세가격을 결정하기가 곤란하지 아니하다고 인정하여 기획재정부령으로 정하는 물품에 대하여는 가격신고를 생략할 수 있다.(관세법 제27조 3항)

2) 잠정가격의 신고 등

납세의무자는 가격신고를 할 때 신고하여야 할 가격이 확정되지 아니한 경우로서 대통령령으로 정하는 경우에는 잠정가격으로 가격신고를 할 수 있다.(관세법 제28조 1항)

여기서 "신고하여야 할 가격이 확정되지 아니한 경우로서 대통령령으로 정하는 경우"란 다음 어느 하나에 해당하는 경우를 말한다.(시행령 제16조 1항)

① 거래관행상 거래가 성립된 때부터 일정기간이 지난 후에 가격이 정하여지는 물품(기획재정부령이 정하는 것에 한정한다)으로서 수입신고일 현재 그 가격이 정하여지지 아니한 경우

② 관세법 제30조(과세가격결정의 원칙) 제1항 각호의 규정에 의하여 조정하여야 할 금액이 수입신고일부터 일정기간이 지난 후에 정하여 질 수 있음이 잠정가격신고서류 등에 의하여 확인되는 경우

③ 관세법 제37조 제1항 제3호(특수관계가 있는 자들 간에 거래되는 물품의 과세가격 결정방법)에 따라 과세가격 결정방법의 사전심사를 신청한 경우

④ 관세법시행령 제23조(특수관계의 범위 등) 제1항 각 호의 어느 하나에 해당하는 특수관계가 있는 구매자와 판매자 사이의 거래 중 관세법 제30조(과세가격결정의 원칙) 제1항 본문에 따른 수입물품의 거래가격이 수입신고 수리 이후에 「국제조세조정에 관한 법률」 제5조에 따른 정상가격으로 조정될 것으로 예상되는 거래로서 기획재정부령으로 정하는 요건을 갖춘 경우

⑤ 계약의 내용이나 거래의 특성상 잠정가격으로 가격신고를 하는 것이 불가피하다고 세관장이 인정하는 경우

납세의무자는 잠정가격으로 가격신고를 하였을 때에는 2년의 범위 안에서 구매자와 판매자간의 거래계약의 내용 등을 고려하여 세관장이 지정하는 기간 내에 해당 물품의 확정된 가격을 세관장에게 신고하여야 한다.(관세법 제28조 2항)(시행령 제16조 3항)

세관장은 납세의무자가 위의 규정에 따른 기간 내에 확정된 가격을 신고하지 아니하는 경우에는 해당 물품에 적용될 가격을 확정할 수 있다. 다만, 납세의무자가 폐업, 파산신고, 법인해산 등의 사유로 확정된 가격을 신고하지 못할 것으로 인정되는 경우에는 위의 규정에 따른 기간 중에도 해당 물품에 적용될 가격을 확정할 수 있다.(관세법 제28조 3항) 세관장은 확정된 가격을 신고 받거나 위의 규정에 따라 가격을 확정하였을 때에는 대통령령으로 정하는 바에 따라 잠정가격을 기초로 신고납부한 세액과 확정된 가격에 따른 세액의 차액을 징수하거나 환급하여야 한다.(관세법 제28조 4항)

3) 가격조사보고 등

기획재정부장관 또는 관세청장은 과세가격을 결정하기 위하여 필요하다고 인정되는 경우에는 수출입업자, 경제단체 또는 그 밖의 관계인에게 과세가격 결정에 필요한 자료를 제출할 것을 요청할 수 있다. 이 경우 그 요청을 받은 자는 정당한 사유가 없으면 이에 따라야 한다.(관세법 제29조 1항)

관세청장은 다음 어느 하나에 해당하는 경우 국민 생활에 긴요한 물품으로서 국내물품과 비교 가능한 수입물품의 평균 신고가격이나 반입 수량에 관한 자료를 대통령령으로 정하는 바에 따라 집계하여 공표할 수 있다.(관세법 제29조 2항)

① 원활한 물자수급을 위하여 특정물품의 수입을 촉진시킬 필요가 있는 경우

② 수입물품의 국내가격을 안정시킬 필요가 있는 경우

3-2 관세의 부과와 징수

01 관세의 부과와 징수[1)]에 대한 개관

1) 관세의 부과

(1) 신고납세방식

신고납세방식은 납세의무자가 스스로 과세표준과 세액을 자기책임과 판단하에 신고함으로써 조세채무가 확정되는 방식이다. 단, 신고가 없거나 신고내용에 오류나 탈루가 있어 과세권자가 결정(또는 경정결정)을 하는 경우에는 그 결정하는 때에 확정된다.

수입물품에 대한 관세는 신고납부가 원칙이므로 납세의무자가 스스로 수입물품에 대한 과세표준 및 세율을 신고한다.

(2) 부과고지방식

부과고지방식은 과세관청인 국가가 납세의무자의 조세협력의무를 바탕으로 한 부과처분에 의하여 조세채무가 확정되는 방식이다.

과세관청이 과세표준과 세액을 결정하는 때에 조세채무가 확정되나, 그 확정의 효력은 납세의무자에게 그 결정이 고지된 때(통상 납세고지서가 송달된 때) 발생한다. 신고납부제도의 예외로서 여행자 휴대품 등에 대해 과세관청인 세관이 납부세액을 확정하여 고지한다.

2) 납부세액의 변경

납세신고한 내용에 대해 오류가 발견되면 당초 신고내용을 변경할 수 있고 변

---

1) 부과 -세금을 매겨서 부담하게 하는 것
징수 -부과된 대로 법규에 따라 세금을 거두는 것

경의 주체, 시기, 방법 등에 따라 관세법상 사용하는 용어가 다르다.

① 세액의 정정

납세의무자는 납세신고한 세액을 납부하기 전에 그 세액이 과부족하다는 것을 알게 되었을 때에는 납세신고한 세액을 정정할 수 있다. 이 경우 납부기한은 당초의 납부기한(관세법 제9조의 규정에 의한 납부기한을 말한다)으로 한다.

② 납세의무자의 보정신청

납세의무자는 신고납부한 세액이 부족하다는 것을 알게 되거나 세액산출의 기초가 되는 과세가격 또는 품목분류 등에 오류가 있는 것을 알게 되었을 때에는 신고납부한 날부터 6개월 이내(이하 "보정기간"이라 한다)에 대통령령으로 정하는 바에 따라 해당 세액을 보정(補正)하여 줄 것을 세관장에게 신청할 수 있다.

③ 세액의 수정

납세의무자는 신고납부한 세액이 부족한 경우에는 대통령령으로 정하는 바에 따라 수정신고(보정기간이 지난 날부터 관세법 제21조(관세부과의 제척기간) 제1항에 따른 기간이 끝나기 전까지로 한정한다)를 할 수 있다. 이 경우 납세의무자는 수정신고한 날의 다음 날까지 해당 관세를 납부하여야 한다.

④ 세액의 경정 청구

납세의무자는 신고납부한 세액이 과다한 것을 알게 되었을 때에는 최초로 납세신고를 한 날부터 3년 이내에 대통령령으로 정하는 바에 따라 신고한 세액의 경정을 세관장에게 청구할 수 있다. 이 경우 경정의 청구를 받은 세관장은 그 청구를 받은 날부터 2개월 이내에 세액을 경정하거나 경정하여야 할 이유가 없다는 뜻을 청구한 자에게 통지하여야 한다.

납부세액의 변경에 대한 유형별 내용은 <표 3-1>과 같다.

〈표 3-1〉 납부세액의 변경

유형	주체	변경이유	조치시기	납기	가산세 등
정정	정정(납세의무자)	과·부족	납세신고를 한 시점부터 신고납부 전까지	당초 납기	해당 없음
	세액정정안내(세관장)				
보정	보정신청(납세의무자)	부족	신고납부한 날로부터 6월 이내 (보정기간)	보정신청한 날의 다음 날	보정이자 有
	보정통지(세관장)				
수정	납세의무자	과소	보정기간이 경과한 다음날부터 관세부과제척기간이 도래될 때까지	수정신고한 날의 다음 날	가산세 有
경정	세관장	과·부족		납세고지 받은 날부터 15일 이내	가산세 有
경정청구	납세의무자	과다	납세신고일로부터 5년 이내. 세관장은 경정청구 받은 날로부터 2개월 이내 결정	해당 없음	해당 없음

자료 : 관세청 홈페이지(www.customs.go.kr)

3) 납부기한

수입물품에 부과되는 관세 및 내국세는 모두 일정 기한 내에 수입신고건별로 일시에 납부하는 것이 원칙이다. 유형별 납부기한은 <표 3-2>와 같다.

〈표 3-2〉 납부기한

구분	납부제도		주요목적	납부기한
원칙	일반적인 납세		-	신고납부제도 : 납세신고수리일로부터 15일 이내
				부과고지제도 : 납세고지를 받은 날로부터15일 이내
				즉시반출제도 : 수입신고일부터 15일 이내
예외	납세정정 제도	보정신청	부족세액 납부	보정신청을 한 날의 다음 날

구분	납부제도		주요목적	납부기한
		수정신고	부족세액 납부	수정신고를 한 날의 다음 날
	월별납부제도		납세편의	일반적인 납세의 납기가 속한 달의 말 일
	납기연장		재난 등으로 인한 어려움 완화	1년의 범위 내에서 세관장이 정하는 날
	분할납부제도	천재지변 등		
		특정물품 등	중소기업지원 등	분할납부승인일로부터 5년 내에서 세관장이 정하는 날
	일괄납부제도		수출지원	일괄납부기간(6월 범위 내) 종료일의 다음달 15일

자료 : 관세청 홈페이지(www.customs.go.kr)

02 세액의 확정

1) 신고납부

(1) 납세신고

물품(세관장이 부과고지하는 물품은 제외)을 수입하려는 자는 수입신고를 할 때에 세관장에게 관세의 납부에 관한 신고(이하 "납세신고"라 한다)를 하여야 한다.(관세법 제38조 1항)

세관장은 납세신고를 받으면 수입신고서에 기재된 사항과 관세법에 따른 확인사항 등을 심사하되, 신고한 세액에 대하여는 수입신고를 수리한 후에 심사한다. 다만, 신고한 세액에 대하여 관세채권을 확보하기가 곤란하거나, 수입신고를 수리한 후 세액심사를 하는 것이 적당하지 아니하다고 인정하여 기획재정부령으로 정하는 물품의 경우에는 수입신고를 수리하기 전에 이를 심사한다.(관세법 제38조 2항)

(2) 자율심사

세관장은 납세신고 내용에 대해 심사하게 되어 있는데 납세실적과 수입규모 등을 고려하여 관세청장이 정하는 요건을 갖춘 자가 신청할 때에는 납세신고한 세액을 자체적으로 심사(이하 "자율심사"라 한다)하게 할 수 있다. 이 경우 해당 납

세의무자는 자율심사한 결과를 세관장에게 제출하여야 한다.(관세법 제38조 3항)

세관장은 납세의무자가 납세신고세액을 자체적으로 심사하고자 신청하는 경우에는 관세청장이 정하는 절차에 의하여 자율심사를 하는 납세의무자(이하 "자율심사업체"라 한다)로 승인할 수 있다. 이 경우 세관장은 자율심사의 방법 및 일정 등에 대하여 자율심사업체와 사전협의할 수 있다.(시행령 제32조의2 1항)

세관장은 자율심사업체에게 수출입업무의 처리방법 및 체계 등에 관한 관세청장이 정한 자료를 제공하여야 한다.(시행령 제32조의2 2항)

자율심사업체는 세관장이 제공한 자료에 따라 다음 사항을 기재한 자율심사결과 및 조치내용을 세관장에게 제출하여야 한다. 이 경우 자율심사업체는 해당 결과를 제출하기 전에 납부세액의 과부족분에 대하여는 보정신청하거나 수정신고 또는 경정청구하여야 하며, 과다환급금이 있는 경우에는 세관장에게 통지하여야 한다.(시행령 제32조의2 3항)

① 세관장이 자율심사업체에게 제공한 수출입업무의 처리방법 및 체계 등에 관한 관세청장이 정한 자료에 따라 작성한 심사결과

② 자율심사를 통하여 업무처리방법·체계 및 세액 등에 대한 보완이 필요한 것으로 확인된 사항에 대하여 조치한 내용

세관장은 위의 규정에 의하여 제출된 결과를 평가하여 자율심사업체에 통지하여야 한다. 다만, 자율심사가 부적절하게 이루어진 것으로 판단되는 경우에는 추가적으로 필요한 자료의 제출을 요청하거나 방문하여 심사한 후에 통지할 수 있다.(시행령 제32조의2 4항)

세관장은 위의 단서 규정에 의한 자료의 요청 또는 방문심사한 결과에 따라 해당 자율심사업체로 하여금 자율심사를 적정하게 할 수 있도록 보완사항을 고지하고, 개선방법 및 일정 등에 대한 의견을 제출하게 하는 등 자율심사의 유지에 필요한 조치를 할 수 있다.(시행령 제32조의2 5항)

한편 세관장은 자율심사업체가 다음 하나에 해당하는 때에는 자율심사의 승인을 취소할 수 있다.(시행령 제32조의2 6항)

① 자율심사를 할 수 있도록 한 관세청장이 정한 요건을 갖추지 못하게 되는 경우

② 자율심사를 하지 아니할 의사를 표시하는 경우

③ 자율심사 결과의 제출 등 자율심사의 유지를 위하여 필요한 의무 등을 이행하지 아니하는 경우

(3) 세액의 정정

납세의무자는 납세신고한 세액을 납부하기 전에 그 세액이 과부족하다는 것을 알게 되었을 때에는 납세신고한 세액을 정정할 수 있다. 이 경우 납부기한은 당초의 납부기한(관세법 제9조의 규정에 의한 납부기한을 말한다)으로 한다.(관세법 제38조 4항)

위의 규정에 따라 세액을 정정하고자 하는 자는 해당 납세신고와 관련된 서류를 세관장으로부터 교부받아 과세표준 및 세액 등을 정정하고, 그 정정한 부분에 서명 또는 날인하여 세관장에게 제출하여야 한다.(시행령 제32조의3)

(4) 국세기본법의 준용

관세의 납부에 관하여는 「국세기본법」 제46조의2(신용카드등에 의한 국세납부)[2]를 준용한다.(관세법 제38조 6항)

(5) 신용카드등에 의한 관세 등의 납부

관세법 제38조 제6항에 따라 납세의무자가 신고하거나 세관장이 부과 또는 경정하여 고지한 세액(세관장이 관세와 함께 징수하는 내국세등의 세액을 포함한다.)은 신용카드, 직불카드 등(이하 이 조에서 "신용카드등"이라 한다)으로 납부할 수 있다.(시행령 제32조의5 1항)

관세법 제38조 제6항에 따라 준용되는 「국세기본법」 제46조의2 제1항에 따른 국세납부대행기관이란 정보통신망을 이용하여 신용카드등에 의한 결제를 수행하는 기관으로서 기획재정부령으로 정하는 바에 따라 관세납부를 대행하는 기관(이

---

2) 국세기본법 [시행 2014. 1. 1] [법률 제12162호, 2014.1.1, 일부개정]
제46조의2(신용카드 등으로 하는 국세납부) ① 납세의무자가 세법에 따라 신고하거나 과세관청이 결정 또는 경정하여 고지한 세액 중 1천만원 이하는 대통령령으로 정하는 국세납부대행기관을 통하여 신용카드, 직불카드 등(이하 이 조에서 "신용카드등"이라 한다)으로 납부할 수 있다.
② 제1항에 따라 신용카드등으로 국세를 납부하는 경우에는 국세납부대행기관의 승인일을 납부일로 본다.
③ 국세납부대행기관의 지정 및 운영, 납부대행 수수료 등에 관한 사항은 대통령령으로 정한다.

하 이 조에서 "관세납부대행기관"이라 한다)을 말한다.(시행령 제32조의5 2항)

관세납부대행기관은 납세자로부터 신용카드등에 의한 관세납부대행용역의 대가로 기획재정부령으로 정하는 바에 따라 납부대행수수료를 받을 수 있다.(시행령 제32조의5 3항)

관세청장은 납부에 사용되는 신용카드등의 종류, 그 밖에 관세납부에 필요한 사항을 정할 수 있다.(시행령 제32조의5 4항)

2) 보정

(1) 납세의무자의 보정신청

납세의무자는 신고납부한 세액이 부족하다는 것을 알게 되거나 세액산출의 기초가 되는 과세가격 또는 품목분류 등에 오류가 있는 것을 알게 되었을 때에는 신고납부한 날부터 6개월 이내(이하 "보정기간"이라 한다)에 대통령령으로 정하는 바에 따라 해당 세액을 보정(補正)하여 줄 것을 세관장에게 신청할 수 있다.(관세법 제38조의2 1항)

(2) 세관장의 보정통지서 교부

세관장은 신고납부한 세액이 부족하다는 것을 알게 되거나 세액산출의 기초가 되는 과세가격 또는 품목분류 등에 오류가 있다는 것을 알게 되었을 때에는 대통령령으로 정하는 바에 따라 납세의무자에게 해당 보정기간에 보정신청을 하도록 통지할 수 있다. 이 경우 세액보정을 신청하려는 납세의무자는 대통령령으로 정하는 바에 따라 세관장에게 신청하여야 한다.(관세법 제38조의2 2항)

세관장은 세액의 보정을 통지하는 경우에는 다음 사항을 기재한 보정통지서를 교부하여야 한다.(시행령 제32조의4 1항)

① 해당 물품의 수입신고번호와 품명·규격 및 수량

② 보정전 해당 물품의 품목분류·과세표준·세율 및 세액

③ 보정후 해당 물품의 품목분류·과세표준·세율 및 세액

④ 보정사유 및 보정기한

⑤ 그 밖의 참고사항

(3) 보정신청 절차

신고납부한 세액을 보정하고자 하는 자는 세관장에게 세액보정을 신청한 다음

에 이미 제출한 수입신고서를 교부받아 수입신고서상의 품목분류·과세표준·세율 및 세액 그 밖의 관련사항을 보정하고, 그 보정한 부분에 서명 또는 날인하여 세관장에게 제출하여야 한다.(시행령 제32조의4 2항)

(4) 보정에 따른 관세 납부

납세의무자가 부족한 세액에 대한 세액의 보정을 신청한 경우에는 해당 보정신청을 한 날의 다음날까지 해당 관세를 납부하여야 한다.(관세법 제38조의2 4항)

세관장은 세액보정 신청에 따라 세액을 보정한 결과 부족한 세액이 있는 때에는 납부기한[관세법 제9조(관세의 납부기한 등)에 따른 납부기한을 말한다.] 다음날부터 보정신청을 한 날까지의 기간과 금융회사의 정기예금에 대하여 적용하는 이자율을 고려하여 대통령령으로 정하는 이율에 따라 계산한 금액을 더하여 해당 부족세액을 징수하여야 한다. 다만, 관세법 제41조 제4항에 따라 가산금 및 중가산금을 징수하지 아니하는 경우나 신고납부한 세액의 부족 등에 대하여 납세의무자에게 정당한 사유가 있는 경우에는 그러하지 아니하다.(관세법 제38조의2 5항)

3) 수정 및 경정

(1) 세액의 수정

납세의무자는 신고납부한 세액이 부족한 경우에는 대통령령으로 정하는 바에 따라 수정신고(보정기간이 지난 날부터 관세법 제21조(관세부과의 제척기간) 제1항에 따른 기간이 끝나기 전까지로 한정한다)를 할 수 있다. 이 경우 납세의무자는 수정신고한 날의 다음 날까지 해당 관세를 납부하여야 한다.(관세법 제38조의3 1항)

수정신고를 하고자 하는 자는 다음 사항을 기재한 수정신고서를 세관장에게 제출하여야 한다.(시행령 제33조)

① 해당 물품의 수입신고번호와 품명·규격 및 수량

② 수정신고전의 해당 물품의 품목분류·과세표준·세율 및 세액

③ 수정신고후의 해당 물품의 품목분류·과세표준·세율 및 세액

④ 가산세액

⑤ 기타 참고사항

(2) 세액의 경정

납세의무자는 신고납부한 세액이 과다한 것을 알게 되었을 때에는 최초로 납세신고를 한 날부터 5년 이내에 대통령령으로 정하는 바에 따라 신고한 세액의 경정을 세관장에게 청구할 수 있다. 이 경우 경정의 청구를 받은 세관장은 그 청구를 받은 날부터 2개월 이내에 세액을 경정하거나 경정하여야 할 이유가 없다는 뜻을 청구한 자에게 통지하여야 한다.(관세법 제38조의3 2항)

납세의무자는 최초의 신고 또는 경정에서 과세표준 및 세액의 계산근거가 된 거래 또는 행위 등이 그에 관한 소송에 대한 판결(판결과 같은 효력을 가지는 화해나 그 밖의 행위를 포함한다)에 의하여 다른 것으로 확정되는 등 대통령령으로 정하는 사유가 발생하여 납부한 세액이 과다한 것을 알게 되었을 때에는 최초로 납세신고를 한 날부터 5년 이내에 세액경정 청구하도록 되어 있는 기간에도 불구하고 그 사유가 발생한 것을 안 날부터 2개월 이내에 대통령령으로 정하는 바에 따라 납부한 세액의 경정을 세관장에게 청구할 수 있다.(관세법 제38조의3 3항)

위의 내용에 따라 경정의 청구를 받은 세관장은 그 청구를 받은 날부터 2개월 이내에 세액을 경정하거나 경정하여야 할 이유가 없다는 뜻을 청구한 자에게 통지하여야 한다.(관세법 제38조의3 4항)

위의 내용에 따라 경정을 청구한 자가 2개월 이내에 세관장으로부터 세액을 경정하거나 경정하여야 할 이유가 없다는 뜻의 통지를 받지 못한 경우에는 그 2개월이 되는 날의 다음 날부터 제5장(납세자의 권리 및 불복절차)에 따른 이의신청, 심사청구, 심판청구 또는 「감사원법」에 따른 심사청구를 할 수 있다.(관세법 제38조의3 5항)

세관장은 납세의무자가 신고납부한 세액, 납세신고한 세액 또는 제2항 및 제3항에 따라 경정청구한 세액을 심사한 결과 과부족하다는 것을 알게 되었을 때에는 대통령령으로 정하는 바에 따라 그 세액을 경정하여야 한다.(관세법 제38조의3 6항)

(3) 수입물품의 과세가격 조정에 따른 경정

납세의무자는 「국제조세조정에 관한 법률」 제4조 제1항[3]에 따라 관할 지방국

---

3) 제4조(정상가격에 의한 과세조정) ① 과세당국은 거래 당사자의 어느 한 쪽이 국외특수관계인인 국제거래에서 그 거래가격이 정상가격보다 낮거나 높은 경우에는 정상가격을 기준으로 거주자(내국법인과 국내사업장을 포함한다. 이하 이 장에서 같다)의 과세표준 및 세액을 결정하거나 경정할 수 있다. 다만, 제5조에 따른 정상가격 산출방법 중 동일한 정상가격 산출방법을 적용하여 둘 이상의 과세연도에 대하여 정상가격을 산출하고 그 정상가격을 기준

세청장 또는 세무서장이 해당 수입물품의 거래가격을 조정하여 과세표준 및 세액을 결정·경정 처분하거나 같은 법 제6조 제3항 단서[4]에 따라 국세청장이 해당 수입물품의 거래가격과 관련하여 소급하여 적용하도록 사전승인을 함에 따라 그 거래가격과 관세법에 따라 신고납부·경정한 세액의 산정기준이 된 과세가격 간 차이가 발생한 경우에는 그 결정·경정 처분 또는 사전승인이 있음을 안 날(처분 또는 사전승인의 통지를 받은 경우에는 그 받은 날)부터 3개월 또는 최초로 납세신고를 한 날부터 5년 내에 대통령령으로 정하는 바에 따라 세관장에게 세액의 경정을 청구할 수 있다.(관세법 제38조의4 1항)

위의 규정에 따른 경정청구를 받은 세관장은 대통령령으로 정하는 바에 따라 해당 수입물품의 거래가격 조정방법과 계산근거 등이 제30조부터 제35조까지의 규정에 적합하다고 인정하는 경우에는 세액을 경정할 수 있다.(관세법 제38조의4 2항)

세관장은 위의 규정에 따른 경정청구를 받은 날부터 2개월 내에 세액을 경정하거나 경정하여야 할 이유가 없다는 뜻을 청구인에게 통지하여야 한다.(관세법 제38조의4 3항)

이 같은 세관장의 통지에 이의가 있는 청구인은 그 통지를 받은 날(2개월 내에 통지를 받지 못한 경우에는 2개월이 경과한 날)부터 30일 내에 기획재정부장관에게 국세의 정상가격과 관세의 과세가격 간의 조정을 신청할 수 있다. 이 경우 「국제조세조정에 관한 법률」 제10조의3[5]을 준용한다.(관세법 제38조의4 4항)

청구인은 위의 제3항에 따라 2개월 이내에 통지를 받지 못한 경우에는 그 2개

으로 일부 과세연도에 대한 과세표준 및 세액을 결정하거나 경정하는 경우에는 나머지 과세연도에 대하여도 그 정상가격을 기준으로 과세표준 및 세액을 결정하거나 경정하여야 한다.

4) ③ 국세청장은 거주자가 승인신청 대상기간 이전의 과세연도에 대하여 정상가격 산출방법을 소급하여 적용해 줄 것을 신청하는 때에는 승인신청 대상기간 직전의 5년 이내에서 소급하여 적용하도록 승인할 수 있다. <u>다만, 일방적 사전승인의 경우에 정상가격 산출방법을 소급하여 적용하여 줄 것을 신청하는 때에는 승인신청 대상기간 직전의 3년 이내에서 소급하여 적용하도록 승인할 수 있다.</u>

5) 제10조의3(국제거래가격에 대한 과세의 조정) ① 납세의무자는 제10조의2 제2항의 통지를 받은 날(2개월 내에 통지를 받지 못한 경우에는 2개월이 경과한 날)부터 30일 내에 기획재정부장관에게 국세의 정상가격과 관세의 과세가격 간 조정을 신청할 수 있다. 이 경우 기획재정부장관은 과세당국 또는 세관장에게 거래가격에 대한 과세의 조정을 권고할 수 있고, 그 조정권고에 대한 과세당국 또는 세관장의 이행계획(불이행 시 그 이유를 포함한다)을 받아 납세의무자에게 그 조정의 신청을 받은 날부터 90일 내에 통지하여야 한다.
② 제1항에 따른 조정의 신청, 조정 방법 등에 관하여 필요한 사항은 대통령령으로 정한다.
③ 제1항에 따라 조정을 신청한 날부터 통지를 받은 날까지의 기간은 「국세기본법」 제61조, 제66조, 제68조 및 「관세법」 제121조, 제131조, 제132조의 청구기간 또는 신청기간에 산입하지 아니한다.

월이 되는 날의 다음 날부터 제5장(납세자의 권리 및 불복절차)에 따른 이의신청, 심사청구, 심판청구 또는 「감사원법」에 따른 심사청구를 할 수 있다.(관세법 제38조의4 5항)

세관장은 관세법 제38조의4 제2항에 따라 세액을 경정하기 위하여 필요한 경우에는 관할 지방국세청장 또는 세무서장과 협의할 수 있다.(관세법 제38조의4 6항)

(4) 경정청구서 등 우편제출에 따른 특례

관세법 제38조의2(보정) 제1항, 제38조의3(수정 및 경정) 제1항부터 제3항까지, 제38조의4(수입물품의 과세가격 조정에 따른 경정) 제1항 및 제4항에 따른 각각의 기한까지 우편으로 발송(「국세기본법」 제5조의2에서 정한 날을 기준으로 한다)한 청구서 등이 세관장 또는 기획재정부장관에게 기간을 지나서 도달한 경우 그 기간의 만료일에 신청·신고 또는 청구된 것으로 본다.(관세법 제38조의5)

4) 부과고지

다음 하나에 해당하는 경우에는 관세법 제38조(신고납부)의 규정에도 불구하고 세관장이 관세를 부과·징수한다.(관세법 제39조 1항)

① 관세법 제16조 제1호부터 제6호까지 및 제8호부터 제11호까지에[6] 해당되

---

6) ① 외국물품인 선용품 또는 기용품과 외국무역선 또는 외국무역기안에서 판매할 물품이 하역허가의 내용대로 운송수단에 적재되지 아니하여 관세를 징수하는 물품(차량용품과 국경출입차량안에서 판매할 물품이 허가된 내용대로 운송수단에 적재되지 아니하여 관세를 징수하는 물품을 포함) : 하역을 허가 받은 때
② 보세구역 밖에서의 보수작업의 승인기간을 경과하여 관세를 징수하는 물품 : 보세구역 밖에서의 보수작업을 승인 받은 때
③ 보세구역에 장치된 외국물품이 멸실되거나 폐기됨에 따라 관세를 징수하는 물품 : 해당 물품이 멸실되거나 폐기된 때
④ 보세공장외 작업허가 기간을 경과하여 관세를 징수하는 물품(보세건설장외 작업허가 기간을 경과한 물품, 종합보세구역외 작업의 신고기간을 경과한 물품을 포함함) : 보세공장외 작업, 보세건설장외 작업 또는 종합보세구역외 작업을 허가 받거나 신고 한 때
⑤ 보세운송신고 또는 승인을 받은 물품이 지정기간내에 목적지에 도착하지 아니하여 관세를 징수하는 물품 : 보세운송을 신고 하거나 승인 받은 때
⑥ 수입신고가 수리되기 전에 소비하거나 사용하는 물품(소비 또는 사용을 수입으로 보지 아니하는 물품은 제외) : 해당 물품을 소비하거나 사용한 때
⑦ 수입신고전 즉시반출신고를 하고 반출한 물품: 수입신고전 즉시반출신고를 한 때
⑧ 우편으로 수입되는 물품(관세법 제258조 제2항에 의해 수입신고를 해야 하는 우편물을 제외) : 통관우체국에 도착한 때
⑨ 도난물품 또는 분실물품 : 해당 물품이 도난되거나 분실된 때
⑩ 관세법에 따라 매각되는 물품 : 해당 물품이 매각된 때

어 관세를 징수하는 경우

② 보세건설장에서 건설된 시설로서 수입신고가 수리되기 전에 가동된 경우

③ 보세구역(제156조 제1항에 따라 보세구역 외 장치를 허가 받은 장소를 포함한다)에 반입된 물품이 신고수리 전에는 운송수단, 관세통로, 하역통로 또는 관세법에 따른 장치 장소로부터 신고된 물품을 반출하여서는 안된다는 관세법 제248조(신고의 수리) 제3항을 위반하여 수입신고가 수리되기 전에 반출된 경우

④ 납세의무자가 관세청장이 정하는 사유로 과세가격이나 관세율 등을 결정하기 곤란하여 부과고지를 요청하는 경우

⑤ 관세법 제253조(수입신고수리전 반출)에 따라 즉시 반출한 물품을 즉시반출신고를 한 날부터 10일 이내에 수입신고를 하지 아니하여 관세를 징수하는 경우

⑥ 그 밖에 관세법 제38조(신고납부)에 따른 납세신고가 부적당한 것으로서 기획재정부령으로 정하는 경우

세관장은 과세표준, 세율, 관세의 감면 등에 관한 규정의 적용 착오 또는 그 밖의 사유로 이미 징수한 금액이 부족한 것을 알게 되었을 때에는 그 부족액을 징수한다.(관세법 제39조 2항)

위의 규정에 따라 세관장이 관세를 징수하려는 경우에는 대통령령으로 정하는 바에 따라 납세의무자에게 납세고지를 하여야 한다.(관세법 제39조 3항)

5) 징수금액의 최저한

세관장은 납세의무자가 납부하여야 하는 세액이 1만원 미만인 때에는 이를 징수하지 아니한다.(관세법 제40조)(시행령 제37조 1항) 이에 따라 관세를 징수하지 아니하게 된 경우에는 해당 물품의 수입신고수리일을 그 납부일로 본다.(시행령 제37조 2항)

6) 가산금

관세를 납부기한까지 완납(完納)하지 아니하면 그 납부기한이 지난 날부터 체

---

⑪ 수입신고를 하지 아니하고 수입된 물품(위의 ①~⑩에 규정된 것을 제외) : 수입된 때

납된 관세에 대하여 100분의 3에 상당하는 가산금을 징수한다.(관세법 제41조 1항) 체납된 관세를 납부하지 아니하면 그 납부기한이 지난 날부터 1개월이 지날 때마다 체납된 관세의 1만분의 75에 상당하는 가산금(이하에서 "중가산금"이라 한다)을 제1항에 따른 가산금에 다시 더하여 징수한다. 이 경우 중가산금을 더하여 징수하는 기간은 60개월을 초과하지 못한다.(관세법 제41조 2항)

체납된 관세(세관장이 징수하는 내국세가 있는 때에는 그 금액을 포함한다)가 100만원 미만인 경우에는 위의 규정에 의한 중가산금을 적용하지 아니한다.(관세법 제41조 3항)

국가나 지방자치단체(지방자치단체조합을 포함)가 직접 수입하는 물품과 국가 또는 지방자치단체에 기증되는 물품, 그리고 우편물(다만, 수입신고를 하여야 하는 것은 제외)에 대하여는 위의 규정을 적용하지 아니한다.(관세법 제41조 4항)(시행령 제38조)

7) 가산세

(1) 가산세의 징수

세관장은 관세법 제38조의3(수정 및 경정) 제1항 또는 제6항에 따라 부족한 관세액을 징수할 때에는 다음의 금액을 합한 금액을 가산세로 징수한다. 다만, 잠정가격신고를 기초로 납세신고를 하고 이에 해당하는 세액을 납부한 경우 등 대통령령으로 정하는 경우에는 대통령령으로 정하는 바에 따라 그 전부 또는 일부를 징수하지 아니한다.(관세법 제42조 1항)

① 해당 부족세액의 100분의 10

② 다음의 계산식을 적용하여 계산한 금액
해당 부족세액 × 당초 납부기한의 다음 날부터 수정신고일 또는 납세고지일까지의 기간 × 금융회사 등이 연체대출금에 대하여 적용하는 이자율 등을 고려하여 대통령령으로 정하는 이자율(즉, 1일 1만분의 3의 율)(시행령 제39조 1항)

(2) 가산세 징수의 예외

관세법 제42조 제1항 단서에 있는 "잠정가격신고를 기초로 납세신고를 하고 이에 해당하는 세액을 납부한 경우 등 대통령령으로 정하는 경우"에 가산세를 전부 또는 일부를 징수하지 아니하는 경우는 다음과 같다.(시행령 제39조 2항)

① 수입신고가 수리되기 전에 관세를 납부한 결과 부족세액이 발생한 경우로

서 수입신고가 수리되기 전에 납세의무자가 해당 세액에 대하여 수정신고를 하거나 세관장이 경정하는 경우

② 잠정가격신고를 기초로 납세신고를 하고 이에 해당하는 세액을 납부한 경우. 다만, 납세의무자가 제출한 자료가 사실과 다름이 판명되어 추징의 사유가 발생한 경우에는 그러하지 아니하다.

③ 관세법 제37조(과세가격 결정방법의 사전심사) 제1항 제3호(특수관계가 있는 자들 간에 거래되는 물품의 과세가격 결정방법)에 관한 사전심사의 결과를 통보받은 경우 그 통보일부터 2개월 이내에 통보된 과세가격 결정방법에 따라 해당 사전심사 신청 이전에 신고납부한 세액을 수정신고하는 경우

④ 관세법 제38조(신고납부) 제2항 단서의 규정에 의하여 기획재정부령이 정하는 물품중 감면대상 및 감면율을 잘못 적용하여 부족세액이 발생한 경우

⑤ 관세법 제38조의3 제1항에 따라 수정신고(법 제38조의2제1항에 따른 보정기간이 지난 날부터 1년 6개월이 지나기 전에 한 수정신고로 한정한다)를 한 경우. 다만, 해당 관세에 대하여 과세표준과 세액을 경정할 것을 미리 알고 수정신고서를 제출한 경우로서 기획재정부령으로 정하는 경우는 제외한다.

⑥ 관세법 제41조(가산금) 제4항의 규정에 의하여 동조 제1항 내지 제3항의 규정[국가나 지방자치단체(지방자치단체조합을 포함)가 직접 수입하는 물품과 국가 또는 지방자치단체에 기증되는 물품, 그리고 우편물(다만, 수입신고를 하여야 하는 것은 제외)에 대하여]을 적용하지 아니하는 경우

⑦ 관세심사위원회가 관세법 제118조 제3항[7] 본문에 따른 기간 내에 과세전적부심사의 결정·통지를 하지 아니한 경우

⑧ 신고납부한 세액의 부족 등에 대하여 납세의무자에게 정당한 사유가 있는 경우

---

7) ③ 과세전적부심사를 청구받은 세관장이나 관세청장은 그 청구를 받은 날부터 30일 이내에 제124조에 따른 관세심사위원회의 심사를 거쳐 결정을 하고, 그 결과를 청구인에게 통지하여야 한다. 다만, 과세전적부심사 청구기간이 지난 후 과세전적부심사청구가 제기된 경우 등 대통령령으로 정하는 사유에 해당하는 경우에는 관세심사위원회의 심사를 거치지 아니하고 결정할 수 있다.

(3) 부당한 방법에 의한 과소신고에 대한 가산세

납세자가 부당한 방법(납세자가 관세의 과세표준 또는 세액계산의 기초가 되는 사실의 전부 또는 일부를 은폐하거나 가장하는 것에 기초하여 관세의 과세표준 또는 세액의 신고의무를 위반하는 것으로서 대통령령으로 정하는 방법[8]을 말한다)으로 과소신고한 경우에는 세관장은 해당 부족세액의 100분의 40에 상당하는 금액과 위의 가산세 징수금액 중 ②의 금액(관세법 제42조 1항 2호) 을 합한 금액을 가산세로 징수한다.(관세법 제42조 2항)

(4) 수입신고를 하지 아니하고 수입된 물품에 대한 가산세

세관장은 제16조 제11호에 따른 물품(수입신고를 하지 아니하고 수입된 물품)에 대하여 관세를 부과·징수할 때에는 다음의 금액을 합한 금액을 가산세로 징수한다. 다만, 제241조 제5항[9]에 따라 가산세를 징수하는 경우와 천재지변 등 수입신고를 하지 아니하고 수입한 데에 정당한 사유가 있는 것으로 세관장이 인정하는 경우는 제외한다.(관세법 제42조 3항)

① 해당 관세액의 100분의 20(제269조의 죄에 해당하여 처벌받거나 통고처분을 받은 경우에는 100분의 40)

② 다음의 계산식을 적용하여 계산한 금액

해당 관세액 × 수입된 날부터 납세고지일까지의 기간 × 금융회사 등이 연체대출금에 대하여 적용하는 이자율 등을 고려하여 대통령령으로 정하는 이자율

8) 관세의 현장수납

다음 어느 하나에 해당하는 물품에 대한 관세는 그 물품을 검사한 공무원이 검사장소에서 수납할 수 있다.(관세법 제43조 1항)

---

8) 1. 이중송품장·이중계약서 등 허위증명 또는 허위문서의 작성이나 수취, 2. 세액심사에 필요한 자료의 파기, 3. 관세부과의 근거가 되는 행위나 거래의 조작·은폐, 4. 그 밖에 관세를 포탈하거나 환급받기 위한 부정한 행위(시행령 제39조 3항)

9) 1. 여행자나 승무원이 제2항 제1호에 해당하는 휴대품(제96조 제1항 제1호 및 제3호에 해당하는 물품은 제외한다)을 신고하지 아니하여 과세하는 경우
2. 우리나라로 거주를 이전하기 위하여 입국하는 자가 입국할 때에 수입하는 이사물품(제96조 제1항 제2호에 해당하는 물품은 제외한다)을 신고하지 아니하여 과세하는 경우

① 여행자의 휴대품

② 조난 선박에 적재된 물품으로서 보세구역이 아닌 장소에 장치한 물품

위의 규정에 의하여 물품을 검사한 공무원이 관세를 수납하는 때에는 부득이한 사유가 있는 경우를 제외하고는 다른 공무원을 참여시켜야 하며 (관세법 제43조 2항) 출납공무원이 아닌 공무원이 관세를 수납하였을 때에는 지체없이 출납공무원에게 인계하여야 한다.(관세법 제43조 3항)

또한 출납공무원이 아닌 공무원이 선량한 관리자로서의 주의를 게을리하여 현장 수납한 현금을 잃어버린 경우에는 변상하여야 한다.(관세법 제43조 4항)

03 체납처분 및 체납자료의 제공 등

1) 체납처분의 유예

세관장은 재산의 압류나 압류재산의 매각을 유예함으로써 사업을 정상적으로 운영할 수 있게 되어 체납액의 징수가 가능하다고 인정되는 경우에는 그 체납액에 대하여 체납처분에 의한 재산의 압류나 압류재산의 매각을 대통령령으로 정하는 바에 따라 유예할 수 있다.(관세법 제43조의2 1항)

세관장은 위의 규정에 따라 유예하는 경우에 필요하다고 인정하면 이미 압류한 재산의 압류를 해제할 수 있다.(관세법 제43조의2 2항)

세관장은 재산의 압류를 유예하거나 압류한 재산의 압류를 해제하는 경우에는 그에 상당하는 납세담보의 제공을 요구할 수 있다.(관세법 제43조의2 3항)

세관장은 체납처분 유예 결정일 기준으로 최근 3년 이내에 이 법,「수출용 원재료에 대한 관세 등 환급에 관한 특례법」 또는「조세범 처벌법」 위반으로 처벌받은 사실이 없는 체납자로부터 체납액 납부계획서를 제출받고 그 납부계획의 타당성을 인정하는 경우에는 납세담보의 제공을 요구하지 아니할 수 있다.(관세법 제43조의2 4항)

세관장은 체납처분을 유예받은 체납자가 다음 어느 하나에 해당하는 경우에는 그 체납처분의 유예를 취소하고, 유예에 관계되는 체납액을 한꺼번에 징수할 수 있다. 다만, 아래 ①에 대하여는 정당한 사유가 있는 것으로 세관장이 인정하는 경우에는 체납처분의 유예를 취소하지 아니할 수 있다.(관세법 제43조의2 5항)

① 체납액을 분납계획에 따라 납부하지 아니한 경우

② 담보의 변경이나 그 밖에 담보 보전에 필요한 세관장의 명령에 따르지 아니한 경우

③ 재산상황이나 그 밖의 사정의 변화로 유예할 필요가 없다고 인정될 경우

④ 다음 중 어느 하나의 경우에 해당되어 그 유예한 기한까지 유예에 관계되는 체납액의 전액을 징수할 수 없다고 인정될 경우

㉠ 국세·지방세 또는 공과금의 체납으로 체납처분을 받은 경우

㉡ 강제집행을 받은 경우

㉢ 「어음법」 및 「수표법」에 따른 어음교환소에서 거래정지처분을 받은 경우

㉣ 경매가 시작된 경우

㉤ 법인이 해산된 경우

㉥ 관세의 체납이 발생되거나 관세를 포탈하려는 행위가 있다고 인정되는 경우

세관장은 체납처분을 유예하였거나 체납처분의 유예를 취소하였을 때에는 체납자에게 그 사실을 통지하여야 한다.(관세법 제43조의2 6항)

세관장은 다음 어느 하나에 해당하는 경우에는 체납처분의 유예를 받은 체납액에 대하여 유예기간이 지난 후 다시 체납처분의 유예를 할 수 있다.(관세법 제43조의2 7항)

① 체납액을 분납계획에 따라 납부하지 아니한 경우 세관장이 정당한 사유가 있는 것으로 인정하여 체납처분의 유예를 취소하지 아니한 경우

② 재산상황이나 그 밖의 사정의 변화로 유예할 필요가 없다고 인정되어 체납처분의 유예를 취소한 경우

위에서 규정한 사항 외에 체납처분의 유예 신청, 통지 및 유예기간 등 체납처분의 유예에 필요한 세부사항은 대통령령으로 정한다.(관세법 제43조의2 8항)

2) 체납자료의 제공

세관장은 관세징수 또는 공익목적을 위하여 필요한 경우로서 「신용정보의 이

용 및 보호에 관한 법률」 제2조 제5호에 따른 신용정보회사 또는 같은 조 제6호에 따른 신용정보집중기관, 그 밖에 대통령령으로 정하는 자가 다음 어느 하나에 해당하는 체납자의 인적사항 및 체납액에 관한 자료(이하 "체납자료"라 한다)를 요구한 경우에는 이를 제공할 수 있다. 다만, 체납된 관세 및 내국세등과 관련하여 관세법에 따른 이의신청·심사청구 또는 심판청구 및 행정소송이 계류 중인 경우나 그 밖에 대통령령으로 정하는 경우에는 체납자료를 제공하지 아니한다.(관세법 제44조 1항) 여기서 "대통령령으로 정하는 경우"란 전쟁·화재 등 재해나 도난으로 인하여 재산에 심한 손실을 입은 경우, 사업에 현저한 손실을 입은 경우, 사업이 중대한 위기에 처한 경우(시행령 제2조 제1항 제1, 2, 3호) 또는 체납처분이 유예된 경우를 말한다.(시행령 제41조 1항)

① 체납 발생일부터 1년이 지나고 체납액이 대통령령으로 정하는 금액(500만원) 이상인 자

② 1년에 3회 이상 체납하고 체납액이 대통령령으로 정하는 금액(500만원) 이상인 자

체납자료의 제공 절차 등에 필요한 사항은 대통령령으로 정한다.(관세법 제44조 2항)

체납자료를 제공받은 자는 이를 업무 목적 외의 목적으로 누설하거나 이용하여서는 아니 된다.(관세법 제44조 3항)

3) 관세체납정리위원회

관세(세관장이 징수하는 내국세등을 포함한다)의 체납정리에 관한 사항을 심의하기 위하여 세관에 관세체납정리위원회를 둘 수 있다.(관세법 제45조 1항)

관세체납정리위원회는 위원장 1인을 포함한 5인 이상 7인 이내의 위원으로 구성하며 관세체납정리위원회의 위원장은 세관장이 되며, 위원은 다음의 자중에서 세관장이 임명 또는 위촉한다.(시행령 제42조 2,3항)

① 세관공무원

② 변호사·관세사·공인회계사·세무사

③ 상공계의 대표

④ 기획재정에 관한 학식과 경험이 풍부한 자

04 관세환급금의 환급 등

1) 관세환급금의 환급

(1) 관세환급금의 환급신청과 통지

세관장은 납세의무자가 관세·가산금·가산세 또는 체납처분비의 과오납금 또는 관세법에 따라 의 환급을 청구할 때에는 대통령령으로 정하는 바에 따라 지체없이 이를 관세환급금으로 결정하고 30일 이내에 환급하여야 하며, 세관장이 확인한 관세환급금은 납세의무자가 환급을 청구하지 아니하더라도 환급하여야 한다.(관세법 제46조 1항)

구체적으로 과오납한 관세·가산금·가산세 또는 체납처분비의 과오납금 또는 관세법에 따라 환급을 받고자 하는 자는 당해 물품의 품명·규격·수량·수입신고수리연월일·신고번호 및 환급사유와 환급받고자 하는 금액을 기재한 신청서를 세관장에게 제출하여야 하며(시행령 제50조) 세관장이 관세환급 사유를 확인한 때에는 권리자에게 그 금액과 이유 등을 통지하여야 한다.(시행령 제51조 1항)

(2) 관세환급금의 충당

관세환급금을 환급하는 경우에 환급받을 자가 세관에 납부하여야 하는 관세와 그 밖의 세금, 가산금, 가산세 또는 체납처분비가 있을 때에는 환급하여야 하는 금액에서 이를 충당할 수 있다.(관세법 제46조 2항) 이때 세관장은 그 사실을 권리자에게 통보하여야 한다. 다만, 권리자의 신청에 의하여 충당한 경우에는 그 통지를 생략한다.(시행령 제52조)

(3) 관세환급금의 양도

납세의무자의 관세환급금에 관한 권리는 대통령령으로 정하는 바에 따라 제3자에게 양도할 수 있다.(관세법 제46조 3항) 제3자에게 양도하고자 하는 자는 양도인의 주소와 성명, 양수인의 주소와 성명, 환급사유, 환급금액을 기재한 문서에 인감증명을 첨부하여 세관장에게 제출하여야 한다.(시행령 제53조)

(4) 관세환급금의 환급절차

관세환급금의 환급은 「국가재정법」 제17조에도 불구하고 대통령령으로 정하는 바에 따라 「한국은행법」에 따른 한국은행의 해당 세관장의 소관 세입금에서 지급한다.(관세법 제46조 4항)

2) 과다환급관세의 징수

세관장은 관세법 법46조(관세환급금의 환급)에 따른 관세환급금의 환급에 있어서 그 환급액이 과다한 것을 알게 되었을 때에는 해당 관세환급금을 지급받은 자로부터 과다지급된 금액을 징수하여야 한다.(관세법 제47조 1항)

세관장은 위의 규정에 따라 관세환급금의 과다환급액을 징수할 때에는 과다환급을 한 날의 다음날부터 징수결정을 하는 날까지의 기간에 대하여 대통령령이 정하는 이율에 따라 계산한 금액을 과다환급액에 더하여야 한다.(관세법 제47조 2항)

3) 관세환급가산금

세관장은 관세환급금을 환급하거나 충당할 때에는 대통령령으로 정하는 관세환급가산금 기산일부터 환급결정 또는 충당결정을 하는 날까지의 기간과 대통령령으로 정하는 이율에 따라 계산한 금액을 환급금에 더하여야 한다. 다만, 관세법 제41조(가산금) 제4항에 따라 같은 조 제1항부터 제3항까지의 규정을 적용받지 아니하는 물품 즉, 국가 또는 지방자치단체(지방자치단체조합을 포함)가 직접 수입하는 물품과 국가 또는 지방자치단체에 기증되는 물품, 그리고 우편물(다만, 수입신고를 하여야 하는 것은 제외)에 대하여는 그러하지 아니하다.(관세법 제48조)

3-3 납세의무의 소멸

01 납세의무의 소멸

관세, 가산금 또는 체납처분비를 납부하여야 하는 의무는 다음 어느 하나에 해당되는 때에는 소멸한다.(관세법 제20조)

① 관세를 납부하거나 관세에 충당한 때

② 관세부과가 취소된 때

③ 관세를 부과할 수 있는 기간에 관세가 부과되지 아니하고 그 기간이 만료된 때

④ 관세징수권의 소멸시효가 완성된 때

02 관세부과의 제척기간

1) 관세부과의 제척기간[10]

관세는 해당 관세를 부과할 수 있는 날부터 5년이 지나면 부과할 수 없다. 다만, 부정한 방법으로 관세를 포탈하였거나 환급 또는 감면받은 경우에는 관세를 부과할 수 있는 날부터 10년이 지나면 부과할 수 없다.(관세법 제21조 1항)

2) 관세부과 제척기간의 기산일

관세부과의 제척기간을 산정할 때 수입신고한 날의 다음날을 관세를 부과할 수 있는 날로 한다. 다만, 다음의 경우에는 해당 사항에 규정된 날을 관세를 부과할 수 있는 날로 한다.(시행령 제6조)

---

10) 권리관계를 빨리 확정하기 위하여 어떤 종류의 권리에 대하여 법률이 정하고 있는 존속기간을 말한다. 이 기간이 지나면 권리가 소멸된다.

① 관세법 제16조(과세물건의 확정시기) 제1호 내지 제11호에 해당되는 경우에는 그 사실이 발생한 날의 다음날

② 의무불이행 등의 사유로 감면된 관세를 징수하는 경우에는 그 사유가 발생한 날의 다음날

③ 보세건설장에 반입된 외국물품의 경우에는 다음의 날 중 먼저 도래한 날의 다음날

㉠ 시행령 제211조의 규정에 의하여 건설공사완료보고를 한 날

㉡ 관세법 제176조의 규정에 의한 특허기간(특허기간을 연장한 경우에는 연장기간을 말한다)이 만료되는 날

④ 과다환급 또는 부정환급 등의 사유로 관세를 징수하는 경우에는 환급한 날의 다음날

⑤ 관세법 제28조(잠정가격의 신고 등)에 따라 잠정가격을 신고한 후 확정된 가격을 신고한 경우에는 확정된 가격을 신고한 날의 다음 날(다만, 관세법 제28조 제2항에 따른 기간 내에 확정된 가격을 신고하지 아니하는 경우에는 해당 기간의 만료일의 다음날)

3) 제척기간의 특례

다음 어느 하나에 해당하는 경우에는 원칙적인 제척기간에도 불구하고 아래 ①에서 ⑤까지의 결정·판결이 확정되거나 회신을 받은 날부터 1년, ⑥에 따른 경정 청구일 및 ⑦에 따른 결정통지일로부터 2개월이 지나기 전까지는 해당 결정·판결·회신 또는 경정청구에 따라 경정이나 그 밖에 필요한 처분을 할 수 있다.(관세법 제21조 2항)

① 이의신청·심사청구 또는 심판청구에 대한 결정이 있은 경우

② 「감사원법」에 따른 심사청구에 대한 결정이 있은 경우

③ 「행정소송법」에 따른 소송에 대한 판결이 있은 경우

④ 관세법 제313조(압수물품의 반환)에 따른 압수물품의 반환결정이 있은 경우

⑤ 관세법과 「자유무역협정의 이행을 위한 관세법의 특례에 관한 법률」 및 조약·협정 등이 정하는 바에 따라 양허세율의 적용여부 및 세액 등을 확정하기 위하여 원산지증명서를 발급한 국가의 세관이나 그 밖에 발급권한이 있는 기관에게 원산지증명서 및 원산지증명서 확인자료의 진위 여부,

정확성 등의 확인을 요청하여 회신을 받은 경우

⑥ 관세법 제38조의3(수정 및 경정) 제2항·제3항 또는 제38조의4(수입물품의 과세가격 조정에 따른 경정) 제1항에 따른 경정청구가 있는 경우

⑦ 관세법 제38조의4(수입물품의 과세가격 조정에 따른 경정) 제4항에 따른 조정 신청에 대한 결정통지가 있는 경우

03 관세징수권 등의 소멸시효

1) 관세징수권의 소멸시효

관세의 징수권은 이를 행사할 수 있는 날부터 다음 각 구분에 따른 기간 동안 행사하지 아니하면 소멸시효가 완성된다.(관세법 제22조 1항)

① 5억원 이상의 관세(내국세를 포함): 10년

② ① 외의 관세: 5년

위의 규정에 따른 관세징수권을 행사할 수 있는 날은 아래와 같다.(시행령 제7조 1항)

① 신고납부하는 관세에 있어서는 수입신고가 수리된 날부터 15일이 경과한 날의 다음날. 다만, 월별납부의 경우에는 그 납부기한이 경과한 날의 다음날로 한다.

② 납부하는 관세에 있어서는 부족세액에 대한 보정신청일의 다음날의 다음날

③ 납부하는 관세에 있어서는 수정신고일의 다음날의 다음날

④ 부과고지하는 관세에 있어서는 납세고지를 받은 날부터 15일이 경과한 날의 다음날

⑤ 납부하는 관세에 있어서는 수입신고한 날부터 15일이 경과한 날의 다음날

⑥ 기타 법령에 의하여 납세고지하여 부과하는 관세에 있어서는 납부기한을 정한 때에는 그 납부기한이 만료된 날의 다음날

2) 관세 환급청구권의 소멸시효

납세자의 과오납금 또는 그 밖의 관세의 환급청구권은 그 권리를 행사할 수 있

는 날부터 5년간 행사하지 아니하면 소멸시효가 완성된다.(관세법 제22조 2항)

관세환급청구권을 행사할 수 있는 날은 아래와 같다.(시행령 제7조 2항)

① 경정으로 인한 환급의 경우에는 경정결정일

② 착오납부 또는 이중납부로 인한 환급의 경우에는 그 납부일

③ 관세법 제106조[11] 제1항에 따른 계약과 상이한 물품 등에 대한 환급의 경우에는 당해 물품의 수출신고수리일 또는 보세공장반입신고일

④ 관세법 제106조(계약 내용과 다른 물품 등에 대한 관세 환급) 제3항 및 제4항에 따른 폐기, 멸실, 변질, 또는 손상된 물품에 대한 환급의 경우에는 해당 물품이 폐기, 멸실, 변질 또는 손상된 날

⑤ 종합보세구역에서 물품을 판매하는 자가 환급받고자 하는 경우에는 환급에 필요한 서류의 제출일

⑥ 수입신고 또는 입항전수입신고를 하고 관세를 납부한 후 신고가 취하 또는 각하된 경우에는 신고의 취하일 또는 각하일

⑦ 적법하게 납부한 후 법률의 개정으로 인하여 환급하는 경우에는 그 법률의 시행일

---

11) 第106조(계약 내용과 다른 물품 등에 대한 관세 환급) ① 수입신고가 수리된 물품이 계약 내용과 다르고 수입신고 당시의 성질이나 형태가 변경되지 아니한 경우 해당 물품이 수입신고 수리일부터 1년 이내에 다음 각 호의 어느 하나에 해당하면 그 관세를 환급한다.

1. 해당 물품이 외국으로부터 반입된 물품인 경우: 보세구역(제156조제1항에 따라 세관장의 허가를 받았을 때에는 그 허가받은 장소를 포함한다. 이하 이 조에서 같다)에 이를 반입하였다가 다시 수출하였을 때
2. 해당 물품이 보세공장에서 생산된 물품인 경우: 보세공장에 이를 다시 반입하였을 때

② 제1항에 따른 수입물품으로서 세관장이 환급세액을 산출하는 데에 지장이 없다고 인정하여 승인한 경우에는 그 수입물품의 일부를 수출하였을 때에도 제1항에 따라 그 관세를 환급할 수 있다.

③ 제1항과 제2항에 따른 수입물품의 수출을 갈음하여 이를 폐기하는 것이 부득이하다고 인정하여 그 물품을 수입신고 수리일부터 1년 내에 보세구역에 반입하여 미리 세관장의 승인을 받아 폐기하였을 때에는 그 관세를 환급한다.

④ 수입신고가 수리된 물품이 수입신고 수리 후에도 지정보세구역에 계속 장치되어 있는 중에 재해로 멸실되거나 변질 또는 손상되어 그 가치가 떨어졌을 때에는 대통령령으로 정하는 바에 따라 그 관세의 전부 또는 일부를 환급할 수 있다.

04 시효의 중단 및 정지

관세징수권의 소멸시효는 다음 어느 하나에 해당하는 사유로 중단된다.(관세법 제23조 1항)

① 납세고지

② 경정처분

③ 납세독촉(납부최고(納付催告)[12])를 포함한다)

④ 통고처분

⑤ 고발

⑥「특정범죄가중처벌 등에 관한 법률」 제16조에 따른 공소제기

⑦ 교부청구

⑧ 압류

환급청구권의 소멸시효는 환급청구권의 행사로 중단된다.(관세법 제23조 2항)

관세징수권의 소멸시효는 관세의 분할납부기간, 징수유예기간, 체납처분유예기간 또는 사해행위(詐害行爲) 취소소송기간 중에는 진행하지 아니한다.(관세법 제23조 3항) 다만, 사해행위 취소소송으로 인한 시효정지의 효력은 소송이 각하, 기각 또는 취하된 경우에는 효력이 없다.(관세법 제23조 4항)

관세징수권과 환급청구권의 소멸시효에 관하여 이 법에서 규정한 것을 제외하고는 「민법」을 준용한다.(관세법 제23조 5항)

12) 세금을 납부하도록 서면으로 독촉하는 행정행위

01 납세담보

1) 담보의 종류 등

관세법에 따라 제공하는 담보의 종류는 다음과 같다.(관세법 제24조 1항)

① 금전

② 국채 또는 지방채

③ 세관장이 인정하는 유가증권

④ 납세보증보험증권

⑤ 토지

⑥ 보험에 가입된 등기 또는 등록된 건물 · 공장재단 · 광업재단 · 선박 · 항공기 또는 건설기계

⑦ 세관장이 인정하는 보증인의 납세보증서

단, 위의 ④에 따른 납세보증보험증권 및 ⑦에 따른 납세보증서는 세관장이 요청하면 특정인이 납부하여야 하는 금액을 일정 기일 이후에는 언제든지 세관장에게 지급한다는 내용의 것이어야 한다.(관세법 제24조 2항)

담보의 제공에 필요한 사항은 대통령령으로 정한다.(관세법 제24조 3항)

납세의무자(관세의 납부를 보증한 자를 포함한다)는 이 법에 따라 계속하여 담보를 제공하여야 하는 사유가 있는 경우에는 관세청장이 정하는 바에 따라 일정 기간에 제공하여야 하는 담보를 포괄하여 미리 세관장에게 제공할 수 있다.(관세법 제24조 4항)

2) 담보의 관세충당

세관장은 담보를 제공한 납세의무자가 그 납부기한까지 해당 관세를 납부하지 아니하면 기획재정부령으로 정하는 바에 따라 그 담보를 해당 관세에 충당할 수 있다. 이 경우 담보로 제공된 금전을 해당 관세에 충당할 때에는 납부기한이 지난 후에 충당하더라도 관세법 제41조(가산금)를 적용하지 아니한다.(관세법 제25조 1항)

세관장은 위의 규정에 따라 담보를 관세에 충당하고 남은 금액이 있을 때에는 담보를 제공한 자에게 이를 돌려주어야 하며, 돌려줄 수 없는 경우에는 이를 공탁할 수 있다.(관세법 제25조 2항)

그리고 세관장은 관세의 납세의무자가 아닌 자가 관세의 납부를 보증한 경우 그 담보로 관세에 충당하고 남은 금액이 있을 때에는 그 보증인에게 이를 직접 돌려주어야 한다.(관세법 제25조 3항)

3) 담보 등이 없는 경우의 관세징수

담보 제공이 없거나 징수한 금액이 부족한 관세의 징수에 관하여는 이 법에 규정된 것을 제외하고는 「국세기본법」과 「국세징수법」의 예에 따른다.(관세법 제26조 1항)

세관장은 관세의 체납처분을 할 때에는 재산의 압류, 보관, 운반 및 공매에 드는 비용에 상당하는 체납처분비를 징수할 수 있다.(관세법 제26조 2항)

4) 담보의 해제

세관장은 납세담보의 제공을 받은 관세·가산금 및 체납처분비가 납부되었을 때에는 지체 없이 담보해제의 절차를 밟아야 한다.(관세법 제26조의 2)

Chapter 04

관세감면 · 환급 및 분할납부

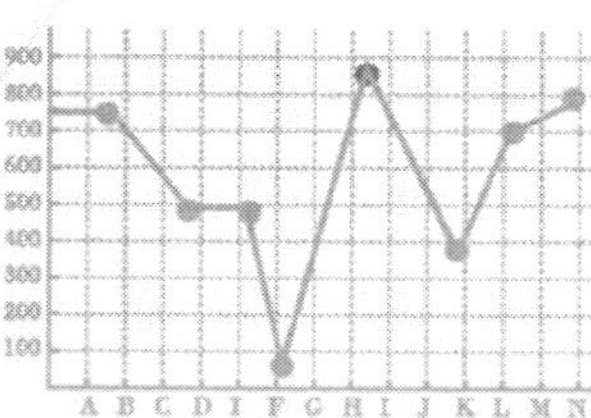

4-1 관세감면

01 관세면세

1) 외교관용물품 등의 면세

다음 어느 하나에 해당하는 물품이 수입될 때에는 그 관세를 면제한다.(관세법 제88조 1항)

① 우리나라에 있는 외국의 대사관·공사관 및 그 밖에 이에 준하는 기관의 업무용품

② 우리나라에 주재하는 외국의 대사·공사 및 그 밖에 이에 준하는 사절과 그 가족이 사용하는 물품

③ 우리나라에 있는 외국의 영사관 및 그 밖에 이에 준하는 기관의 업무용품

④ 우리나라에 있는 외국의 대사관·공사관·영사관 및 그 밖에 이에 준하는 기관의 직원 중 대통령령으로 정하는 직원과 그 가족이 사용하는 물품

⑤ 정부와 체결한 사업계약을 수행하기 위하여 외국계약자가 계약조건에 따라 수입하는 업무용품

⑥ 국제기구 또는 외국 정부로부터 우리나라 정부에 파견된 고문관·기술단원 및 그 밖에 기획재정부령으로 정하는 자가 사용하는 물품우리나라에 있는 외국의 대사관·공사관 기타 이에 준하는 기관의 업무용품

위의 규정에 따라 관세를 면제받은 물품 중 기획재정부령으로 정하는 물품은 수입신고 수리일부터 3년의 범위에서 대통령령으로 정하는 기준에 따라 관세청장이 정하는 기간에 제1항의 용도 외의 다른 용도로 사용하기 위하여 양수할 수 없다. 다만, 대통령령으로 정하는 바에 따라 미리 세관장의 승인을 받았을 때에는 그러하지 아니하다.(관세법 제88조 2항)

따라서 위의 규정에 따라 관세를 면제받은 물품 중 기획재정부령이 정하는 물

품을 수입신고수리일부터 3년의 범위내에서 대통령령이 정하는 기준에 따라 관세청장이 정하는 기간내에 용도 외의 다른 용도로 사용하기 위하여 양수한 경우에는 그 양수자로부터 면제된 관세를 즉시 징수한다.(관세법 제88조 3항)

2) 세율불균형물품[1]의 면세[2]

세율불균형을 시정하기 위하여 「조세특례제한법」 제5조 제1항에 따른 중소기업(이하 이 조에서 "중소기업"이라 한다)이 대통령령으로 정하는 바에 따라 세관장이 지정하는 공장에서 다음 어느 하나에 해당하는 물품을 제조 또는 수리하기 위하여 사용되는 부분품과 원재료(수출한 후 외국에서 수리·가공되어 수입되는 부분품과 원재료의 가공수리분을 포함한다) 중 기획재정부령으로 정하는 물품에 대하여는 그 관세를 면제할 수 있다.(관세법 제89조 1항)

① 항공기(부분품을 포함한다)

② 반도체 제조용 장비(부속기기를 포함한다)

다음 어느 하나에 해당하는 자는 위의 규정에 따른 지정을 받을 수 없다.(관세법 제89조 2항)

① 제175조(운영인의 결격사유) 제1호부터 제5호까지 및 제7호의 어느 하나에 해당하는 자

② 관세법 제39조 제4항에 따라 지정이 취소(제175조 제1호부터 제3호까지의 어느 하나에 해당하여 취소된 경우는 제외한다)된 날부터 2년이 지나지 아니한 자

---

1) 세율불균형은 관세율 구조에 관한 용어로서 제품의 세율이 낮고 이 제품을 만들기 위한 원재료의 세율은 높은 상태를 말한다. 세율불균형물품은 이러한 관세율구조를 가진 물품을 말한다. 현재 운용되는 관세율표에 의하면 항공기, 컴퓨터 관련 제품이 이에 해당된다. 이러한 현상이 발생되는 이유 중 하나는 각종 국제협약에 따라 세율을 인하한 결과 제품세율은 인하되고 원료품 세율은 그대로 유지되기 때문이다.

2) 제14조(세율불균형물품의 감면세 개정에 관한 경과조치) ① 제89조 제1항에서 정한 중소기업 이외의 기업에 대한 제89조제1항제1호의 세율불균형물품의 관세감면에 관하여는 제89조제1항의 개정규정에도 불구하고 2019년 1월 1일부터 2019년 4월 30일의 기간 동안 수입신고하는 분에 대하여는 100분의 100의 감면율을 적용한다.
② 제89조 제1항에서 정한 중소기업 이외의 기업에 대한 제89조 제1항 제2호의 세율불균형물품의 관세감면에 관하여는 제89조제1항의 개정규정에도 불구하고 2019년 1월 1일부터 2019년 12월 31일의 기간 동안 수입신고하는 분에 대하여는 100분의 20의 감면율을 적용한다.

③ ① 또는 ②에 해당하는 사람이 임원(해당 공장의 운영업무를 직접 담당하거나 이를 감독하는 자로 한정한다)으로 재직하는 법인

위의 규정에 따른 지정기간은 3년 이내로 하되, 지정 받은 자의 신청에 의하여 연장할 수 있다.(관세법 제89조 3항)

세관장은 위의 규정에 따라 지정을 받은 자가 다음 어느 하나에 해당하는 경우에는 그 지정을 취소할 수 있다. 다만, ① 또는 ②에 해당하는 경우에는 지정을 취소하여야 한다.(관세법 제89조 4항)

① 관세법 제89조 제2항 각 호의 어느 하나에 해당하는 경우. 다만, 제89조 제2항 제3호에 해당하는 경우로서 제175조(운영인의 결격사유) 제2호 또는 제3호에 해당하는 사람을 임원으로 하는 법인이 3개월 이내에 해당 임원을 변경하는 경우에는 그러하지 아니하다.

② 거짓이나 그 밖의 부정한 방법으로 지정을 받은 경우

③ 1년 이상 휴업하여 세관장이 지정된 공장의 설치목적을 달성하기 곤란하다고 인정하는 경우

위의 규정에 따라 지정된 공장에 대하여는 관세법 제179조(특허의 효력상시 및 승계), 제180조(특허보세구역의 설치·운영에 관한 감독 등) 제2항, 제182조(특허의 효력상실시 조치 등) 및 제187조(보세공장 외 작업 허가)를 준용한다.(관세법 제89조 5항)

중소기업이 아닌 자가 세관장이 지정하는 공장에서 "항공기(부분품을 포함한다)"(제1항 제1호의 물품)을 제조 또는 수리하기 위하여 사용하는 부분품과 원재료(수출한 후 외국에서 수리·가공되어 수입되는 부분품과 원재료의 가공수리분을 포함한다)에 대하여는 아래 내용에 따라 그 관세를 감면한다.(관세법 제89조 6항)[3]

① 「세계무역기구 설립을 위한 마라케쉬 협정 부속서 4의 민간항공기 무역에 관한 협정」 대상 물품 중 기획재정부령으로 정하는 물품의 관세 감면에 관하여는 다음 표의 기간 동안 수입신고하는 분에 대하여는 각각의 적용기간에 해당하는 감면율을 적용한다.

---

3) 2019년 5월 1일부터 시행

2019년 5월 1일부터 2021년 12월 31일까지	2022년 1월 1일부터 12월 31일까지	2023년 1월 1일부터 12월 31일까지	2024년 1월 1일부터 12월 31일까지	2025년 1월 1일부터 12월 31일까지
100분의 100	100분의 80	100분의 60	100분의 40	100분의 20

② ① 이외의 물품의 관세감면에 관하여는 다음 표의 기간 동안 수입신고하는 분에 대하여는 각각의 적용기간에 해당하는 감면율을 적용한다.

2019년 5월 1일부터 2021년 12월 31일까지	2020년 1월 1일부터 12월 31일까지	2021년 1월 1일부터 12월 31일까지	2022년 1월 1일부터 12월 31일까지	2023년 1월 1일부터 12월 31일까지	2024년 1월 1일부터 12월 31일까지	2025년 1월 1일부터 12월 31일까지
100분의 90	100분의 80	100분의 70	100분의 60	100분의 50	100분의 40	100분의 20

3) 종교용품·자선용품·장애인용품 등의 면세

다음 어느 하나에 해당하는 물품이 수입될 때에는 그 관세를 면제한다.(관세법 제91조)

① 교회, 사원 등 종교단체의 예배용품과 식전용품(式典用品)으로서 외국으로부터 기증되는 물품. 다만, 기획재정부령으로 정하는 물품은 제외한다.

② 자선 또는 구호의 목적으로 기증되는 물품 및 기획재정부령으로 정하는 자선시설·구호시설 또는 사회복지시설에 기증되는 물품으로서 해당 용도로 직접 사용하는 물품. 다만, 기획재정부령으로 정하는 물품은 제외한다.

③ 국제적십자사·외국적십자사 및 기획재정부령으로 정하는 국제기구가 국제평화봉사활동 또는 국제친선활동을 위하여 기증하는 물품

④ 시각장애인, 청각장애인, 언어장애인, 지체장애인, 만성신부전증환자, 희귀난치성질환자 등을 위한 용도로 특수하게 제작되거나 제조된 물품 중 기획재정부령으로 정하는 물품

⑤ 「장애인복지법」 제58조에 따른 장애인복지시설 및 장애인의 재활의료를 목적으로 국가·지방자치단체 또는 사회복지법인이 운영하는 재활 병원·의원에서 장애인을 진단하고 치료하기 위하여 사용하는 의료용구

4) 정부용품 등의 면세

다음 어느 하나에 해당하는 물품이 수입될 때에는 그 관세를 면제할 수 있다. (관세법 제92조)

① 국가기관이나 지방자치단체에 기증된 물품으로서 공용으로 사용하는 물품. 다만, 기획재정부령으로 정하는 물품은 제외한다.

② 정부가 외국으로부터 수입하는 군수품(정부의 위탁을 받아 정부 외의 자가 수입하는 경우를 포함한다) 및 국가원수의 경호용으로 사용하는 물품. 다만, 기획재정부령으로 정하는 물품은 제외한다.

③ 외국에 주둔하는 국군이나 재외공관으로부터 반환된 공용품

④ 과학기술정보통신부장관이 국가의 안전보장을 위하여 긴요하다고 인정하여 수입하는 비상통신용 물품 및 전파관리용 물품

⑤ 정부가 직접 수입하는 간행물, 음반, 녹음된 테이프, 녹화된 슬라이드, 촬영된 필름, 그 밖에 이와 유사한 물품 및 자료

⑥ 국가나 지방자치단체(이들이 설립하였거나 출연 또는 출자한 법인을 포함한다)가 환경오염(소음 및 진동을 포함한다)을 측정하거나 분석하기 위하여 수입하는 기계·기구 중 기획재정부령으로 정하는 물품

⑦ 상수도 수질을 측정하거나 이를 보전·향상하기 위하여 국가나 지방자치단체(이들이 설립하였거나 출연 또는 출자한 법인을 포함한다)가 수입하는 물품으로서 기획재정부령으로 정하는 물품

⑧ 국가정보원장 또는 그 위임을 받은 자가 국가의 안전보장 목적의 수행상 긴요하다고 인정하여 수입하는 물품

5) 특정물품의 면세 등

다음 어느 하나에 해당되는 물품이 수입될 때에는 그 관세를 면제할 수 있다. (관세법 제93조)

① 동식물의 번식·양식 및 종자개량을 위한 물품 중 기획재정부령으로 정하는 물품

② 박람회, 국제경기대회, 그 밖에 이에 준하는 행사 중 기획재정부령으로 정하는 행사에 사용하기 위하여 그 행사에 참가하는 자가 수입하는 물품 중

기획재정부령으로 정하는 물품

③ 핵사고 또는 방사능 긴급사태 시 그 복구지원과 구호를 목적으로 외국으로부터 기증되는 물품으로서 기획재정부령으로 정하는 물품

④ 우리나라 선박이 외국 정부의 허가를 받아 외국의 영해에서 채집하거나 포획한 수산물(이를 원료로 하여 우리나라 선박에서 제조하거나 가공한 것을 포함한다. 이하 이 조에서 같다)

⑤ 우리나라 선박이 외국의 선박과 협력하여 기획재정부령으로 정하는 방법으로 채집하거나 포획한 수산물로서 해양수산부장관이 추천하는 것

⑥ 해양수산부장관의 허가를 받은 자가 기획재정부령으로 정하는 요건에 적합하게 외국인과 합작하여 채집하거나 포획한 수산물 중 해양수산부장관이 기획재정부장관과 협의하여 추천하는 것

⑦ 우리나라 선박 등이 채집하거나 포획한 수산물과 제5호 및 제6호에 따른 수산물의 포장에 사용된 물품으로서 재사용이 불가능한 것 중 기획재정부령으로 정하는 물품

⑧ 「중소기업기본법」 제2조에 따른 중소기업이 해외구매자의 주문에 따라 제작한 기계·기구가 해당 구매자가 요구한 규격 및 성능에 일치하는지를 확인하기 위하여 하는 시험생산에 필요한 원재료로서 기획재정부령으로 정하는 요건에 적합한 물품

⑨ 우리나라를 방문하는 외국의 원수와 그 가족 및 수행원의 물품

⑩ 우리나라의 선박이나 그 밖의 운송수단이 조난으로 인하여 해체된 경우 그 해체재(解體材) 및 장비

⑪ 우리나라와 외국 간에 건설될 교량, 통신시설, 해저통로, 그 밖에 이에 준하는 시설의 건설 또는 수리에 필요한 물품

⑫ 우리나라 수출물품의 품질, 규격, 안전도 등이 수입국의 권한 있는 기관이 정하는 조건에 적합한 것임을 표시하는 수출물품에 부착하는 증표로서 기획재정부령으로 정하는 물품

⑬ 우리나라의 선박이나 항공기가 해외에서 사고로 발생한 피해를 복구하기 위하여 외국의 보험회사 또는 외국의 가해자의 부담으로 하는 수리 부분에 해당하는 물품

⑭ 우리나라의 선박이나 항공기가 매매계약상의 하자보수 보증기간 중에 외국에서 발생한 고장에 대하여 외국의 매도인의 부담으로 하는 수리 부분에 해당하는 물품

⑮ 국제올림픽·장애인올림픽·농아인올림픽 및 아시아운동경기·장애인아시아운동경기 종목에 해당하는 운동용구(부분품을 포함한다)로서 기획재정부령으로 정하는 물품

⑯ 국립묘지의 건설·유지 또는 장식을 위한 자재와 국립묘지에 안장되는 자의 관·유골함 및 장례용 물품

⑰ 피상속인이 사망하여 국내에 주소를 둔 자에게 상속되는 피상속인의 신변용품

6) 소액물품 등의 면세

다음 어느 하나에 해당되는 물품이 수입될 때에는 그 관세를 면제할 수 있다. (관세법 제94조)

① 우리나라의 거주자에게 수여된 훈장·기장(紀章) 또는 이에 준하는 표창장 및 상패

② 기록문서 또는 그 밖의 서류

③ 상용견품(商用見品) 또는 광고용품으로서 기획재정부령으로 정하는 물품
여기서 기획재정부령이 정하는 물품은 다음과 같다.(시행규칙 제45조 1항)

- 물품이 천공 또는 절단되었거나 통상적인 조건으로 판매할 수 없는 상태로 처리되어 견품으로 사용될 것으로 인정되는 물품
- 판매 또는 임대를 위한 물품의 상품목록·가격표 및 교역안내서등
- 과세가격이 미화 250달러 이하인 물품으로서 견품으로 사용될 것으로 인정되는 물품
- 물품의 형상·성질 및 성능으로 보아 견품으로 사용될 것으로 인정되는 물품

④ 우리나라 거주자가 받는 소액물품으로서 기획재정부령으로 정하는 물품
여기서 기획재정부령이 정하는 물품은 다음과 같다.(시행규칙 제45조 2항)

- 해당 물품의 총과세가격이 15만원 상당액 이하의 물품으로서 자가사용 물품으로 인정되는 것. 다만, 반복 또는 분할하여 수입되는 물품으로서 관세청장이 정하는 기준에 해당하는 것을 제외한다.
- 박람회 기타 이에 준하는 행사에 참가하는 자가 행사장안에서 관람자에게 무상으로 제공하기 위하여 수입하는 물품(전시할 기계의 성능을 보여주기 위한 원료를 포함한다). 다만, 관람자 1인당 제공량의 정상도착가격이 미화 5달러 상당액 이하의 것으로서 세관장이 타당하다고 인정하는 것에 한한다.

7) 재수출면세

수입신고 수리일부터 다음 어느 하나의 기간에 다시 수출하는 물품에 대하여는 그 관세를 면제할 수 있다.(관세법 제97조 1항)

① 기획재정부령으로 정하는 물품 : 1년의 범위에서 대통령령으로 정하는 기준에 따라 세관장이 정하는 기간. 다만, 세관장은 부득이한 사유가 있다고 인정될 때에는 1년의 범위에서 그 기간을 연장할 수 있다.

② 1년을 초과하여 수출하여야 할 부득이한 사유가 있는 물품으로서 기획재정부령으로 정하는 물품 : 세관장이 정하는 기간

위의 규정에 따라 관세를 면제받은 물품은 같은 항의 기간에 같은 항에서 정한 용도 외의 다른 용도로 사용되거나 양도될 수 없다. 다만, 대통령령으로 정하는 바에 따라 미리 세관장의 승인을 받았을 때에는 그러하지 아니하다.(관세법 제97조 2항)

또한 위의 규정에 의하여 ① 관세를 면제받은 물품을 규정된 기간내에 수출하지 아니한 경우나 ② 용도외의 다른 용도에 사용하거나 해당 용도외의 다른 용도로 사용하려는 자에게 양도한 경우에는 수출을 하지 아니한 자, 용도외에 사용한 자 또는 양도를 한 자로부터 면제된 관세를 즉시 징수하며, 양도인으로부터 해당 관세를 징수할 수 없을 때에는 양수인으로부터 면제된 관세를 즉시 징수한다. 다만, 재해나 그 밖에 부득이한 사유로 멸실되었거나 미리 세관장의 승인을 받아 폐기하였을 때에는 그러하지 아니하다.(관세법 제97조 3항)

세관장은 위의 규정(관세법 제97조 1항)에 따라 관세를 면제받은 물품 중 기획재정부령으로 정하는 물품이 위에서 규정된 기간 내에 수출되지 아니한 경우에는 500만원을

넘지 아니하는 범위에서 해당 물품에 부과될 관세의 100분의 20에 상당하는 금액을 가산세로 징수한다.(관세법 제97조 4항)

8) 재수입면세

다음 어느 하나에 해당하는 물품이 수입될 때에는 그 관세를 면제할 수 있다.(관세법 제99조)

① 우리나라에서 수출(보세가공수출을 포함한다)된 물품으로서 해외에서 제조·가공·수리 또는 사용(장기간에 걸쳐 사용할 수 있는 물품으로서 임대차계약 또는 도급계약 등에 따라 해외에서 일시적으로 사용하기 위하여 수출된 물품 중 기획재정부령으로 정하는 물품이 사용된 경우와 박람회, 전시회, 품평회, 그 밖에 이에 준하는 행사에 출품 또는 사용된 경우는 제외한다)되지 아니하고 수출신고 수리일부터 2년 내에 다시 수입되는 물품. 다만, 다음 어느 하나에 해당하는 경우에는 관세를 면제하지 아니한다.

㉠ 해당 물품 또는 원자재에 대하여 관세의 감면을 받은 경우

㉡ 관세법 또는 「수출용원재료에 대한 관세 등 환급에 관한 특례법」에 따른 환급을 받은 경우

㉢ 관세법 또는 「수출용 원재료에 대한 관세 등 환급에 관한 특례법」에 따른 환급을 받을 수 있는 자 외의 자가 해당 물품을 재수입하는 경우. 다만, 재수입하는 물품에 대하여 환급을 받을 수 있는 자가 환급받을 권리를 포기하였음을 증명하는 서류를 재수입하는 자가 세관장에게 제출하는 경우는 제외한다.

㉣ 보세가공 또는 장치기간경과물품을 재수출조건으로 매각함에 따라 관세가 부과되지 아니한 경우

② 수출물품의 용기로서 다시 수입하는 물품

③ 해외시험 및 연구를 목적으로 수출된 후 재수입되는 물품

02 관세의 감면세

1) 학술연구용품의 감면세

다음 하나에 해당하는 물품이 수입되는 때에는 그 관세를 감면할 수 있다.(관세법 제90조 1항)

① 국가기관, 지방자치단체 및 기획재정부령으로 정하는 기관에서 사용할 학술연구용품·교육용품 및 실험실습용품으로서 기획재정부령으로 정하는 물품

② 학교, 공공의료기관, 공공직업훈련원, 박물관, 그 밖에 이에 준하는 기획재정부령으로 정하는 기관에서 학술연구용·교육용·훈련용·실험실습용 및 과학기술연구용으로 사용할 물품 중 기획재정부령으로 정하는 물품

③ 위의 ②의 기관에서 사용할 학술연구용품·교육용품·훈련용품·실험실습용품 및 과학기술연구용품으로서 외국으로부터 기증되는 물품. 다만, 기획재정부령으로 정하는 물품은 제외한다.

④ 기획재정부령으로 정하는 자가 산업기술의 연구개발에 사용하기 위하여 수입하는 물품으로서 기획재정부령으로 정하는 물품

위의 규정에 따라 관세를 감면하는 경우 그 감면율은 기획재정부령으로 정한다.(관세법 제90조 2항)

2) 환경오염방지물품 등에 대한 감면세

다음 어느 하나에 해당하는 물품으로서 국내에서 제작하기 곤란한 물품이 수입될 때에는 그 관세를 감면할 수 있다.(관세법 제95조 1항)

① 오염물질(소음 및 진동을 포함한다)의 배출 방지 또는 처리를 위하여 사용하는 기계·기구·시설·장비로서 기획재정부령으로 정하는 것

② 폐기물 처리(재활용을 포함한다)를 위하여 사용하는 기계·기구로서 기획재정부령으로 정하는 것

③ 기계·전자기술 또는 정보처리기술을 응용한 공장 자동화 기계·기구·설비(그 구성기기를 포함한다) 및 그 핵심부분품으로서 기획재정부령으로 정하는 것

위의 규정에 따라 관세를 감면하는 경우 그 감면기간 및 감면율은 기획재정부령으로 정한다.(관세법 제95조 2항)

3) 여행자휴대품·이사물품 등의 감면세

다음 어느 하나에 해당하는 물품이 수입될 때에는 그 관세를 면제할 수 있다.(관세법 제96조 1항)

① 여행자의 휴대품 또는 별송품으로서 여행자의 입국 사유, 체재기간, 직업, 그 밖의 사정을 고려하여 기획재정부령으로 정하는 기준에 따라 세관장이 타당하다고 인정하는 물품
여기서 기획재정부령이 정하는 기준에 따라 세관장이 타당하다고 인정하는 물품은 다음과 같다.(시행규칙 제48조 1항)

- 여행자가 휴대하는 것이 통상적으로 필요하다고 인정하는 신변용품 및 신변장식품일 것
- 비거주자인 여행자가 반입하는 물품으로서 본인의 직업상 필요하다고 인정되는 직업용구일 것
- 세관장이 반출 확인한 물품으로서 재반입되는 물품일 것
- 물품의 성질·수량·가격·용도 등으로 보아 통상적으로 여행자의 휴대품 또는 별송품인 것으로 인정되는 물품일 것

위의 규정에 따른 관세의 면제 한도는 여행자 1명의 휴대품 또는 별송품으로서 각 물품*[제1항 제3호에 따른 물품(세관장이 반출 확인한 물품으로서 재반입되는 물품일 것)은 제외한다]*의 과세가격 합계 기준으로 미화 600달러 이하(이하 이 항 및 제3항에서 “기본면세 범위”라 한다)로 한다. 다만, 농림축산물 등 관세청장이 정하는 물품이 휴대품 또는 별송품에 포함되어 있는 경우에는 기본면세 범위에서 해당 농림축산물 등에 대하여 관세청장이 따로 정한 면세한도를 적용할 수 있다.(시행규칙 제48조 2항)

위의 규정에도 불구하고 술·담배·향수에 대해서는 기본면세 범위와 관계없이 다음 표에 따라 관세를 면제하되, 19세 미만인 사람이 반입하는 술·담배에 대해서는 관세를 면제하지 아니한다. 이 경우 해당 물품이 다음 표의 면세한도를 초과하여 관세를 부과하는 경우에는 해당 물품의 가격을 과세가격으로 한다.(시행규칙 제48조 3항)

<table>
<tr><th>구분</th><th colspan="3">면세한도</th><th>비고</th></tr>
<tr><td>술</td><td colspan="3">1병</td><td>1리터(L) 이하이고, 미화 400달러 이하인 것으로 한정한다.</td></tr>
<tr><td rowspan="6">담배</td><td colspan="2">궐련</td><td>200개비</td><td rowspan="6">2 이상의 담배 종류를 반입하는 경우에는 한 종류로 한정한다.</td></tr>
<tr><td colspan="2">엽궐련</td><td>50개비</td></tr>
<tr><td rowspan="3">전자담배</td><td>궐련형</td><td>200개비</td></tr>
<tr><td>니코틴용액</td><td>20밀리리터(㎖)</td></tr>
<tr><td>기타 유형</td><td>110그램</td></tr>
<tr><td colspan="2">그 밖의 담배</td><td>250그램</td></tr>
<tr><td>향수</td><td colspan="3">60밀리리터(㎖)</td><td></td></tr>
</table>

② 우리나라로 거주를 이전하기 위하여 입국하는 자가 입국할 때 수입하는 이사물품으로서 거주 이전의 사유, 거주기간, 직업, 가족 수, 그 밖의 사정을 고려하여 기획재정부령으로 정하는 기준에 따라 세관장이 타당하다고 인정하는 물품

위의 규정에 따라 관세가 면제되는 물품은 우리나라 국민(재외영주권자를 제외한다. 이하 이 항에서 같다)으로서 외국에 주거를 설정하여 1년(가족을 동반한 경우에는 6개월) 이상 거주하였거나 외국인 또는 재외영주권자로서 우리나라에 주거를 설정하여 1년(가족을 동반한 경우에는 6개월) 이상 거주하려는 사람이 반입하는 다음 어느 하나에 해당하는 것으로 한다. 다만, 자동차(아래 ⓒ에 해당하는 것은 제외한다), 선박, 항공기와 개당 과세가격이 200만원 이상인 보석·진주·별갑·산호·호박·상아 및 이를 사용한 제품은 제외한다.(시행규칙 제48조 4항)

㉠ 해당 물품의 성질·수량·용도 등으로 보아 통상적으로 가정용으로 인정되는 것으로서 우리나라에 입국하기 전에 3개월 이상 사용하였고 입국한 후에도 계속하여 사용할 것으로 인정되는 것

㉡ 우리나라에 상주하여 취재하기 위하여 입국하는 외국국적의 기자가 최초로 입국할 때에 반입하는 취재용품으로서 문화체육관광부장관이 취재용임을 확인하는 물품일 것

㉢ 우리나라에서 수출된 물품(조립되지 아니한 물품으로서 법 별표 관세율표상의 완성품에 해당하는 번호로 분류되어 수출된 것을 포함한다)이 반입된 경우로서 관세청장이 정하는 사용기준에 적합한 물품일 것

㉣ 외국에 거주하던 우리나라 국민이 다른 외국으로 주거를 이전하면서 우리나라로 반입(송부를 포함한다)하는 것으로서 통상 가정용으로 3개월 이상 사용하던 것으로 인정되는 물품일 것

위의 규정에도 불구하고 사망이나 질병 등 관세청장이 정하는 사유가 발생하여 반입하는 이사물품에 대해서는 거주기간과 관계없이 관세를 면제할 수 있다.(시행규칙 제48조 5항)

위의 ①에 의한 별송품과 ②에 의한 이사물품 중 별도로 수입하는 물품은 천재지변 등 부득이한 사유가 있는 때를 제외하고는 여행자 또는 입국자가 입국한 날부터 6월 이내에 도착한 것이어야 한다.(시행규칙 제48조 6항)

③ 외국무역선 또는 외국무역기의 승무원이 휴대하여 수입하는 물품으로서 항행일수, 체재기간, 그 밖의 사정을 고려하여 세관장이 타당하다고 인정하는 물품. 다만, 기획재정부령으로 정하는 물품은 제외한다.

위의 단서의 규정에 의하여 관세를 부과하는 물품은 자동차(이륜자동차와 삼륜자동차를 포함한다)·선박·항공기 및 개당 과세가격 50만원 이상의 보석·진주·별갑·산호·호박 및 상아와 이를 사용한 제품으로 한다.(시행규칙 제48조 7항)

여행자가 휴대품 또는 별송품(제1항 제1호에 해당하는 물품은 제외한다)을 기획재정부령으로 정하는 방법으로 자진신고하는 경우에는 15만원을 넘지 아니하는 범위에서 해당 물품에 부과될 관세의 100분의 30에 상당하는 금액을 경감할 수 있다.(관세법 제96조 2항)

4) 재수출감면세

장기간에 걸쳐 사용할 수 있는 물품으로서 그 수입이 임대차계약에 의하거나 도급계약의 이행과 관련하여 국내에서 일시적으로 사용하기 위하여 수입하는 물품 중 기획재정부령으로 정하는 물품[4]이 그 수입신고 수리일부터 2년(장기간의

---

4) 관세법시행규칙 제52조 (재수출감면 및 가산세징수 대상물품) 법 제98조제1항의 규정에 의

사용이 부득이한 물품으로서 기획재정부령으로 정하는 것 중 수입하기 전에 세관장의 승인을 받은 것은 4년의 범위에서 대통령령으로 정하는 기준에 따라 세관장이 정하는 기간을 말한다) 이내에 재수출되는 것에 대하여는 다음의 구분에 따라 그 관세를 경감할 수 있다. 다만, 외국과 체결한 조약·협정 등에 따라 수입되는 것에 대하여는 상호 조건에 따라 그 관세를 면제한다.(관세법 제98조 1항)

① 재수출기간이 6개월 이내인 경우: 해당 물품에 대한 관세액의 100분의 85
② 재수출기간이 6개월 초과 1년 이내인 경우: 해당 물품에 대한 관세액의 100분의 70
③ 재수출기간이 1년 초과 2년 이내인 경우: 해당 물품에 대한 관세액의 100분의 55
④ 재수출기간이 2년 초과 3년 이내인 경우: 해당 물품에 대한 관세액의 100분의 40
⑤ 재수출기간이 3년 초과 4년 이내인 경우: 해당 물품에 대한 관세액의 100분의 30

위의 규정에 의하여 관세를 감면한 물품에 대하여는 관세법 제97조(재수출면세) 제2항부터 제4항까지의 규정을 준용한다.(관세법 제98조 2항)

03 관세의 감세

1) 손상감세

수입신고한 물품이 수입신고가 수리되기 전에 변질되거나 손상되었을 때에는 대통령령으로 정하는 바에 따라 그 관세를 경감할 수 있다.(관세법 제100조 1항)

관세법이나 그 밖의 법률 또는 조약·협정 등에 따라 관세를 감면받은 물품에

하여 관세가 감면되거나 동조제2항의 규정에 의하여 가산세가 징수되는 물품은 다음 각 호의 요건을 갖춘 물품으로서 국내제작이 곤란함을 해당 물품의 생산에 관한 업무를 관장하는 중앙행정기관의 장 또는 그 위임을 받은 자가 확인하고 추천하는 기관 또는 기업이 수입하는 물품에 한한다.

1. 「법인세법 시행규칙」 제15조의 규정에 의한 내용연수가 5년(금형의 경우에는 2년) 이상인 물품
2. 개당 또는 셋트당 관세액이 500만원 이상인 물품

대하여 관세를 추징하는 경우 그 물품이 변질 또는 손상되거나 사용되어 그 가치가 떨어졌을 때에는 대통령령으로 정하는 바에 따라 그 관세를 경감할 수 있다.(관세법 제100조 2항)

2) 해외임가공물품 등의 감세

다음 어느 하나에 해당하는 물품이 수입될 때에는 대통령령으로 정하는 바에 따라 그 관세를 경감할 수 있다.(관세법 제101조 1항)

① 원재료 또는 부분품을 수출하여 기획재정부령으로 정하는 물품으로 제조하거나 가공한 물품[5)]

② 가공 또는 수리할 목적으로 수출한 물품으로서 기획재정부령으로 정하는 기준에 적합한 물품[6)]

위의 물품이 다음 어느 하나에 해당하는 경우에는 그 관세를 경감하지 아니한다.(관세법 제101조 2항)

① 해당 물품 또는 원자재에 대하여 관세의 감면을 받은 경우. 다만, 위의 ②(가공 또는 수리할 목적으로 수출한 물품으로서 기획재정부령으로 정하는 기준에 적합한 물품)의 경우는 제외한다.

② 관세법 또는 「수출용원재료에 대한 관세 등 환급에 관한 특례법」에 따른 환급을 받은 경우

③ 보세가공 또는 장치기간경과물품을 재수출조건으로 매각함에 따라 관세가 부과되지 아니한 경우

---

5) 제56조(관세가 감면되는 해외임가공물품) ①법 제101조 제1항 제1호의 규정에 의하여 관세가 감면되는 물품은 법 별표 관세율표 제85류(전기기기와 그 부분품, 녹음기·음성 재생기·텔레비전의 영상과 음성의 기록기·재생기와 이들의 부분품·부속품) 및 제90류 중 제9006호(사진기(영화용은 제외한다), 사진용 섬광기구와 제8539호의 방전램프 외의 섬광전구)에 해당하는 것으로 한다.

6) 제56조(관세가 감면되는 해외임가공물품) ②법 제101조 제1항 제2호에서 "기획재정부령으로 정하는 기준에 적합한 물품"이란 가공 또는 수리하기 위하여 수출된 물품과 가공 또는 수리 후 수입된 물품의 품목분류표상 10단위의 품목번호가 일치하는 물품을 말한다. 다만, 수율·성능 등이 저하되어 폐기된 물품을 수출하여 용융과정 등을 거쳐 재생한 후 다시 수입하는 경우와 제품의 제작일련번호 또는 제품의 특성으로 보아 수입물품이 우리나라에서 수출된 물품임을 세관장이 확인할 수 있는 물품인 경우에는 품목분류표상 10단위의 품목번호가 일치하지 아니하더라도 법 제101조 제1항 제2호에 따라 관세를 경감할 수 있다.

04 관세감면물품의 사후관리 등

1) 관세감면물품의 사후관리

관세법 제89조(세율불균형물품의 감면세), 제90조(학술연구용품의 감면세), 제91조(종교용품, 자선용품, 장애인용품 등의 면세) 그리고 제93조(특정물품의 면세 등) 및 제95조(환경오염방지물품 등에 대한 감면세)에 따라 관세를 감면받은 물품은 수입신고 수리일부터 3년의 범위내에서 대통령령으로 정하는 기준에 따라 관세청장이 정하는 기간에는 그 감면받은 용도 외의 다른 용도로 사용하거나 양도(임대를 포함한다. 이하 같다)할 수 없다. 다만, 기획재정부령으로 정하는 물품과 대통령령으로 정하는 바에 따라 미리 세관장의 승인을 받은 물품의 경우에는 그러하지 아니하다.(관세법 제102조 1항)

한편 다음 어느 하나에 해당하면 그 용도 외의 다른 용도로 사용한 자나 그 양도인(임대인을 포함한다. 이하 같다)으로부터 감면된 관세를 즉시 징수하며, 양도인으로부터 해당 관세를 징수할 수 없을 때에는 양수인(임차인을 포함한다. 이하 같다)으로부터 감면된 관세를 징수한다. 다만, 재해나 그 밖의 부득이한 사유로 멸실되었거나 미리 세관장의 승인을 받아 폐기하였을 때에는 그러하지 아니하다. (관세법 제102조 2항)

① 위의 규정에 따라 관세를 감면받은 물품을 위에서 규정한 기간에 감면받은 용도 외의 다른 용도로 사용한 경우

② 위의 규정에 따라 관세를 감면받은 물품을 위에서 규정한 기간에 감면받은 용도 외의 다른 용도로 사용하려는 자에게 양도한 경우

2) 관세감면물품의 용도외 사용

법령, 조약, 협정 등에 따라 관세를 감면받은 물품을 감면받은 용도 외의 다른 용도로 사용하거나 감면받은 용도 외의 다른 용도로 사용하려는 자에게 양도하는 경우(해당 물품을 다른 용도로 사용하는 자나 해당 물품을 다른 용도로 사용하기 위하여 양수하는 자가 그 물품을 다른 용도로 사용하기 위하여 수입하는 경우에는 그 물품에 대하여 법령 또는 조약, 협정 등에 따라 관세를 감면받을 수 있는 경우로 한정한다)에는 대통령령으로 정하는 바에 따라 제83조(외교관용 물품 등의 면세) 제3항, 제88조(용도세율의 적용) 제3항, 제97조(재수출면세) 제3항, 제98

조(재수출감면세) 제2항, 제102조(관세감면물품의 사후관리) 제2항, 제104조(수출용 원자재 등의 감면세와 환급) 제6항 또는 제109조(다른 법령 등에 따른 감면물품의 관세징수) 제2항에 따라 징수하여야 하는 관세를 감면할 수 있다. 다만, 이 법 외의 법령, 조약, 협정 등에 따라 그 감면된 관세를 징수할 때에는 그러하지 아니하다.(관세법 제103조 1항)

관세법 제98조(재수출감면세) 제2항과 제102조(관세감면물품의 사후관리) 제1항에도 불구하고 제90조(학술연구용품의 감면세), 제93조(특정물품의 면세 등), 제95조(환경오염방지물품 등에 대한 감면세) 또는 제98조(재수출감면세)에 따라 관세를 감면받은 물품은「대·중소기업 상생협력 촉진에 관한 법률」제2조 제4호에 따른 수탁·위탁거래의 관계에 있는 기업에 양도할 수 있으며, 이 경우 제98조(재수출감면세) 제2항과 제102조(관세감면물품의 사후관리) 제2항에 따라 징수할 관세를 감면할 수 있다. 다만, 이 법 외의 법령, 조약, 협정 등에 따라 그 감면된 관세를 징수할 때에는 그러하지 아니하다.(관세법 제103조 2항)

위의 규정에 따라 관세를 감면 받은 경우 그 사후관리기간은 당초의 수입신고 수리일부터 계산한다.(관세법 제103조 3항)

3) 시설대여업자에 대한 감면 등

「여신전문금융업법」에 따른 시설대여업자(이하 "시설대여업자"라 한다)가 관세법에 따라 관세가 감면되거나 분할납부되는 물품을 수입할 때에는 제19조(납세의무자)에도 불구하고 대여시설 이용자를 납세의무자로 하여 수입신고를 할 수 있다. 이 경우 납세의무자는 대여시설 이용자가 된다.(관세법 제105조 1항) 위의 규정에 따라 관세를 감면받거나 분할납부를 승인받은 물품에 대하여 관세를 징수하는 경우 납세의무자인 대여시설 이용자로부터 관세를 징수할 수 없을 때에는 시설대여업자로부터 징수한다.(관세법 제105조 2항)

4-2 환급 및 분할납부 등

01 계약내용과 상이한 물품 등에 대한 관세환급

수입신고가 수리된 물품이 계약 내용과 다르고 수입신고 당시의 성질이나 형태가 변경되지 아니한 경우 해당 물품이 수입신고 수리일부터 1년 이내에 다음 어느 하나에 해당하면 그 관세를 환급한다.(관세법 제106조 1항)

① 외국으로부터 수입된 물품 : 보세구역(제156조 제1항에 따라 세관장의 허가를 받았을 때에는 그 허가받은 장소를 포함한다. 이하 이 조에서 같다)에 이를 반입하였다가 다시 수출하였을 때. 이 경우 수출은 수입신고 수리일부터 1년이 지난 후에도 할 수 있다.

② 보세공장에서 생산된 물품 : 보세공장에 이를 다시 반입하였을 것

위의 규정에 따른 수입물품으로서 세관장이 환급세액을 산출하는 데에 지장이 없다고 인정하여 승인한 경우에는 그 수입물품의 일부를 수출하였을 때에도 관세를 환급할 수 있다.(관세법 제106조 2항)

또한 위의 규정에 따른 수입물품의 수출을 갈음하여 이를 폐기하는 것이 부득이하다고 인정하여 그 물품을 수입신고 수리일부터 1년 내에 보세구역에 반입하여 미리 세관장의 승인을 받아 폐기하였을 때에는 그 관세를 환급한다.(관세법 제106조 3항)

그리고 수입신고가 수리된 물품이 수입신고 수리 후에도 지정보세구역에 계속 장치되어 있는 중에 재해로 멸실되거나 변질 또는 손상되어 그 가치가 떨어졌을 때에는 대통령령으로 정하는 바에 따라 그 관세의 전부 또는 일부를 환급할 수 있다.(관세법 제106조 4항)

위의 규정들을 적용할 때 해당 수입물품에 대한 관세의 납부기한이 종료되기 전이거나 징수유예 중 또는 분할납부기간이 끝나지 아니하여 해당 물품에 대한 관세가 징수되지 아니한 경우에는 세관장은 해당 관세의 부과를 취소할 수 있다.(관세법 제106조 5항)

위의 관세법 제106조 1항부터 4항까지에서 규정한 관세의 환급에 관하여는 관세법 제46조(관세환급금의 환급)와 제47조(과다환급관세의 징수)를 준용한다.(관세법 제106조 6항)

02 수입한 상태 그대로 수출되는 자가사용물품에 대한 관세 환급

수입신고가 수리된 개인의 자가사용물품이 수입한 상태 그대로 수출되는 경우로서 다음 어느 하나에 해당하는 경우에는 수입할 때 납부한 관세를 환급한다. 이 경우 수입한 상태 그대로 수출되는 경우의 기준은 대통령령으로 정한다.(관세법 제106조의 2 1항)

① 수입신고 수리일부터 6개월 이내에 보세구역에 반입하였다가 다시 수출하는 경우

② 수입신고 수리일부터 6개월 이내에 관세청장이 정하는 바에 따라 세관장의 확인을 받고 다시 수출하는 경우

위의 규정에 따른 관세 환급에 관하여는 관세법 제46조(관세환급금의 환급), 제47조(과다환급관세의 징수) 및 제106조(계약 내용과 다른 물품 등에 대한 관세 환급) 제2항·제5항을 준용한다.(관세법 제106조의 2 2항)

03 관세의 분할납부

세관장은 천재지변이나 그 밖에 대통령령으로 정하는 사유로 이 법에 따른 신고, 신청, 청구, 그 밖의 서류의 제출, 통지, 납부 또는 징수를 정하여진 기한까지 할 수 없다고 인정될 때에는 1년을 넘지 아니하는 기간을 정하여 대통령령으로 정하는 바에 따라 관세를 분할하여 납부하게 할 수 있다.(관세법 제107조 1항)

다음 어느 하나에 해당하는 물품이 수입될 때에는 세관장은 기획재정부령으로 정하는 바에 따라 5년을 넘지 아니하는 기간을 정하여 관세의 분할납부를 승인할 수 있다.(관세법 제107조 2항)

① 시설기계류, 기초설비품, 건설용 재료 및 그 구조물과 공사용 장비로서 기획재정부장관이 고시하는 물품. 다만, 기획재정부령으로 정하는 업종에 소요되는 물품은 제외한다.

② 정부나 지방자치단체가 수입하는 물품으로서 기획재정부령으로 정하는 물품

③ 학교나 직업훈련원에서 수입하는 물품과 비영리법인이 공익사업을 위하여 수입하는 물품으로서 기획재정부령으로 정하는 물품

④ 의료기관 등 기획재정부령으로 정하는 사회복지기관 및 사회복지시설에서 수입하는 물품으로서 기획재정부장관이 고시하는 물품

⑤ 기획재정부령으로 정하는 기업부설연구소, 산업기술연구조합 및 비영리법인인 연구기관, 그 밖에 이와 유사한 연구기관에서 수입하는 기술개발연구용품 및 실험실습용품으로서 기획재정부장관이 고시하는 물품

⑥ 기획재정부령으로 정하는 중소제조업체가 직접 사용하려고 수입하는 물품. 다만, 기획재정부령으로 정하는 기준에 적합한 물품이어야 한다.

⑦ 기획재정부령으로 정하는 기업부설 직업훈련원에서 직업훈련에 직접 사용하려고 수입하는 교육용품 및 실험실습용품 중 국내에서 제작하기가 곤란한 물품으로서 기획재정부장관이 고시하는 물품

위의 규정에 따라 관세의 분할납부를 승인받은 자가 해당 물품의 용도를 변경하거나 그 물품을 양도하려는 경우에는 미리 세관장의 승인을 받아야 한다.(관세법 제107조 3항)

관세의 분할납부를 승인받은 법인이 합병·분할·분할합병 또는 해산을 하거나 파산선고를 받은 경우 또는 관세의 분할납부를 승인받은 자가 파산선고를 받은 경우에는 그 관세를 납부하여야 하는 자는 지체 없이 그 사유를 세관장에게 신고하여야 한다.(관세법 제107조 4항)

관세의 분할납부를 승인받은 물품을 동일한 용도로 사용하려는 자에게 양도한 경우에는 그 양수인이 관세를 납부하여야 하며, 해당 용도 외의 다른 용도로 사용하려는 자에게 양도한 경우에는 그 양도인이 관세를 납부하여야 한다. 이 경우 양도인으로부터 해당 관세를 징수할 수 없을 때에는 그 양수인으로부터 징수한다.(관세법 제107조 5항)

관세의 분할납부를 승인받은 법인이 합병·분할 또는 분할합병된 경우에는 합병·분할 또는 분할합병 후에 존속하거나 합병·분할 또는 분할합병으로 설립된 법인이 연대하여 관세를 납부하여야 한다.(관세법 제107조 6항)

관세의 분할납부를 승인받은 자가 파산선고를 받은 경우에는 그 파산관재인이 관세를 납부하여야 한다.(관세법 제107조 7항)

관세의 분할납부를 승인받은 법인이 해산한 경우에는 그 청산인이 관세를 납부하여야 한다.(관세법 제107조 8항)

다음 어느 하나에 해당하는 경우에는 납부하지 아니한 관세의 전액을 즉시 징수한다.(관세법 제107조 9항)

① 관세의 분할납부를 승인 받은 물품을 기획재정부령이 정하는 바에 의하여 5년을 초과하지 아니하는 기간에 해당 용도 외의 다른 용도로 사용하거나 해당 용도 외의 다른 용도로 사용하려는 자에게 양도한 경우

② 관세를 지정된 기한까지 납부하지 아니한 때. 다만, 관세청장이 부득이한 사유가 있다고 인정하는 경우는 제외한다.

③ 파산선고를 받은 경우

④ 법인이 해산한 경우

04 담보제공 및 사후관리

세관장은 필요하다고 인정될 때에는 대통령령으로 정하는 범위에서 관세청장이 정하는 바에 따라 이 법이나 그 밖의 법령·조약·협정 등에 따라 관세를 감면받거나 분할납부를 승인받은 물품에 대하여 그 물품을 수입할 때에 감면받거나 분할납부하는 관세액(제97조(재수출면세) 제4항 및 제98조(재수출감면세) 제2항에 따른 가산세는 제외한다)에 상당하는 담보를 제공하게 할 수 있다.(관세법 제108조 1항)

관세법이나 그 밖의 법률·조약·협정 등에 따라 용도세율을 적용받거나 관세의 감면 또는 분할납부를 승인받은 자는 대통령령으로 정하는 바에 따라 해당 조건의 이행 여부를 확인하는 데에 필요한 서류를 세관장에게 제출하여야 한다. (관세법 제108조 2항)

관세청장은 해당 조건의 이행 여부를 확인하기 위하여 필요할 때에는 대통령령으로 정하는 바에 따라 해당 물품의 사후관리에 관한 사항을 주무부장관에게 위탁할 수 있다.(관세법 제108조 3항)

용도세율을 적용받거나 관세를 감면받은 물품을 세관장의 승인을 받아 수출한 경우에는 이 법을 적용할 때 용도 외의 사용으로 보지 아니하고 사후관리를 종결한다. 다만, 용도세율을 적용받거나 관세를 감면받은 물품을 가공하거나 수리할 목적으로 수출한 후 다시 수입하거나 해외시험 및 연구를 목적으로 수출한 후 다시 수입하여 제99조(재수입면세) 제3호 또는 제101조(해외임가공물품 등의 감세)

제1항 제2호에 따른 감면을 받은 경우에는 사후관리를 계속한다.(관세법 제108조 4항)

05 다른 법령 등에 의한 감면물품의 관세징수

관세법 외의 법령이나 조약·협정 등에 따라 관세가 감면된 물품을 그 수입신고 수리일부터 3년 내에 해당 법령이나 조약·협정 등에 규정된 용도 외의 다른 용도로 사용하거나 양도하려는 경우에는 세관장의 확인을 받아야 한다. 다만, 해당 법령이나 조약·협정 등에 다른 용도로 사용하거나 양도한 경우에 해당 관세의 징수를 면제하는 규정이 있을 때에는 그러하지 아니하다.(관세법 제109조 1항)

위의 규정에 따라 세관장의 확인을 받아야 하는 물품에 대하여는 해당 용도 외의 다른 용도로 사용한 자 또는 그 양도를 한 자로부터 감면된 관세를 즉시 징수하여야 하며, 양도인으로부터 해당 관세를 징수할 수 없을 때에는 그 양수인으로부터 감면된 관세를 즉시 징수한다. 다만, 그 물품이 재해나 그 밖의 부득이한 사유로 멸실되었거나 미리 세관장의 승인을 받아 그 물품을 폐기하였을 때에는 예외로 한다.(관세법 제109조 2항)

Chapter 05

납세자의 권리 및 불복절차

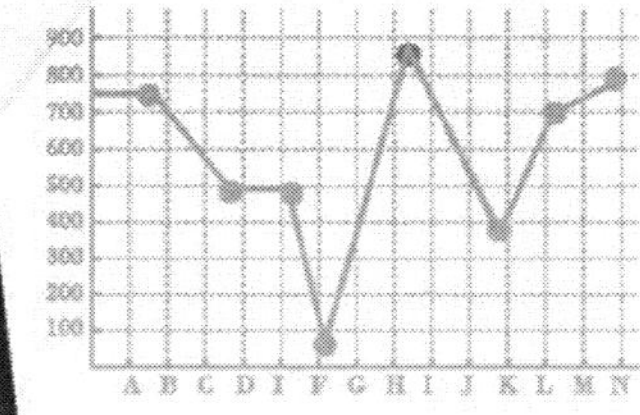

5-1 납세자의 권리

01 납세자 권리헌장

1) 납세자 권리헌장의 제정 및 고시

관세청장은 관세법 제111조(중복조사의 금지), 제112조(관세조사의 경우 조력을 받을 권리), 제113조(납세자의 성실성 추정 등), 제114조(관세조사의 사전통지와 연기신청), 제115조(관세조사의 결과통지), 제116조(비밀유지), 제116조의2(고액·상습체납자 명단공개), 제117조(정보의 제공)에 규정한 사항과 그 밖에 납세자의 권리보호에 관한 사항을 포함하는 납세자 권리헌장을 제정하여 고시하여야 한다. (관세법 제110조 1항)

2) 납세자 권리헌장의 교부

세관공무원은 다음 어느 하나에 해당하는 경우에는 납세자권리헌장의 내용이 수록된 문서를 납세자에게 내주어야 한다.(관세법 제110조 2항) (시행령 제135조)

① 법 제283조에 따른 관세범(「수출용 원재료에 대한 관세 등 환급에 관한 특례법」 제23조 제1항부터 제4항까지의 규정에 따른 죄를 포함한다)에 관한 조사를 하는 경우

② 관세의 과세표준과 세액의 결정 또는 경정을 위하여 납세자를 방문 또는 서면으로 조사(관세법 제110조의2에 따른 통합조사를 포함한다. 이하 이 절에서 "관세조사"라 한다)하는 경우

③ 징수권의 확보를 위하여 압류를 하는 경우

④ 보세판매장에 대한 조사를 하는 경우

3) 납세자 권리헌장 교부의 예외

세관공무원은 납세자를 긴급히 체포·압수·수색하는 경우 또는 현행범인 납세자가 도주할 우려가 있는 등 조사목적을 달성할 수 없다고 인정되는 경우에는 납세자권리헌장을 내주지 아니할 수 있다.(관세법 제110조 3항)

02 납세자의 권리

1) 통합조사 원칙 및 관세조사 대상자 선정

(1) 통합조사의 원칙

세관공무원은 특정한 분야만을 조사할 필요가 있는 등 대통령령으로 정하는 경우를 제외하고는 신고납부세액과 관세법 및 다른 법령에서 정하는 수출입 관련 의무 이행과 관련하여 그 권한에 속하는 사항을 통합하여 조사하는 것을 원칙으로 한다.(관세법 제110조의 2)

(2) 관세조사 대상자 선정

세관장은 다음 어느 하나에 해당하는 경우에 정기적으로 신고의 적정성을 검증하기 위하여 대상을 선정(이하 "정기선정"이라 한다)하여 조사를 할 수 있다. 이 경우 세관장은 객관적 기준에 따라 공정하게 그 대상을 선정하여야 한다.(관세법 제110조의 3 1항)

① 관세청장이 수출입업자의 신고 내용에 대하여 정기적으로 성실도를 분석한 결과 불성실 혐의가 있다고 인정하는 경우

② 최근 4년 이상 조사를 받지 아니한 납세자에 대하여 업종, 규모 등을 고려하여 대통령령으로 정하는 바에 따라 신고 내용이 적정한지를 검증할 필요가 있는 경우

③ 무작위추출방식으로 표본조사를 하려는 경우

세관장은 정기선정에 의한 조사 외에 다음 어느 하나에 해당하는 경우에는 조사를 할 수 있다.(관세법 제110조의 3 2항)

① 납세자가 관세법에서 정하는 신고·신청, 과세가격결정자료의 제출 등의 납세협력의무를 이행하지 아니한 경우

② 수출입업자에 대한 구체적인 탈세제보 등이 있는 경우

③ 신고내용에 탈세나 오류의 혐의를 인정할 만한 자료가 있는 경우

④ 납세자가 세관공무원에게 직무와 관련하여 금품을 제공하거나 금품제공을 알선한 경우

세관장은 부과고지를 하는 경우 과세표준과 세액을 결정하기 위한 조사를 할 수 있다.(관세법 제110조의 3 3항) 세관장은 최근 2년간 수출입신고 실적이 일정금액 이하인 경우 등 대통령령으로 정하는 요건을 충족하는 자에 대해서는 위의 규정에 따른 조사를 하지 아니할 수 있다. 다만, 객관적인 증거자료에 의하여 과소 신고한 것이 명백한 경우에는 그러하지 아니하다.(관세법 제110조의 3 4항)

2) 관세조사권 남용의 금지

세관공무원은 적정하고 공평한 과세를 실현하고 통관의 적법성을 보장하기 위하여 필요한 최소한의 범위에서 관세조사를 하여야 하며 다른 목적 등을 위하여 조사권을 남용하여서는 아니 된다.(관세법 제111조 1항)

세관공무원은 다음 어느 하나에 해당하는 경우를 제외하고는 해당 사안에 대하여 이미 조사를 받은 자에 대하여 다시 조사 할 수 없다.(관세법 제111조 2항)

① 관세포탈 등의 혐의를 인정할 만한 명백한 자료가 있는 경우

② 이미 조사를 받은 자의 거래상대방을 조사할 필요가 있는 경우

③ 과세전적부심사 청구시 청구의 전부 또는 일부를 채택한 경우 구체적인 채택 범위를 정하기 위한 재조사(제118조 제4항 제2호 후단) 또는 심사청구가 이유 있다고 인정하는 경우 그 청구의 대상이 된 처분의 취소경정 또는 필요한 처분을 위한 재조사(제128조 제1항 제3호 후단)(제132조 제4항(이의신청) 본문에서 준용하는 경우를 포함한다) 결정에 따라 재조사를 하는 경우(결정서 주문에 기재된 범위의 재조사에 한정한다)

④ 납세자가 세관공무원에게 직무와 관련하여 금품을 제공하거나 금품제공을 알선한 경우

⑤ 밀수출입, 부정·불공정무역 등 경제질서 교란 등을 통한 탈세혐의가 있는 자에 대하여 일제조사를 하는 경우(시행령 제136조)

3) 관세조사의 경우 조력을 받을 권리

납세자는 납세자권리헌장을 교부하는 경우(관세법 제110조 2항)에 해당하여 세관공무원에게 조사를 받는 경우에 변호사, 관세사로 하여금 조사에 참여하게 하거나 의견을 진술하게 할 수 있다.(관세법 제112조)

4) 납세자의 성실성 추정 등

세관공무원은 납세자가 이 법에 따른 신고 등의 의무를 이행하지 아니한 경우 또는 납세자에게 구체적인 관세포탈 등의 혐의가 있는 경우 등 대통령령으로 정하는 경우를 제외하고는 납세자가 성실하며 납세자가 제출한 신고서 등이 진실한 것으로 추정하여야 한다.(관세법 제113조 1항)

여기서 "대통령령으로 정하는 경우"라 함은 다음 하나에 해당하는 경우를 말한다.(시행령 제138조 1항)

① 납세자가 법에서 정하는 신고 및 신청, 과세자료의 제출 등의 납세협력의무를 이행하지 아니한 경우

② 납세자에 대한 구체적인 탈세정보가 있는 경우

③ 신고내용에 탈루나 오류의 혐의를 인정할 만한 명백한 자료가 있는 경우

④ 납세자의 신고내용이 관세청장이 정한 기준과 비교하여 불성실하다고 인정되는 경우

위의 규정은 세관공무원이 납세자가 제출한 신고서 등의 내용에 관하여 질문을 하거나 신고한 물품에 대하여 확인을 하는 행위 등 대통령령으로 정하는 행위[1])를 하는 것을 제한하지 아니한다.(관세법 제113조 2항)

---

1) 관세법 시행령 제138조(납세자의 성실성 추정 등의 배제사유)

② 법 제113조제2항에서 "대통령령으로 정하는 행위"란 다음 각 호의 어느 하나에 해당하는 것을 말한다.

1. 법 제38조제2항에 따른 세액심사를 위한 질문이나 자료제출의 요구
2. 법 제246조에 따른 물품의 검사
3. 법 제266조제1항에 따른 장부 또는 자료의 제출
4. 그 밖의 법(「수출용원재료에 대한 관세 등 환급에 관한 특례법」을 포함한다)에 따른 자료조사나 자료제출의 요구

5) 관세조사의 사전통지와 연기신청

세관공무원은 납세자권리헌장을 교부하는 경우(관세법 제110조 2항)에 해당하는 조사를 위하여 해당 장부, 서류, 전산처리장치 또는 그 밖의 물품 등을 조사하는 경우에는 조사를 받게 될 납세자(그 위임을 받은 자를 포함한다.)에게 조사 시작 15일 전에 조사 대상, 조사 사유, 그 밖에 대통령령으로 정하는 사항을 통지하여야 한다. 다만, ① 범칙사건에 대하여 조사하는 경우나 ② 사전에 통지하면 증거인멸 등으로 조사 목적을 달성할 수 없는 경우에 해당하는 경우에는 그러하지 아니하다. (관세법 제114조 1항)

위의 규정에 따른 통지를 받은 납세자가 천재지변이나 그 밖에 대통령령으로 정하는 사유로 조사를 받기가 곤란한 경우에는 대통령령으로 정하는 바에 따라 해당 세관장에게 조사를 연기하여 줄 것을 신청할 수 있다.(관세법 제114조 2항)

6) 장부·서류 등의 보관 금지

세관공무원은 관세조사의 목적으로 납세자의 장부·서류 또는 그 밖의 물건(이하 이 조에서 "장부등"이라 한다)을 세관관서에 임의로 보관할 수 없다.(관세법 제114조의2 1항)

위의 규정에도 불구하고 세관공무원은 관세법 제110조의3 제2항 각 호[2)]의 어느 하나의 사유에 해당하는 경우에는 조사목적에 필요한 최소한의 범위에서 납세자, 소지자 또는 보관자 등 정당한 권한이 있는 자가 임의로 제출한 장부등을 납세자의 동의를 받아 세관관서에 일시 보관할 수 있다.(관세법 제114조의2 2항)

세관공무원은 납세자의 장부등을 세관관서에 일시 보관하려는 경우 납세자로부터 일시 보관 동의서를 받아야 하며, 일시 보관증을 교부하여야 한다.(관세법 제114조의2 3항)

세관공무원은 일시 보관하고 있는 장부등에 대하여 납세자가 반환을 요청한 경우에는 납세자가 그 반환을 요청한 날부터 14일을 초과하여 장부등을 보관할 수 없다. 다만, 조사목적을 달성하기 위하여 필요한 경우에는 납세자의 동의를 받아

---

2) ② 세관장은 정기선정에 의한 조사 외에 다음 각 호의 어느 하나에 해당하는 경우에는 조사를 할 수 있다. <개정 2013.8.13, 2017.12.19>
   1. 납세자가 이 법에서 정하는 신고·신청, 과세가격결정자료의 제출 등의 납세협력의무를 이행하지 아니한 경우
   2. 수출입업자에 대한 구체적인 탈세제보 등이 있는 경우
   3. 신고내용에 탈세나 오류의 혐의를 인정할 만한 자료가 있는 경우
   4. 납세자가 세관공무원에게 직무와 관련하여 금품을 제공하거나 금품제공을 알선한 경우

한 차례만 14일 이내의 범위에서 보관 기간을 연장할 수 있다.(관세법 제114조의2 4항)

세관공무원은 납세자가 일시 보관하고 있는 장부등의 반환을 요청한 경우로서 관세조사에 지장이 없다고 판단될 때에는 요청한 장부등을 즉시 반환하여야 한다.(관세법 제114조의2 5항)

위의 규정에 따라 납세자에게 장부등을 반환하는 경우 세관공무원은 장부등의 사본을 보관할 수 있고, 그 사본이 원본과 다름없다는 사실을 확인하는 납세자의 서명 또는 날인을 요구할 수 있다.(관세법 제114조의2 6항)

위에서 규정한 사항 외에 장부등의 일시 보관 방법 및 절차 등에 관하여 필요한 사항은 대통령령으로 정한다.(관세법 제114조의2 7항)

7) 관세조사의 결과통지

세관공무원은 납세자권리헌장을 교부하는 경우(관세법 제110조 2항)에 해당하는 조사를 종료하였을 때에는 종료 후 20일 이내에 그 조사 결과를 서면으로 납세자에게 통지하여야 한다. 다만, 납세자가 폐업한 경우 등 대통령령으로 정하는 경우에는 그러하지 아니하다.(관세법 제115조)

8) 비밀유지

세관공무원은 납세자가 이 법에서 정한 납세의무를 이행하기 위하여 제출한 자료나 관세의 부과·징수 또는 통관을 목적으로 업무상 취득한 자료 등(이하 "과세정보'라 한다)을 타인에게 제공하거나 누설하여서는 아니 되며, 사용 목적 외의 용도로 사용하여서도 아니 된다. 다만, 다음 어느 하나에 해당하는 경우에는 그 사용 목적에 맞는 범위에서 납세자의 과세정보를 제공할 수 있다.(관세법 제116조 1항)

① 국가기관이 관세에 관한 쟁송이나 관세범에 대한 소추(訴追)를 목적으로 과세정보를 요구하는 경우

② 법원의 제출명령이나 법관이 발부한 영장에 따라 과세정보를 요구하는 경우

③ 세관공무원 상호간에 관세를 부과·징수, 통관 또는 질문·검사하는 데에 필요하여 과세정보를 요구하는 경우

④ 통계청장이 국가통계작성 목적으로 과세정보를 요구하는 경우

⑤ 다른 법률에 따라 과세정보를 요구하는 경우

위의 ①, ④, ⑤에 따라 과세정보의 제공을 요구하는 자는 문서로 해당 세관장에게 요구하여야 한다.(관세법 제116조 2항)

세관공무원은 위의 규정에 위반되게 과세정보의 제공을 요구받으면 이를 거부하여야 한다.(관세법 제116조 3항)

한편 위의 과세정보에 대한 비밀유지의 예외 규정에 의하여 과세정보를 알게 된 자는 타인에게 제공하거나 누설하여서는 아니 되며, 그 목적 외의 용도로 사용하여서도 아니 된다.(관세법 제116조 4항) 또한 과세정보를 제공받아 알게 된 자 중 공무원이 아닌 자는 「형법」이나 그 밖의 법률에 따른 벌칙을 적용할 때 공무원으로 본다.(관세법 제116조 5항)

9) 고액·상습체납자 명단공개

과세정보에 대한 비밀유지 규정(관세법 제116조)에 불구하고 관세청장은 체납발생일부터 1년이 지난 관세 및 내국세등(이하 "체납관세등"이라 한다)이 2억원 이상인 체납자에 대하여는 그 인적사항과 체납액 등을 공개할 수 있다. 다만, 체납관세등에 대하여 이의신청·심사청구 등 불복청구가 진행 중이거나 체납액의 일정금액 이상을 납부한 경우 등 대통령령으로 정하는 사유에 해당하는 경우[3]에는 그러하지 아니하다.(관세법 제116조의2 1항)

체납자의 인적사항과 체납액 등에 대한 공개 여부를 심의하거나 재심의하기 위하여 관세청에 관세정보공개심의위원회를 둔다.(관세법 제116조의2 2)

관세청장은 관세정보공개심의위원회의 심의를 거친 공개대상예정자에게 체납자 명단 공개대상예정자임을 통지하여 소명할 기회를 주어야 한다.(관세법 제116조의2 3항) 그리고 관세청장은 체납자 명단 공개대상예정자임을 통지한 날부터 6개월이 지나면 관세정보공개심의위원회로 하여금 체납액의 납부이행 등을 고려하여 체납자

3) 제141조의2(고액·상습체납자 명단공개) ① 법 제116조의2 제1항 단서에서 "대통령령으로 정하는 사유"란 다음 각 호의 어느 하나에 해당하는 경우를 말한다.(시행령 제141조의2 1항)

1. 체납액의 100분의 30이상을 납부한 경우
2. 「채무자 회생 및 파산에 관한 법률」 제243조에 따른 회생계획인가의 결정에 따라 체납된 세금의 징수를 유예받고 그 유예기간 중에 있거나 체납된 세금을 회생계획의 납부일정에 따라 납부하고 있는 경우
3. 재산상황, 미성년자 해당여부 및 그 밖의 사정 등을 고려할 때 법 제116조의2 제2항에 따른 관세정보공개심의위원회가 공개할 실익이 없거나 공개하는 것이 부적절하다고 인정하는 경우

의 명단 공개 여부를 재심의하게 한다.(관세법 제116조의2 4항)

고액·상습체납자 명단공개는 관보에 게재하거나 관세청장이 지정하는 정보통신망 또는 관할세관의 게시판에 게시하는 방법으로 한다.(관세법 제116조의2 5항)

10) 납세증명서의 제출 및 발급

납세자(미과세된 자를 포함한다. 이하 이 조에서 같다)는 다음 어느 하나에 해당하는 경우에는 대통령령으로 정하는 바에 따라 납세증명서를 제출하여야 한다.(관세법 제116조의3 1항)

① 국가, 지방자치단체 또는 대통령령으로 정하는 정부관리기관으로부터 대금을 지급받을 경우

② 「출입국관리법」 제31조에 따른 외국인등록 또는 「재외동포의 출입국과 법적 지위에 관한 법률」 제6조에 따른 국내거소신고를 한 외국인이 체류기간 연장허가 등 대통령령으로 정하는 체류허가를 법무부장관에게 신청하는 경우

③ 내국인이 해외이주 목적으로 「해외이주법」 제6조에 따라 외교부장관에게 해외이주신고를 하는 경우

세관장은 납세자로부터 납세증명서의 발급신청을 받았을 때에는 그 사실을 확인하고 즉시 납세증명서를 발급하여야 한다.(관세법 제116조의3 2항)

11) 정보의 제공

세관공무원은 납세자가 납세자의 권리행사에 필요한 정보를 요구하면 신속하게 제공하여야 한다. 이 경우 세관공무원은 납세자가 요구한 정보와 관련되어 있어 관세청장이 정하는 바에 따라 납세자가 반드시 알아야 한다고 판단되는 그 밖의 정보도 함께 제공하여야 한다.(관세법 제117조)

12) 과세전적부심사

(1) 부족한 납부세액 징수를 위한 통지

세관장은 관세법 제38조의3(수정 및 경정) 제6항[4] 또는 제39조(부과고지) 제2

항[5])에 따라 납부세액이나 납부하여야 하는 세액에 미치지 못한 금액을 징수하려는 경우에는 미리 납세의무자에게 그 내용을 서면으로 통지하여야 한다. 다만, 다음의 어느 하나에 해당하는 경우에는 그러하지 아니하다.(관세법 제118조 1항)

① 통지하려는 날부터 3개월 이내에 관세부과의 제척기간이 만료되는 경우

② 잠정가격신고를 한 경우 대통령령이 정하는 기간내에 납세의무자가 확정가격의 신고를 한 경우

③ 수입신고 수리 전에 세액을 심사하는 경우로서 그 결과에 따라 부족세액을 징수하는 경우

④ 재수출면세 규정에 따라 관세를 면제받은 물품을 규정된 기간내에 수출하지 아니한 경우나 용도외의 다른 용도에 사용하거나 해당 용도외의 다른 용도로 사용하려는 자에게 양도한 경우 면제된 관세를 징수하는 경우(관세법 제97조 3항) 또는 관세법 제89조(세율불균형물품의 감면세), 제90조(학술연구용품의 감면세), 제91조(종교용품, 자선용품, 장애인용품 등의 면세) 그리고 제93조(특정물품의 면세 등) 및 제95조(환경오염방지물품 등에 대한 감면세)에 따라 관세를 감면받은 물품을 규정한 기간에 감면받은 용도외의 다른 용도로 사용하는 경우나 감면받은 용도외의 다른 용도로 사용하려는 자에게 양도한 경우(관세법 제102조 2항) 감면된 관세를 징수하는 경우

⑤ 관세포탈죄로 고발되어 포탈세액을 징수하는 경우

⑥ 그 밖에 관세의 징수가 곤란하게 되는 등 사전통지가 적당하지 아니한 경우로서 대통령령으로 정하는 경우

(2) 과세전적부심사

납세의무자는 위의 규정에 따른 통지를 받았을 때에는 그 통지를 받은 날부터 30일 이내에 기획재정부령으로 정하는 세관장에게 통지 내용이 적법한지에 대한 심사, 즉 "과세전적부심사"를 청구할 수 있다. 다만, 법령에 대한 관세청장의 유권해석을 변경하여야 하거나 새로운 해석이 필요한 경우 등 대통령령으로 정하는

---

4) ⑥ 세관장은 납세의무자가 신고납부한 세액, 납세신고한 세액 또는 제2항 및 제3항에 따라 경정청구한 세액을 심사한 결과 과부족하다는 것을 알게 되었을 때에는 대통령령으로 정하는 바에 따라 그 세액을 경정하여야 한다.

5) ② 세관장은 과세표준, 세율, 관세의 감면 등에 관한 규정의 적용 착오 또는 그 밖의 사유로 이미 징수한 금액이 부족한 것을 알게 되었을 때에는 그 부족액을 징수한다.

경우에는 관세청장에게 이를 청구할 수 있다.(관세법 제118조 2항)

관세청장에게 과세전적부심사를 청구할 수 있는 경우는 다음과 같다.(시행령 제143조)

① 관세청장의 훈령·예규·고시 등과 관련하여 새로운 해석이 필요한 경우

② 관세청장의 업무감사결과 또는 업무지시에 따라 세액을 경정하거나 부족한 세액을 징수하는 경우

③ 관세평가분류원장의 품목분류 및 유권해석에 따라 수출입물품에 적용할 세율이나 물품분류의 관세율표 번호가 변경되어 세액을 경정하거나 부족한 세액을 징수하는 경우

④ 동일 납세의무자가 동일한 사안에 대하여 둘 이상의 세관장에게 과세전적부심사를 청구하여야 하는 경우

⑤ 위의 ①~④까지의 규정에 해당하지 아니하는 경우로서 과세전적부심사 청구금액이 5억원 이상인 것

과세전적부심사를 청구받은 세관장이나 관세청장은 그 청구를 받은 날부터 30일 이내에 관세법 제124조에 따른 관세심사위원회의 심사를 거쳐 결정을 하고, 그 결과를 청구인에게 통지하여야 한다. 다만, 과세전적부심사 청구기간이 지난 후 과세전적부심사청구가 제기된 경우 등 대통령령으로 정하는 사유에 해당하는 경우에는 관세심사위원회의 심사를 거치지 아니하고 결정할 수 있다.(관세법 제118조 3항)

과세전적부심사청구에 대한 결정은 다음의 구분에 따른다.(관세법 제118조 4항)

① 청구가 이유없다고 인정되는 경우 : 채택하지 아니한다는 결정

② 청구가 이유 있다고 인정되는 경우: 청구의 전부 또는 일부를 채택하는 결정. 이 경우 구체적인 채택의 범위를 정하기 위하여 사실관계 확인 등 추가적으로 조사가 필요한 경우에는 부족한 납부세액 징수를 위한 통지를 한(법 제118조 제1항 본문에 따른 통지를 한) 세관장으로 하여금 이를 재조사하여 그 결과에 따라 당초 통지 내용을 수정하여 통지하도록 하는 재조사 결정을 할 수 있다.

③ 청구기간이 지났거나 보정기간 내에 보정하지 아니하는 경우 또는 적법하지 아니한 청구를 하는 경우: 심사하지 아니한다는 결정

세관장이 수정 및 경정, 부과고지에 따라 납부세액이나 납부하여야 하는 세액에 미치지 못한 금액을 징수하려는 경우 그 내용을 서면으로 통지를 받은 자는 과세전적부심사를 청구하지 아니하고 통지를 한 세관장에게 통지받은 내용의 전부 또는 일부에 대하여 조기에 경정해 줄 것을 신청할 수 있다. 이 경우 해당 세관장은 즉시 신청받은 대로 세액을 경정하여야 한다.(관세법 제118조 5항)

과세전적부심사에 관하여는 관세법 제122조(심사청구절차) 제2항, 제123조(심사청구서의 보정), 제126조(대리인), 제128조(결정) 제5항, 제6항 및 제130조(서류의 열람 및 의견 진술)를 준용한다.(관세법 제118조 6항)

과세전적부심사에 관하여는 「행정심판법」 제15조, 제16조, 제20조부터 제22조까지, 제29조, 제39조 및 제40조를 준용한다. 이 경우 "위원회"는 "관세심사위원회"로 본다.(관세법 제118조 7항) 과세전적부심사의 방법과 그 밖에 필요한 사항은 대통령령으로 정한다.(관세법 제118조 8항)

01 심사청구와 심판청구

1) 불복의 신청

(1) 심사청구 및 심판청구

관세법이나 그 밖의 관세에 관한 법률 또는 조약에 따른 처분으로서 위법한 처분 또는 부당한 처분을 받거나 필요한 처분을 받지 못하여 권리나 이익을 침해당한 자는 해당 규정에 따라 그 처분의 취소 또는 변경을 청구하거나 그 밖에 필요한 처분을 하여 줄 것을 청구할 수 있다. 다만, 다음 각 호의 처분에 대해서는 그러하지 아니하다.(관세법 제119조 1항)

① 관세법에 따른 통고처분

② 「감사원법」에 따라 심사청구를 한 처분이나 그 심사청구에 대한 처분

위의 관세법 제119조 제1항 본문에 따른 처분이 관세청장이 조사·결정 또는 처리하거나 하였어야 할 것인 경우를 제외하고는 그 처분에 대하여 심사청구 또는 심판청구에 앞서 이의신청을 할 수 있다.(관세법 제119조 2항)

심사청구 또는 심판청구에 대한 처분에 대해서는 이의신청, 심사청구 또는 심판청구를 제기할 수 없다. 다만, 제128조 제1항 제3호 후단[6](제131조에서 「국세기본법」을 준용하는 경우를 포함한다)의 재조사 결정에 따른 처분청의 처분에 대해서는 해당 재조사 결정을 한 재결청에 심사청구 또는 심판청구를 제기할 수 있다.(관세법 제119조 3항)

이의신청에 대한 처분과 제128조(결정) 제1항 제3호 후단(제132조 제4항에서 준용하는 경우를 포함한다)의 재조사 결정에 따른 처분청의 처분에 대해서는 이의신청을 할 수 없다.(관세법 제119조 4항)

수입물품에 부과하는 내국세등의 부과, 징수, 감면, 환급 등에 관한 세관장의 처분에 불복하는 자는 이의신청·심사청구 및 심판청구를 할 수 있다.(관세법 제119조 8항)

동일한 처분에 대하여는 심사청구와 심판청구를 중복하여 제기할 수 없다.(관세법 제119조 10항)

(2) 심사청구 및 심판청구의 제기기간

「감사원법」에 따라 심사청구는 그 처분을 한 것을 안 날(처분의 통지를 받았을 때에는 그 통지를 받은 날을 말한다)부터 90일 이내에 하여야 한다.(관세법 제119조 5항)

「감사원법」에 따라 심사청구를 거친 처분에 대한 행정소송은 「행정소송법」 제18조 제2항·제3항 및 같은 법 제20조에도 불구하고 그 심사청구에 대한 결정을 통지받은 날부터 90일 내에 처분청을 당사자로 하여 제기하여야 한다.(관세법 제119조 6항)

위의 기간들은 불변기간(不變期間)[7]으로 한다.(관세법 제119조 7항)

---

6) 3. 심사청구가 이유 있다고 인정되는 경우: 그 청구의 대상이 된 처분의 취소·경정 또는 필요한 처분의 결정. 이 경우 취소·경정 또는 필요한 처분을 하기 위하여 사실관계 확인 등 추가적으로 조사가 필요한 경우에는 처분청으로 하여금 이를 재조사하여 그 결과에 따라 취소·경정하거나 필요한 처분을 하도록 하는 재조사 결정을 할 수 있다.

7) 소송 행위에서, 변경하지 못하도록 법률로 정한 기간.

(3) 제2차 납세의무자 등 이해관계인에 의한 청구

관세법이나 그 밖의 관세에 관한 법률 또는 조약에 따른 처분으로 권리나 이익을 침해받게 되는 제2차 납세의무자 등 대통령령으로 정하는 이해관계인은 그 처분에 대하여 이 절에 따른 심사청구 또는 심판청구를 하여 그 처분의 취소 또는 변경이나 그 밖에 필요한 처분을 청구할 수 있다. 이 경우 위의 규정, 즉 관세법 제119조 제2항, 제3항, 제4항 및 제8항을 준용한다.(관세법 제119조 9항)

2) 「행정소송법」 등과의 관계

관세법 제119조에 따른 처분에 대하여는 「행정심판법」을 적용하지 아니한다. 다만, 심사청구 또는 심판청구에 관하여는 「행정심판법」 제15조, 제16조, 제20조부터 제22조까지, 제29조, 제39조, 제40조, 제42조 및 제51조를 준용하며, 이 경우 "위원회"는 "관세심사위원회", "조세심판관회의" 또는 "조세심판관합동회의"로 본다.(관세법 제120조 1항)

관세법 제119조에 따른 위법한 처분에 대한 행정소송은 「행정소송법」 제18조 제1항 본문, 제2항 및 제3항에도 불구하고 관세법에 따른 심사청구 또는 심판청구와 그에 대한 결정을 거치지 아니하면 제기할 수 없다. 다만, 심사청구 또는 심판청구에 대한 제128조(결정) 제1항 제3호 후단(제131조에서 「국세기본법」을 준용하는 경우를 포함한다)의 재조사 결정에 따른 처분청의 처분에 대한 행정소송은 그러하지 아니하다.(관세법 제120조 2항)

그리고 관세법 제119조에 따른 위법한 처분에 대한 행정소송은 「행정소송법」 제20조에도 불구하고 심사청구나 심판청구에 따른 결정을 통지받은 날부터 90일 이내에 제기하여야 한다. 다만, 심사청구 또는 심판청구 규정에 따른 결정기간 내에 결정을 통지받지 못한 경우에는 위의 규정에도 불구하고 결정을 통지받기 전이라도 그 결정기간이 지난 날부터 행정소송을 제기할 수 있다.(관세법 제120조 3항)

위의 관세법 제120조 제2항 단서에 따른 행정소송은 「행정소송법」 제20조에도 불구하고 다음의 구분에 따른 기간 내에 제기하여야 한다.(관세법 제120조 4항)

① 관세법에 따른 심사청구 또는 심판청구를 거치지 아니하고 제기하는 경우: 재조사 후 행한 처분청의 처분의 결과 통지를 받은 날부터 90일 이내. 다만, 제128조 제5항 전단(제131조에 따라 「국세기본법」을 준용하는 경우를 포함한다)에 따른 처분기간(제128조 제5항 후단에 따라 조사를 연기 또

는 중지하거나 조사기간을 연장한 경우에는 해당 기간을 포함한다. 이하 이 호에서 같다)에 처분청의 처분 결과 통지를 받지 못하는 경우에는 그 처분기간이 지난 날부터 행정소송을 제기할 수 있다.

② 관세법에 따른 심사청구 또는 심판청구를 거쳐 제기하는 경우: 재조사 후 행한 처분청의 처분에 대하여 제기한 심사청구 또는 심판청구에 대한 결정의 통지를 받은 날부터 90일 이내. 다만, 제128조 제2항(제131조에서 「국세기본법」 을 준용하는 경우를 포함한다)에 따른 결정기간에 결정의 통지를 받지 못하는 경우에는 그 결정기간이 지난 날부터 행정소송을 제기할 수 있다.

위의 제3항과 제4항의 기간은 불변기간으로 한다.(관세법 제120조 6항)

「감사원법」에 따른 심사청구를 거친 경우에는 관세법에 따른 심사청구나 심판청구를 거친 것으로 보고 위의 관세법 제120조 제2항을 준용한다.(관세법 제120조 5항)

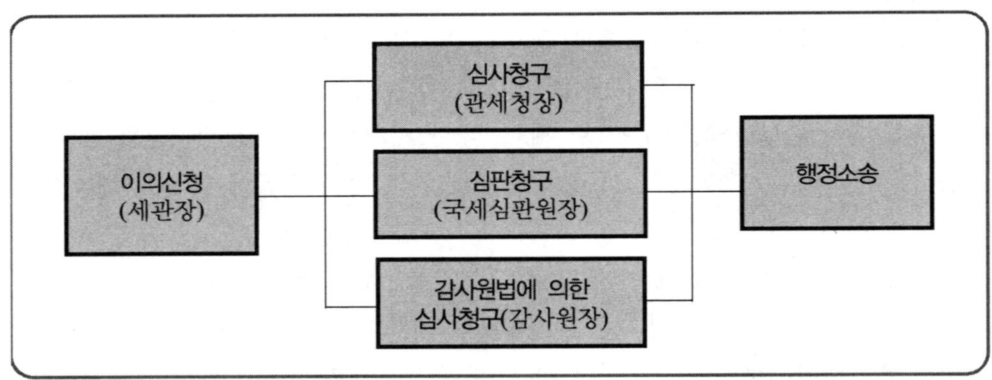

〈그림 5-1〉 권리구제제도

3) 청구기간

심사청구는 해당 처분을 한 것을 안 날(처분하였다는 통지를 받았을 때에는 통지를 받은 날을 말한다)부터 90일 이내에 제기하여야 한다.(관세법 제121조 1항)

이의신청을 거친 후 심사청구를 하려는 경우에는 이의신청에 대한 결정을 통지받은 날부터 90일 이내에 하여야 한다. 다만, 이의신청이 결정기간인 30일 이내에 결정을 통지받지 못한 경우에는 결정을 통지받기 전이라도 그 결정기간이 지난

날부터 심사청구를 할 수 있다.(관세법 제121조 2항)

위에서 규정한 기한 내에 우편으로 제출(「국세기본법」 제5조의2[8])에서 정한 날을 기준으로 한다)한 심사청구서가 청구기간이 지나 세관장 또는 관세청장에게 도달한 경우에는 그 기간의 만료일에 청구된 것으로 본다.(관세법 제121조 3항)

심사청구인이 관세법 제10조(천재지변 등으로 인한 기한의 연장)에서 규정하는 사유(신고, 신청, 청구, 그 밖의 서류의 제출 및 통지에 관한 기한 연장 사유로 한정한다)로 제1항에서 정한 기간 내에 심사청구를 할 수 없을 때에는 그 사유가 소멸한 날부터 14일 이내에 심사청구를 할 수 있다. 이 경우 심사청구인은 그 기간 내에 심사청구를 할 수 없었던 사유, 그 사유가 발생한 날과 소멸한 날, 그 밖에 필요한 사항을 적은 문서를 함께 제출하여야 한다.(관세법 제121조 4항)

4) 청구절차

심사청구는 대통령령으로 정하는 바에 따라 불복하는 사유를 심사청구서에 적어 해당 처분을 하였거나 하였어야 하는 세관장을 거쳐 관세청장에게 하여야 한다.(관세법 제122조 1항)

심사청구기간을 계산할 때에는 위의 규정에 따라 해당 심사청구서가 세관장에게 제출된 때에 심사청구가 된 것으로 본다. 해당 심사청구서가 해당 처분을 하였거나 하였어야 하는 세관장 외의 세관장이나 관세청장에게 제출된 경우에도 또한 같다.(관세법 제122조 2항)

해당 심사청구서를 제출받은 세관장은 이를 받은 날부터 7일 내에 그 심사청구서에 의견서를 첨부하여 관세청장에게 보내야 한다.(관세법 제122조 3항)

관세청장은 세관장의 의견서를 받은 때에는 지체 없이 해당 의견서의 부본을 심사청구인에게 송부하여야 한다.(관세법 제122조 4항)

심사청구인은 송부받은 의견서에 대하여 반대되는 증거서류 또는 증거물을 관세청장에게 제출할 수 있다.(관세법 제122조 5항)

---

8) 제5조의2(우편신고 및 전자신고) ① 우편으로 과세표준신고서, 과세표준수정신고서, 경정청구서 또는 과세표준신고·과세표준수정신고·경정청구와 관련된 서류를 제출한 경우 「우편법」에 따른 통신일부인(通信日附印)이 찍힌 날(통신일부인이 찍히지 아니하였거나 분명하지 아니한 경우에는 통상 걸리는 우송일수를 기준으로 발송한 날로 인정되는 날)에 신고된 것으로 본다.

5) 청구서의 보정

관세청장은 심사청구의 내용이나 절차가 이 절에 적합하지 아니하지만 보정할 수 있다고 인정되는 경우에는 20일 이내의 기간을 정하여 해당 사항을 보정할 것을 요구할 수 있다. 다만, 보정할 사항이 경미한 경우에는 직권으로 보정할 수 있다.(관세법 제123조 1항)

이 같은 보정기간은 심사청구기간에 산입(算入)하지 아니한다.(관세법 제123조 2항)

6) 관세심사위원회

관세법 제118조(과세전적부심사)에 따른 과세전적부심사와 관세법 제122조에 따른 심사청구 및 제132조에 따른 이의신청을 심의하기 위하여 세관 및 관세청에 각각 관세심사위원회를 둔다.(관세법 제124조 1항) 관세심사위원회의 구성과 운영에 필요한 사항은 대통령령으로 정한다.(관세법 제124조 2항)

7) 심사청구 등이 집행에 미치는 효력

이의신청·심사청구 또는 심판청구는 법령에 특별한 규정이 있는 경우를 제외하고는 해당 처분의 집행에 효력을 미치지 아니한다. 다만, 해당 재결청이 필요하다고 인정할 때에는 그 처분의 집행을 중지하게 하거나 중지할 수 있다.(관세법 제125조)

8) 대리인

이의신청인, 심사청구인 또는 심판청구인은 변호사나 관세사를 대리인으로 선임할 수 있다.(관세법 제126조 1항)

이의신청인, 심사청구인 또는 심판청구인은 신청 또는 청구의 대상이 대통령령으로 정하는 금액 미만인 경우[9]에는 배우자, 4촌 이내의 혈족 또는 배우자의 4촌 이내의 혈족을 대리인으로 선임할 수 있다.(관세법 제126조 2항)

대리인의 권한은 서면으로 증명하여야 하며(관세법 제126조 3항) 대리인은 본인을 위하여 청구에 관한 모든 행위를 할 수 있다. 다만, 청구의 취하는 특별한 위임을 받은 경우에만 할 수 있다.(관세법 제126조 4항)

---

9) 관세법시행령 제149조의2(소액사건) 법 제126조제2항에서 “대통령령으로 정하는 금액”이란 3천만원을 말한다.

또한 대리인을 해임하였을 때에는 그 뜻을 서면으로 해당 재결청에 신고하여야 한다.(관세법 제126조 5항)

9) 결정절차

심사청구가 있으면 관세청장은 관세심사위원회의 심의를 거쳐 이를 결정하여야 한다. 다만, 심사청구기간이 지난 후 심사청구가 제기된 경우 등 대통령령으로 정하는 사유에 해당하는 경우에는 그러하지 아니하다.(관세법 제127조 1항)

관세심사위원회의 회의는 공개하지 아니한다. 다만, 관세심사위원회의 위원장이 필요하다고 인정할 때에는 공개할 수 있다.(관세법 제127조 2항)

10) 결정

심사청구에 대한 결정은 다음의 구분에 따른다.(관세법 제128조 1항)

① 심사청구가 다음 어느 하나에 해당하는 경우 : 그 청구를 각하하는 결정

- 심판청구를 제기한 후 심사청구를 제기(같은 날 제기한 경우도 포함한다)한 경우
- 제121조(심사청구기간)에 따른 심사청구 기간이 지난 후에 심사청구를 제기한 경우
- 제123조(심사청구서의 보정)에 따른 보정기간 내에 필요한 보정을 하지 아니한 경우

② 심사청구가 이유 없다고 인정되는 경우 : 그 청구를 기각하는 결정

③ 심사청구가 이유 있다고 인정되는 경우 : 그 청구의 대상이 된 처분의 취소·경정 또는 필요한 처분의 결정. 이 경우 취소·경정 또는 필요한 처분을 하기 위하여 사실관계 확인 등 추가적으로 조사가 필요한 경우에는 처분청으로 하여금 이를 재조사하여 그 결과에 따라 취소·경정하거나 필요한 처분을 하도록 하는 재조사 결정을 할 수 있다.

심사청구에 대한 결정은 심사청구를 받은 날부터 90일 이내에 하여야 한다. 다만, 부득이한 사유가 있을 때에는 그러하지 아니하다.(관세법 제128조 2항)

심사청구에 대한 결정을 하였을 때에는 심사청구를 받은 날부터 90일 이내에

그 이유를 적은 결정서를 심사청구인에게 통지하여야 한다.(관세법 제128조 3항)

심사청구서의 보정기간은 위의 규정에 의한 결정기간에 산입하지 아니한다.(관세법 제128조 4항)

위의 관세법 제128조 제1항 3호 후단에 따른 재조사 결정이 있는 경우 처분청은 재조사 결정일부터 60일 이내에 결정서 주문에 기재된 범위에 한정하여 조사하고, 그 결과에 따라 취소·경정하거나 필요한 처분을 하여야 한다. 이 경우 처분청은 대통령령으로 정하는 바에 따라 조사를 연기 또는 중지하거나 조사기간을 연장할 수 있다.(관세법 제128조 5항)

위의 관세법 제128조 제1항 3호 후단 및 제5항에서 규정한 사항 외에 재조사 결정에 필요한 사항은 대통령령으로 정한다.(관세법 제128조 6항)

11) 불복방법의 통지

이의신청·심사청구 또는 심판청구의 재결청은 결정서에 다음 구분에 따른 사항을 함께 적어야 한다.(관세법 제129조 1항)

① 이의신청인 경우: 결정서를 받은 날부터 90일 이내에 심사청구 또는 심판청구를 제기할 수 있다는 뜻

② 심사청구 또는 심판청구인 경우: 결정서를 받은 날부터 90일 이내에 행정소송을 제기할 수 있다는 뜻

이의신청·심사청구 또는 심판청구의 재결청은 해당 신청 또는 청구에 대한 결정기간이 지날 때까지 결정을 하지 못한 경우에는 지체 없이 신청인이나 청구인에게 다음 각 호의 사항을 서면으로 통지하여야 한다.(관세법 제129조 2항)

① 이의신청인 경우: 결정을 통지받기 전이라도 그 결정기간이 지난 날부터 심사청구 또는 심판청구를 제기할 수 있다는 뜻

② 심사청구 또는 심판청구인 경우: 결정을 통지받기 전이라도 그 결정기간이 지난 날부터 행정소송을 제기할 수 있다는 뜻

12) 서류의 열람 및 의견진술

이의신청인·심사청구인·심판청구인 또는 처분청(처분청의 경우 심판청구에 한정한다)은 그 청구와 관계되는 서류를 열람할 수 있으며 대통령령으로 정하는

바에 따라 해당 재결청에 의견을 진술할 수 있다.(관세법 제130조)

13) 심판청구

심판청구에 관하여는 「국세기본법」 제7장(심사와 심판) 제3절(심판)을 준용한다. 이 경우 「국세기본법」 중 "세무서장"은 "세관장"으로, "국세청장"은 "관세청장"으로 본다. (관세법 제131조)

02 이의 신청

1) 이의신청

이의신청은 대통령령으로 정하는 바에 따라 불복의 사유를 갖추어 해당 처분을 하였거나 하였어야 할 세관장에게 하여야 한다. 이 경우 제258조(우편물통관에 대한 결정)[10]에 따른 결정사항 또는 우편물에 대한 관세를 징수하고자 하는 경우 통지한 세액에 관한 이의신청은 해당 결정사항 또는 세액에 관한 통지를 직접 우송한 우체국의 장에게 이의신청서를 제출함으로써 할 수 있고, 우체국의 장이 이의신청서를 접수한 때에 세관장이 접수한 것으로 본다.(관세법 제132조 1항)

이의신청을 받은 세관장은 관세심사위원회의 심의를 거쳐 결정하여야 한다. (관세법 제132조 2항) 이의신청은 관세법 제121조(심사청구기간), 제122조(심사청구절차) 제2항, 제123조(심사청구서의 보정), 제127조(결정절차) 및 제128조(결정)를 준용한다. 다만, 제128조 제2항 중 "90일"은 "30일(제6항에 따라 증거서류 또는 증거물을 제출한 경우에는 "60일")"로 본다.(관세법 제132조 4항)

이의신청을 받은 세관장은 이의신청을 받은 날부터 7일 이내에 이의신청의 대상이 된 처분에 대한 의견서를 이의신청인에게 송부하여야 한다. 이 경우 의견서에는 처분의 근거·이유 및 처분의 이유가 된 사실 등이 구체적으로 기재되어야 한다.(관세법 제132조 5항)

이의신청인은 송부받은 의견서에 대하여 반대되는 증거서류 또는 증거물을 세관장에게 제출할 수 있다.(관세법 제132조 6항)

---

10) 제258조(우편물통관에 대한 결정) ① 통관우체국의 장은 세관장이 우편물에 대하여 수출·수입 또는 반송을 할 수 없다고 결정하였을 때에는 그 우편물을 발송하거나 수취인에게 내줄 수 없다.

Note

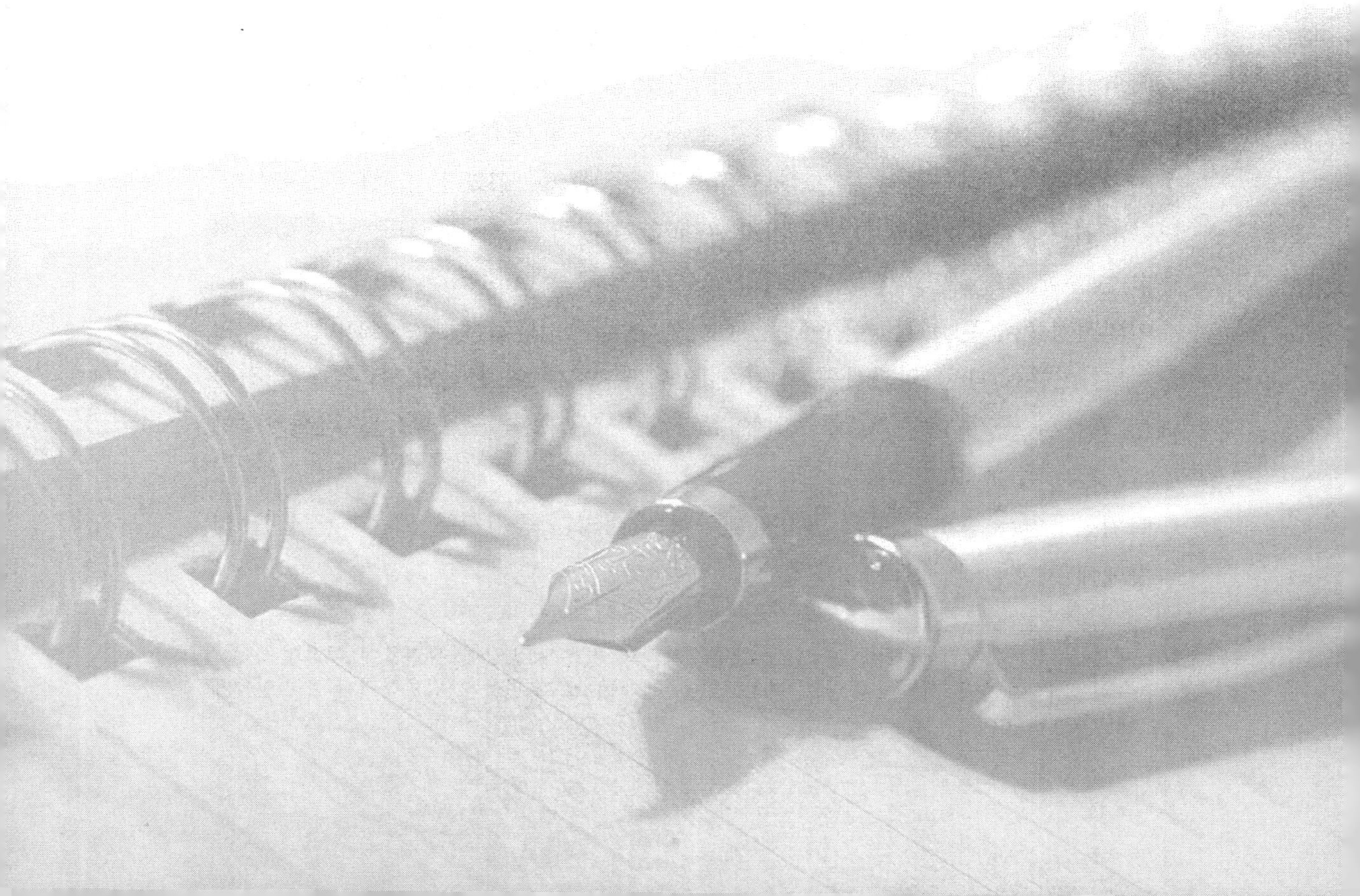

Chapter 06

운송수단

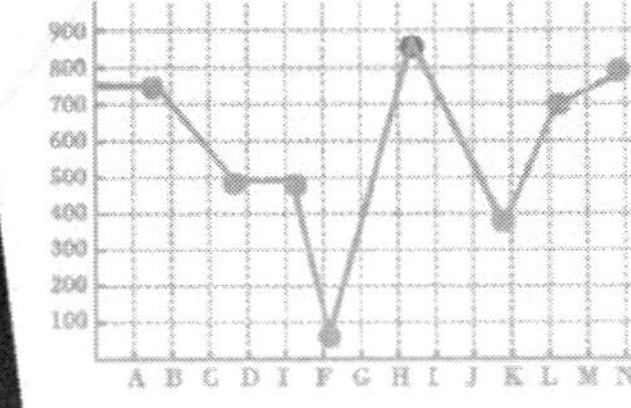

01 개항(開港)[1]

1) 개항의 개념

일반적으로 개항은 외국과의 무역 및 사람의 왕래를 위한 법령에 의하여 지정된 항구와 공항을 말한다. 항만법과 선박의 입항 및 출항 등에 관한 법률에서는 개항이라는 개념 대신 무역항이라는 개념을 사용하고 있다. 항만법 제2조 제2호에서는 "무역항"을 국민경제와 공공의 이해(利害)에 밀접한 관계가 있고 주로 외항선이 입항·출항하는 항만으로서 제3조 제1항*(해양수산부장관은 항만을 다음 각 호의 항(港)으로 구분하여 지정하되, 그 명칭·위치 및 구역은 대통령령으로 정한다. 1. 무역항, 2. 연안항)*에 따라 지정된 항만이라고 규정하고 있다. 관세법상의 개항과 항만법 등에서의 무역항은 정확히 일치하지 않으나 비슷한 개념을 가지고 있다.

2) 개항의 지정

개항은 대통령령으로 지정하며(관세법 제133조 1항) 현재 지정된 개항은 관세법 시행령 제155조 제1항에 나타나있다.(시행령 제155조 1항)

개항의 항계는「항만법 시행령」별표 1에 따른 항만의 수상구역 또는「공항시설법」에 의한 범위로 한다.(시행령 제155조 2항)

---

1) 세관의 주요 감시·단속 대상은 물품이지만 이들 물품은 선박, 항공기, 차량 등 운송수단에 의해 외국간을 이동하고 운송수단 내에서 소정의 경제활동이 이루어지고 있으므로 적재물품과 함께 운송수단도 관세행정상 중요한 관리·통제 대상이 된다.

[관세법시행령 제155조 제1항에서 정하고 있는 개항]

구분	개항명
항구	인천항, 부산항, 마산항, 여수항, 목포항, 군산항, 제주항, 동해·묵호항, 울산항, 통영항, 삼천포항, 장승포항, 포항항, 장항항, 옥포항, 광양항, 평택·당진항, 대산항, 삼척항, 진해항, 완도항, 속초항, 고현항, 경인항, 보령항
공항	인천공항, 김포공항, 김해공항, 제주공항, 청주공항, 대구공항, 무안공항, 양양공항

3) 개항의 지정 요건

개항의 지정요건은 다음과 같다.(시행령 제155조의2)

① 「선박의 입항 및 출항 등에 관한 법률」 또는 「공항시설법」에 의하여 외국무역선(기)이 상시 입출항할 수 있을 것

② 국내선과 구분되는 국제선 전용통로 및 그 밖에 출입국업무를 처리하는 행정기관의 업무수행에 필요한 인력·시설·장비를 확보할 수 있을 것

③ 공항 및 항구의 여객수 또는 화물량 등에 관한 다음 구분에 따른 기준을 갖출 것

ⓐ 공항의 경우 : 다음의 어느 하나의 요건을 갖출 것

- 정기여객기가 주 6회 이상 입항하거나 입항할 것으로 예상될 것
- 여객기로 입국하는 여객수가 연간 4만 명 이상일 것

ⓑ 항구의 경우 : 외국무역선인 5천 톤급 이상의 선박이 연간 50회 이상 입항하거나 입항할 것으로 예상될 것

개항의 운영자는 개항이 위의 시설기준 등(지정요건)에 미치지 못하게 된 경우 그 시설 등을 신속하게 개선하여야 하며, 기획재정부장관은 대통령령으로 정하는 바에 따라 그 시설 등의 개선을 명할 수 있다.(관세법 제133조 3항)

4) 개항 등에의 출입

외국무역선 또는 외국무역기[2]는 개항에 한하여 운항할 수 있다. 다만, 대통령

2) 관세법 제2조(정의)

령으로 정하는 바에 따라 개항이 아닌 지역에 대한 출입의 허가를 받은 경우에는 그러하지 아니하다.(관세법 제134조 1항)

개항이 아닌 지역에 대한 출입의 허가를 받고자 하는 자는 다음 사항을 기재한 신청서를 해당 지역을 관할하는 세관장에게 제출하여야 한다. 다만, 외국무역선 또는 외국무역기의 항행의 편의도모 기타 특별한 사정이 있는 때에는 다른 세관장에게 제출할 수 있다.(시행령 제156조 1항) 이 경우에는 출입허가를 한 세관장은 지체없이 이를 해당 지역을 관할하는 세관장에게 통보하여야 한다.(시행령 제156조 2항)

① 선박 또는 항공기의 종류·명칭·등록기호·국적과 총톤수 및 순톤수 또는 자체무게

② 지명

③ 해당 지역에 머무는 기간

④ 해당 지역에서 하역하고자 하는 물품의 내외국물품별 구분, 포장의 종류·기호·번호 및 개수와 품명·수량 및 가격

⑤ 해당 지역에 출입하고자 하는 사유

외국무역선의 선장이나 외국무역기의 기장은 개항이 아닌 지역에 대한 출입의 허가를 받고자 하는 때에는 기획재정부령이 정하는 바에 의하여 허가수수료를 납부하여야 한다.(관세법 제134조 2항)

세관장은 개항이 아닌 지역에 대한 출입의 허가의 신청을 받은 날부터 10일 이내에 허가 여부를 신청인에게 통지하여야 한다.(관세법 제134조 3항)

세관장이 제3항에서 정한 기간 내에 허가 여부 또는 민원 처리 관련 법령에 따른 처리기간의 연장을 신청인에게 통지하지 아니하면 그 기간(민원 처리 관련 법령에 따라 처리기간이 연장 또는 재연장된 경우에는 해당 처리기간을 말한다)이 끝난 날의 다음 날에 허가를 한 것으로 본다.(관세법 제134조 4항)

6. "외국무역선"이란 무역을 위하여 우리나라와 외국 간을 운항하는 선박을 말한다.
7. "외국무역기"란 무역을 위하여 우리나라와 외국 간을 운항하는 항공기를 말한다.

6-2 선박과 항공기

01 입출항절차[3)]

1) 입항절차

(1) 입항보고

외국무역선 또는 외국무역기가 개항(제134조 제1항 단서의 규정에 의하여 출입허가를 받은 지역을 포함한다. 이하 같다)에 입항하였을 때에는 선장 또는 기장은 대통령령이 정하는 사항이 적힌 선용품 또는 기용품의 목록, 여객명부, 승무원명부, 승무원 휴대품목록과 적하목록을 첨부하여 지체 없이 세관장에게 입항보고를 하여야 하며, 외국무역선은 선박국적증서와 최종 출발항의 출항면장(出港免狀)이나 이를 갈음할 서류를 제시하여야 한다.(관세법 제135조 1항)

구체적인 입항보고서 등의 기재사항은 다음과 같다.(시행령 제157조)

① 입항보고서

- 선박의 경우
  - ⓐ 선박의 종류·등록기호·명칭·국적·선적항·총톤수 및 순톤수
  - ⓑ 출항지·기항지·최종기항지·입항일시·출항예정일시 및 목적지
  - ⓒ 적재물품의 개수 및 톤수와 여객·승무원의 수 및 통과여객수
- 항공기의 경우
  - ⓐ 항공기의 종류·등록기호·명칭·국적·출항지 및 입항일시
  - ⓑ 적재물품의 적재지·개수 및 톤수

---

3) 「관세법」 제134조부터 제137조까지, 제141조 및 제144조에 따른 외국무역선의 입·출항, 승선, 내항선·외국무역선으로의 전환 절차에 관하여 필요한 사항을 규정할 것을 목적으로 하고 있는 「외국무역선의 입출항 전환 및 승선절차에 관한 고시」에 상세한 절차 및 내용이 규정되어 있다.

ⓒ 여객·승무원·통과여객의 수

② 선용품 또는 기용품의 목록

- 선박(항공기)의 종류·등록기호·명칭·국적 및 입항연월일,
- 선용품(기용품)의 품명·수량 및 가격

③ 여객명부

- 선박(항공기)의 종류·등록기호·명칭·국적 및 입항연월일
- 여객의 국적·성명·생년월일·여권번호·승선지 및 상륙지

④ 승무원명부

- 선박(항공기)의 종류·등록기호·명칭·국적 및 입항연월일·승무원의 국적·성명·승무원수첩번호 또는 여권번호·승선지 및 상륙지

⑤ 승무원휴대품목록

- 선박(항공기)의 종류·등록기호·명칭·국적 및 입항연월일
- 선원의 국적·성명·승무원수첩번호 또는 여권번호·품명·수량 및 가격

⑥ 적하목록

- 선박명(항공기명) 및 적재항(적재공항)·품명 및 수하인·송하인
- 그 밖의 선박운항 및 화물에 관한 정보로서 관세청장이 필요하다고 인정하는 것

다만, 세관장은 감시·단속에 지장이 없다고 인정되는 때에는 선용품 또는 기용품의 목록이나 승무원휴대품목록의 첨부를 생략하게 할 수 있다.(관세법 제135조 1항 단서)

(2) 입항전 보고

세관장은 신속한 입항 및 통관절차의 이행과 효율적인 감시·단속을 위하여 필요한 때에는 관세청장이 정하는 바에 의하여 입항하는 해당 선박 또는 항공기가 소속된 선박회사 또는 항공사(그 업무를 대행하는 자를 포함한다. 이하 같다)로 하여금 여객명부·적하목록 등을 입항하기 전에 제출하게 할 수 있다.(관세법 제135조 2항)

2) 출항절차

(1) 출항 허가[4)]

외국무역선이나 외국무역기가 개항을 출항하려면 선장이나 기장은 출항하기 전에 세관장에게 출항허가를 받아야 한다.(관세법 제136조 1항)

출항허가를 받기 위해서는 선장이나 기장이 다음 사항을 기재한 신청서와 그 개항에서 적재한 물품의 목록을 세관장에게 제출하여야 한다. 다만, 세관장이 출항절차를 신속하게 진행하기 위하여 필요하다고 인정하여 출항허가 후 7일의 범위에서 따로 기간을 정하는 경우에는 그 기간 내에 그 목록을 제출할 수 있다. (시행령 제158조)(관세법 제136조 2항)

① 선박의 경우

- 선박의 종류·등록기호·명칭·국적·총톤수 및 순톤수
- 여객·승무원·통과여객의 수
- 적재물품의 개수 및 톤수
- 선적지·목적지 및 출항일시

② 항공기의 경우

- 항공기의 종류·등록기호·명칭 및 국적
- 여객·승무원·통과여객의 수
- 적재물품의 개수 및 톤수
- 선적지·목적지 및 출항일시

세관장은 출항 허가의 신청을 받은 날부터 10일 이내에 허가 여부를 신청인에게 통지하여야 한다.(관세법 제136조 3항)

세관장이 위에서 정한 기간 내에 허가 여부 또는 민원 처리 관련 법령에 따른 처리기간의 연장을 신청인에게 통지하지 아니하면 그 기간(민원 처리 관련 법령에 따라 처리기간이 연장 또는 재연장된 경우에는 해당 처리기간을 말한다)이 끝

---

4) 허가(許可) : 상대적인 금지를 특정한 경우에 해제하여 일정한 사실행위나 법률행위를 할 수 있도록 자유를 회복시켜 주는 행정행위
신고(申告) : 권한이 있는 관청에 일정한 사실을 진술하는 것. 보통 신고는 신고하는 것만으로 족하며 그에 대한 행정청의 특별한 결정을 기다릴 필요는 없음.

난 날의 다음 날에 허가를 한 것으로 본다.(관세법 제136조 4항)

3) 간이 입출항절차

(1) 입항후 24시간 이내 출항시

외국무역선이나 외국무역기가 개항에 입항하여 물품(선용품 또는 기용품과 승무원의 휴대품은 제외한다)을 하역하지 아니하고 입항한 때부터 24시간 이내에 출항하는 경우 세관장은 제135조(입항절차)에 따른 적하목록, 선용품 또는 기용품의 목록, 여객명부, 승무원명부, 승무원 휴대품목록 또는 제136조(출항절차)에 따른 적재물품의 목록의 제출을 생략하게 할 수 있다.(관세법 제137조 1항)

(2) 입항후 다른 개항에 입항시

세관장은 외국무역선이나 외국무역기가 개항에 입항하여 제135조(입항절차)에 따른 절차를 마친 후 다시 우리나라의 다른 개항에 입항할 때에는 서류제출의 생략 등 간소한 절차로 입출항하게 할 수 있다.(관세법 제137조 2항)

4) 승객예약자료의 요청

(1) 승객예약자료 열람 및 제출 요청

세관장은 다음 어느 하나에 해당하는 업무를 수행하기 위하여 필요한 경우 제135조(입항절차)에 따라 입항하거나 제136조(출항절차)에 따라 출항하는 선박 또는 항공기가 소속된 선박회사 또는 항공사가 운영하는 예약정보시스템의 승객예약자료(이하 이 조에서 "승객예약자료"라 한다)를 정보통신망을 통하여 열람하거나 기획재정부령으로 정하는 시한 내에 제출하여 줄 것을 선박회사 또는 항공사에 요청할 수 있다. 이 경우 해당 선박회사 또는 항공사는 이에 따라야 한다.(관세법 제137조의 2 1항)

① 수출입금지물품을 수출입한 자 또는 수출입하려는 자에 대한 검사업무

② 수출·수입 또는 반송의 신고(관세법 제241조 제1항·제2항)규정을 위반한 자 또는 이 규정을 위반하여 다음 어느 하나의 물품을 수출입하거나 반송하려는 자에 대한 검사업무

가. 「마약류관리에 관한 법률」에 따른 마약류

나. 「총포·도검·화약류 등 단속법」에 따른 총포·도검·화약류·분사기·전

자충격기 및 석궁

세관장이 열람이나 제출을 요청할 수 있는 승객예약자료는 다음의 자료로 한정한다.(관세법 제137조의 2 2항)

① 국적, 성명, 생년월일, 여권번호 및 예약번호

② 주소 및 전화번호

③ 예약 및 탑승수속 시점

④ 항공권 또는 승선표의 번호·발권일·발권도시 및 대금결제방법

⑤ 여행경로 및 여행사

⑥ 동반탑승자 및 좌석번호

⑦ 수하물 자료

⑧ 항공사 또는 선박회사의 회원으로 가입한 경우 그 회원번호 및 등급과 승객주문정보

(2) 열람 및 제출 요청한 승객예약자료의 관리

승객예약자료를 열람할 수 있는 사람은 관세청장이 지정하는 세관공무원으로 한정하며 세관공무원은 직무상 알게 된 승객예약자료를 누설 또는 권한 없이 처리하거나 타인이 이용하도록 제공하는 등 부당한 목적을 위하여 사용하여서는 아니 된다. 한편 승객예약자료의 열람방법, 보존기한 등에 관하여 필요한 사항은 대통령령으로 정한다.(관세법 제137조의 2 3,4,5항)

02 물품의 하역

1) 물품의 하역(荷役)[5)]

(1) 물품하역의 요건 및 예외

외국무역선이나 외국무역기는 제135조에 따른 입항절차를 마친 후가 아니면 물품을 하역하거나 환적할 수 없다. 다만, 세관장의 허가를 받은 경우에는 그러하지

5) 적재, 하선·하기를 모두 포함한 개념임.

아니하다. 이를 위해 세관장에게 다음 사항을 기재한 허가신청서를 제출하여야 한다.(관세법 제140조 1항) (시행령 제161조 1항)

① 선박 또는 항공기의 종류·명칭·국적 및 입항연월일

② 물품의 내외국물품별 구분과 품명·수량 및 가격

③ 포장의 종류·기호·번호 및 개수

④ 신청사유

입항절차를 마친 후가 아니면 물품을 하역하거나 환적할 수 없다는 규정의 예외로 세관장의 허가를 받는 경우는 예외로 하고 있는데, 세관장은 이 허가의 신청을 받은 날부터 10일 이내에 허가 여부를 신청인에게 통지하여야 한다.(관세법 제140조 2항)

세관장이 위에서 정한 기간 내에 허가 여부 또는 민원 처리 관련 법령에 따른 처리기간의 연장을 신청인에게 통지하지 아니하면 그 기간(민원 처리 관련 법령에 따라 처리기간이 연장 또는 재연장된 경우에는 해당 처리기간을 말한다)이 끝난 날의 다음 날에 허가를 한 것으로 본다.(관세법 제140조 3항)

외국무역선이나 외국무역기에 물품을 하역하거나 환적하려면 입항절차를 마친 후 세관장에게 신고하고 현장에서 세관공무원의 확인을 받아야 한다. 다만, 세관공무원이 확인할 필요가 없다고 인정하는 경우에는 그러하지 아니한다.(관세법 제140조 4항) 이 때 다음 사항을 기재한 신고서를 세관장에게 제출하고 그 신고필증을 현장세관공무원에게 제시하여야 한다. 다만, 수출물품의 경우에는 관세청장이 정하는 바에 따라 물품목록의 제출로써 이에 갈음할 수 있으며, 항공기인 경우에는 현장세관공무원에 대한 말로써 신고하여 이에 갈음할 수 있다.(시행령 제161조 2항)

① 선박 또는 항공기의 명칭

② 물품의 품명·개수 및 중량

③ 승선자수 또는 탑승자수

④ 선박 또는 항공기 대리점

⑤ 작업의 구분과 작업예정기간

세관장은 감시·단속을 위하여 필요할 때에는 물품을 하역하는 장소 및 통로(이하 "하역통로[6]"라 한다)와 기간을 제한할 수 있다. 이 때 세관장은 이를 지정하여

공고하여야 한다.(관세법 제140조 5항) (시행령 제161조 3항)

외국무역선이나 외국무역기에는 내국물품을 적재할 수 없으며, 내항선이나 내항기에는 외국물품을 적재할 수 없다. 다만, 세관장의 허가를 받았을 때에는 그러하지 아니하다.(관세법 제140조 6항)

> ***외국물품의 경우** 외국무역선이나 외국무역기에 물품을 하역하거 환적하려면 입항절차를 마친 후 **세관장에게 신고**하고 현장에서 세관공무원의 확인을 받아야 한다.
> 외국무역선이나 외국무역기에 **내국물품**을 적재할 수 없으나 **세관장의 허가**를 받았을 경우는 가능하다.

2) 외국물품의 일시양륙 등

다음 중 어느 하나에 해당하는 행위를 하려면 세관장에게 신고를 하고, 현장에서 세관공무원의 확인을 받아야 한다. 다만, 관세청장이 감시·단속에 지장이 없다고 인정하여 따로 정하는 경우에는 간소한 방법으로 신고 또는 확인하거나 이를 생략하게 할 수 있다.(관세법 제141조)

① 외국물품을 운송수단으로부터 일시적으로 육지에 내려놓으려는 경우

② 해당 운송수단의 여객·승무원 또는 운전자가 아닌 자가 타려는 경우

③ 외국물품을 적재한 운송수단에서 다른 운송수단으로 물품을 환적 또는 복합환적[7]하거나 사람을 이동시키는 경우

3) 항외 하역

외국무역선이 개항의 바깥에서 물품을 하역하거나 환적하려는 경우에는 선장은 세관장의 허가를 받아야 한다.(관세법 제142조 1항) 선장은 항외 하역의 허가를 받으려면 세관장에게 신청서를 제출하고 기획재정부령으로 정하는 바에 따라 허가수수

---

6) 하역통로 : 선박 또는 항공기에서 물품을 적재 또는 하선(기)하는 물품의 통로
관세통로 : 육접국경으로부터 통관역(통관장)에 이르는 일반수송용철도(육로 또는 수로)로서 세관장이 지정한 것

7) 관세법 제2조(정의)
14. "환적"(換積)이란 동일한 세관의 관할구역에서 입국 또는 입항하는 운송수단에서 출국 또는 출항하는 운송수단으로 물품을 옮겨 싣는 것을 말한다.
15. "복합환적"(複合換積)이란 입국 또는 입항하는 운송수단의 물품을 다른 세관의 관할구역으로 운송하여 출국 또는 출항하는 운송수단으로 옮겨 싣는 것을 말한다.

료를 납부하여야 한다.(관세법 제142조 2항)

세관장은 위의 항외하역 허가의 신청을 받은 날부터 10일 이내에 허가 여부를 신청인에게 통지하여야 한다.(관세법 제142조 3항)

세관장이 위에서 정한 기간 내에 허가 여부 또는 민원 처리 관련 법령에 따른 처리기간의 연장을 신청인에게 통지하지 아니하면 그 기간(민원 처리 관련 법령에 따라 처리기간이 연장 또는 재연장된 경우에는 해당 처리기간을 말한다)이 끝난 날의 다음 날에 허가를 한 것으로 본다.(관세법 제142조 4항)

4) 선용품 및 기용품의 하역 등

(1) 선용품, 기용품 등의 하역 및 환적

다음 어느 하나에 해당하는 물품을 외국무역선 또는 외국무역기에 하역하거나 환적하려면 세관장의 허가를 받아야 하며, 하역 또는 환적허가의 내용대로 하역하거나 환적하여야 한다. 또한 해당 물품이 외국으로부터 우리나라에 도착한 외국물품일 때에는 보세구역으로부터 외국무역선 또는 외국무역기에 적재하는 경우에만 그 외국물품을 그대로 적재할 수 있다.(관세법 제143조 1,2항)

① 선용품 또는 기용품

② 외국무역선 또는 외국무역기 안에서 판매하는 물품

위의 해당물품의 종류와 수량은 선박이나 항공기의 종류, 톤수 또는 무게, 항행일수 또는 운행일수, 여객과 승무원의 수 등을 고려하여 세관장이 타당하다고 인정하는 범위이어야 한다.(관세법 제143조 3항)

세관장은 선용품, 기용품 등의 하역 및 환적에 대한 허가의 신청을 받은 날부터 10일 이내에 허가 여부를 신청인에게 통지하여야 한다.(관세법 제143조 4항)

세관장이 위에서 정한 기간 내에 허가 여부 또는 민원 처리 관련 법령에 따른 처리기간의 연장을 신청인에게 통지하지 아니하면 그 기간(민원 처리 관련 법령에 따라 처리기간이 연장 또는 재연장된 경우에는 해당 처리기간을 말한다)이 끝난 날의 다음 날에 허가를 한 것으로 본다.(관세법 제143조 5항)

(2) 허가내용대로 적재되지 않은 경우 등

외국으로부터 우리나라에 도착한 외국물품인 선용품 또는 기용품과 외국무역선 또는 외국무역기 안에서 판매할 물품이 하역 및 환적허가의 내용대로 운송수단에 적재되지 아니한 경우에는 해당 허가를 받은 자로부터 즉시 그 관세를 징수한다. 다만, 다음 어느 하나에 해당하는 경우에는 그러하지 아니하다.(관세법 제143조 6항)

① 세관장이 지정한 기간 내에 그 물품이 다시 보세구역에 반입된 경우

② 재해나 그 밖의 부득이한 사유로 멸실된 경우

③ 미리 세관장의 승인을 받고 폐기한 경우

03 재해나 그 밖의 부득이한 사유로 인한 면책 등

1) 재해나 그 밖의 부득이한 사유로 인한 면책(관세법 제138조)

관세법 제134조부터 제137조까지(개항 등에의 출입, 입항절차, 출항절차, 간이입출항절차) 및 제140조부터 제143조까지의(물품의 하역, 외국물품의 일시양륙 등, 항외하역, 선용품 및 기용품의 하역 등) 규정은 재해나 그 밖의 부득이한 사유에 의한 경우에는 적용하지 아니한다.

이러한 부득이한 사유의 경우 선장이나 기장은 지체 없이 그 이유를 세관공무원이나 국가경찰공무원(세관공무원이 없는 경우로 한정한다)에게 신고하여야 한다. 신고를 받은 국가경찰공무원은 지체 없이 그 내용을 세관공무원에게 통보하여야 한다.

선장이나 기장은 재해나 그 밖의 부득이한 사유가 종료되었을 때에는 지체 없이 세관장에게 그 경과를 보고하여야 한다.

2) 외국 기착의 보고

재해나 그 밖의 부득이한 사유로 내항선이나 내항기[8]가 외국에 기착(寄着)[9]하고 우리나라로 되돌아왔을 때에는 선장이나 기장은 지체 없이 그 사실을 세관장

---

8) 관세법 제2조(정의)
  8. "내항선"(內航船)이란 국내에서만 운항하는 선박을 말한다.
  9. "내항기"(內航機)란 국내에서만 운항하는 항공기를 말한다.

9) 목적지로 가는 도중 어떤 지점에 잠깐 들르는 것을 말한다.

에게 보고하여야 하며, 외국에서 적재한 물품이 있을 때에는 그 목록을 제출하여야 한다.(관세법 제139조)

즉, 외국 기착 보고는 내국선이 재해나 기타 부득이한 사유로 인하여 외국항에 기착한 사실을 보고하는 것이다. 그러나 악천후 등으로 외국의 외항에 피항하여 있다가 귀착(歸着)한 경우는 기착이 아니다. 즉, 공항만에 들르더라도 그곳에서 입출항수속을 하지 않은 경우는 기착이 아니므로 외국 기착 보고가 필요 없다.

04 외국무역선의 내항선으로의 전환 등

1) 외국무역선의 내항선으로의 전환 등(관세법 제144조)

외국무역선 또는 외국무역기를 내항선 또는 내항기로 전환하거나, 내항선 또는 내항기를 외국무역선 또는 외국무역기로 전환하려면 선장이나 기장은 세관장의 승인을 받아야 한다.

2) 선장 등의 직무대행자

선장이나 기장이 하여야 할 직무를 대행하는 자에게도 선장이나 기장이 수행해야 하는 규정을 그대로 적용한다.(관세법 제145조)

선장이나 기장이 질병이나 부재 등으로 업무를 실제로 수행할 수 없는 경우에는 다른 자가 업무를 대리한다. 이 경우 선장의 부재사유가 식사시간의 경우와 같이 평상업무과정에서 직무대리는 해당하지 않는다.

3) 그 밖의 선박 또는 항공기

외국무역선 또는 외국무역기 외의 선박이나 항공기로서 외국에 운항하는 선박 또는 항공기(의료선, 관광선 등을 말함), 외국을 왕래하는 여행자와 휴대품·탁송품 또는 별송품을 전용으로 운송하기 위하여 국내에서만 운항하는 항공기(이하 "환승전용내항기"라 한다)는 외국무역선이나 외국무역기에 관한 규정을 준용한다. 다만, 대통령령으로 정하는 아래의 선박 및 항공기에 대하여는 그러하지 아니하다.(관세법 제146조)(시행령 제168조)

① 군함 및 군용기

② 국가원수 또는 정부를 대표하는 외교사절이 전용하는 선박 또는 항공기

4) 국경하천을 운항하는 선박

국경하천만을 운항하는 내국선박에 대하여는 외국무역선에 관한 규정을 적용하지 아니한다.(관세법 제147조) 여기서 국경하천이란 예를 들어 중국과 국경을 마주하고 있는 두만강, 압록강 등을 말한다.

01 국경출입차량의 관리[10)]

1) 관세통로(관세법 제148조)

국경을 출입하는 차량(이하 "국경출입차량"이라 한다)은 관세통로를 경유하여야 하며, 통관역이나 통관장[11)]에 정차하여야 한다.

관세통로는 육상국경(陸上國境)으로부터 통관역에 이르는 철도와 육상국경으로부터 통관장에 이르는 육로 또는 수로 중에서 세관장이 지정한다.

통관역은 국외와 연결되고 국경에 근접한 철도역 중에서 관세청장이 지정하며 통관장은 관세통로에 접속한 장소 중에서 세관장이 지정한다.

---

10) 「남북간 통행차량의 등록 및 출입절차에 관한 고시」(관세청 고시)에 자세한 절차가 규정되어 있다.

11) 「남북간 통행차량의 등록 및 출입절차에 관한 고시」 제1-2조(정의)
   5. "통관역(또는 분계역)"이라 함은 군사분계선으로부터 가장 가까운 거리에 위치한 철도역 중에서 관세청장이 지정한 역을 말한다.
   7. "통관장"이라 함은 관세통로에 접속한 장소 중에서 세관장이 지정한 곳을 말한다.

2) 국경출입차량의 도착절차

(1) 도착 보고(관세법 제149조 1항)

국경출입차량이 통관역이나 통관장에 도착하면 통관역장이나 도로차량(선박·철도차량 또는 항공기가 아닌 운송수단을 말한다. 이하 같다)의 운전자는 차량용품목록·여객명부·승무원명부 및 승무원 휴대품목록과 관세청장이 정하는 적하목록을 첨부하여 지체 없이 세관장에게 도착보고를 하여야 하며, 최종 출발지의 출발허가서 또는 이를 갈음하는 서류를 제시하여야 한다. 다만, 세관장은 감시·단속에 지장이 없다고 인정될 때에는 차량용품목록이나 승무원 휴대품목록의 첨부를 생략하게 할 수 있다.

(2) 신속처리 등을 위한 도착전 보고(관세법 제149조 2항)

세관장은 신속한 입국 및 통관절차의 이행과 효율적인 감시·단속을 위하여 필요한 경우에는 관세청장이 정하는 바에 따라 도착하는 해당 차량이 소속된 회사(그 업무를 대행하는 자를 포함한다. 이하 같다)로 하여금 여객명부·적하목록 등을 도착하기 전에 제출하게 할 수 있다.

(3) 반복운송하는 차량의 도착보고(관세법 제149조 3,4항)(시행령 제169조 3항)

대통령령으로 정하는 다음 물품을 일정 기간에 일정량으로 나누어 반복적으로 운송하는 데에 사용되는 도로차량의 운전자는 제152조(도로차량의 국경출입) 제2항에 따라 사증(査證)을 받는 것으로 도착보고를 대신할 수 있다. 다만, 최종 도착보고의 경우는 제외한다. 즉, 사증을 받는 것으로 도착보고를 대신하는 도로차량의 운전자는 최종 도착보고를 할 때에 여객명부·적하목록 등의 서류를 한꺼번에 제출하여야 한다.

① 모래·자갈 등 골재

② 석탄·흑연 등 광물

3) 국경출입차량의 출발절차

(1) 출발보고 및 출발허가

국경출입차량이 통관역이나 통관장을 출발하려면 통관역장이나 도로차량의 운전자는 출발하기 전에 세관장에게 출발보고를 하고 출발허가를 받아야 한다. 통관역장이나 도로차량의 운전자는 이러한 허가를 받으려면 그 통관역 또는 통관장에서 적재한 물품의 목록을 제출하여야 하며 이는 관세청장이 정하는 바에 따라 세관장에게 제출되어야 한다.(관세법 제150조 1,2항) (시행령 제170조 2항)

(2) 반복운송하는 차량의 출발보고 및 출발허가

앞의 반복운송하는 차량의 도착보고와 마찬가지로 대통령령으로 정하는 물품을 일정 기간에 일정량으로 나누어 반복적으로 운송하는 데에 사용되는 도로차량의 운전자는 제152조제2항에 따라 사증을 받는 것으로 출발보고 및 출발허가를 대신할 수 있다. 다만, 최초 출발보고와 최초 출발허가의 경우는 제외한다.

이상과 같은 반복운송 도로차량을 운행하려는 자는 기획재정부령으로 정하는 바에 따라 미리 세관장에게 신고하여야 한다.(관세법 제150조 3,4항)

4) 물품의 하역 등

(1) 물품의 하역(관세법 제151조)

통관역이나 통관장에서 외국물품을 차량에 하역하려는 자는 세관장에게 신고를 하고, 현장에서 세관공무원의 확인을 받아야 한다. 다만, 세관공무원이 확인할 필요가 없다고 인정할 때에는 그러하지 아니한다.

차량용품과 국경출입차량 안에서 판매할 물품을 해당 차량에 하역하거나 환적하는 경우에는 관세법 제143조(선용품 및 기용품의 하역 등)를 준용한다.

(2) 국경출입차량의 국내운행차량으로의 전환 등(관세법 제151조의 2)

국경출입차량을 국내에서만 운행하는 차량(이하 "국내운행차량"이라 한다)으로 전환하거나 국내운행차량을 국경출입차량으로 전환하려는 경우에는 통관역장 또는 도로차량의 운전자는 세관장의 승인을 받아야 한다. 다만, 기획재정부령으로 정하는 차량의 경우에는 그러하지 아니하다.

(3) 통관역장 등의 직무대행자(관세법 제151조의 3)

통관역장이나 도로차량의 운전자가 하여야 할 직무를 대행하는 자에게도 제149조제1항(도착보고), 제150조(출발보고), 제151조의2(국경출입차량의 국내운행차량으로의 전환) 및 제152조(도로차량의 국경출입)를 적용한다.

(4) 도로차량의 국경출입(관세법 제152조)

국경을 출입하려는 도로차량의 운전자는 해당 도로차량이 국경을 출입할 수 있음을 증명하는 서류를 세관장으로부터 발급받아야 한다. 또한 국경을 출입하는 도로차량의 운전자는 출입할 때마다 증명서류를 세관공무원에게 제시하고 사증을 받아야 한다. 이 경우 전자적인 방법으로 서류의 제시 및 사증 발급을 대신할 수 있다.

사증을 받으려는 자는 기획재정부령으로 정하는 바에 따라 수수료를 납부하여야 한다. 다만, 기획재정부령으로 정하는 차량은 수수료를 면제한다.

Note

Chapter 07

보세구역

보세구역 개요

01 보세구역의 일반사항

1) 보세구역의 개념과 의의

보세구역은 외국물품을 수입신고수리가 되지 않은 상태에서 장치, 검사, 보관, 전시, 제조, 가공, 건설, 판매 등을 할 수 있도록 허용한 관세법상의 구역으로 세관장이 지정하거나 특허한 장소이다.

이러한 보세구역은 보다 안전하고 효율적으로 화물을 관리할 수 있게 할 뿐만 아니라 화주가 자신의 화물을 편리하고 원활하게 통관할 수 있도록 해 준다.

보세구역에 효과적인 화물 관리를 위해서 보세화물의 장치기간과 화물보관책임자를 두고 일정한 화물 반출입신고 절차 등을 설정하여 운영하고 있다.

또한 자율관리 보세구역 제도를 두어 관세청장이 정하는 절차를 생략하도록 하는 등 여러 가지 형태의 보세구역제도가 운영되고 있다.

2) 보세구역의 종류

보세구역은 <그림 7-1>에서 보는 바와 같이 크게 지정보세구역·특허보세구역 및 종합보세구역으로 구분한다. 지정보세구역은 다시 지정장치장 및 세관검사장으로 구분하며, 특허보세구역은 보세창고·보세공장·보세전시장·보세건설장 및 보세판매장으로 구분한다.(관세법 제154조)

지정보세구역은 수입절차를 유예할 목적이 아니라 통관절차의 편의를 제공하기 위하여 관세행정상의 필요에 의해 설치된 것이다. 따라서 물품장치는 강제적, 단기간 장치를 원칙으로 하며 물품의 가공, 제고 등의 복잡한 활동은 인정하지 않는 소극적 보세구역이라고 할 수 있다. 그에 비해 특허보세구역과 종합보세구역은 적극적 보세구역으로서 물품에 대한 수입절차의 유예를 통해 무역경영상의 장애를 제거 또는 편의를 제공함으로써 무역진흥을 도모한다는 경제상의 적극적 목적을 위해 설치, 운영되고 있는 보세구역이다.

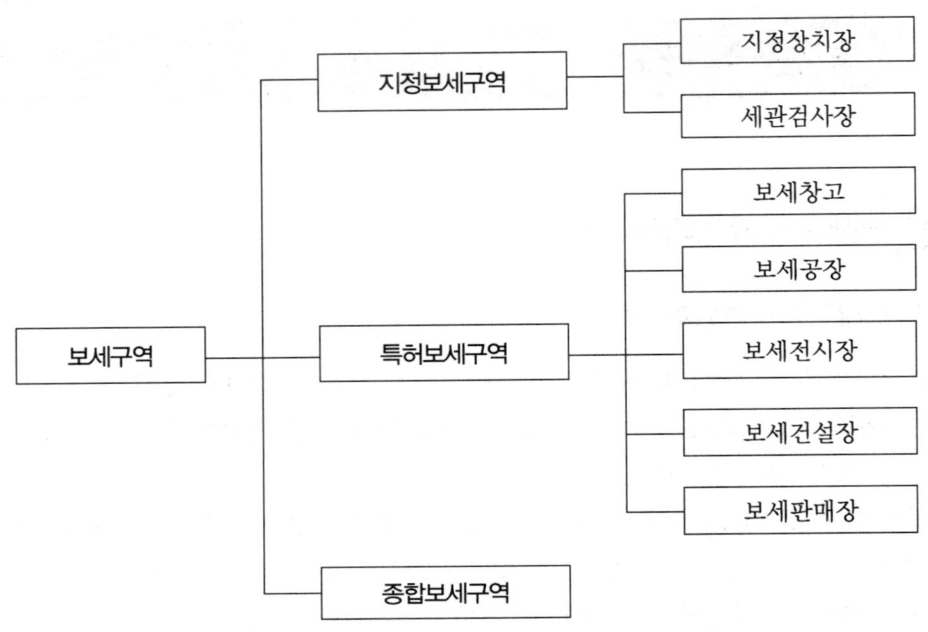

〈그림 7-1〉 보세구역의 종류

〈표 7-1〉 보세구역 현황

(단위 : 개)

보세구역별 \ 연도별		1999	2010	2015	2017
지정보세구역	지정장치장	80	61	67	70
	세관검사장	14	36	45	50
	소 계	94	97	112	120
특허보세구역	보세창고	1,098	1,262	1,081	1,029
	보세공장	170	194	175	168
	보세전시장	10	2	1	6
	보세건설장	30	27	6	4
	보세판매장	20	30	47	44
	소 계	1,328	1,515	1,310	1,251
종합보세구역		1	26	71	72
합 계		1,423	1,638	1,493	1,443

자료 : 관세청, 관세연감, 2018.

3) 물품의 장치

(1) 보세구역에의 장치

외국물품과 관세법 제221조(내국운송의 신고) 제1항에 따라 외국무역선(기)로 운송하기 위해 내국운송의 신고를 하려는 내국물품은 보세구역이 아닌 장소에 장치할 수 없다. 다만, 아래의 어느 하나에 해당하는 물품은 그러하지 아니한다. (관세법 제155조 1항)

① 수출신고가 수리된 물품[1)]

② 크기 또는 무게의 과다나 그 밖의 사유로 보세구역에 장치하기 곤란하거나 부적당한 물품*(보세구역외 장치허가 물품)*

③ 재해나 그 밖의 부득이한 사유로 임시로 장치한 물품

④ 검역물품*(검역법 등 규정에 따라 검역관서가 물품을 관리하며 검역관서가 검역장에 검역물품을 장치·관리한다.)*

⑤ 압수물품*(수사기관의 책임으로 해당 관서에 보관·관리한다.)*

⑥ 우편물품*(외국물품이지만 체신관서가 관리한다.)*

위의 ①에서 ④까지에 해당되는 물품에 대하여는 제157조, 제158조부터 제161조까지, 제163조, 제172조, 제177조, 제208조부터 제212조까지 및 제321조를 준용한다.(관세법 제155조 2항) 즉, 일반적인 보세화물 적용 규정을 준용한다.

(2) 보세구역 외 장치의 허가(관세법 제156조)

관세법 제155조 제1항 제2호(크기 또는 무게의 과다나 그 밖의 사유로 보세구역에 장치하기 곤란하거나 부적당한 물품)에 해당하는 물품을 보세구역이 아닌 장소에 장치하려는 자는 세관장의 허가를 받아야 한다.

세관장은 위의 허가를 하려는 때에는 그 물품의 관세에 상당하는 담보의 제공, 필요한 시설의 설치 등을 명할 수 있다. 그리고 허가를 받으려는 자는 기획재정부령으로 정하는 금액과 방법 등에 따라 수수료를 납부하여야 한다.

---

1) 관세법 제2조 4호 나목에 따라 외국물품이지만 제외. 수출신고가 수리된 물품은 30일 이내에 운송수단에 적재해야 하며 이 기간 동안에는 물품이동에는 아무런 제약이 없다. 수출물품을 적재하기 전에는 어느 때고 신고하고 수리할 수 있다.

4) 물품의 반입·반출

(1) 물품의 반출입 신고(관세법 제157조)

보세구역에 물품을 반입하거나 반출하려는 자는 대통령령으로 정하는 바에 따라 세관장에게 신고하여야 한다. 이 경우 세관장은 세관공무원을 참여시킬 수 있으며, 세관공무원은 해당 물품을 검사할 수 있다. 또한 세관장은 보세구역에 반입할 수 있는 물품의 종류를 제한할 수 있다.

(2) 수입신고수리물품의 반출

관세청장이 정하는 보세구역에 반입되어 수입신고가 수리된 물품의 화주 또는 반입자는 관세법 제177조(특허보세구역의 장치기간)에도 불구하고 그 수입신고 수리일부터 15일 이내에 해당 물품을 보세구역으로부터 반출하여야 한다. 다만, 외국물품을 장치하는 데에 방해가 되지 아니하는 것으로 인정되어 세관장으로부터 해당 반출기간의 연장승인을 받았을 때에는 그러하지 아니한다.(관세법 제157조의 2)

여기서 물품의 화주는 적하목록의 수화인이며 수화인 란에 지시식으로 기재된 경우에는 통지처로 기재된 자를 말하며 반입자는 적하목록 작성책임자로 적하목록을 세관장에게 제출한 선박회사, 항공사, 운송주선업자를 말한다.

(3) 견본품 반출 허가

보세구역에 장치된 외국물품의 전부 또는 일부를 견본품으로 반출하려는 자는 세관장의 허가를 받아야 한다.(관세법 제161조 제1항)

세관장은 위의 규정에 따른 허가의 신청을 받은 날부터 10일 이내에 허가 여부를 신청인에게 통지하여야 한다.(관세법 제161조 제2항)

세관장이 위에서 정한 기간 내에 허가 여부 또는 민원 처리 관련 법령에 따른 처리기간의 연장을 신청인에게 통지하지 아니하면 그 기간(민원 처리 관련 법령에 따라 처리기간이 연장 또는 재연장된 경우에는 해당 처리기간을 말한다)이 끝난 날의 다음 날에 허가를 한 것으로 본다.(관세법 제161조 제3항)

세관공무원은 보세구역에 반입된 물품에 대하여 검사상 필요하면 그 물품의 일부를 견본품으로 채취할 수 있다.(관세법 제161조 제4항) 이때 채취된 물품이나 다른 법률에 따라 실시하는 검사·검역 등을 위하여 견본품으로 채취된 물품으로서 세관장의 확인을 받은 물품이 사용·소비된 경우에는 수입신고를 하여 관세를 납부하고 수리된 것으로 본다.(관세법 제161조 제5항)

세관공무원 이외의 자가 견품반출을 하고자 할 때에는 세관장의 허가를 받아야 한다. 이 견품은 반출기간이 경과하면 다시 보세구역으로 반입되어야 하며 견품채취로 물품이 변질, 손상하여 관세채권확보가 어려우면 견품반출을 할 수 없다. 이러한 이유로 세관장의 허가를 받아야 한다.

5) 보수작업 등

(1) 보수작업의 승인

보세구역에 장치된 물품은 그 현상을 유지하기 위하여 필요한 보수작업과 그 성질을 변하지 아니하게 하는 범위에서 포장을 바꾸거나 구분·분할·합병을 하거나 그 밖의 비슷한 보수작업을 할 수 있다. 이 경우 보세구역에서의 보수작업이 곤란하다고 세관장이 인정할 때에는 기간과 장소를 지정받아 보세구역 밖에서 보수작업을 할 수 있다.(관세법 제158조 1항)

보수작업을 하려는 자는 세관장의 승인을 받아야 하며 보수작업으로 외국물품에 부가된 내국물품은 외국물품으로 본다.(관세법 제158조 2항, 5항)

외국물품은 수입될 물품의 보수작업의 재료로 사용할 수 없다.(관세법 제158조 6항) 이는 외국물품이 보수작업재료로 사용되어 다른 수입물품으로 통관한다면 수입물품 관리상 혼란이 초래될 수 있기 때문에 외국물품은 수입될 물품의 보수작업의 재료로 사용할 수 없다.

세관장은 보수작업 승인의 신청을 받은 날부터 10일 이내에 승인 여부를 신청인에게 통지하여야 한다.(관세법 제158조 3항)

세관장이 위에서 정한 기간 내에 승인 여부 또는 민원 처리 관련 법령에 따른 처리기간의 연장을 신청인에게 통지하지 아니하면 그 기간(민원 처리 관련 법령에 따라 처리기간이 연장 또는 재연장된 경우에는 해당 처리기간을 말한다)이 끝난 날의 다음 날에 승인을 한 것으로 본다.(관세법 제158조 4항)

보세구역에서의 보수작업이 곤란하다고 세관장이 인정하여 보세구역 밖에서 보수작업을 할 경우 세관공무원은 해당 물품이 보세구역에서 반출될 때에 이를 검사할 수 있다. 또한 세관장이 인정하여 지정한 보세구역 밖의 지정된 장소에 반입된 외국물품은 지정된 기간이 만료될 때까지는 보세구역에 있는 것으로 본다.

그리고 지정된 기간이 지난 경우 해당 보세구역 밖의 지정된 장소에 허가된 외국물품이나 그 제품이 있을 때에는 해당 물품의 보세구역 밖에서 보수작업의 승인을 받는 자로부터 그 관세를 즉시 징수한다.(관세법 제158조 7항)

(2) 해체·절단 등의 작업 허가

보세구역에 장치된 물품에 대하여는 그 원형을 변경하거나 해체·절단 등의 작업을 할 수 있다.(관세법 제159조 1항) 이 경우 작업을 하려는 자는 세관장의 허가를 받아야 한다.(관세법 제159조 2항)

세관장은 위의 해체·절단 등의 작업 허가의 신청을 받은 날부터 10일 이내에 허가 여부를 신청인에게 통지하여야 한다.(관세법 제159조 3항)

세관장이 위에서 정한 기간 내에 허가 여부 또는 민원 처리 관련 법령에 따른 처리기간의 연장을 신청인에게 통지하지 아니하면 그 기간(민원 처리 관련 법령에 따라 처리기간이 연장 또는 재연장된 경우에는 해당 처리기간을 말한다)이 끝난 날의 다음 날에 허가를 한 것으로 본다.(관세법 제159조 4항)

이 같은 작업의 대상물품의 종류는 관세청장이 정한다.[2](관세법 제159조 5항)

세관장은 수입신고한 물품에 대하여 필요하다고 인정될 때에는 화주 또는 그 위임을 받은 자에게 보세구역에 장치된 물품의 원형을 변경하거나 해체·절단 등의 작업을 명할 수 있다.(관세법 제159조 6항)

(3) 장치물품의 폐기 승인(관세법 제160조)

부패·손상되거나 그 밖의 사유로 보세구역에 장치된 물품을 폐기하려는 자는 세관장의 승인을 받아야 한다.

보세구역에 장치된 외국물품이 멸실되거나 폐기되었을 때에는 그 운영인이나 보관인으로부터 즉시 그 관세를 징수한다. 다만, 재해나 그 밖의 부득이한 사유로 멸실된 때와 미리 세관장의 승인을 받아 폐기한 때에는 예외로 한다.

보세구역에 장치된 물품에 대한 폐기 승인을 받은 외국물품 중 폐기 후에 남아 있는 부분에 대하여는 폐기 후의 성질과 수량에 따라 관세를 부과한다.

세관장은 보세구역에 장치된 물품 중 다음 어느 하나에 해당하는 것은 화주, 반입자, 화주 또는 반입자의 위임을 받은 자나 「국세기본법」 제38조부터 제41조까

---

2) 「보세화물관리에 관한 고시」에 규정되어 있다.

지의 규정에 따른 제2차 납세의무자(이하 "화주등"이라 한다)에게 이를 반송 또는 폐기할 것을 명하거나 화주등에게 통고한 후 폐기할 수 있다. 다만, 급박하여 통고할 여유가 없는 경우에는 폐기한 후 즉시 통고하여야 한다.

① 사람의 생명이나 재산에 해를 끼칠 우려가 있는 물품

② 부패하거나 변질된 물품

③ 유효기간이 지난 물품

④ 상품가치가 없어진 물품[3)]

⑤ ①부터 ④까지에 준하는 물품으로서 관세청장이 정하는 물품

위의 내용을 통고 할 때 화주 등의 주소나 거소를 알 수 없거나 그 밖의 사유로 통고할 수 없는 경우에는 공고로써 이를 갈음할 수 있다.

세관장이 물품을 폐기하거나 화주 등이 물품을 폐기 또는 반송한 경우 그 비용은 화주 등이 부담한다.

6) 보세물품의 관리

(1) 물품취급자에 대한 단속(관세법 第162條)

다음 어느 하나에 해당하는 자는 물품 및 보세구역감시에 관한 세관장의 명령을 준수하고 세관공무원의 지휘를 받아야 한다.

① 관세법 제155조 제1항 각 호의 물품(외국물품과 내국운송신고를 하려는 내국물품으로 보세구역이 아닌 장소에서 장치할 수 있는 물품)을 취급하는 자

② 보세구역에 출입하는 자

(2) 세관공무원의 파견(관세법 第163條)

세관장은 보세구역에 세관공무원을 파견하여[4)] 세관사무의 일부를 처리하게 할 수 있다.

---

3) 상품가치가 없는 폐기물품을 위장하여 수입하는 경우가 있으나 폐기물품을 수입한 자는 대금을 지급하는 것이 아니라 대가를 받고 수입하는 것이다. 따라서 이러한 거래는 정상적인 무역거래가 아니므로 폐기하지 않고 반송해야 한다.

4) 일반적으로 현재 세관공무원의 파견은 순찰, 출장형식으로 운영되고 있다.

7) 자율관리 보세구역

(1) 자율관리보세구역에서의 일반 보세구역 관리절차 일부 생략(관세법 제164조 1항)

보세구역 중 물품의 관리 및 세관감시에 지장이 없다고 인정하여 관세청장이 정하는 바에 따라 세관장이 지정하는 보세구역(이하 "자율관리보세구역"이라 한다)에 장치한 물품은 제157조에 따른 세관공무원의 참여(보세구역에 물품을 반입하거나 반출하려는 경우 세관장은 세관공무원을 참여시킬 수 있다.)와 이 법에 따른 절차 중 관세청장이 정하는 절차를 생략한다.

(2) 자율관리보세구역 지정 신청 및 관리(관세법 제164조 2~6항)

보세구역의 화물관리인이나 운영인[5]은 자율관리보세구역의 지정을 받으려면 세관장에게 지정을 신청하여야 한다.

자율관리보세구역의 지정을 신청하려는 자는 해당 보세구역에 장치된 물품을 관리하는 사람(이하 "보세사"라 한다)을 채용하여야 한다.

세관장은 자율관리보세구역의 지정신청을 받은 경우 해당 보세구역의 위치와 시설상태 등을 확인하여 자율관리보세구역으로 적합하다고 인정될 때에는 해당 보세구역을 자율관리보세구역으로 지정할 수 있다.

자율관리보세구역의 지정을 받은 자는 물품의 반출입 상황을 장부에 기록하여야 한다.

세관장은 자율관리보세구역의 지정을 받은 자가 이 법에 따른 의무를 위반하거나 세관감시에 지장이 있다고 인정되는 경우 등 대통령령으로 정하는 사유가 발생한 경우에는 지정을 취소할 수 있다.

8) 보세사

(1) 보세사의 자격(관세법 제165조 1항)

보세사는 제175조(특허보세구역 운영인의 결격사유)[6] 제1호부터 제7호까지의

---

5) 지정보세구역의 화물관리인, 특허보세구역의 운영인을 말한다.

6) 제175조(운영인의 결격사유) 다음 각 호의 어느 하나에 해당하는 자는 특허보세구역을 설치·운영할 수 없다.

1. 미성년자
2. 피성년후견인과 피한정후견인
3. 파산선고를 받고 복권되지 아니한 자

어느 하나에 해당하지 아니하는 사람으로서 다음 어느 하나에 해당하는 사람이어야 한다.

① 일반직공무원으로서 5년 이상 관세행정에 종사한 경력이 있는 사람

② 보세화물의 관리업무에 관한 전형에 합격한 사람

(2) 보세사의 등록 및 등록 취소 등

보세사의 자격을 갖춘 사람이 보세사로 근무하려면 해당 보세구역을 관할하는 세관장에게 등록[7]하여야 한다.(관세법 제165조 2항)

보세사 등록이 취소(제175조 제1호부터 제3호까지의 어느 하나에 해당하여 등록이 취소된 경우는 제외한다)된 후 2년이 지나지 아니한 사람은 등록을 할 수 없다.(관세법 제165조 3항)

세관장은 보세사로 근무하기 위해 세관장에게 등록을 한 사람이 다음 어느 하나에 해당하는 경우에는 등록의 취소, 6개월 이내의 업무정지, 견책 또는 그 밖에 필요한 조치를 할 수 있다. 다만, ①, ②에 해당하면 등록을 취소하여야 한다.(관세법 제165조 4항)

① 제175조(특허보세구역 운영인의 결격사유) 제1호부터 제7호까지의 어느 하나에 해당하게 된 경우

② 사망한 경우

③ 관세법이나 관세법에 따른 명령을 위반한 경우

관세청장은 다음 어느 하나에 해당하는 사람에 대하여는 해당 전형을 정지시

---

4. 이 법을 위반하여 징역형의 실형을 선고받고 그 집행이 끝나거나(집행이 끝난 것으로 보는 경우를 포함한다) 면제된 후 2년이 지나지 아니한 자
5. 이 법을 위반하여 징역형의 집행유예를 선고받고 그 유예기간 중에 있는 자
6. 관세법 제178조 제2항에 따라 특허보세구역의 설치·운영에 관한 특허가 취소(이 조 제1호부터 제3호까지의 어느 하나에 해당하여 특허가 취소된 경우는 제외한다.)된 후 2년이 지나지 아니한 자
7. 제269조부터 제271조까지, 제274조, 제275조의2 또는 제275조의3에 따라 벌금형 또는 통고처분을 받은 자로서 그 벌금형을 선고받거나 통고처분을 이행한 후 2년이 지나지 아니한 자. 다만, 제279조에 따라 처벌된 개인 또는 법인은 제외한다.
8. 제2호부터 제7호까지에 해당하는 자를 임원(해당 보세구역의 운영업무를 직접 담당하거나 이를 감독하는 자로 한정한다)으로 하는 법인

7) 관세사의 경우 관세사업무를 하고자하는 때에는 관세청장에게 등록한다.

키거나 무효로 하고, 그 처분이 있는 날부터 5년간 전형 응시자격을 정지한다.(관세법 제165조 5항)

① 부정한 방법으로 전형에 응시한 사람

② 전형에서 부정한 행위를 한 사람

(3) 보세사의 직무(시행령 제185조 1항)

보세사의 직무는 다음과 같다.

① 보세화물 및 내국물품을 반입 또는 반출에 대한 입회 및 확인

② 보세구역안에 장치된 물품의 관리 및 취급에 대한 입회 및 확인

③ 보세구역출입문의 개폐 및 열쇠관리의 감독

④ 보세구역의 출입자관리에 대한 감독

⑤ 견품의 반출 및 회수

⑥ 기타 보세화물의 관리를 위하여 필요한 업무로서 관세청장이 정하는 업무

(4) 보세사의 명의대여 등의 금지(관세법 제165조의2)

보세사는 다른 사람에게 자신의 성명·상호를 사용하여 보세사 업무를 하게 하거나 그 자격증 또는 등록증을 빌려주어서는 아니 된다.

(5) 보세사징계위원회(관세법 제165조의3)

세관장은 보세사가 관세법 제165조 제4항 제3호(관세법이나 관세법에 따른 명령을 위반한 경우)에 해당하여 등록의 취소 등 필요한 조치를 하는 경우 보세사징계위원회의 의결에 따라 징계처분을 한다.

보세사징계위원회의 구성 및 운영 등에 필요한 사항은 대통령령으로 정한다.

7-2 지정보세구역

01 지정보세구역의 운영

1) 지정보세구역의 지정(관세법 제166조)

지정보세구역은 개인의 영업이익보다는 공익을 우선 고려하여 국가, 지방자치단체, 기간시설 관리법인을 대상으로 항만이나 공항 등에 설치하는 보세구역이다.

지정보세구역에는 지정장치장과 세관검사장이 있다.

세관장은 다음 어느 하나에 해당하는 자가 소유하거나 관리하는 토지·건물 또는 그 밖의 시설(이하 이 관에서 “토지등”이라 한다)을 지정보세구역으로 지정할 수 있다.

① 국가

② 지방자치단체

③ 공항시설 또는 항만시설을 관리하는 법인

세관장은 해당 세관장이 관리하지 아니하는 토지 등을 지정보세구역으로 지정하려면 해당 토지 등의 소유자나 관리자의 동의를 받아야 한다. 이 경우 세관장은 임차료 등을 지급할 수 있다.

2) 지정보세구역 지정의 취소(관세법 제167조)

세관장은 수출입물량이 감소하거나 그 밖의 사유로 지정보세구역의 전부 또는 일부를 보세구역으로 존속시킬 필요가 없어졌다고 인정될 때에는 그 지정을 취소하여야 한다.

3) 지정보세구역의 처분(관세법 제168조)

지정보세구역의 지정을 받은 토지등의 소유자나 관리자는 다음 각 호의 어느 하나에 해당하는 행위를 하려면 미리 세관장과 협의하여야 한다. 다만, 해당 행위가 지정보세구역으로서의 사용에 지장을 주지 아니하거나 지정보세구역으로 지정된 토지등의 소유자가 국가 또는 지방자치단체인 경우에는 그러하지 아니하다.

① 해당 토지등의 양도, 교환, 임대 또는 그 밖의 처분이나 그 용도의 변경

② 해당 토지에 대한 공사나 해당 토지 안에 건물 또는 그 밖의 시설의 신축

③ 해당 건물 또는 그 밖의 시설의 개축·이전·철거나 그 밖의 공사

세관장은 이 같은 협의에 대하여 정당한 이유 없이 이를 거부하여서는 아니 된다.

02 지정장치장

1) 지정장치장(관세법 제169조)

지정장치장은 통관을 하려는 물품을 일시 장치하기 위한 장소로서 세관장이 지정하는 구역으로 한다.

2) 장치기간(관세법 제170조)

지정장치장에 물품을 장치하는 기간은 6개월의 범위에서 관세청장이 정한다. 다만, 관세청장이 정하는 기준에 따라 세관장은 3개월의 범위에서 그 기간을 연장할 수 있다.

3) 물품에 대한 보관책임

지정장치장에 반입한 물품은 화주 또는 반입자가 그 보관의 책임을 진다.

세관장은 지정장치장의 질서유지와 화물의 안전관리를 위하여 필요하다고 인정할 때에는 화주를 갈음하여 보관의 책임을 지는 화물관리인을 지정할 수 있다. 다만, 세관장이 관리하는 시설이 아닌 경우에는 세관장은 해당 시설의 소유자나 관리자와 협의하여 화물관리인을 지정하여야 한다.(관세법 제172조 1,2항)

화물관리인으로 지정받을 수 있는 자는 다음 어느 하나에 해당하는 자로 한다.(시행령 제187조 1항)

① 직접 물품관리를 하는 국가기관의 장

② 관세행정 또는 보세화물의 관리와 관련 있는 비영리법인

③ 해당 시설의 소유자 또는 관리자가 요청한 자(법 제172조 제2항 단서에 따라 화물관리인을 지정하는 경우로 한정한다)

지정장치장의 화물관리인은 화물관리에 필요한 비용(제323조에 따른 세관설비 사용료를 포함한다)을 화주로부터 징수할 수 있다. 다만, 그 요율에 대하여는 세관장의 승인을 받아야 한다. 지정장치장의 화물관리인은 징수한 비용 중 세관설비 사용료에 해당하는 금액을 세관장에게 납부하여야 한다.

세관장은 불가피한 사유로 화물관리인을 지정할 수 없을 때에는 화주를 대신하여 직접 화물관리를 할 수 있다. 이 경우 화물관리에 필요한 비용을 화주로부터 징수할 수 있다.(관세법 제172조 3,4,5항)

03 세관검사장

1) 세관검사장(관세법 제173조)

세관검사장은 통관하려는 물품을 검사하기 위한 장소로서 세관장이 지정하는 지역을 말한다.[8)]

세관장은 관세청장이 정하는 바에 따라 검사를 받을 물품의 전부 또는 일부를 세관검사장에 반입하여 검사할 수 있고 이때 세관검사장에 반입되는 물품의 채취·운반 등에 필요한 비용은 화주가 부담한다.

8) 일반적으로 검사는 세관직원이 일반보세구역이나 수출물품 보관장소와 같은 검사장소에 찾아가서 하는 검사와 물품을 일정장소에 반입시켜서 하는 검사가 있는데 후자에 해당되는 검사에 세관검사장이 이용된다.

7-3

특허보세구역

01 특허보세구역의 운영

1) 특허보세구역의 설치·운영에 관한 특허

특허보세구역에는 보세창고, 보세공장, 보세전시장, 보세건설장, 보세판매장이 있다.

이러한 특허보세구역을 설치·운영하려는 자는 세관장의 특허[9]를 받아야 하며 기존의 특허를 갱신하려는 경우에도 또한 같다.

특허보세구역의 설치·운영에 관한 특허를 받으려는 자, 특허보세구역을 설치·운영하는 자, 이미 받은 특허를 갱신하려는 자는 기획재정부령으로 정하는 바에 따라 수수료를 납부하여야 한다.

특허보세구역의 특허를 받을 수 있는 요건은 보세구역의 종류별로 대통령령으로 정하는 기준에 따라 관세청장이 정한다.(관세법 제174조)

대통령령으로 정하는 특허보세구역의 설치·운영의 특허의 기준은 다음과 같다.(시행령 제189조)

① 체납된 관세 및 내국세가 없을 것

② 관세법 제175조(특허보세구역 운영인의 결격사유) 각호의 결격사유가 없을 것

③ 위험물품을 장치·제조·전시 또는 판매하는 경우에는 위험물품의 종류에 따라 관계행정기관의 장의 허가 또는 승인 등을 받을 것

④ 관세청장이 정하는 바에 따라 보세화물의 보관·판매 및 관리에 필요한 자본금·수출입규모·구매수요·장치면적 등에 관한 요건을 갖출 것

9) 특허는 권리설정행위이며 특정인에 대하여 새로운 일정한 권리, 능력을 주거나 포괄적인 법령관계를 설정하는 행정행위이다. 허가는 일반적 금지의 해제를 의미하는 것으로, 상대적인 금지를 특정한 경우에 해제하여 일정한 사실행위나 법률행위를 할 수 있도록 자유를 회복시켜 주는 행정행위이다.

2) 특허보세구역 운영인의 결격사유(관세법 제175조)

다음 어느 하나에 해당하는 자는 특허보세구역을 설치·운영할 수 없다. 다만, 아래 ⑥에 해당하는 자의 경우에는 그 특허가 취소된 해당 특허보세구역을 제외한 기존의 다른 특허를 받은 특허보세구역에 한정하여 설치·운영할 수 있다.

① 미성년자

② 피성년후견인과 피한정후견인[10)]

③ 파산선고를 받고 복권되지 아니한 자

④ 관세법을 위반하여 징역형의 실형을 선고받고 그 집행이 끝나거나(집행이 끝난 것으로 보는 경우를 포함한다) 면제된 후 2년이 지나지 아니한 자

⑤ 관세법을 위반하여 징역형의 집행유예를 선고받고 그 유예기간 중에 있는 자

⑥ 관세법 제178조 제2항에 따라 특허보세구역의 설치·운영에 관한 특허가 취소(위의 ①~③까지의 어느 하나에 해당하여 특허가 취소된 경우는 제외한다.)된 후 2년이 지나지 아니한 자

⑦ 밀수입죄(제269조), 관세포탈죄 등(제270조), 미수범 등(제271조), 밀수품의 취득죄 등(제274조), 체납처분면탈죄 등(제275조의2) 또는 타인에 대한 명의대여죄(제275조의3)에 따라 벌금형 또는 통고처분을 받은 자로서 그 벌금형을 선고받거나 통고처분을 이행한 후 2년이 지나지 아니한 자. 다만, 양벌규정(제279조)에 따라 처벌된 개인 또는 법인은 제외한다.

⑧ ②부터 ⑦까지에 해당하는 자를 임원(해당 보세구역의 운영업무를 직접 담당하거나 이를 감독하는 자로 한정한다)으로 하는 법인

3) 특허기간(관세법 제176조)

특허보세구역의 특허기간은 10년 이내로 한다.

그러나 특허보세구역 중 보세전시장은 해당 박람회 등의 기간을 고려하여 세관

---

10) 피성년후견인 : 질병, 장애, 노령, 그 밖의 사유로 인한 정신적 제약으로 사무를 처리할 능력이 지속적으로 결여된 사람으로서 일정한 자의 청구에 의하여 가정법원으로부터 성년후견개시의 심판을 받은 자(민법 제9조 제1항)
피한정후견인 : 질병, 장애, 노령, 그 밖의 사유로 인한 정신적 제약으로 사무를 처리할 능력이 부족한 사람으로서 일정한 자의 청구에 의하여 가정법원으로부터 한정후견개시의 심판을 받은 자(민법 제12조 제1항)

장이 정하는 기간, 보세건설장은 해당 건설공사의 기간을 고려하여 세관장이 정하는 기간으로 한다. 다만, 세관장은 전시목적을 달성하거나 공사를 진척하기 위하여 부득이하다고 인정할 만한 사유가 있을 때에는 그 기간을 연장할 수 있다.

보세전시장과 보세건설장은 보세창고나 보세공장과 같은 상설보세구역이 아니고 필요에 따라 수시로 특허를 할 수 있는 경우이다.

4) 장치기간(관세법 제177조)

특허보세구역에 물품을 장치하는 기간은 다음과 같다.

① 보세창고

㉠ 외국물품(㉢에 해당하는 물품은 제외한다) : 1년의 범위에서 관세청장이 정하는 기간. 다만, 세관장이 필요하다고 인정하는 경우에는 1년의 범위에서 그 기간을 연장할 수 있다.

㉡ 내국물품(㉢에 해당하는 물품은 제외한다) : 1년의 범위에서 관세청장이 정하는 기간

㉢ 정부비축용물품, 정부와의 계약이행을 위하여 비축하는 방위산업용물품, 장기간 비축이 필요한 수출용원재료와 수출품보수용 물품으로서 세관장이 인정하는 물품, 국제물류의 촉진을 위하여 관세청장이 정하는 물품 : 비축에 필요한 기간

② 그 밖의 특허보세구역

- 해당 특허보세구역의 특허기간

세관장은 물품관리에 필요하다고 인정될 때에는 위의 장치기간에도 운영인에게 그 물품의 반출을 명할 수 있다.

5) 반입정지 등과 특허의 취소

(1) 반입정지 등

세관장은 특허보세구역의 운영인이 다음 어느 하나에 해당하는 경우에는 관세청장이 정하는 바에 따라 6개월의 범위에서 해당 특허보세구역에의 물품반입 또는 보세건설·보세판매·보세전시 등(이하 “물품반입등”이라 한다)을 정지시킬 수

있다.(관세법 제178조 1항)

① 장치물품에 대한 관세를 납부할 자금능력이 없다고 인정되는 경우

② 본인이나 그 사용인이 관세법 또는 관세법에 따른 명령을 위반한 경우

③ 해당 시설의 미비 등으로 특허보세구역의 설치 목적을 달성하기 곤란하다고 인정되는 경우

세관장은 물품반입 등의 정지처분이 그 이용자에게 심한 불편을 주거나 공익을 해칠 우려가 있는 경우에는 특허보세구역의 운영인에게 물품반입 등의 정지처분을 갈음하여 해당 특허보세구역 운영에 따른 매출액의 100분의 3 이하의 과징금을 부과할 수 있다. 이 경우 매출액 산정, 과징금의 금액, 과징금의 납부기한 등에 관하여 필요한 사항은 대통령령으로 정한다.(관세법 제178조 3항)

위와 같은 과징금을 납부하여야 할 자가 납부기한까지 납부하지 아니한 경우 과징금의 징수에 관하여는 관세법 제26조(담보 등이 없는 경우의 관세징수)[11]를 준용한다.(관세법 제178조 4항)

(2) 특허의 취소

세관장은 특허보세구역의 운영인이 다음 어느 하나에 해당하는 경우에는 그 특허를 취소할 수 있다. 다만, 아래 ①, ② 및 ⑤에 해당하는 경우에는 특허를 취소하여야 한다.(관세법 제178조 2항)

① 거짓이나 그 밖의 부정한 방법으로 특허를 받은 경우

② 관세법 제175조(특허보세구역 운영인의 결격사유) 각 호의 어느 하나에 해당하게 된 경우. 다만, 제175조 제8호*(②부터 ⑦까지에 해당하는 자를 임원(해당 보세구역의 운영업무를 직접 담당하거나 이를 감독하는 자로 한정한다)으로 하는 법인)*에 해당하는 경우로서 같은 조 제2호 또는 제3호에 해당하는 사람*(② 피성년후견인과 피한정후견인, ③ 파산선고를 받고 복권되지 아니한 자)*을 임원으로 하는 법인이 3개월 이내에 해당 임원을 변경한 경우에는 그러하지

---

11) 제26조(담보 등이 없는 경우의 관세징수) ① 담보 제공이 없거나 징수한 금액이 부족한 관세의 징수에 관하여는 이 법에 규정된 것을 제외하고는 「국세기본법」과 「국세징수법」의 예에 따른다.
② 세관장은 관세의 체납처분을 할 때에는 재산의 압류, 보관, 운반 및 공매에 드는 비용에 상당하는 체납처분비를 징수할 수 있다.

아니하다.

③ 1년 이내에 3회 이상 물품반입 등의 정지처분(정지처분에 갈음하는 과징금 부과처분을 포함한다)을 받은 경우

④ 2년 이상 물품의 반입실적이 없어서 세관장이 특허보세구역의 설치 목적을 달성하기 곤란하다고 인정하는 경우

⑤ 특허보세구역 운영인이 명의대여금지규정을 위반하여 명의를 대여한 경우

6) 특허의 효력상실 및 승계

(1) 특허의 효력 상실

특허보세구역의 설치·운영에 관한 특허는 다음 각 호의 어느 하나에 해당하면 그 효력을 상실한다.(관세법 제179조 1항)

① 운영인이 특허보세구역을 운영하지 아니하게 된 경우

② 운영인이 해산하거나 사망한 경우

③ 특허기간이 만료한 경우

④ 특허가 취소된 경우

위의 특허보세구역 특허의 효력 상실의 경우 중 ① 운영인이 특허보세구역을 운영하지 아니하게 된 경우와 ② 운영인이 해산하거나 사망한 경우에는 운영인, 그 상속인, 청산법인 또는 합병·분할·분할합병 후 존속하거나 합병·분할·분할합병으로 설립된 법인(이하 "승계법인"이라 한다)은 지체 없이 세관장에게 그 사실을 보고하여야 한다.(관세법 제179조 2항)

(2) 특허의 승계

특허보세구역이 운영인이 해산하거나 사망한 경우에는 청산법인 또는 합병·분할·분할합병 후 존속하거나 합병·분할·분할합병으로 설립된 법인인 승계법인과 상속인이 특허보세구역의 특허를 승계 받을 수 있다.

특허보세구역의 설치·운영에 관한 특허를 받은 자가 사망하거나 해산한 경우 상속인 또는 승계법인이 계속하여 그 특허보세구역을 운영하려면 피상속인 또는 피승계법인이 사망하거나 해산한 날부터 30일 이내에 특허보세구역의 특허요건

(관세법 제174조제3항)에 따른 요건을 갖추어 대통령령으로 정하는 바에 따라 세관장에게 신고하여야 한다.(관세법 제179조 3항)

상속인 또는 승계법인이 특허보세구역의 특허요건에 맞추어 세관장에게 신고를 하였을 때에는 피상속인 또는 피승계법인이 사망하거나 해산한 날부터 신고를 한 날까지의 기간에 있어서 피상속인 또는 피승계법인의 특허보세구역의 설치·운영에 관한 특허는 상속인 또는 승계법인에 대한 특허로 본다.(관세법 제179조 4항)

관세법 제175조(특허보세구역 운영인의 결격사유)의 어느 하나에 해당하는 자는 특허 승계를 위한 신고를 할 수 없다.(관세법 제179조 5항)

7) 특허보세구역의 설치·운영에 관한 감독 등(관세법 제180조)

세관장은 특허보세구역의 운영인을 감독하며 특허보세구역의 운영인에게 그 설치·운영에 관한 보고를 명하거나 세관공무원에게 특허보세구역의 운영 상황을 검사하게 할 수 있다. 또한 세관장은 특허보세구역의 운영에 필요한 시설·기계 및 기구의 설치를 명할 수 있다.

관세법 제157조(보세구역으로의 물품의 반입·반출)에 따라 특허보세구역에 반입된 물품이 해당 특허보세구역의 설치 목적에 합당하지 아니한 경우에는 세관장은 해당 물품을 다른 보세구역으로 반출할 것을 명할 수 있다.

8) 특허의 효력상실 시 조치 등(관세법 제182조)

특허보세구역의 설치·운영에 관한 특허의 효력이 상실되었을 때에는 운영인이나 그 상속인은 해당 특허보세구역에 있는 외국물품을 지체 없이 다른 보세구역으로 반출하여야 한다.

특허보세구역의 설치·운영에 관한 특허의 효력이 상실되었을 때에는 해당 특허보세구역에 있는 외국물품의 종류와 수량 등을 고려하여 6개월의 범위에서 세관장이 지정하는 기간 동안 그 구역은 특허보세구역으로 보며, 운영인이나 그 상속인에 대하여는 해당 구역과 장치물품에 관하여 특허보세구역의 설치·운영에 관한 특허가 있는 것으로 본다.

9) 특허보세구역 운영인의 명의대여 금지

특허보세구역의 운영인은 다른 사람에게 자신의 성명·상호를 사용하여 특허보

세구역을 운영하게 해서는 아니 된다.(관세법 제177조의2)

02 보세창고

1) 보세창고 장치 물품(관세법 제183조 1,2항)

보세창고에는 외국물품이나 통관을 하려는 물품을 장치한다.

운영인은 미리 세관장에게 신고를 하고 외국물품이나 통관을 하려는 물품의 장치에 방해되지 아니하는 범위에서 보세창고에 내국물품을 장치할 수 있다. 다만, 동일한 보세창고에 장치되어 있는 동안 수입신고가 수리된 물품, 즉, 수입신고 수리로 내국물품이 된 물품은 신고 없이 계속하여 장치할 수 있다.

2) 1년 이상 장치하는 내국물품의 장치 기간

보세창고에서 내국물품[12)]의 장치기간은 1년의 범위에서 관세청장이 정하는 기간으로 한다.(관세법 제177조 1항 1호)

그러나 운영인이 세관장에게 신고하여 장치한 내국물품만을 보세창고에 1년(수입신고 수리된 물품은 6개월) 이상 계속하여 장치하려면 세관장의 승인을 받아야 한다. 이 경우 보세창고에 내국물품만을 장치하는 기간에는 제161조(견본품 반출)와 제177조(특허보세구역의 장치기간)를 적용하지 아니한다.(관세법 제183조 3,4항)

3) 장치기간 및 승인기간이 지난 내국물품의 반출(관세법 제184조)

관세법 제183조 제2항에 따른 내국물품(미리 세관장에게 신고를 하고 외국물품이나 통관을 하려는 물품의 장치에 방해되지 아니하는 범위에서 보세창고에 장치된 내국물품)으로서 장치기간이 지난 물품과 관세법 제183조제3항에 따라 승인받은 내국물품(세관장에게 신고하여 장치한 내국물품만을 보세창고에 1년(수입신고 수리된 물품은 6개월) 이상 계속하여 장치하기 위해 세관장에게 승인 받은 내국물품)은 그 기간이 지난 후 10일 내에 그 운영인의 책임으로 반출하여야 한다.

---

12) 내국물품에서 정부비축용물품, 정부와의 계약이행을 위하여 비축하는 방위산업용물품, 장기간 비축이 필요한 수출용원재료와 수출품보수용 물품으로서 세관장이 인정하는 물품, 국제물류의 촉진을 위하여 관세청장이 정하는 물품은 제외(관세법 제177조 1항 1호)

03 보세공장

1) 보세공장에서의 작업

보세공장은 외국물품을 원료 또는 재료로 하거나 외국물품과 내국물품을 원료 또는 재료로 하여 제조·가공하거나 그 밖에 이와 비슷한 작업을 할 수 있도록 한 특허보세구역이다.(관세법 제185조 1항)

보세공장에서는 세관장의 허가를 받지 아니하고는 내국물품만을 원료로 하거나 재료로 하여 제조·가공하거나 그 밖에 이와 비슷한 작업을 할 수 없다.(관세법 제185조 2항)

세관장은 위의 제2항에 따른 허가의 신청을 받은 날부터 10일 이내에 허가 여부를 신청인에게 통지하여야 한다.(관세법 제185조 3항)

세관장이 위에서 정한 기간 내에 허가 여부 또는 민원 처리 관련 법령에 따른 처리기간의 연장을 신청인에게 통지하지 아니하면 그 기간(민원 처리 관련 법령에 따라 처리기간이 연장 또는 재연장된 경우에는 해당 처리기간을 말한다)이 끝난 날의 다음 날에 허가를 한 것으로 본다.(관세법 제185조 4항)

보세공장 중 수입하는 물품을 제조·가공하는 것을 목적으로 하는 보세공장의 업종은 기획재정부령으로 정하는 바에[13] 따라 제한할 수 있다.(관세법 제185조 5항)

세관장은 수입통관 후 보세공장에서 사용하게 될 물품에 대하여는 보세공장에 직접 반입하여 수입신고를 하게 할 수 있다. 이 경우 제241조제3항[14])을 준용한다. 즉, 보세공장에 반입된 수입물품은 그 반입일로부터 30일 이내에 수입신고를 하여야 한다.(관세법 제185조 6항)

13) 관세법 시행규칙 제69조(보세공장업종의 제한) 법 제185조제3항의 규정에 의한 수입물품을 제조·가공하는 것을 목적으로 하는 보세공장의 업종은 다음 각 호에 규정된 업종을 제외한 업종으로 한다.
  1. 법 제73조의 규정에 의하여 국내외 가격차에 상당하는 율로 양허한 농·임·축산물을 원재료로 하는 물품을 제조·가공하는 업종
  2. 국민보건 또는 환경보전에 지장을 초래하거나 풍속을 해하는 물품을 제조·가공하는 업종으로 세관장이 인정하는 업종

14) ③ 수입하거나 반송하려는 물품을 지정장치장 또는 보세창고에 반입하거나 보세구역이 아닌 장소에 장치한 자는 그 반입일 또는 장치일부터 30일 이내(제243조제1항에 해당하는 물품은 관세청장이 정하는 바에 따라 반송신고를 할 수 있는 날부터 30일 이내)에 제1항에 따른 신고를 하여야 한다.

2) 사용신고 등(관세법 제186조)

운영인은 보세공장에 반입된 물품을 그 사용 전에 세관장에게 사용신고를 하여야 하며 이 경우 세관공무원은 그 물품을 검사할 수 있다.

이에 따라 사용신고를 한 외국물품이 마약, 총기 등 다른 법령에 따라 허가·승인·표시 또는 그 밖의 요건을 갖출 필요가 있는 물품으로서 관세청장이 정하여 고시하는 물품인 경우에는 세관장에게 그 요건을 갖춘 것임을 증명하여야 한다.

3) 보세공장 외 작업 허가

세관장은 ① 가공무역이나 ② 국내산업의 진흥을 위하여 필요한 경우에는 대통령령으로 정하는 바에 따라 기간, 장소, 물품 등을 정하여 해당 보세공장 외에서 작업을 허가할 수 있다.(관세법 제187조 1항)

세관장은 위의 보세공장 외 작업 허가의 신청을 받은 날부터 10일 이내에 허가 여부를 신청인에게 통지하여야 한다.(관세법 제187조 2항)

세관장이 위에서 정한 기간 내에 허가 여부 또는 민원 처리 관련 법령에 따른 처리기간의 연장을 신청인에게 통지하지 아니하면 그 기간(민원 처리 관련 법령에 따라 처리기간이 연장 또는 재연장된 경우에는 해당 처리기간을 말한다)이 끝난 날의 다음 날에 허가를 한 것으로 본다.(관세법 제187조 3항)

보세공장 외 작업 허가를 한 경우 세관공무원은 해당 물품이 보세공장에서 반출될 때에 이를 검사할 수 있다.(관세법 제187조 4항)

보세공장 외 작업장에 반입된 외국물품은 지정된 기간이 만료될 때까지는 보세공장에 있는 것으로 본다.(관세법 제187조 5항)

세관장은 관세청장이 정하는 바에 따라 보세공장 외 작업장에 보세작업에 사용될 물품을 직접 반입하게 할 수 있다.(관세법 제187조 6항)

지정된 기간이 지난 경우 해당 보세공장 외 작업장에 허가된 외국물품이나 그 제품이 있을 때에는 해당 물품의 허가를 받은 보세공장의 운영인으로부터 그 관세를 즉시 징수한다.(관세법 제187조 7항)

4) 제품과세(관세법 제188조)

외국물품이나 외국물품과 내국물품을 원료로 하거나 재료로 하여 작업을 하는 경우 그로써 생긴 물품은 외국으로부터 우리나라에 도착한 물품으로 본다. 다만, 대통령령으로 정하는 바에 따라 세관장의 승인을 받고 외국물품과 내국물품을 혼용하는 경우에는 그로써 생긴 제품 중 해당 외국물품의 수량 또는 가격에 상응하는 것은 외국으로부터 우리나라에 도착한 물품으로 본다.

5) 원료과세(관세법 제189조)

보세공장에서 제조된 물품을 수입하는 경우 보세공장에 반입된 물품을 사용신고 전에 미리 세관장에게 해당 물품의 원료인 외국물품에 대한 과세의 적용을 신청한 경우에는 관세는 수입신고를 하는 때의 물품의 성질과 그 수량에 따라 부과한다는 관세법 제16조의 원칙에도 불구하고 위의 사용신고를 할 때의 그 원료의 성질 및 수량에 따라 관세를 부과한다.

세관장은 대통령령으로 정하는 기준에 해당하는 보세공장에 대하여는 1년의 범위에서 원료별, 제품별 또는 보세공장 전체에 대하여 위의 규정에 따른 원료과세 신청을 하게 할 수 있다.

여기서 "대통령령으로 정하는 기준"이란 다음과 같다.(시행령 제205조 3항)

① 최근 2년간 생산되어 판매된 물품 중 수출된 물품의 가격 비율이 100분의 50 이상일 것

② 관세청장이 정하여 고시하는 성실도 및 원자재 관리방법 등에 관한 기준을 충족할 것

	제품과세	원료과세
요건	특별한 요건이 없음 (단, 세관장 승인을 받고 내·외국물품 혼용시 외국물품 상응 비율에 대해서만 과세)	사용신고 전에 미리 세관장에게 해당물품의 원료인 외국물품에 대한 과세 적용을 신청한 경우
과세대상	완성품 (원재료 중 외국물품 비율)	원재료인 외국물품
과세물건 확정시기	수입신고시	보세공장 반입시 (사용신고를 한 때)

04 보세전시장

1) 보세전시장의 기능(관세법 제190조)

보세전시장에서는 박람회, 전람회, 견본품 전시회 등의 운영을 위하여 외국물품을 장치·전시하거나 사용할 수 있다.

05 보세건설장

1) 보세건설장(관세법 제191조)

보세건설장에서는 산업시설의 건설에 사용되는 외국물품인 기계류 설비품이나 공사용 장비를 장치·사용하여 해당 건설공사를 할 수 있다.

2) 사용 전 수입신고(관세법 제192조)

운영인은 보세건설장에 외국물품을 반입하였을 때에는 사용 전에 해당 물품에 대하여 수입신고를 하고 세관공무원의 검사를 받아야 한다. 다만, 세관공무원이 검사가 필요 없다고 인정하는 경우에는 검사를 하지 아니할 수 있다.

3) 반입물품의 장치 제한(관세법 제193조)

세관장은 보세건설장에 반입된 외국물품에 대하여 필요하다고 인정될 때에는 보세건설장 안에서 그 물품을 장치할 장소를 제한하거나 그 사용상황에 관하여 운영인으로 하여금 보고하게 할 수 있다.

4) 보세건설물품의 가동 제한(관세법 제194조)

운영인은 보세건설장에서 건설된 시설을 수입신고가 수리되기 전에 가동하여서는 아니 된다.

5) 보세건설장 외 작업 허가(관세법 제195조)

세관장은 보세작업상 필요하다고 인정될 때에는 대통령령으로 정하는 바에 따라 기간, 장소, 물품 등을 정하여 해당 보세건설장 외에서의 보세작업을 허가할 수 있다.

보세건설장 외에서의 보세작업 허가에 관하여는 제187조(보세공장 외 작업허가) 제2항부터 제7항까지의 규정을 준용한다. 즉, 세관장은 보세건설장 외 작업허가의 신청을 받은 날부터 10일 이내에 허가 여부를 신청인에게 통지하여야 하며 이 기간 내에 허가 여부 또는 민원 처리 관련 법령에 따른 처리기간의 연장을 신청인에게 통지하지 아니하면 그 기간(민원 처리 관련 법령에 따라 처리기간이 연장 또는 재연장된 경우에는 해당 처리기간을 말한다)이 끝난 날의 다음 날에 허가를 한 것으로 본다. 보세건설장 외 작업 허가를 한 경우 세관공무원은 해당 물품이 보세건설장에서 반출될 때에 이를 검사할 수 있다. 보세건설장 외 작업장에 반입된 외국물품은 지정된 기간이 만료될 때까지는 보세건설장에 있는 것으로 본다. 세관장은 관세청장이 정하는 바에 따라 보세건설장 외 작업장에 보세작업에 사용될 물품을 직접 반입하게 할 수 있다. 지정된 기간이 지난 경우 해당 보세건설장 외 작업장에 허가된 외국물품이나 그 제품이 있을 때에는 해당 물품의 허가를 받은 보세건설장의 운영인으로부터 그 관세를 즉시 징수한다.

06 보세판매장

1) 보세판매장의 성격과 제한

보세판매장에서는 ① 외국으로 반출하거나 ② 관세법 제88조(외교관용 물품 등의 면세) 제1항 제1호부터 제4호까지에[15] 따라 관세의 면제를 받을 수 있는 자가 사용하는 것을 조건으로 외국물품을 판매할 수 있다.(관세법 제196조 1항)

위의 규정에도 불구하고 공항 및 항만 등의 입국경로에 설치된 보세판매장에서는 외국에서 국내로 입국하는 자에게 물품을 판매할 수 있다.(관세법 제196조 2항)

보세판매장에서 판매하는 물품의 반입, 반출, 인도, 관리에 필요한 사항은 대통

---

15) 第88조(외교관용 물품 등의 면세) ① 다음 각 호의 어느 하나에 해당하는 물품이 수입될 때에는 그 관세를 면제한다.

1. 우리나라에 있는 외국의 대사관·공사관 및 그 밖에 이에 준하는 기관의 업무용품
2. 우리나라에 주재하는 외국의 대사·공사 및 그 밖에 이에 준하는 사절과 그 가족이 사용하는 물품
3. 우리나라에 있는 외국의 영사관 및 그 밖에 이에 준하는 기관의 업무용품
4. 우리나라에 있는 외국의 대사관·공사관·영사관 및 그 밖에 이에 준하는 기관의 직원 중 대통령령으로 정하는 직원과 그 가족이 사용하는 물품

령령으로 정한다.(관세법 제196조 3항)

세관장은 보세판매장에서 판매할 수 있는 물품의 수량, 장치장소 등을 제한할 수 있다. 다만, 보세판매장에서 판매할 수 있는 물품의 종류, 판매한도는 기획재정부령으로 정한다.(관세법 제196조 4항)

2) 보세판매장의 종류 및 구매 제한

「보세판매장운영에 관한 고시」에서 보세판매장을 외교관면세점, 출국장면세점, 시내면세점으로 구분하고 있다.

외교관면세점[16]은 관세법 제88조 제1항 제1호부터 제4호까지에 따라 관세의 면제를 받을 수 있는 자에게 판매하는 보세판매장을 말한다. 이 곳에서는 관세의 면제를 받을 수 있는 주한외교관 및 외국공관원에 한하여 물품을 판매할 수 있다.

한편 출국장면세점은 운영인이 출국장에서 출국인 및 통과여객기(선)에 의한 임시체류인에게 판매하는 보세판매장을 말하며 시내면세점은 출국장 이외의 장소에서 출국인 및 통과여객기(선)에 의한 임시체류인에게 판매하는 보세판매장을 말한다.

출국장면세점과 시내면세점(국산품매장[17] 포함)에서는 출국인 및 외국으로 출국하는 통과여객기(선)에 의한 임시체류인에 한하여 물품을 판매할 수 있다.

출국하는 내국인의 외국물품 구매한도를 물품총액 미화 3,000불 이하로 하며, 운영인은 출국하는 내국인의 구매한도 범위 내에서 물품을 판매하여야 한다. 다만, 관광여객선으로 여행하는 출국내국인에 대한 구매 및 판매한도 총액은 여행자 휴대품 면세 통관범위[18]를 초과할 수 없다.

---

16) 외교관면세점의 구비요건은 서울특별시내에 한하여 매장 및 보관창고를 각각 별도로 설치하되 세관장이 보세화물 관리에 적정하다고 인정하는 면적으로 되어 있다.(「보세판매장운영에 관한 고시」제4조 제1항)

17) 「보세판매장운영에 관한 고시」제2조 4. "국산품 매장"이란 국내에서 생산되는 주원료를 이용하여 제조하거나 가공된 물품과 주문자생산방식으로 해외에서 생산된 국내 상표의 물품을 판매하는 장소를 말한다.

18) 관세법시행규칙 제48조(관세가 면제되는 휴대품 등) ② 제1항에 따른 관세의 면제 한도는 여행자 1명의 휴대품 또는 별송품으로서 각 물품*[제1항 제3호에 따른 물품(세관장이 반출확인한 물품으로서 재반입되는 물품일 것)은 제외한다]*의 과세가격 합계 기준으로 미화 600달러 이하(이하 이 항 및 제3항에서 "기본면세 범위"라 한다)로 한다. 다만, 농림축산물 등 관세청장이 정하는 물품이 휴대품 또는 별송품에 포함되어 있는 경우에는 기본면세 범위에서 해당 농림축산물 등에 대하여 관세청장이 따로 정한 면세한도를 적용할 수 있다

구분	개념	판매 범위
외교관면세점	관세법 제88조 제1항 제1호부터 제4호까지에 따라 관세의 면제를 받을 수 있는 자에게 판매하는 보세판매장	관세의 면제를 받을 수 있는 주한외교관 및 외국공관원에 한하여 물품을 판매할 수 있음
출국장면세점	운영인이 출국장에서 출국인 및 통과여객기(선)에 의한 임시체류인에게 판매하는 보세판매장	▶ 출국하는 내국인의 외국물품 구매한도 : 물품총액 미화 3,000불 이하 ▶ 다만, 관광여객선으로 여행하는 출국내국인에 대한 구매 및 판매한도 총액 : 여행자 휴대품 면세 통관범위(미화 600달러 이하)를 초과할 수 없음
시내면제점(국산품매장 포함)	출국장 이외의 장소에서 출국인 및 통과여객기(선)에 의한 임시체류인에게 판매하는 보세판매장	

3) 특허보세구역(보세판매장)의 특례

세관장은 공항 및 항만 등의 입국경로에 설치된 보세판매장(입국장 보세판매장)을 제외한 보세판매장 특허를 부여하는 경우에 「중소기업기본법」 제2조에 따른 중소기업 및 「중견기업 성장촉진 및 경쟁력 강화에 관한 특별법」 제2조 제1호에 따른 중견기업으로서 매출액, 자산총액 및 지분 소유나 출자 관계 등이 대통령령으로 정하는 기준에 맞는 기업 중 제174조 제3항에 따른 특허를 받을 수 있는 요건을 갖춘 자(이하 이 조에서 "중소기업등"이라 한다)에게 대통령령으로 정하는 일정 비율 이상(100분의 30 이상)의 특허를 부여하여야 하고, 「독점규제 및 공정거래에 관한 법률」 제14조 제1항에 따른 상호출자제한기업집단에 속한 기업에 대해 대통령령으로 정하는 일정 비율 이상(100분의 60 이상)의 특허를 부여할 수 없다. 다만, 세관장은 제196조 제2항에 따라 물품을 판매하는 보세판매장(공항 및 항만 등의 입국경로에 설치된 보세판매장에서)의 경우에는 중소기업등에게만 특허를 부여할 수 있다.(관세법 제176조의2 1항) (시행령 제190조의2 1항)

위의 규정에도 불구하고 기존 특허가 만료되었으나 신규 특허의 신청이 없는 등 대통령령으로 정하는 경우에는 위의 규정을 적용하지 아니한다.(관세법 제176조의2 2항)

보세판매장의 특허는 대통령령으로 정하는 일정한 자격을 갖춘 자의 신청을 받아 대통령령으로 정하는 평가기준에 따라 심사하여 부여한다. 기존 특허가 만료되는 경우(제6항에 따라 갱신되는 경우는 제외한다.)에도 또한 같다.(관세법 제176조의2 3항)

보세판매장의 특허수수료는 제174조 제2항에도 불구하고 기획재정부령으로 정하

는 바에 따라 다른 종류의 보세구역 특허수수료와 달리 정할 수 있다.(관세법 제176조의2 4항)

보세판매장의 특허기간은 제176조 제1항(특허보세구역의 특허기간을 10년 이내로 한다)에도 불구하고 5년 이내로 한다.(관세법 제176조의2 5항)

보세판매장 특허를 받은 자는 1회(다만, 중소기업등은 2회)에 한정하여 대통령령으로 정하는 바에 따라 특허를 갱신할 수 있다.(관세법 제176조의2 6항)

기획재정부장관은 매 회계연도 종료 후 3개월 이내에 보세판매장 별 매출액을 대통령령으로 정하는 바에 따라 국회 소관 상임위원회에 보고하여야 한다.(관세법 제176조의2 7항)

기타 보세판매장 특허절차에 관한 사항은 대통령령으로 정한다.(관세법 제176조의2 8항)

4) 보세판매장 특허심사위원회

보세판매장의 특허에 관한 다음의 사항을 심의하기 위하여 관세청에 보세판매장 특허심사위원회를 둔다.(관세법 제176조의3 1항)

① 보세판매장 특허 신청자의 평가 및 선정

② 보세판매장 특허 갱신의 심사

③ 그 밖에 보세판매장 운영에 관한 중요 사항

보세판매장 특허심사위원회의 설치·구성 및 운영방법 등에 관하여 필요한 사항은 대통령령으로 정한다.(관세법 제176조의3 2항)

5) 보세판매장 제도운영위원회

보세판매장의 특허 수 등 보세판매장 제도의 중요 사항을 심의하기 위하여 기획재정부에 보세판매장 제도운영위원회를 둔다.(관세법 제176조의4 1항)

보세판매장 제도운영위원회의 설치·구성 및 운영 등에 필요한 사항은 대통령령으로 정한다.(관세법 제176조의4 2항)

7-4 종합보세구역

01 종합보세구역의 지정 등

1) 종합보세구역의 지정 및 취소 등

(1) 종합보세구역의 기능 및 지정

종합보세구역은 보세창고·보세공장·보세전시장·보세건설장 또는 보세판매장의 기능 중 둘 이상의 기능(이하 "종합보세기능"이라 한다)을 수행할 수 있는 구역을 말한다.(관세법 제197조 2항)

관세청장은 직권으로 또는 관계 중앙행정기관의 장이나 지방자치단체의 장, 그 밖에 종합보세구역을 운영하려는 자(이하 "지정요청자"라 한다)의 요청에 따라 무역진흥에의 기여 정도, 외국물품의 반입·반출 물량 등을 고려하여 일정한 지역을 종합보세구역으로 지정할 수 있다.(관세법 제197조 1항)

종합보세구역의 지정요건, 지정절차 등에 관하여 필요한 사항은 대통령령으로 정한다.(관세법 제197조 3항) 그에 따라 종합보세구역은 다음 어느 하나에 해당하는 지역으로서 관세청장이 종합보세구역으로 지정할 필요가 있다고 인정하는 지역을 그 지정대상으로 한다.(시행령 제214조 1항)

① 「외국인투자촉진법」에 의한 외국인투자지역

② 「산업입지 및 개발에 관한 법률」에 의한 산업단지

③ 「유통산업발전법」에 의한 공동집배송센터

④ 「물류시설의 개발 및 운영에 관한 법률」에 따른 물류단지

⑤ 기타 종합보세구역으로 지정됨으로써 외국인투자촉진·수출증대 또는 물류촉진 등의 효과가 있을 것으로 예상되는 지역

(2) 종합보세구역 지정의 취소 및 운영 중지

관세청장은 종합보세구역에 반입·반출되는 물량이 감소하거나 그 밖에 대통령령으로 정하는 사유로 종합보세구역을 존속시킬 필요가 없다고 인정될 때에는 종합보세구역의 지정을 취소할 수 있다.(관세법 제204조 1항)

여기서 그 밖에 대통령령으로 정하는 사유란 다음의 경우를 말한다.(시행령 제218조 1항)

① 종합보세구역의 지정요청자가 지정취소를 요청한 경우

② 종합보세구역의 지정요건이 소멸한 경우

세관장은 종합보세사업장의 운영인이 다음 어느 하나에 해당하는 경우에는 6개월의 범위에서 운영인의 종합보세기능의 수행을 중지시킬 수 있다.(관세법 제204조 2항)

① 운영인이 종합보세기능 수행에 필요한 시설 및 장비 등을 유지하도록 한 설비유지의 의무(관세법 제202조 제1항)를 위반한 경우

② 운영인이 수행하는 종합보세기능과 관련하여 반입·반출되는 물량이 감소하는 경우

③ 1년 동안 계속하여 외국물품의 반입·반출 실적이 없는 경우

세관장은 종합보세사업장의 운영인이 다음 어느 하나에 해당하는 경우에는 그 종합보세사업장의 폐쇄를 명하여야 한다.(관세법 제204조 3항)

① 거짓이나 그 밖의 부정한 방법으로 종합보세사업장의 설치·운영에 관한 신고를 한 경우

② 관세법 제175조(운영인의 결격사유) 각 호의 어느 하나에 해당하게 된 경우. 다만, 제175조 제8호에 해당하는 경우로서 같은 조 제2호 또는 제3호에 해당하는 사람을 임원으로 하는 법인이 3개월 이내에 해당 임원을 변경한 경우에는 그러하지 아니하다.

③ 다른 사람에게 자신의 성명·상호를 사용하여 종합보세사업장을 운영하게 한 경우

2) 종합보세사업장의 설치·운영에 관한 신고 및 변경 신고(관세법 제198조)

종합보세구역에서 종합보세기능을 수행하려는 자는 그 기능을 정하여 세관장

에게 종합보세사업장의 설치·운영에 관한 신고를 하여야 한다. 또한 종합보세사업장의 운영인은 그가 수행하는 종합보세기능을 변경하려면 세관장에게 이를 신고하여야 한다.

관세법 제175조에 따른 특허보세구역 운영인의 결격사유에 해당하는 자는 종합보세사업장의 설치·운영에 관한 신고를 할 수 없다.

종합보세사업장의 설치·운영에 관한 신고 및 변경 신고의 절차 등에 관하여 필요한 사항은 대통령령으로 정한다.

3) 종합보세구역에의 물품의 반입·반출 등(관세법 제199조)

종합보세구역에 물품을 반입하거나 반출하려는 자는 대통령령으로 정하는 바에 따라 세관장에게 신고하여야 한다.

종합보세구역에 반입·반출되는 물품이 내국물품인 경우에는 기획재정부령으로 정하는 바[19]에 따라 신고를 생략하거나 간소한 방법으로 반입·반출하게 할 수 있다.

4) 종합보세구역의 판매물품에 대한 관세 등의 환급

(1) 외국인 관광객 등의 판매물품에 대한 관세 등의 환급

외국인 관광객 등 대통령령으로 정하는 자가 종합보세구역에서 구입한 물품을 국외로 반출하는 경우에는 해당 물품을 구입할 때 납부한 관세 및 내국세 등을 환급받을 수 있다.(관세법 제199조의 2 1항)

여기서 "외국인 관광객 등 대통령령으로 정하는 자"란 「외국환거래법」 제3조에 따른 비거주자를 말하며 단, 다음에 해당하는 자는 제외한다.(시행령 제216조의 2)

① 법인

---

19) 관세법 시행규칙 제70조(내국물품 반출입신고의 생략)
세관장은 법 제199조제2항의 규정에 의하여 다음 각 호의 1에 해당하지 아니하는 경우에는 반출입신고를 생략하게 할 수 있다.
1. 법 제185조(보세공장) 제2항의 규정에 의하여 세관장의 허가를 받고 내국물품만을 원료로 하여 제조·가공 등을 하는 경우 그 원료 또는 재료
2. 법 제188조(보세공장에서의 제품과세) 단서의 규정에 의한 혼용작업에 소요되는 원재료
3. 법 제196조(보세판매장)의 규정에 의한 보세판매장에서 판매하고자 하는 물품
4. 해당 내국물품이 외국에서 생산된 물품으로서 종합보세구역안의 외국물품과 구별되는 필요가 있는 물품(보세전시장의 기능을 수행하는 경우에 한한다)

② 국내에 주재하는 외교관(이에 준하는 외국공관원을 포함한다)

③ 국내에 주재하는 국제연합군과 미국군의 장병 및 군무원

종합보세구역에서 외국인관광객 등에게 물품을 판매하는 자(이하 "판매인"이라 한다)는 관세청장이 정하는 바에 따라 판매물품에 대한 수입신고 및 신고납부를 하여야 한다.

판매인은 판매물품에 대한 수입신고가 수리된 경우에는 구매자에게 해당 물품을 인도하되, 국외반출할 목적으로 구매한 외국인관광객 등에게 판매한 경우에는 물품판매확인서(이하 "판매확인서"라 한다)를 교부하여야 한다.

관세청장은 종합보세구역의 위치 및 규모 등을 고려하여 판매하는 물품의 종류 및 수량 등을 제한할 수 있다.(시행령 제216조의 3)

외국인관광객 등이 종합보세구역에서 물품을 구매할 때에 부담한 관세 등을 환급 또는 송금 받고자 하는 경우에는 출국하는 때에 출국항을 관할하는 세관장(이하 "출국항 관할세관장"이라 한다)에게 판매확인서와 구매물품을 함께 제시하여 확인을 받아야 한다.

출국항 관할세관장은 외국인관광객 등이 제시한 판매확인서의 기재사항과 물품의 일치여부를 확인한 후 판매확인서에 확인인을 날인하고, 외국인관광객 등에게 이를 교부하거나 판매인에게 송부하여야 한다.

외국인관광객 등이 확인인을 받은 판매확인서를 교부받은 때에는 환급창구운영사업자[20]에게 이를 제시하고 환급 또는 송금 받을 수 있다. 다만, 판매인이 판매확인서를 송부받은 경우에는 그 송부받은 날부터 20일 이내에 외국인관광객 등이 종합보세구역에서 물품을 구매한 때 부담한 관세 등을 해당 외국인관광객 등에게 송금하여야 한다.(시행령 제216조의 4)

(2) 판매인에 대한 관세 등의 환급 등

판매인은 종합보세구역에서 관세 및 내국세등(이하 "관세등"이라 한다)이 포함된 가격으로 물품을 판매한 후 다음에 해당하는 경우에는 관세 등을 환급받을 수 있다.(시행령 제216조의 5 1항)

---

20) 관세법 시행령 제216조의6(환급창구운영사업자) ① 관세청장은 외국인관광객 등이 종합보세구역에서 물품을 구입한 때에 납부한 관세 등을 판매인을 대리하여 환급 또는 송금하는 사업을 영위하는 자(이하 "환급창구운영사업자"라 한다)를 지정하여 운영할 수 있다.

① 외국인관광객 등이 구매한 날부터 3월 이내에 물품을 국외로 반출한 사실이 확인되는 경우

② 판매인이 환급창구운영사업자를 통하여 해당 관세 등을 환급 또는 송금하거나 외국인관광객 등에게 송금한 것이 확인되는 경우

5) 반출입물품의 범위 등

종합보세구역에서 소비하거나 사용되는 물품으로서 기획재정부령으로 정하는 물품은 수입통관 후 이를 소비하거나 사용하여야 한다.(관세법 제200조 1항)

여기서 기획재정부령으로 정하는 수입통관후 소비 또는 사용하여야 하는 물품은 ① 제조·가공에 사용되는 시설기계류 및 그 수리용 물품, ② 연료·윤활유·사무용품 등 제조·가공에 직접적으로 사용되지 아니하는 물품을 말한다.(시행규칙 제71조)

종합보세구역에 반입한 물품의 장치기간은 제한하지 아니한다. 다만, 종합보세기능 중 보세창고의 기능을 수행하는 장소 중에서 관세청장이 수출입물품의 원활한 유통을 촉진하기 위하여 필요하다고 인정하여 지정한 장소에 반입되는 물품의 장치기간은 1년의 범위에서 관세청장이 정하는 기간으로 한다.(관세법 제200조 2항)

세관장은 종합보세구역에 반입·반출되는 물품으로 인하여 국가안전, 공공질서, 국민보건 또는 환경보전 등에 지장이 초래되거나 종합보세구역의 지정 목적에 부합되지 아니하는 물품이 반입·반출되고 있다고 인정될 때에는 해당 물품의 반입·반출을 제한할 수 있다.(관세법 제200조 3항)

6) 종합보세구역의 관리

(1) 운영인의 물품관리

운영인은 종합보세구역에 반입된 물품을 종합보세기능별로 구분하여 관리하여야 한다.(관세법 제201조 1항)

세관장은 종합보세구역에 장치된 물품 중 제208조(매각대상 및 매각절차) 제1항 단서에 해당되는 물품 즉, ① 살아 있는 동식물, ② 부패하거나 부패할 우려가 있는 것, ③ 창고나 다른 외국물품에 해를 끼칠 우려가 있는 것, ④ 기간이 지나면 사용할 수 없게 되거나 상품가치가 현저히 떨어질 우려가 있는 것, ⑤ 관세청장이 정하는 물품 중 화주가 요청하는 것은 장치기간이 지나기 전이라도 공고한 후 매각할 수 있다.(관세법 제201조 2항)

운영인은 종합보세구역에 반입된 물품을 종합보세구역 안에서 이동·사용 또는 처분을 할 때에는 장부 또는 전산처리장치를 이용하여 그 기록을 유지하여야 한다.(관세법 제201조 3항) 이 경우 종합보세구역의 운영인 상호간에 이동하는 물품은 미리 세관장에게 신고하여야 한다.(시행규칙 제72조)

운영인은 종합보세구역에 장치된 물품 중 반입한 날부터 6개월 이상의 범위에서 관세청장이 정하는 기간이 지난 외국물품이 다음 어느 하나에 해당하는 경우에는 관세청장이 정하여 고시하는 바에 따라 세관장에게 그 외국물품의 매각을 요청할 수 있다.(관세법 제201조 4항)

① 화주가 분명하지 아니한 경우

② 화주가 부도 또는 파산한 경우

③ 화주의 주소·거소 등 그 소재를 알 수 없는 경우

④ 화주가 수취를 거절하는 경우

⑤ 화주가 거절의 의사표시 없이 수취하지 아니한 경우

위의 규정에 따른 세관장의 외국물품의 매각에 관하여는 관세법 제208조부터 제212조까지의 규정을 준용한다. 이 경우 제208조 제1항 각 호 외의 부분 본문 중 "장치기간이 지나면"은 "매각요청을 접수하면"으로, 같은 조 제2항 중 "장치기간이 지난 물품" 및 제209조 제1항 중 "장치기간경과물품"은 각각 "매각요청물품"으로 본다.(관세법 제201조 5항)

(2) 설비의 유지의무(관세법 제202조 1항)

운영인은 대통령령으로 정하는 바에 따라 종합보세기능의 수행에 필요한 시설 및 장비 등을 유지하여야 한다.

(3) 보수작업 및 종합보세구역 밖에서의 보세작업에 대한 신고

종합보세구역에 장치된 물품에 대하여 보수작업을 하거나 종합보세구역 밖에서 보세작업을 하려는 자는 대통령령으로 정하는 바에 따라 세관장에게 신고하여야 한다. 이러한 작업을 하는 경우의 반출검사 등에 관하여는 제187조(보세공장 외 작업허가)를 준용한다.(관세법 제202조 2,3항)

(4) 종합보세구역에 대한 세관의 관리 등(관세법 제203조)

세관장은 관세채권의 확보, 감시·단속 등 종합보세구역을 효율적으로 운영하기 위하여 종합보세구역에 출입하는 인원과 차량 등의 출입을 통제하거나 휴대 또는 운송하는 물품을 검사할 수 있다.

세관장은 종합보세구역에 반입·반출되는 물품의 반입·반출 상황, 그 사용 또는 처분 내용 등을 확인하기 위하여 운영인이 종합보세구역에 반입된 물품을 종합보세구역 안에서 이동·사용 또는 처분을 할 때에 기록 유지하고 있는 장부나 전산처리장치를 이용한 기록을 검사 또는 조사할 수 있으며, 운영인으로 하여금 업무실적 등 필요한 사항을 보고하게 할 수 있다.

관세청장은 종합보세구역 안에 있는 외국물품의 감시·단속에 필요하다고 인정될 때에는 종합보세구역의 지정요청자에게 보세화물의 불법유출, 분실, 도난방지 등을 위한 시설을 설치할 것을 요구할 수 있다. 이 경우 지정요청자는 특별한 사유가 없으면 이에 따라야 한다.

(5) 준용규정(관세법 제205조)

종합보세구역에 대하여는 특허보세구역 통칙 규정 중 제175조(운영인의 결격사유), 제177조(장치기간)제2항, 제177조의2(특허보세구역 운영인의 명의대여 금지) 제178조(반입정지 등)제1항·제3항, 제180조(특허보세구역의 설치·운영에 관한 감독 등)제1항·제3항·제4항, 제182조(특허의 효력상실 시 조치 등), 보세창고 규정 중 제184조(장치기간이 지난 내국물품), 보세공장 규정 중 제185조(보세공장)제2항부터 제6항까지, 제186조(사용신고 등), 제188조(제품과세), 제189조(원료과세), 보세건설장 규정 중 제192조부터 제194조까지 및 제241조(수출·수입 또는 반송의 신고) 제2항(신고생략 및 간소한 방법에 의한 신고)을 준용한다.

구분	종합보세구역	일반보세구역
개념	일정한 지역단위의 보세구역	개인이나 국가의 특정시설에 대한 보세구역
수행 기능	일반보세구역의 기능을 동일장소에서 모두 수행 가능	장치, 제조, 건설, 판매 등 각각의 개별적인 보세기능만 수행
특허 방법	신고만으로 입주하여 종합보세구역의 기능 수행	특허 또는 지정 받아야 함
반입 물품	원칙적으로 모든 물품 반입 가능	각 개별 보세구역의 기능에 일치하는 물품만 반입가능

7-5 유치 및 처분

01 유치 및 예치

1) 유치 및 예치(관세법 제206조)

다음 어느 하나에 해당하는 물품으로서 수출입을 할 때 법령에서 정하는 바에 따라 필요한 허가·승인·표시 또는 그 밖의 조건이 갖추어지지 아니한 것은 세관장이 이를 유치할 수 있다.

① 여행자의 휴대품

② 우리나라와 외국 간을 왕래하는 운송수단에 종사하는 승무원의 휴대품

이렇게 유치한 물품은 해당 사유가 해소되었거나 반송하는 경우에만 유치를 해제한다.

위의 ①, ②에 해당하는 물품으로서 수입할 의사가 없는 물품은 세관장에게 신고하여 일시 예치시킬 수 있다.

2) 유치 및 예치 물품의 보관(관세법 제207조)

관세법 제206조에 따라 유치하거나 예치한 물품은 세관장이 관리하는 장소에 보관한다. 다만, 세관장이 필요하다고 인정할 때에는 그러하지 아니하다.

관세법 제206조에 따라 유치하거나 예치한 물품에 관하여는 제160조(장치물품의 폐기) 제4항부터 제6항까지[21], 제170조(장치기간)[22] 및 제208조부터 제212조까

21) 세관장은 보세구역에 장치된 물품 중 다음 어느 하나에 해당하는 것은 화주, 반입자, 화주 또는 반입자의 위임을 받은 자나 「국세기본법」 제38조부터 제41조까지의 규정에 따른 제2차 납세의무자(이하 "화주등"이라 한다)에게 이를 반송 또는 폐기할 것을 명하거나 화주등에게 통고한 후 폐기할 수 있다. 다만, 급박하여 통고할 여유가 없는 경우에는 폐기한 후 즉시 통고하여야 한다.
① 사람의 생명이나 재산에 해를 끼칠 우려가 있는 물품

지의 규정[23]을 준용한다.

세관장은 유치되거나 예치된 물품의 원활한 통관을 위하여 필요하다고 인정될 때에는 장치기간경과물품을 매각하려면 그 화주등에게 통고일부터 1개월 내에 해당 물품을 수출·수입 또는 반송할 것을 통고하도록 한 관세법 제209조에도 불구하고 관세청장이 정하는 바에 따라 해당 물품을 유치하거나 예치할 때에 유치기간 또는 예치기간 내에 수출·수입 또는 반송하지 아니하면 매각한다는 뜻을 통고할 수 있다.

02 장치기간경과물품의 매각

1) 매각대상 및 매각절차

세관장은 보세구역에 반입한 외국물품의 장치기간이 지나면 그 사실을 공고한 후 해당 물품을 매각할 수 있다. 다만, 다음 어느 하나에 해당하는 물품은 기간이 지나기 전이라도 공고한 후 매각할 수 있다.(관세법 제208조 1항)

① 살아 있는 동식물

② 부패하거나 부패할 우려가 있는 것

③ 창고나 다른 외국물품에 해를 끼칠 우려가 있는 것

④ 기간이 지나면 사용할 수 없게 되거나 상품가치가 현저히 떨어질 우려가 있는 것

⑤ 관세청장이 정하는 물품 중 화주가 요청하는 것

---

② 부패하거나 변질된 물품
③ 유효기간이 지난 물품
④ 상품가치가 없어진 물품
⑤ ①부터 ④까지에 준하는 물품으로서 관세청장이 정하는 물품
위의 내용을 통고 할 때 화주등의 주소나 거소를 알 수 없거나 그 밖의 사유로 통고할 수 없는 경우에는 공고로써 이를 갈음할 수 있다.
세관장이 물품을 폐기하거나 화주등이 물품을 폐기 또는 반송한 경우 그 비용은 화주등이 부담한다.

22) 제170조(장치기간) 지정장치장에 물품을 장치하는 기간은 6개월의 범위에서 관세청장이 정한다. 다만, 관세청장이 정하는 기준에 따라 세관장은 3개월의 범위에서 그 기간을 연장할 수 있다.

23) 02 장치기간경과물품의 매각 참고.

이 같은 장기기간경과물품을 매각을 하려면 세관장은 그 화주 등에게 통고일부터 1개월 내에 해당 물품을 수출·수입 또는 반송할 것을 통고하여야 한다.(관세법 제209조 1항) 화주 등이 분명하지 아니하거나 그 소재가 분명하지 아니하여 통고를 할 수 없을 때에는 공고로 이를 갈음할 수 있다.(관세법 제209조 2항)

장치기간이 지난 물품이 위의 ①-⑤ 중 어느 하나에 해당하는 물품으로서 급박하여 공고할 여유가 없을 때에는 매각한 후 공고할 수 있다.(관세법 제208조 2항)

매각된 물품의 질권자나 유치권자는 다른 법령에도 불구하고 그 물품을 매수인에게 인도하여야 한다.(관세법 제208조 3항)

세관장은 보세구역에 반입한 외국물품의 장치기간이 지나 그 사실을 공고한 후 해당 물품을 매각을 할 때 다음 어느 하나에 해당하는 경우에는 대통령령으로 정하는 기관(이하 이 절에서 "매각대행기관"이라 한다)에 이를 대행하게 할 수 있다.(관세법 제208조 4항)

① 신속한 매각을 위하여 사이버몰(컴퓨터 등과 정보통신설비를 이용하여 재화 등을 거래할 수 있도록 설정된 가상의 영업장을 말한다) 등에서 전자문서를 통하여 매각하려는 경우

② 매각에 전문지식이 필요한 경우

③ 그 밖에 특수한 사정이 있어 직접 매각하기에 적당하지 아니하다고 인정되는 경우

2) 매각대행기관과 그 지위

세관장이 장치기간경과물품의 매각을 대행하게 할 수 있는 매각대행기관은 다음의 기관·법인 또는 단체 중에서 관세청장이 지정하는 기관·법인 또는 단체로 한다.(시행령 제220조)

① 「금융기관부실자산 등의 효율적 처리 및 한국자산관리공사의 설립에 관한 법률」에 의하여 설립된 한국자산관리공사

② 「한국보훈복지의료공단법」에 의하여 설립된 한국보훈복지의료공단

③ 관세청장이 정하는 기준에 따라 전자문서를 통한 매각을 수행할 수 있는 시설 및 시스템 등을 갖춘 것으로 인정되는 법인 또는 단체

매각대행기관이 매각을 대행하는 경우(제211조 제6항에 따라 매각대금의 잔금처리를 대행하는 경우를 포함한다)에는 매각대행기관의 장을 세관장으로 본다.(관세법 제208조 5항)

세관장은 매각대행기관이 매각을 대행하는 경우에는 매각대행에 따른 실비 등을 고려하여 기획재정부령으로 정하는 바에 따라 수수료를 지급할 수 있다.(관세법 제208조 6항)

3) 매각방법

장치기간경과물품에 대한 매각은 일반경쟁입찰[24]·지명경쟁입찰[25]·수의계약[26]·경매 및 위탁판매의 방법으로 하여야 한다.(관세법 제210조 1항)

경쟁입찰의 방법으로 매각하려는 경우 매각되지 아니하였을 때에는 5일 이상의 간격을 두어 다시 입찰에 부칠 수 있으며 그 예정가격은 최초 예정가격의 100분의 10 이내의 금액을 입찰에 부칠 때마다 줄일 수 있다. 이 경우에 줄어들 예정가격 이상의 금액을 제시하는 응찰자가 있을 때에는 대통령령으로 정하는 바[27]에 따라 그 응찰자가 제시하는 금액으로 수의계약을 할 수 있다.(관세법 제210조 2항)

다음 어느 하나에 해당하는 경우에는 경매나 수의계약으로 매각할 수 있다.(관세법 제210조 3항)

① 2회 이상 경쟁입찰에 부쳐도 매각되지 아니한 경우

② 매각물품의 성질·형태·용도 등을 고려할 때 경쟁입찰의 방법으로 매각할 수 없는 경우[28]

---

24) 입찰에 있어서 공고를 통해 많은 사람들이 자유롭게 참여하는 방식의 입찰방식

25) 입찰에 있어서 특정인만을 참여하도록 되어 있는 입찰방식

26) 매매, 대차(貸借), 도급(都給) 등을 계약할 때 경매나 입찰 등의 방식을 사용하지 않고 적당한 상대방을 임의로 선택하여 맺는 계약방식

27) 관세법시행령 제222조(매각방법 등) ① 법 제210조 제2항의 규정에 의한 예정가격의 체감은 제2회 경쟁입찰 때부터 하되, 그 체감한도액은 최초예정가격의 100분의 50으로 한다. 다만, 관세청장이 정하는 물품을 제외하고는 최초예정가격을 기초로 하여 산출한 세액이하의 금액으로 체감할 수 없다.
② 응찰가격중 다음 회의 입찰에 체감될 예정가격보다 높은 것이 있는 때에는 응찰가격의 순위에 따라 법 제210조 제2항의 규정에 의한 수의계약을 체결한다. 단독응찰자의 응찰가격이 다음 회의 입찰시에 체감될 예정가격보다 높은 경우 또는 공매절차가 종료한 물품을 최종 예정가격이상의 가격으로 매수하려는 자가 있는 때에도 또한 같다.
③ 제2항의 경우 수의계약을 체결하지 못하고 재입찰에 부친 때에는 직전입찰에서의 최고응찰가격을 다음 회의 예정가격으로 한다.
④ 제2항의 규정에 의하여 수의계약을 할 수 있는 자로서 그 체결에 응하지 아니하는 자는 해당 물품에 대한 다음 회 이후의 경쟁입찰에 참가할 수 없다.

28) 관세법시행령 제222조(매각방법 등) ⑨법 제210조 제3항 제2호에서 “매각물품의 성질·형

경매나 수의계약 방법으로도 매각되지 아니한 물품과 대통령령으로 정하는 물품은 위탁판매의 방법으로 매각할 수 있다.(관세법 제210조 4항) 여기서 "대통령령으로 정하는 물품"이란 다음 어느 하나에 해당하는 물품 중에서 관세청장이 신속한 매각이 필요하다고 인정하여 위탁판매대상으로 지정한 물품을 말한다.(시행령 제222조 5항)

① 부패하거나 부패의 우려가 있는 물품

② 기간경과로 사용할 수 없게 되거나 상품가치가 현저히 감소할 우려가 있는 물품

③ 공매하는 경우 매각의 효율성이 저하되거나 공매에 전문지식이 필요하여 직접 공매하기에 부적합한 물품

위의 다양한 방법에 따라 매각된 장치기간경과물품에 대한 과세가격은 관세법상 과세가격의 결정원칙(관세법 제30조부터 제35조까지의 규정)에도 불구하고 위의 경쟁입찰방법에 따른 최초 예정가격을 기초로 하여 과세가격을 산출한다.(관세법 제210조 5항)

매각할 물품의 예정가격의 산출방법과 위탁판매에 관한 사항은 대통령령으로 정하고, 경매절차에 관하여는 「국세징수법」을 준용한다.(관세법 제210조 6항)

세관장은 장치기간경과물품을 매각할 때에는 매각 물건, 매각 수량, 매각 예정가격 등을 매각 시작 10일 전에 공고하여야 한다.(관세법 제210조 7항)

4) 잔금처리(관세법 제211조)

세관장은 장치기간경과물품에 대한 매각대금을 그 매각비용, 관세, 각종 세금의 순으로 충당하고, 잔금이 있을 때에는 이를 화주에게 교부한다.

보세구역에 반입한 외국물품의 장치기간이 경과하여 매각하는 물품의 질권자나 유치권자는 해당 물품을 매각한 날부터 1개월 이내에 그 권리를 증명하는 서류를 세관장에게 제출하여야 한다. 세관장은 매각된 장치기간경과물품의 질권자나 유치권자가 있을 때에는 그 잔금을 화주에게 교부하기 전에 그 질권이나 유치

태·용도 등을 고려할 때 경쟁입찰의 방법으로 매각할 수 없는 경우"란 다음 각 호의 어느 하나에 해당하는 경우를 말한다.<개정 2011.4.1>

1. 부패·손상·변질 등의 우려가 현저한 물품으로서 즉시 매각하지 아니하면 상품가치가 저하할 우려가 있는 경우
2. 물품의 매각예정가격이 50만원미만인 경우
3. "경쟁입찰의 방법으로 매각하는 것이 공익에 반하는 경우

권에 의하여 담보된 채권의 금액을 질권자나 유치권자에게 교부한다. 질권자나 유치권자에게 공매대금의 잔금을 교부하는 경우 그 잔금액이 질권이나 유치권에 의하여 담보된 채권액보다 적고 교부받을 권리자가 2인 이상인 경우에는 세관장은 「민법」이나 그 밖의 법령에 따라 배분할 순위와 금액을 정하여 배분하여야 한다.

장치기간경과물품에 대한 매각대금을 그 매각비용, 관세, 각종 세금의 순으로 충당하고, 잔금이 있을 때에는 이를 화주에게 교부하는 것을 관세청장이 정하는 바에 따라 일시 보류할 수 있다.

매각대행기관이 매각을 대행하는 경우에는 매각대행기관이 위의 규정에 따라 매각대금의 잔금처리를 대행할 수 있다.

5) 국고귀속(관세법 제212조)

세관장은 장치기간경과물품에 대한 매각을 위에서 제시한 매각방법 즉, 일반경쟁입찰·지명경쟁입찰·수의계약·경매 및 위탁판매의 방법으로도 매각되지 아니한 물품에 대하여는 그 물품의 화주 등에게 장치 장소로부터 지체 없이 반출할 것을 통고하여야 한다. 이러한 통고일부터 1개월 내에 해당 물품이 반출되지 아니하는 경우에는 소유권을 포기한 것으로 보고 이를 국고에 귀속시킬 수 있다.

구분	종합보세구역	자유무역지역
지정권자	시·도지사 및 관계행정기관의 장의 요청에 의하여 관세청장이 지정	「자유무역지역의 지정 및 운영에 관한 법률」에 따라 산업통상자원부장관이 지정
성격	관세법상 보세구역의 일종	보세구역의 성격을 띤 지역으로서 관세법상 보세구역이 아님
수출입 제한여부	수출입에 있어서 제한이 없음	수출을 목적으로 설치되어 동 지역에서 생산한 물품은 원칙적으로 국내에 반입할 수 없고 전량 수출해야 함
시설재 /자본재의 사용	시설재 또는 자본재는 수입통관후 사용할 수 있음	시설재 또는 자본재 등을 관세유보상태로서 반입, 사용할 수 있음

Note

Chapter 08
운송

01 보세운송

1) 보세운송의 개념

보세운송은 외국으로부터 수입하는 화물을 입항지에서 통관하지 아니하고 세관장에게 신고하거나 승인을 얻어 외국물품 상태 그대로 다른 보세구역으로 운송하는 것을 말한다.

외국물품은 개항, 보세구역, 보세구역 외 장치의 허가를 받은 장소(관세법 제156조의 규정에 의하여 허가된 장소), 세관관서, 통관역, 통관장, 통관우체국 사이에 한하여 외국물품 그대로 운송할 수 있다.(관세법 제213조 1항)

이러한 보세운송은 수입화물에 대한 관세가 유보된 상태에서 별도의 관리가 요구된다.

〈표 8-1〉 보세운송현황

(단위 : 천건, 천톤, %)

구 분		2011	2012	2013	2014	2015	2016	2017
수 입	건 수	1,732	1,668	1,699	1,666	1,653	1,699	1,726
	중 량	24,126	22,833	21,232	21,089	20,596	20,649	20,846
전 년 대 비	건 수	97	96	100	100	100	103	103
	중 량	96	95	93	99	99	100	101

자료 : 관세청, 관세연감, 2018.

2) 보세운송의 신고

(1) 보세운송의 신고, 승인 및 검사

보세운송을 하고자 하는 자는 관세청장이 정한 바에 의하여 세관장에게 보세운송의 신고를 하여야 한다. 다만, 물품의 감시 등을 위하여 필요하다고 인정하여 대통령령이 정하는 경우에는 세관장의 승인을 받아야 한다.(관세법 제213조 2항)

보세운송의 승인을 얻어야 하는 경우는 다음 어느 하나에 해당하는 물품을 운송하고자 하는 경우를 말한다.(시행령 제226조 3항)

① 보세운송된 물품중 다른 보세구역 등으로 재보세운송하고자 하는 물품

② 「검역법」·「식물방역법」·「가축전염병예방법」 등에 따라 검역을 요하는 물품

③ 「위험물안전관리법」에 따른 위험물

④ 「유해화학물질관리법」에 따른 유해화학물질

⑤ 비금속설

⑥ 화물이 국내에 도착된 후 최초로 보세구역에 반입된 날부터 30일이 경과한 물품

⑦ 통관이 보류되거나 수입신고수리가 불가능한 물품

⑧ 법 제156조의 규정에 의한 보세구역외 장치허가를 받은 장소로 운송하는 물품

⑨ 귀석·반귀석·귀금속·한약재·의약품·향료 등과 같이 부피가 작고 고가인 물품

⑩ 화주 또는 화물에 대한 권리를 가진 자가 직접 보세운송하는 물품

⑪ 법 제236조의 규정에 의하여 통관지가 제한되는 물품

⑫ 적하목록상 동일한 화주의 선하증권 단위의 물품을 분할하여 보세운송하는 경우 그 물품

⑬ 불법 수출입의 방지 등을 위하여 세관장이 지정한 물품

⑭ 법 및 법에 의한 세관장의 명령을 위반하여 관세범으로 조사를 받고 있거나 기소되어 확정판결을 기다리고 있는 보세운송업자등이 운송하는 물품

위의 보세운송 승인 대상물품 중 관세청장이 보세운송승인대상으로 하지 아니

하여도 화물관리 및 불법 수출입의 방지에 지장이 없다고 판단하여 정하는 물품에 대하여는 신고만으로 보세운송 할 수 있다.(시행령 제226조 4항)

또한 세관공무원은 감시·단속을 위하여 필요하다고 인정되는 때에는 관세청장이 정하는 바에 의하여 보세운송을 하고자 하는 물품을 검사할 수 있다.(관세법 제213조 3항)

수출신고가 수리된 물품은 관세청장이 따로 정하는 것을 제외하고는 보세운송 절차를 생략한다.[1](관세법 제213조 4항)

보세운송의 신고·승인 및 검사에 대하여는 관세법 제247조(검사장소)와 제250조(신고의 취하 및 각하)를 준용한다.

(2) 보세운송의 신고인

보세운송의 신고 또는 승인신청은 다음 어느 하나에 해당하는 자의 명의로 하여야 한다.(관세법 제214조)

① 화주

② 관세사·관세법인 또는 통관취급법인

③ 보세운송을 업(業)으로 하는 자(이하 "보세운송업자"라 한다)

3) 보세운송 도착 보고

보세운송의 신고를 하거나 승인을 얻은 자는 해당 물품이 운송목적지에 도착한 때에는 관세청장이 정하는 바에 의하여 도착지의 세관장에게 보고하여야 한다. (관세법 제215조)

4) 보세운송통로

세관장은 보세운송물품의 감시·단속을 위하여 필요하다고 인정될 때에는 관세청장이 정하는 바에 따라 운송통로를 제한할 수 있다.

보세운송은 관세청장이 정하는 기간 내에 끝내야 한다. 다만, 세관장은 재해나

---

1) 국내에서 운송되는 모든 외국물품은 보세운송에 의해서만 운송이 가능한 것이 원칙이나 예외적으로 우편법에 의거 체신관서의 관리하에 운송되는 물품, 검역법 등에 의거 검역관서가 인수하여 검역소 구내계류장 또는 검역시행장으로 운송하는 검역대상 물품, 국가기관에 의하여 운송되는 압수물품은 보세운송절차를 필요로 하지 않는다.(수출물품도 보세운송의 예외임.)

그 밖의 부득이한 사유로 필요하다고 인정될 때에는 그 기간을 연장할 수 있다.(관세법 제216조)

5) 보세운송물품의 관세징수와 담보

(1) 보세운송기간 경과 시의 관세 징수

보세운송신고를 하거나 승인을 받아 보세운송하는 외국물품이 지정된 기간 내에 목적지에 도착하지 아니한 경우에는 즉시 그 관세를 징수한다. 다만, 해당 물품이 재해나 그 밖의 부득이한 사유로 망실되었거나 미리 세관장의 승인을 받아 그 물품을 폐기하였을 때에는 그러하지 아니하다.(관세법 제217조)

(2) 보세운송의 담보

세관장은 보세운송의 신고를 하거나 승인을 받으려는 물품에 대하여 관세의 담보를 제공하게 할 수 있다.(관세법 제218조)

6) 조난물품의 운송(관세법 제219조)

재해나 그 밖의 부득이한 사유로 선박 또는 항공기로부터 내려진 외국물품은 그 물품이 있는 장소로부터 관세법 제213조 제1항의 장소(개항, 보세구역, 보세구역 외 장치의 허가를 받은 장소, 세관관서, 통관역, 통관장, 통관우체국)로 운송될 수 있다. 이 같은 운송에 관하여는 관세법 제215조부터 제218조까지의 규정을 준용한다.

위의 사유로 외국물품을 운송하려는 자는 세관장의 승인을 받아야 한다. 다만, 긴급한 경우에는 세관공무원이나 국가경찰공무원(세관공무원이 없는 경우로 한정한다)에게 신고하여야 한다. 이 경우 신고를 받은 국가경찰공무원은 지체 없이 그 내용을 세관공무원에게 통보하여야 한다.

7) 간이 보세운송(관세법 제220조)

세관장은 보세운송을 하려는 물품의 성질과 형태, 보세운송업자의 신용도 등을 고려하여 관세청장이 정하는 바에 따라 보세운송업자나 물품을 지정하여 다음의 조치를 할 수 있다.

① 보세신고 절차의 간소화

② 보세운송하려는 물품에 대한 검사의 생략

③ 보세운송 물품에 대한 담보 제공의 면제

1) 내국운송의 신고(관세법 제221조)

내국물품을 외국무역선이나 외국무역기로 운송하려는 자는 대통령령으로 정하는 바에 따라 세관장에게 내국운송의 신고를 하여야 한다.

내국운송에 관하여는 관세법 제215조(보세운송보고), 제216조(보세운송통로), 제246조(물품의 검사), 제247조(검사장소) 및 제250조(신고의 취하 및 각하)를 준용한다.

1) 보세운송업자 등의 등록

다음 어느 하나에 해당하는 자(이하 "보세운송업자등"이라 한다)는 대통령령으로 정하는 바에 따라 관세청장이나 세관장에게 등록하여야 한다.(관세법 제222조 1항)

① 보세운송업자

② 보세화물을 취급하려는 자로서 다른 법령에 따라 화물운송의 주선을 업으로 하는 자(이하 "화물운송주선업자"라 한다)

③ 외국무역선·외국무역기 또는 국경출입차량에 물품을 하역하는 것을 업으로 하는 자

④ 외국무역선·외국무역기 또는 국경출입차량에 다음 어느 하나에 해당하는 물품 등을 공급하는 것을 업으로 하는 자

가. 선용품

나. 기용품

다. 차량용품

라. 선박·항공기 또는 철도차량 안에서 판매할 물품

마. 용역

⑤ 개항 안에 있는 보세구역에서 물품이나 용역을 제공하는 것을 업으로 하는 자

⑥ 외국무역선·외국무역기 또는 국경출입차량을 이용하여 상업서류나 그 밖의 견본품 등을 송달하는 것을 업으로 하는 자

보세운송업자 등의 등록의 유효기간은 3년으로 하되, 경신할 수 있다.다만, 관세청장이나 세관장은 제255조의2(수출입 안전관리 우수 공인업체 등) 제7항에 따른 안전관리 기준의 준수 정도 측정·평가 결과가 우수한 자가 등록을 갱신하는 경우에는 유효기간을 2년의 범위에서 연장하여 정할 수 있다.(관세법 제222조 5항) 관세법 제222조 5항 본문에 따라 유효기간을 경신하려는 자는 등록경신신청서를 기간만료 1개월 전까지 관할지세관장에게 제출하여야 한다. 이와 관련하여 세관장은 보세운송업자 등의 등록을 한 자에게 등록의 유효기간을 갱신하려면 등록의 유효기간이 끝나는 날의 1개월 전까지 등록 갱신을 신청하여야 한다는 사실과 갱신절차를 등록의 유효기간이 끝나는 날의 2개월 전까지 휴대폰에 의한 문자전송, 전자메일, 팩스, 전화, 문서 등으로 미리 알려야 한다. 한편 등록한 자는 등록사항에 변동이 생긴 때에는 지체없이 등록지를 관할하는 세관장에게 신고하여야 한다.(시행령 제231조 3,4,5항)

관세청장이나 세관장은 관세법의 준수 여부를 확인하기 위하여 필요하다고 인정할 때에는 보세운송업자등에게 업무실적, 등록사항 변경 등 그 영업에 관하여

보고를 하게 하거나 장부 또는 그 밖의 서류를 제출하도록 명할 수 있다. 이 경우 영업에 관한 보고 또는 서류제출에 필요한 사항은 관세청장이 정한다.(관세법 제222조 3항) 또한 관세청장이나 세관장은 보세화물을 취급하는 화물운송주선업자에게 제225조 제2항[2)]에 따라 해당 업무에 관하여 보고하게 할 수 있다.(관세법 제222조 4항)

2) 보세운송업자등의 등록요건

보세운송업자등은 다음 각 호의 요건을 갖춘 자이어야 한다.(관세법 제223조)

① 관세법 제175조(특허보세구역 운영인의 결격사유) 각 호의 어느 하나에 해당하지 아니할 것

② 「항만운송사업법」등 관련 법령에 따른 면허·허가·지정 등을 받거나 등록을 하였을 것

③ 관세 및 국세의 체납이 없을 것

④ 보세운송업자등의 등록이 취소된 후 2년이 지났을 것

3) 보세운송업자등의 명의대여 등의 금지

보세운송업자등은 다른 사람에게 자신의 성명·상호를 사용하여 보세운송업자등의 업무를 하게 하거나 그 등록증을 빌려주어서는 아니 된다.(관세법 제223조의2)

4) 보세운송업자등의 행정제재

세관장은 보세운송업자등이 다음 어느 하나에 해당하는 경우에는 등록의 취소, 6개월의 범위에서의 업무정지 또는 그 밖에 필요한 조치를 할 수 있다. 다만, 아래 ①, ②에 해당하는 경우에는 등록을 취소하여야 한다.(관세법 제224조 1항)

① 거짓이나 그 밖의 부정한 방법으로 등록을 한 경우

② 관세법 제175조(특허보세구역 운영인의 결격사유) 각 호의 어느 하나에 해당하는 경우. 다만, 제175조 제8호에 해당하는 경우로서 같은 조 제2호 또는 제3호에 해당하는 사람을 임원으로 하는 법인이 3개월 이내에 해당 임

---

2) 세관장은 통관의 신속을 기하고 보세화물의 관리절차를 간소화하기 위하여 필요하다고 인정할 때에는 대통령령으로 정하는 바에 따라 제1항에 따른 선박회사 또는 항공사(그 업무를 대행하는 자를 포함한다.)로 하여금 해당 업무에 관하여 보고하게 할 수 있다.

원을 변경한 경우에는 그러하지 아니하다.

③ 「항만운송사업법」등 관련 법령에 따라 면허·허가·지정·등록 등이 취소되거나 사업정지처분을 받은 경우

④ 보세운송업자등(그 임직원 및 사용인을 포함한다)이 보세운송업자등의 업무와 관련하여 이 법이나 이 법에 따른 명령을 위반한 경우

⑤ 보세운송업자등의 명의대여 등의 금지 규정을 위반한 경우

⑥ 보세운송업자등(그 임직원 및 사용인을 포함한다)이 보세운송업자등의 업무와 관련하여 「개별소비세법」 제29조 제1항 또는 「교통·에너지·환경세법」 제25조 제1항에 따른 과태료를 부과받은 경우

세관장은 보세운송업자등의 업무정지가 그 이용자에게 심한 불편을 주거나 공익을 해칠 우려가 있을 경우에는 보세운송업자등에게 업무정지처분을 갈음하여 해당 업무 유지에 따른 매출액의 100분의 3 이하의 과징금을 부과할 수 있다. 이 경우 매출액 산정, 과징금의 금액 및 과징금의 납부기한 등에 관하여 필요한 사항은 대통령령으로 정한다.(관세법 제224조 2항)

위의 규정에 따른 과징금을 납부하여야 할 자가 납부기한까지 납부하지 아니한 경우 과징금의 징수에 관하여는 제26조를 준용한다.(관세법 제224조 3항)

5) 보세운송업자등의 등록의 효력상실(관세법 제224조의2)

다음 어느 하나에 해당하면 보세운송업자등의 등록은 그 효력을 상실한다.(관세법 제224조 1항)

① 보세운송업자등이 폐업한 경우

② 보세운송업자등이 사망한 경우(법인인 경우에는 해산된 경우)

③ 보세운송업장등의 등록 유효기간이 만료된 경우

④ 보세운송업자등의 등록이 취소된 경우

6) 보세화물 취급 선박회사 등의 신고 및 보고

보세화물을 취급하는 선박회사 또는 항공사(그 업무를 대행하는 자를 포함한다. 이하 같다)는 대통령령으로 정하는 바에 따라 세관장에게 신고하여야 한다.

신고인의 주소 등 대통령령으로 정하는 중요한 사항을 변경한 때에도 또한 같다.(관세법 제225조 1항)

세관장은 통관의 신속을 기하고 보세화물의 관리절차를 간소화하기 위하여 필요하다고 인정할 때에는 대통령령으로 정하는 바에 따라 위의 선박회사 또는 항공사로 하여금 해당 업무에 관하여 보고하게 할 수 있다.(관세법 제225조 2항) 즉, 세관장은 다음 사항을 선박회사 또는 항공사로 하여금 보고하게 할 수 있다.(시행령 제232조 3항)

① 선박회사 또는 항공사가 화주 또는 화물운송주선업자에게 발행한 선하증권 또는 항공화물운송장의 내역

② 화물 취급과정에서 발견된 보세화물의 이상 유무 등 통관의 신속 또는 관세법의 조사상 필요한 사항

Note

Chapter 09

통관

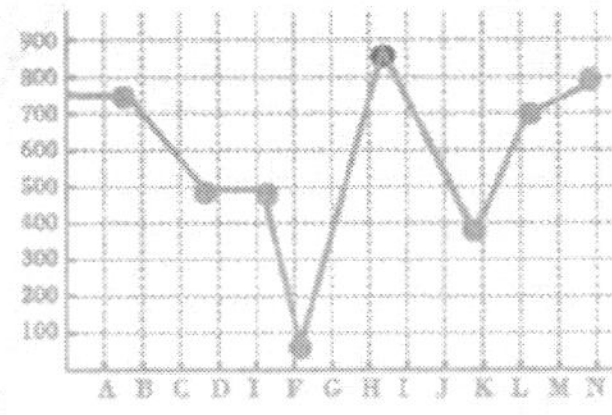

01 수출통관의 개요

1) 수출통관의 개념

"통관"(通關)이란 관세법에 따른 절차를 이행하여 물품을 수출·수입 또는 반송하는 것을 말한다.(관세법 제2조 13호)

수출통관은 내국물품을 관세법에서 규정한 절차를 이행하여 외국으로 반출하는 것이며 수출통관절차는 수출하고자 하는 물품을 세관에 수출신고를 한 후 신고수리를 받아 물품을 우리나라와 외국간을 왕래하는 운송수단에 적재하기까지의 절차를 말한다.

2) 수출통관절차

수출신고는 P/L(Paperless)통관이 이루어지고 있기 때문에 일반적으로 보세구역 등에 화물을 반입한 후 세관검사 등의 절차를 거쳐 수출신고가 수리되는 것이 아니라 EDI(Electronic Data Interchange)나 인터넷을 통해 관세청 전자통관시스템(UNI-PASS)에 전자문서를 전송하는 방식으로 자유롭게 신고가 가능하다.

간략히 수출통관절차를 살펴보면 다음과 같다.

① 세관장에게 수출신고(EDI나 인터넷을 통해 관세청 전자통관시스템에 수출신고 자료 전송)

② 수출신고물품의 검사(현품과의 동일성 검사로 원칙적으로 생략)

③ 신고의 형식적 요건 심사후 수출신고수리(수출신고필증 교부)

수출신고 된 물품에 대한 신고서의 처리방법은 자동수리, 심사후 수리, 검사후 수리 세 가지 처리방법이 있다.[1]

① 자동수리(수출신고서의 작성 및 수리)

전산에 의하여 자동으로 수리되는 것을 말한다. 검사대상 또는 서류제출 대상이 아닌 물품은 수출통관시스템에서 자동수리된다.

② 심사후 수리

자동수리대상이 아닌 물품 중 검사가 생략되는 물품으로 세관직원이 신고 내용을 심사하고 수리를 하는 방법이다.

※ 수출신고시 수출신고서를 세관에 제출하여야 하는 물품 (서류제출 대상물품)

- 법 제 226조(허가·승인 등의 증명 및 확인)의 규정에 의한 세관장 확인물품 및 확인방법 지정 고시 중 수출신고 수리 전에 요건구비의 증명이 필요한 물품. (다만, 수출승인기관과 전산망이 연계되어 수출요건내역을 전산망으로 확인할 수 있는 경우는 제외)
- 계약내용과 상이한 물품의 재수출 또는 재수출조건부로 수입통관된 물품의 수출
- 수출자가 재수입시 관세 등의 감면, 환급 또는 사후관리 등을 위하여 서류제출로 신고하거나 세관검사를 요청하는 물품(다만, 단순반복 사용을 위한 포장용기는 제외)
- 수출통관시스템에서 서류제출대상으로 통보된 물품

③ 검사후 수리

현품검사가 필요한 신고물품에 적용되는 수리방법이다. 수출물품에 대하여는 검사생략이 원칙이나 수출시 현품의 확인이 필요한 경우와 우범물품으로 선별된 물품 중 세관장이 검사가 필요하다고 판단한 물품에 대하여 수출물품을 실제로 검사하고 수출신고를 수리하는 방법이다.

3) 수출신고인

수출물품의 화주(완제품공급자 포함), 관세사, 관세법인, 통관취급법인이 신고할 수 있다.

---

1) www.customs.go.kr

4) 수출신고시기

수출물품이 확보된 후 적재하기 전까지 수출물품이 장치된 물품소재지를 관할하는 세관장에게 신고하여야 한다.

5) 수출신고 수리물품의 적재기간

수출신고가 수리된 날로부터 30일 이내에 우리나라와 외국간을 왕래하는 운송수단에 선(기)적하여야 한다. 다만, 일정변경 등 부득이한 사유가 있는 경우에는 적재기간 연장승인을 받을 수 있다.

※ 수출신고지원센터 운영

관세청은 수출신고에 필요한 PC등 전송설비를 갖추지 못하여 직접 수출신고를 할 수 없는 영세무역업체를 위하여 무역협회 본부 및 11개 지부와 전국5개 주요세관에 전송설비를 갖추어 소규모업체가 저렴한 비용 (수출신고건당 전송료 약 2,500원) 으로 직접 수출신고를 할 수 있도록 하여 `98. 6. 1부터 운영하고 있다.

※ 관세청 전자통관시스템(UNI-PASS)

관세청 전자통관시스템의 새로운 브랜드 명으로서 세계 최초 100% 전자 수출입통관, 관세환급, 선박·항공기 입출항 및 출입국 여행자 관리 등은 물론 보세화물 추적관리와 수출입에 필요한 요건확인까지도 세관신고로 통합(Uni)하여 원스톱 처리(Pass)가 가능한 전자통관포탈시스템이다.

02 수입통관의 개요

1) 수입통관의 개념

수입하고자 하는 자가 우리나라에 수입될 물품을 선적한 선박(항공기)가 (① 출항하기 전, ② 입항하기 전, ③ 입항 후 물품이 보세구역에 도착하기 전, ④ 보세구역에 장치한 후) 중에 선택하여 세관장에게 수입신고 하고, 세관장은 수입신고가 관세법 및 기타 법령에 따라 적법하고 정당하게 이루어진 경우에 이를 신고수리하고 신고인에게 수입신고필증을 교부하여 수입물품이 반출될 수 있도록 하는 일련의 과정을 말한다.

2) 수입통관 절차

수입통관 절차는 출항전신고, 입항전신고, 보세구역 도착전신고, 보세구역 장치후신고의 방법 중 선택하여 신고하게 된다. 그 구체적인 내용은 다음과 같다.[2)]

(1) 출항전신고

항공기로 수입되는 물품이나 일본, 중국, 대만, 홍콩으로부터 선박으로 수입되는 물품을 선(기)적한 선박과 항공기(이하 "선박 등" 이라 한다)가 해당물품을 적재한 항구나 공항에서 출항하기 전에 수입신고하는 것을 말한다.

(2) 입항전신고

수입물품을 선(기)적한 선박 등이 물품을 적재한 항구나 공항에서 출항한 후 입항(「관세법」 제140조에 따라 항공화물은 하기신고시점, 해상화물은 하선신고시점을 기준으로 한다. 이하 같다)하기 전에 수입신고하는 것을 말한다.

(3) 보세구역 도착전신고

수입물품을 선(기)적한 선박 등이 입항하여 해당물품을 통관하기 위하여 반입하려는 보세구역(부두밖 컨테이너 보세창고와 컨테이너 내륙통관기지를 포함한다. 이하 같다)에 도착하기 전에 수입신고하는 것을 말한다.

(4) 보세구역 장치후신고

수입물품을 보세구역에 장치한 후 수입신고하는 것을 말한다.

구분	출항전 신고	입항전 신고	보세구역 도착전 신고	보세구역 장치후 신고
신고시기	우리나라 입항 5일전(항공기는 1일전)으로 물품을 적재한 선박(항공기)이 적재항 출항전	우리나라 입항 5일전(항공기의 경우 1일전)으로 선박(항공기) 출항후 입항(하선[기]신고)전	입항후 당해 물품이 반입될 보세구역 도착 전	당해물품의 보세구역 장치 후
신고대상 물품	항공기로 수입되는물품 일본·중국·대만·홍콩으로부터 선박으로 수입되는 물품	제한없음	제한없음	제한없음

2) 수입통관 사무처리에 관한 고시(관세청고시 제2015-12호('15.3.12.)) 제3조(용어의 정의)

구분		출항전 신고	입항전 신고	보세구역 도착전 신고	보세구역 장치후 신고
신고세관		입항예정지 세관	입항예정지세관	도착예정 보세구역 관할세관	장치물품 보세구역 관할세관
검사대상 여부 통보 시기		선박(항공기)이 출항하였음을 입증하는 자료 제출(출항신고서 및 적하목록)하는 시점	수입신고일	수입신고일	수입신고일
신고 수리 시기	검사 생략	적하목록 제출후	적하목록 제출후	보세구역 도착보고후	수입신고후
	검사 대상	물품검사 종료후	물품검사 종료후	물품검사 종료후	물품검사 종료후

자료 : 관세청(www.customs.go.kr)

3) 수입신고 처리[3)]

(1) 수입신고 수리

수입신고서는 화면심사, 서류심사, 물품검사 등의 방법에 따라 심사를 하여 수입신고가 적법하게 이루어진 때에는 즉시 신고를 수리한다.

(2) 수입신고서의 보완요구와 통관보류 조치

① 수입신고서의 보완 요구

신고서 항목의 기재사항이 미비된 경우, 신고서 심사결과 첨부서류가 누락되었거나 증빙자료의 보완이 필요한 경우, P/L신고를 서류제출신고로 변경하고자 하는 경우에는 수입신고서의 보완을 요구하게 된다.

② 통관보류 조치

신고서 기재사항 또는 신고시 제출서류 등 중요한 사항이 미비되어 보완이 필요한 경우, 법의 규정에 의한 의무사항을 위반하거나 국민보건 등을 위해할 우려가 있는 경우, 관세범칙혐의로 고발의뢰하거나 조사하는 경우, 관세법 제230조의2에 따른 품질등의 허위·오인표시물품, 기타 통관심사결과

3) 수입통관 사무처리에 관한 고시(관세청고시 제2015-12호('15.3.12.)) 제18조(신고의 취하), 제19조(신고의 각하), 제25조(보완요구), 제26조(통관보류)

신고수리의 요건을 구비하는데 장시일이 소요되는 경우에는 통관보류 조치를 내리게 된다.

(3) 신고의 각하와 신고의 취하

① 신고의 각하

사위 기타 부정한 방법으로 신고한 경우, 멸각, 폐기, 공매·경매낙찰, 몰수확정, 국고귀속이 결정될 경우, 출항전 신고 또는 입항전 신고의 요건을 갖추지 아니한 경우, 출항전 신고 또는 입항전 신고한 화물이 도착하지 아니한 경우, 기타 수입신고의 형식적 요건을 갖추지 못한 경우에는 세관장은 신고를 각하할 수 있다.

② 신고의 취하

수입계약 내용과 상이한 물품, 변질·손상물품 등을 해외공급자 등에게 반송하기로 한 경우, 재해 기타 부득이한 사유로 수입물품이 멸실되거나 세관의 승인을 얻어 폐기하고자 하는 경우, 통관보류, 통관요건 불합격, 수입금지물품 등의 사유로 반송 또는 폐기하고자 하는 경우, 기타 위의 사항에 준하는 정당한 이유가 있다고 인정되는 경우에는 신고인이 세관장의 승인을 얻어 신고를 취하할 수 있다.

※ 정당한 신고취하 사유에 해당하지 않는 사례

- 경기불황 등에 따른 업체의 자금사정
- 감면신청, 할당관세 추천서 및 용도세율 신청서 제출 누락
- 낮은 세율 적용을 위한 신고취하
- 국내 판매 계약취소 등으로 인한 국내 판로 미확보 등

4) 수입물품검사[4)]

수입신고된 물품이 수입신고사항과 일치하는지 여부 및 관련 법규에서 정한 규정에 위반하는지 여부 등을 현품검사를 통해 확인하는 것을 말한다.

검사비율은 수입업체별 법규준수도, 검사적발실적, 원산지 등을 고려하여 차등적으로 적용할 수 있다.

---

4) 수입통관 사무처리에 관한 고시(관세청고시 제2015-12호('15.3.12.)) 제3절 물품검사

검사방법은 검사대상물품에 따라 발췌검사, 전량검사, 분석검사에 의할 수 있다.

세관장은 물품검사 시 신고인의 입회, 검사장소 관리인 또는 수입화주에게 검사에 필요한 장소와 장비의 확보, 개포장을 위한 작업인부의 배치 등 검사준비를 요구할 수 있으며, 검사준비가 되지 않아 검사를 할 수 없는 경우에는 검사순위를 조정하여 검사준비가 된 때에 검사를 실시한다.

수입물품검사에 소요되는 비용은 수입화주가 부담한다.

5) 수입신고필증의 교부[5)]

세관장은 수입신고를 수리한 때에는 세관특수청인을 전자적으로 날인한 신고필증을 신고인(관세사 등)에게 교부한다.

다만, 아래의 사유가 있을 때에는 각각의 방법으로 교부할 수 있습니다.

- 부득이한 사정으로 신고필증을 전자적으로 교부할 수 없는 경우 : 수입신고서에 세관특수청인을 직접 날인하여 교부
- 신고물품의 규격수가 50개를 초과하여 전산으로 입력하지 않고 신고서 및 신고필증에 상세내역사항을 별도의 붙임서류로 첨부하여 신고하는 경우 : 세관특수청인을 전자적으로 날인한 신고필증과 붙임서류의 경계면에 신고서 처리담당자 인장을 날인하여 교부

수입신고필증에는 위변조 방지를 위하여 세관특수청인, 워터마크(관세청 로고), 발행일련번호, 2차원 바코드, 복사본표시마크 등 다양한 장치가 마련되어 있다.

03 수출입 통관 현황

1) 국가별 수출입 동향

2012년도는 글로벌 경기둔화, 유럽 재정위기에도 불구하고 석유제품, 승용차 등 주력품목의 수출호조로 2012년 2월 이후 11개월 연속 무역수지 흑자행진 속에서 2011년 대비 1.3% 감소한 5,479억 달러를 기록했다.

국가별로 상위 10대국인 중국, 미국, 일본, 홍콩, 싱가폴, 베트남, 대만, 인도네시아, 인도 및 러시아가 64.7%를 차지하고 있으며 대중국 수출의존도는 24.5%를

---

5) 수입통관 사무처리에 관한 고시(관세청고시 제2015-12호('15.3.12.)) 제37조(신고필증교부)

차지하고 있다.

〈표 9-1〉 국가별 수출 동향

(단위 백만불, %)

구 분	2016년		2017년		전년대비 증감률
	금 액	구성비	금 액	구성비	
전 체	495,426	100	573,694	100	15.8
선진국	142,862	28.8	167,834	29.3	17.5
미 국	66,462	13.4	68,610	12.0	3.2
일 본	24,355	4.9	26,816	4.7	10.1
E U	46,610	9.4	54,038	9.4	15.9
개도국	352,560	71.2	405,860	70.7	15.1
중 국	124,433	25.1	142,120	24.8	14.2
동남아	119,521	24.1	142,259	26.0	24.9
중남미	25,442	5.1	28,113	4.9	10.5
중 동	26,228	5.3	24,380	4.2	-7.0

자료 : 관세청, 관세연감, 2018.

수입의 경우 2012년 원유 등 국제원자재의 단가 하락, 내수 경기 위축 등으로 2011년도 대비 0.9% 감소한 5,196억 달러를 기록했다.

〈표 9-2〉 국가별 수입 동향

(단위 백만불, %)

구 분	2016년		2017년		전년대비 증감률
	금 액	구성비	금 액	구성비	
전 체	406,193	100.0	478,478	100.0	17.8
선진국	164,546	40.5	190,394	39.8	15.7
미 국	43,216	10.6	50,749	10.6	17.4
일 본	47,467	11.7	55,125	11.5	16.1
E U	51,902	12.8	57,279	12.0	10.4
개도국	241,644	59.5	288,083	60.2	19.2
중 국	86,980	21.4	97,860	20.5	12.5
동남아	62,337	15.3	73,774	15.4	18.3
중남미	15,223	3.7	17,082	3.6	12.2
중 동	54,126	13.3	70,153	14.7	29.6

자료 : 관세청, 관세연감, 2018.

2) 품목별 수출 동향

품목별 수출동향을 살펴보면 2012년도 기준으로 선박·무선통신기기 등은 글로벌 경기둔화 등으로 전년대비 대폭 감소하였으나, 석유제품·승용차·자동차부품 등이 연간 사상 최대실적을 기록하였다.

분야별로는 중화학공업제품이 79.4%를 차지하였고, 원료 및 연료, 경공업품, 식료 및 직접소비재가 그 뒤를 이었다.

〈표 9-3〉 품목별 수출동향

(단위 : 백만불, %)

품 목	2016년		2017년	
	금 액	구성비	금 액	구성비
1. 식료 및 직접 소비재	7,354	1.5	7,790	1.4
2. 원료 및 연료	32,987	6.7	43,103	7.5
○석유제품	26,813	5.4	35,447	6.2
3. 경 공 업 품	35,425	7.2	35,961	6.3
4. 중화학 공업품	419,661	84.7	486,840	84.9
○화공품	55,308	11.2	65,683	11.4
○철강제품	39,945	8.1	46,881	8.2
○기계류와 정밀기기	55,173	11.1	63,285	11.0
○전기 · 전자제품	159,393	32.3	191,994	33.5
○수 송 장 비	100,968	20.4	108,768	19.0
(승용자동차)	37,496	7.6	38,831	6.8
(선박)	33,467	6.8	41,363	7.2
총 계	495,426	100.0	573,694	100.0

자료 : 관세청, 관세연감, 2018.

수출통관사무처리에 관한 고시 [별지 1]

수출신고필증(수출이행, 갑지)

※ 처리기간 : 즉시

제출번호 99999-99-9999999 / ①신 고 자 XXXXXXXXXXXXXX	⑤신고번호 999-99-99-999	⑥신고일자 YYYY/MM/DD	⑦신고구분 X	⑧C/S구분 X

②수 출 대 행 자 XXXXXXXXXXXXXXXXXXXXXXXXXXXXXX (통관고유부호) XXXXXXX-9-99-9-99-9 수출자구분 X 수 출 화 주 XXXXXXXXXXXXXXXXXXXXXXXXXXXXXX (통관고유부호) XXXXXXX-9-99-9-99-9 (주소) XXXXXXXXXXXXXXXXXXXXXXXXX (대표자) XXXXXXXXXXXX (소재지) XXX (사업자등록번호) 999-99-99999	⑨거래구분 XX	⑩종류 X	⑪결제방법 XX
	⑫목적국 XXXXXXX	⑬적재항 XXXXXXX	⑭선박회사 (항공사) XXXXXX
	⑮선박명(항공편명) XXXXXXX	⑯출항예정일자 XXXXXX	⑰적재예정보세구역 XXXXXXX
	⑱운송형태 XX XXX	⑲검사희망일 YYYY/MM/DD	
	⑳물품소재지 XXX XXXXXXXXXXXXXXXXXXXXXX		
③제 조 자 XXXXXXXXXXXXXXXXXXXXXXXXXXXXXX (통관고유부호) XXXXXXX-9-99-9-99-9 제조장소 XXX 산업단지부호 XXX	㉑L/C번호 XXXXXXXXXXXX	㉒물품상태 X	
	㉓사전임시개청통보여부 X	㉔반송 사유 XX	
④구 매 자 XXXXXXXXXXXXXXXXXXXXXXXXXXX (구매자부호) XXXXXXXXXX	㉕환급신청인 X (1:수출대행자/수출화주, 2:제조자) 간이환급 XX		

· 품명 · 규격 (란번호/총란수: 999/999)

㉖품 명 XXXXXXXXXXXXXXXXXXXXXXXXXXXXXXXXXXXXXXXX ㉗거래품명 XXXXXXXXXXXXXXXXXXXXXXXXXXXXXXXXXXXXXXX	㉘상표명 XXXXXXXXXXXXXXXXXXXXX

㉙모델 · 규격	㉚성분	㉛수량	㉜단가(XXX)	㉝금액(XXX)
XXXXXXXXXXXXXXXXXXXXXXXXXXXXXXXXXXXXXXX XXXXXXXXXXXXXXXXXXXXXXXXXXXXXXXXXXXXXXX XXXXXXXXXXXXXXXXXXXXXXXXX 모델 · 규격의 XXXXXXXXXXXXXXXXXXXXXXXXX 따라 세로길이 XXXXXXXXXXXXXXXXXXXXXXXXX XXXXXXXXXXXXXXXXXXXXXXXXXXXXXXXXXXXXXXX XXXXXXXXXXXXXXXXXXXXXXXXXXXXXXXXXXXXXXX	XXXXXXXXXXXXXXXX XXXXXXXXXXXXXXXX XXXXXXXXXXXXXXXX XXXXXXXXXXX	999,999(XXX)	999,999.99	999,999,999

㉞세번부호	9999.99-9999	㉟순중량	999,999(XX)	㊱수량	999,999(XX)	㊲신고가격(FOB)	₩999,999
㊳송품장번호	XXXXXXXXXXX	㊴수입신고번호	XXXXX-XX-XXXXXXX-X(XXX)	㊵원산지 XX-X-X		㊶포장갯수(종류)	999,999(XX)

㊷수출요건확인 (발급서류명)	X-XXXXXXXXXX (XXXXXXXXXXXX)	X-XXXXXXXXXX (XXXXXXXXXXXX)	X-XXXXXXXXXXXX (XXXXXXXXXXXX)	X-XXXXXXXXXXXX (XXXXXXXXXXXX)

㊸총중량	999,999,999(XX)	㊹총포장갯수	999,999 (XX)	㊺총신고가격(FOB)	$ 999,999 ₩ 999,999,999
㊻운임(₩)	999,999,999	㊼보험료(₩)	999,999	㊽결제금액	XXX-XXX-999,999,999
㊾수입화물 관리번호	XXXXXXXXXXXXXXXXXX	X		㊿컨테이너번호	XXXXXXXXXX X

※신고인기재란	51 세관기재란
XXXXXXXXXXXXXXXXXXXXXXXXXXXXXXXXXXXXXXXXXXXXXXXXXXX XXXXXXXXXXXXXXXXXXXXXXXXXXXXXXXXXXXXXXXXXXXXXXXXXXX XXXXXXXXXXXXXXXXXXXXXXXXXXXXXXXXXXXXXXXXXXXXXXXXXXX XXXXXXXXX	XXXXXXXXXXXXXXXXXXXXXXXXXXXXXXXXXXXXXXXXXXXXXXXXXXXXXX XXXXXXXXXXXXXXXXXXXXXXXXXXXXXXXXXXXXXXXXXXXXXXXXXXXXXX XXXXXXXXXXXXXXXXXXXXXXXXXXXXXXXXXXXXXXXXXXXXXXXXXXXXXX XXXXXXXXXXXXXXX

52 운송(신고)인 XXXXXXXXXXXXXXXX 53 기간 YYYY/MM/DD 부터 YYYY/MM/DD 까지	54 적재의무기한	YYYY/MM/DD	55 담당자	XXXXXX(XXXXXX)	56 신고수리일자	YYYY/MM/DD

(1) 수출신고수리일로부터 30일내에 적재하지 아니한 때에는 수출신고수리가 취소됨과 아울러 과태료가 부과될 수 있으므로 적재사실을 확인하시기 바랍니다.(관세법 제251조, 제277조) 또한 휴대탁송 반출시에는 반드시 출국심사(부두, 초소, 공항) 세관공무원에게 제시하여 확인을 받으시기 바랍니다.

(2) 수출신고필증의 진위여부는 관세청 인터넷통관포탈에 조회하여 확인하시기랍니다. (http://portal.customs.go.kr)

04 통관요건

1) 허가·승인 등 및 확인

수출입을 할 때 법령에서 정하는 바에 따라 허가·승인·표시 또는 그 밖의 조건을 갖출 필요가 있는 물품은 세관장에게 그 허가·승인·표시 또는 그 밖의 조건을 갖춘 것임을 증명하여야 한다.(관세법 제226조 1항)

통관을 할 때 위의 구비조건에 대한 세관장의 확인이 필요한 수출입물품에 대하여는 다른 법령에도 불구하고 그 물품과 확인방법, 확인절차, 그 밖에 필요한 사항을 대통령령으로 정하는 바에 따라 미리 공고하여야 한다.(관세법 제226조 2항)

구체적으로 대통령령에서는 "허가·승인·표시 기타 조건(이하 이 조에서 "구비조건"이라 한다)의 구비를 요하는 물품에 대하여 관세청장은 주무부장관의 요청을 받아 세관공무원에 의하여 확인이 가능한 사항인지 여부, 물품의 특성 기타 수출입물품의 통관여건 등을 고려하여 세관장의 확인대상물품, 확인방법, 확인절차(관세청장이 지정·고시하는 정보통신망을 이용한 확인신청 등의 절차를 포함한다), 그 밖에 확인에 필요한 사항을 공고하여야 한다."라고 규정하고 있다.[6](시행령 제233조)

위의 세관장에게 그 허가·승인·표시 또는 그 밖의 조건을 갖춘 것임을 증명하는 것과 관련하여는 관세법 제245조[7]제2항을 준용한다.(관세법 제226조 3항)

2) 의무 이행의 요구

세관장은 다른 법령에 따라 수입 후 특정한 용도로 사용하여야 하는 등의 의무

---

6) 관세청은 관세청 고시인「관세법 제226조의 규정에 의한 세관장확인물품 및 확인방법 지정고시」(관세청고시 제2018-10호, 2018-04-19, 일부개정)를 마련하여 운영하고 있다. 특히, [별표 1](세관장 확인대상 수출물품), [별표 2](세관장 확인대상 수입물품)에서 구체적으로 규정해 두고 있다.

7) 제245조(신고 시의 제출서류) ① 제241조 또는 제244조에 따른 수출·수입 또는 반송의 신고를 하는 자는 과세가격결정자료 외에 대통령령으로 정하는 서류를 제출하여야 한다.
② 제1항에 따라 서류를 제출하여야 하는 자가 해당 서류를 관세사등에게 제출하고, 관세사등이 해당 서류를 확인한 후 제241조 또는 제244조에 따른 수출·수입 또는 반송에 관한 신고를 할 때에는 해당 서류의 제출을 생략하게 하거나 해당 서류를 수입신고 수리 후에 제출하게 할 수 있다.
③ 제2항에 따라 서류의 제출을 생략하게 하거나 수입신고 수리 후에 서류를 제출하게 하는 경우 세관장이 필요하다고 인정하여 신고인에게 관세청장이 정하는 장부나 그 밖의 관계 자료의 제시 또는 제출을 요청하면 신고인은 이에 따라야 한다.

가 부가되어 있는 물품에 대하여는 문서로써 해당 의무를 이행할 것을 요구할 수 있다. 이에 따라 의무의 이행을 요구받은 자는 대통령령으로 정하는 특별한 사유가 없으면 해당 물품에 대하여 부가된 의무를 이행하여야 한다.(관세법 제227조)

위의 규정에 따라 수입신고수리시에 부과된 의무를 면제받고자 하는 자는 다음 하나에 해당하는 경우에 한하여 해당 의무이행을 요구한 세관장의 승인을 얻어야 한다.(시행령 제234조)

① 법령이 정하는 허가·승인·추천 기타 조건을 구비하여 의무이행이 필요하지 아니하게 된 경우

② 법령의 개정 등으로 인하여 의무이행이 해제된 경우

③ 관계행정기관의 장의 요청 등으로 부과된 의무를 이행할 수 없는 사유가 있다고 인정된 경우

3) 통관표지

세관장은 관세 보전을 위하여 필요하다고 인정할 때에는 대통령령으로 정하는 바에 따라 수입하는 물품에 통관표지를 첨부할 것을 명할 수 있다.(관세법 제228조)
통관표지는 물품이 합법적으로 통관된 물품인지를 나타내는 증표로서 관세보전을 위해 첨부한다.

수입통관사무처리에 관한 고시 제116조(통관표지 첨부대상)에서는 통관표지를 첨부하여야 할 물품으로 수입신고수리물품과 관세법에 의하여 매각된 물품으로서 [별표 7]에 열거된 물품으로 규정하고 있다.

이에 따라 세관장은 다음 어느 하나에 해당하는 물품에 대하여는 관세보전을 위하여 통관표지의 첨부를 명할 수 있다.(시행령 제235조 1항)

① 법에 의하여 관세의 감면 또는 용도세율의 적용을 받은 물품

② 법 제107조제2항의 규정에 의하여 관세의 분할납부승인을 얻은 물품

③ 부정수입물품과 구별하기 위하여 관세청장이 지정하는 물품

05 원산지의 확인 등

1) 원산지 확인 기준

관세법, 조약, 협정 등에 따른 관세의 부과·징수, 수출입물품의 통관, 관세법 제233조(원산지증명서 등의 확인요청 및 조사) 제3항[8]의 확인요청에 따른 조사 등을 위하여 원산지를 확인할 때에는 다음 어느 하나에 해당하는 나라를 원산지로 한다.(관세법 제229조 1항)

(1) 해당 물품의 전부를 생산·가공·제조한 나라(시행규칙 제74조 1항)

① 해당 국가의 영역에서 생산된 광산물과 식물성 생산물

② 해당 국가의 영역에서 번식 또는 사육된 산 동물과 이들로부터 채취한 물품

③ 해당 국가의 영역에서의 수렵 또는 어로로 채집 또는 포획한 물품

④ 해당 국가의 선박에 의하여 채집 또는 포획한 어획물 기타의 물품

⑤ 해당 국가에서의 제조·가공의 공정 중에 발생한 부스러기

⑥ 해당 국가 또는 그 선박에서 ① 또는 ⑤의 물품을 원재료로 하여 제조·가공한 물품

(2) 해당 물품이 2개국 이상에 걸쳐 생산·가공 또는 제조된 경우에는 그 물품의 본질적 특성을 부여하기에 충분한 정도의 실질적인 생산·가공·제조 과정이 최종적으로 수행된 나라

해당 물품이 2개국 이상에 걸쳐 생산·가공 또는 제조된 경우에는 물품의 생산과정에 사용되는 물품의 품목분류표상 6단위 품목번호와 다른 6단위 품목번호의 물품을 최종적으로 생산한 국가를 원산지로 한다.(시행규칙 제74조 2항)

관세청장은 6단위 품목번호의 변경만으로 본질적 특성을 부여하기에 충분한 정도의 실질적인 생산과정을 거친 것으로 인정하기 곤란한 품목에 대하여는 주요공정·부가가치 등을 고려하여 품목별로 원산지기준을 따로 정할 수 있다.(시행규칙 제74조 3항)

---

8) ③ 세관장은 제232조의2에 따라 원산지증명서가 발급된 물품을 수입하는 국가의 권한 있는 기관으로부터 원산지증명서 및 원산지증명서확인자료의 진위 여부, 정확성 등의 확인을 요청받은 경우 등 필요하다고 인정되는 경우에는 제232조의2 제2항 각 호의 어느 하나에 해당하는 자를 대상으로 서면조사 또는 현지조사를 할 수 있다.

품목별 원산지기준을 정하는 때에는 관세청장은 기획재정부장관 및 해당 물품의 관계부처의 장과 협의하여야 한다.(시행규칙 제74조 5항)

해당 물품이 2개국 이상에 걸쳐 생산·가공 또는 제조된 경우에는 물품의 생산 과정에 사용되는 물품의 관세통계통합품목분류표상 6단위 품목번호와 다른 6단위 품목번호의 물품을 최종적으로 생산한 국가를 원산지로 인정하는 규정에 대해 다음 하나에 해당하는 작업이 수행된 국가는 해당국가를 원산지로 인정하지 아니한다.(시행규칙 제74조 4항)

① 운송 또는 보세구역장치중에 있는 물품의 보존을 위하여 필요한 작업

② 판매를 위한 물품의 포장개선 또는 상표표시 등 상품성 향상을 위한 개수작업

③ 단순한 선별·구분·절단 또는 세척작업

④ 재포장 또는 단순한 조립작업

⑤ 물품의 특성이 변하지 아니하는 범위안에서의 원산지가 다른 물품과의 혼합작업

⑥ 가축의 도축작업

위의 규정을 적용할 물품의 범위, 구체적 확인 기준 등에 관하여 필요한 사항은 기획재정부령으로 정한다.(관세법 제229조 2항)

위의 원산지 확인기준에도 불구하고 조약·협정 등의 시행을 위하여 원산지 확인 기준 등을 따로 정할 필요가 있을 때에는 기획재정부령으로 원산지 확인 기준 등을 따로 정한다.(관세법 제229조 3항)

2) 원산지 허위표시물품 등의 통관 제한

(1) 기준에 부합되지 않는 원산지 표시 등의 통관 제한(관세법 제230조)

세관장은 법령에 따라 원산지를 표시하여야 하는 물품이 다음 어느 하나에 해당하는 경우에는 해당 물품의 통관을 허용해서는 안 된다. 다만, 그 위반사항이 경미한 경우에는 이를 보완·정정하도록 한 후 통관을 허용할 수 있다.

① 원산지 표시가 법령에서 정하는 기준과 방법에 부합되지 아니하게 표시된 경우

② 원산지 표시가 부정한 방법으로 사실과 다르게 표시된 경우

③ 원산지 표시가 되어 있지 아니한 경우

※ 참고

〈표 9-4〉 원산지 표시 위반 유형별 적발 건수

위반유형	2012	2013	2014	2015	2016	2017
미표시	5,043	4,735	48,71	4,901	3,745	3,978
부적정표시	1,698	1,583	1,410	1,192	1,146	1,243
오인표시	210	183	183	211	183	188
표시손상	110	74	61	45	36	27
허위표시	176	204	121	134	112	134
합 계	7,237	6,779	6,646	6,483	5,222	5,570

자료 : 관세청, 관세연감, 2018.

〈표 9-5〉 원산지표시 위반 제재 조치 현황

(단위 : 건, 백만원)

구 분		2012	2013	2014	2015	2016	2017
시정조치(건)		6,849	6,231	6,407	5,871	5,076	5,323
과징금	건 수	1,439	1,440	1,003	853	720	937
	부과금액	7,505	3,322	1,028	1,720	1,201	1,999

자료: 관세청, 관세연감, 2018.

(2) 품질 등 허위·오인 표시물품의 통관 제한(관세법 제230조의2)

세관장은 물품의 품질, 내용, 제조 방법, 용도, 수량(이하 “품질 등”이라 한다)을 사실과 다르게 표시한 물품 또는 품질 등을 오인(誤認)할 수 있도록 표시하거나 오인할 수 있는 표지를 부착한 물품으로서 「부정경쟁방지 및 영업비밀보호에 관한 법률」, 「식품위생법」, 「산업표준화법」 등 품질 등의 표시에 관한 법령을 위반한 물품에 대하여는 통관을 허용하여서는 아니 된다.

(3) 환적물품 등에 대한 유치 등(관세법 제231조)

세관장은 관세법 제141조(외국물품의 일시양륙 등)에 따라 일시적으로 육지에 내려지거나 다른 운송수단으로 환적 또는 복합환적 되는 외국물품 중 원산지를 우리나라로 허위 표시한 물품은 유치할 수 있다. 이에 따라 유치하는 외국물품은 세관장이 관리하는 장소에 보관하여야 한다. 다만, 세관장이 필요하다고 인정할 때에는 그러하지 아니하다.

세관장은 외국물품을 유치할 때에는 그 사실을 그 물품의 화주나 그 위임을 받은 자에게 통지하여야 한다. 세관장은 통지를 할 때에는 이행기간을 정하여 원산지 표시의 수정 등 필요한 조치를 명할 수 있다. 이 경우 지정한 이행기간 내에 명령을 이행하지 아니하면 매각한다는 뜻을 함께 통지하여야 한다.

세관장은 원산지 표지의 수정 등의 필요한 조치에 대한 명령이 이행된 경우에는 물품의 유치를 즉시 해제하여야 한다. 그러나 명령이 이행되지 아니한 경우에는 세관장은 유치한 물품을 매각할 수 있다. 이 경우 매각 방법 및 절차에 관하여는 제160조(장치물품의 폐기)제4항부터 제6항까지 및 제210조(매각방법)를 준용한다.

3) 원산지증명서

(1) 원산지증명서의 제출

관세법, 조약, 협정 등에 따라 원산지 확인이 필요한 물품을 수입하는 자는 해당 물품의 원산지를 증명하는 서류(이하 "원산지증명서"라 한다)를 제출하여야 한다. 다만, 대통령령으로 정하는 물품의 경우에는 그러하지 아니하다.(관세법 제232조 1항)

다음 어느 하나에 해당하는 자는 해당 물품의 수입신고시에 그 물품의 원산지증명서를 세관장에게 제출하여야 한다. 다만, 아래 ①에 해당하는 자로서 수입신고 전에 원산지증명서를 발급받았으나 분실 등의 사유로 수입신고 시에 원산지증명서를 제출하지 못한 경우에는 원산지증명서 유효기간 내에 해당 원산지증명서 또는 그 부본을 제출할 수 있다.(시행령 제236조 1항)

① 법·조약·협정 등에 의하여 다른 국가의 생산(가공을 포함한다)물품에 적용되는 세율보다 낮은 세율을 적용받고자 하는 자로서 원산지확인이 필요하다고 관세청장이 정하는 자

② 관세율의 적용 기타의 사유로 인하여 원산지확인이 필요하다고 관세청장이 지정한 물품을 수입하는 자

위의 단서에 따라 원산지증명서 또는 그 부본을 제출하는 경우에는 경정청구서를 함께 제출하여야 한다.(시행령 제236조 5항)

세관장에게 제출하는 원산지증명서는 다음 하나에 해당하는 것이어야 한다.(시행령 제236조 3항)

① 원산지국가의 세관 기타 발급권한이 있는 기관 또는 상공회의소가 해당 물품에 대하여 원산지국가(지역을 포함한다)를 확인 또는 발행한 것

② 원산지국가에서 바로 수입되지 아니하고 제3국을 경유하여 수입된 물품에 대하여 그 제3국의 세관 기타 발급권한이 있는 기관 또는 상공회의소가 확인 또는 발행한 경우에는 원산지국가에서 해당 물품에 대하여 발행된 원산지증명서를 기초로 하여 원산지국가(지역을 포함한다)를 확인 또는 발행한 것

③ 관세청장이 정한 물품의 경우에는 해당 물품의 상업송장 또는 관련서류에 생산자·공급자·수출자 또는 권한있는 자가 원산지국가를 기재한 것

이러한 원산지증명서에는 해당 수입물품의 품명, 수량, 생산지, 수출자 등 관세청장이 정하는 사항이 적혀 있어야 하며, 제출일부터 소급하여 1년(아래 구분에 따른 기간은 제외한다.) 이내에 발행된 것이어야 한다.(시행령 제236조 4항)

① 원산지증명서 발행 후 1년 이내에 해당 물품이 수입항에 도착하였으나 수입신고는 1년을 경과하는 경우: 물품이 수입항에 도착한 날의 다음 날부터 해당 물품의 수입신고를 한 날까지의 기간

② 천재지변, 그 밖에 이에 준하는 사유로 원산지증명서 발행 후 1년이 경과한 이후에 수입항에 도착한 경우: 해당 사유가 발생한 날의 다음 날부터 소멸된 날까지의 기간

(2) 원산지증명서 제출의 면제(시행령 제236조 2항)

다음 물품에 대하여는 원산지증명서 제출이 면제된다.

① 세관장이 물품의 종류·성질·형상 또는 그 상표·생산국명·제조자 등에 의하여 원산지를 확인할 수 있는 물품

② 우편물(관세법 제258조제2항[9])의 규정에 해당하는 것을 제외한다)

9) 제258조(우편물통관에 대한 결정) ② 우편물이 「대외무역법」 제11조에 따른 수출입의 승인을 받은 것이거나 그 밖에 대통령령으로 정하는 기준에 해당하는 것일 때에는 해당 우편물의 수취인이나 발송인은 제241조에 따른 신고를 하여야 한다.

③ 과세가격(종량세의 경우에는 이를 관세법 제15조[10]의 규정에 준하여 산출한 가격을 말한다)이 15만원 이하인 물품

④ 개인에게 무상으로 송부된 탁송품·별송품 또는 여행자의 휴대품

⑤ 기타 관세청장이 관계행정기관의 장과 협의하여 정하는 물품

(3) 원산지증명서 미제출에 대한 불이익(관세법 제232조 2항)

세관장은 원산지 확인이 필요한 물품을 수입하는 자가 원산지증명서를 제출하지 아니하는 경우에는 관세법, 조약, 협정 등에 따른 관세율을 적용할 때 일반특혜관세·국제협력관세 또는 편익관세를 배제하는 등 관세의 편익을 적용하지 아니할 수 있다.

(4) 원산지증명서 확인자료 제출

세관장은 원산지 확인이 필요한 물품을 수입한 자로 하여금 제출받은 원산지증명서의 내용을 확인하기 위하여 필요한 자료(이하 "원산지증명서 확인자료"라 한다)를 제출하게 할 수 있다. 이 경우 원산지 확인이 필요한 물품을 수입한 자가 정당한 사유 없이 원산지증명서 확인자료를 제출하지 아니할 때에는 세관장은 수입신고시 제출받은 원산지증명서의 내용을 인정하지 아니할 수 있다.(관세법 제232조 3항)

세관장은 원산지증명서 확인자료를 제출한 자가 정당한 사유를 제시하여 그 자료를 공개하지 아니할 것을 요청한 경우에는 그 제출인의 명시적 동의 없이는 해당 자료를 공개해서는 안 된다.(관세법 제232조 4항)

위의 관세법 제232조 제1항에서 제4항까지의 규정에도 불구하고 조약·협정 등의 시행을 위하여 원산지증명서 제출 등에 관한 사항을 따로 정할 필요가 있을 때에는 기획재정부령으로 정한다.(관세법 제232조 5항)

(5) 원산지 등에 대한 사전확인

원산지확인이 필요한 물품을 수입하는 자는 관세청장에게 다음 하나에 해당하는 사항에 대하여 해당 물품의 수입신고를 하기 전에 미리 확인 또는 심사(이하 "사전확인"이라 한다)하여 줄 것을 신청할 수 있다.(시행령 제236조의2 1항)

---

10) 제15조(과세표준) 관세의 과세표준은 수입물품의 가격 또는 수량으로 한다.

① 관세법 제229조의 규정에 따른 원산지 확인기준의 충족여부

② 조약 또는 협정 등의 체결로 인하여 관련법령에서 특정물품에 대한 원산지 확인기준을 달리 정하고 있는 경우에 해당 법령에 따른 원산지 확인기준의 충족여부

③ ①, ②의 원산지 확인기준의 충족여부를 결정하기 위한 기초가 되는 사항으로서 관세청장이 정하는 사항

④ 그 밖에 관세청장이 원산지에 따른 관세의 적용과 관련하여 필요하다고 정하는 사항

사전확인의 신청을 받은 경우 관세청장은 60일 이내에 이를 확인하여 그 결과를 기재한 서류 즉, 사전확인서를 신청인에게 교부하여야 한다. 다만, 제출자료의 미비 등으로 인하여 사전확인이 곤란한 경우에는 그 사유를 신청인에게 통지하여야 한다.(시행령 제236조의2 2항)

세관장은 수입신고된 물품 및 원산지증명서의 내용이 사전확인서상의 내용과 동일하다고 인정되는 때에는 특별한 사유가 없는 한 사전확인서의 내용에 따라 관세의 경감 등을 적용하여야 한다.(시행령 제236조의2 3항)

원산지 사전확인의 결과를 통지받은 자(제236조의3 제1항에 따른 사전확인서의 내용변경 통지를 받은 자를 포함한다)는 그 통지내용에 이의를 제기하려는 경우 그 결과를 통지받은 날부터 30일 이내에 다음 사항이 기재된 신청서에 이의제기 내용을 확인할 수 있는 자료를 첨부하여 관세청장에게 제출하여야 한다.(시행령 제236조의2 4항)

① 이의를 제기하는 자의 성명과 주소 또는 거소

② 해당 물품의 품명·규격·용도·수출자·생산자 및 수입자

③ 이의제기의 요지와 내용

관세청장은 위와 같은 이의제기를 받은 때에는 이를 심사하여 30일 이내에 그 결정 내용을 신청인에게 알려야 한다.(시행령 제236조의2 5항)

관세청장은 이의제기의 내용이나 절차가 적합하지 아니하거나 보정할 수 있다고 인정되는 때에는 20일 이내의 기간을 정하여 다음 사항을 적은 문서로써 보정하여 줄 것을 요구할 수 있다. 이 경우 보정기간은 위의 심사결정기간에 산입하지 아니한다.(시행령 제236조의2 6항)

① 보정할 사항

② 보정을 요구하는 이유

③ 보정할 기간

④ 그 밖의 필요한 사항

관세청장은 사전확인서의 근거가 되는 사실관계 또는 상황이 변경된 경우에는 사전확인서의 내용을 변경할 수 있다. 이 경우 관세청장은 신청인에게 그 변경내용을 통지하여야 한다. 또한 사전확인서의 내용을 변경한 경우에는 그 변경일후에 수입신고되는 물품에 대하여 변경된 내용을 적용한다. 다만, 사전확인서의 내용변경이 자료제출누락 또는 허위자료제출 등 신청인의 귀책사유로 인한 때에는 해당 사전확인과 관련하여 그 변경일전에 수입신고된 물품에 대하여도 소급하여 변경된 내용을 적용한다.(시행령 제236조의 3)

원산지 사전확인, 사전확인 이의 제기 및 변경 등에 관한 사항 중 관세청장이 부의하는 사안을 심의하기 위하여 관세청에 원산지확인위원회를 둔다.(시행령 제236조의 4)

(6) 수출에 대한 원산지증명서의 발급 등(관세법 제232조의2)

관세법, 조약, 협정 등에 따라 관세를 양허받을 수 있는 물품의 수출자가 원산지증명서의 발급을 요청하는 경우에는 세관장이나 그 밖에 원산지증명서를 발급할 권한이 있는 기관은 그 수출자에게 원산지증명서를 발급하여야 한다.

세관장은 수출자에게 발급된 원산지증명서의 내용을 확인하기 위하여 필요하다고 인정되는 경우에는 다음 해당자들에게 원산지증명서확인자료(대통령령으로 정하는 자료로 한정한다)를 제출하게 할 수 있다. 이 경우 자료의 제출기간은 20일 이상으로서 기획재정부령으로 정하는 기간 이내로 한다.

① 원산지증명서를 발급받은 자

② 원산지증명서를 발급한 자

③ 해당 수출물품의 생산자 또는 수출자(시행령 제236조의6 2항)

(7) 원산지확인위원회의 설치 및 운영

다음 각 사항을 심의하기 위하여 관세청에 원산지확인위원회를 둔다.(관세법 제232조의3 1항)

① 원산지 확인 기준 충족 여부 확인

② 제230조(원산지 허위표시물품 등의 통관 제한) 각 호에 따른 원산지 표시의 적정성 확인

③ 원산지증명서의 내용 확인

④ 그 밖에 이 법 또는 「자유무역협정의 이행을 위한 관세법의 특례에 관한 법률」에 따른 원산지 확인 등과 관련하여 관세청장이 원산지확인위원회의 심의가 필요하다고 인정하여 회의에 부치는 사항

원산지확인위원회의 구성·운영과 그 밖에 필요한 사항은 대통령령으로 정한다.(관세법 제232조의3 2항)

(8) 수입물품의 원산지증명서 등 확인요청

세관장은 원산지증명서를 발급한 국가의 세관이나 그 밖에 발급권한이 있는 기관(이하 "외국세관 등"이라고 한다.)에 제출된 원산지증명서 및 원산지증명서 확인자료의 진위 여부, 정확성 등의 확인을 요청할 수 있다. 이 경우 세관장의 확인요청은 해당 물품의 수입신고가 수리된 이후에 하여야 하며 세관장은 확인을 요청한 사실 및 회신 내용과 그에 따른 결정 내용을 수입자에게 통보하여야 한다.(관세법 제233조 1항)

세관장은 원산지증명서 및 원산지증명서 확인자료에 대한 진위 여부 등의 확인을 요청할 때에는 다음 사항이 적힌 요청서와 수입자 또는 그 밖의 조사대상자 등으로부터 수집한 원산지증명서 사본 및 송품장 등 원산지 확인에 필요한 서류를 함께 송부하여야 한다.(시행령 제236조의7)

① 원산지증명서 및 원산지증명서 확인자료의 진위 여부 등에 대하여 의심을 갖게 된 사유 및 확인 요청사항

② 해당 물품에 적용된 원산지결정기준

(9) 수입물품의 원산지증명서 등의 확인에 문제가 있는 경우

세관장이 원산지증명서 및 원산지증명서 확인자료의 진위 여부, 정확성 등의 확인을 요청한 사항에 대하여 조약 또는 협정에서 다르게 규정한 경우를 제외하고 다음 어느 하나에 해당하는 경우에는 일반특혜관세·국제협력관세 또는 편익관세를 적용하지 아니할 수 있다. 이 경우 세관장은 제38조의3 제6항[11] 및 제39조

제2항[12]에 따라 납부하여야 할 세액 또는 납부하여야 할 세액과 납부한 세액의 차액을 부과·징수하여야 한다.(관세법 제233조 2항)

① 외국세관 등이 기획재정부령으로 정한 기간 이내에 그 결과를 회신하지 아니한 경우

② 세관장에게 신고한 원산지가 실제 원산지와 다른 것으로 확인된 경우

③ 외국세관등의 회신내용에 제229조(원산지 확인기준)에 따른 원산지증명서 및 원산지증명서 확인자료를 확인하는 데 필요한 정보가 포함되지 아니한 경우

(10) 수출물품의 원산지증명서 등에 관한 조사 절차 등

세관장은 원산지증명서가 발급된 물품을 수입하는 국가의 권한 있는 기관으로부터 원산지증명서 및 원산지증명서 확인자료의 진위 여부, 정확성 등의 확인을 요청받은 경우 등 필요하다고 인정되는 경우에는 다음 어느 하나에 해당하는 자를 대상으로 서면조사 또는 현지조사를 할 수 있다.(관세법 제233조 3항)

① 원산지증명서를 발급받은 자

② 원산지증명서를 발급한 자

③ 해당 수출물품의 생산자 또는 수출자

현지조사는 서면조사만으로 원산지증명서 및 원산지증명서 확인자료의 진위 여부, 정확성 등을 확인하기 곤란하거나 추가로 확인할 필요가 있는 경우에 할 수 있다.(시행령 제236조의8 1항)

세관장은 서면조사 또는 현지조사를 하는 경우에는 기획재정부령으로 정하는 사항을 조사대상자에게 조사 시작 7일 전까지 서면으로 통지하여야 하며 조사의 연기신청, 조사결과의 통지에 관하여는 관세법 제114조(관세조사의 사전통지와 연기신청)제2항 및 제115조(관세조사의 결과통지)를 준용한다.(시행령 제236조의8 2,3항)

조사결과에 대하여 이의가 있는 조사대상자는 조사결과를 통지받은 날부터 30

---

11) ⑥ 세관장은 납세의무자가 신고납부한 세액, 납세신고한 세액 또는 제2항 및 제3항에 따라 경정청구한 세액을 심사한 결과 과부족하다는 것을 알게 되었을 때에는 대통령령으로 정하는 바에 따라 그 세액을 경정하여야 한다.

12) ② 세관장은 과세표준, 세율, 관세의 감면 등에 관한 규정의 적용 착오 또는 그 밖의 사유로 이미 징수한 금액이 부족한 것을 알게 되었을 때에는 그 부족액을 징수한다.

일 이내에 이의제기 내용을 확인할 수 있는 자료를 신청서에 첨부하여 세관장에게 제출할 수 있다. 세관장은 이러한 이의제기를 받은 날부터 30일 이내에 심사를 완료하고 그 결정내용을 통지하여야 한다.(시행령 제236조의8 4,5항)

세관장은 이의제기의 내용이나 절차에 결함이 있는 경우에는 20일 이내의 기간을 정하여 문서로서 보정할 것을 요구할 수 있으며 다만, 보정할 사항이 경미한 경우에는 직권으로 보정할 수 있다. 이러한 보정기간은 이의제기 받은 날로부터 30일 이내에 심사완료하여 결정내용을 통지하도록 한 결정기간에 산입하지 아니한다.(시행령 제236조의8 6,7항)

(11) 수출입물품의 원산지정보 수집·분석

관세청장은 관세법과 「자유무역협정의 이행을 위한 관세법의 특례에 관한 법률」 및 조약·협정 등에 따라 수출입물품의 원산지 확인·결정 또는 검증 등의 업무에 필요한 정보를 수집·분석할 수 있다.(관세법 제233조의2 1항)

관세청장은 이러한 정보를 효율적으로 수집·분석하기 위하여 필요한 경우 대통령령으로 정하는 업무의 일부를 대통령령으로 정하는 법인 또는 단체에 위탁할 수 있다. 이 경우 관세청장은 예산의 범위에서 위탁업무의 수행에 필요한 경비를 지원할 수 있다.(관세법 제233조의2 2항)

관세청장이 법인 또는 단체의 장에게 위탁할 수 있는 업무는 다음과 같다.(시행령 제236조의5 1항)

① 수출입물품의 원산지정보 관리를 위한 시스템의 구축 및 운영에 관한 사항

② 「자유무역협정의 이행을 위한 관세법의 특례에 관한 법률」 제17조 제1항 및 제18조 제1항에 따른 서면조사 또는 현지조사 업무 중 물품의 생산 공정 분석, 거래형태 분석, 품목분류 및 부가가치 계산 등 전문성을 요하는 사항

③ 「자유무역협정의 이행을 위한 관세법의 특례에 관한 법률」 제31조 및 조약·협정에 따른 사전심사를 위한 예비 조사에 관한 사항

④ 관세법시행령 제236조의2(원산지 등에 대한 사전확인)에 따른 사전확인 업무의 예비 조사에 관한 사항

⑤ 원산지 확인·결정 또는 검증이 필요한 수출입물품 또는 그 수출입자 등의 자료분석에 관한 사항

⑥ 그 밖에 관세청장이 정하여 고시하는 사항

이와 같은 업무를 위탁받을 수 있는 법인 또는 단체의 장은 관세청장이 정하는 품목분류·원산지 기준 등 원산지정보 수집·분석에 필요한 전문인력 및 전산설비를 갖춘 법인 또는 단체의 장 중에서 관세청장이 지정하여 고시한다.(시행령 제236조의5 2항)

업무의 위탁을 받은 법인 또는 단체의 장에 대한 지휘·감독의 관한 사항은 관세청장이 정한다.(시행령 제236조의5 3항)

(12) 원산지표시 위반단속 기관협의회

관세법, 「농수산물의 원산지표시에 관한 법률」 및 「대외무역법」에 따른 원산지표시 위반 단속업무에 필요한 정보교류 등 대통령령으로 정하는 사항을 협의하기 위하여 관세청에 원산지표시 위반단속 기관협의회를 둔다.(관세법 제233조의3 1항)

위의 규정에 따른 원산지표시 위반단속 기관협의회의 구성·운영과 그 밖에 필요한 사항은 대통령령으로 정한다.(관세법 제233조의3 2항)

06 통관의 제한

1) 수출입의 금지(관세법 제234조)

다음 어느 하나에 해당하는 물품은 수출하거나 수입할 수 없다.

① 헌법질서를 문란하게 하거나 공공의 안녕질서 또는 풍속을 해치는 서적·간행물·도화, 영화·음반·비디오물·조각물 또는 그 밖에 이에 준하는 물품

② 정부의 기밀을 누설하거나 첩보활동에 사용되는 물품

③ 화폐·채권이나 그 밖의 유가증권의 위조품·변조품 또는 모조품

2) 지식재산권 보호

(1) 지식재산권 침해물품의 수출입 금지

다음 어느 하나에 해당하는 지식재산권을 침해하는 물품은 수출하거나 수입할 수 없다.(관세법 제235조 1항)

① 「상표법」에 따라 설정등록된 상표권

② 「저작권법」에 따른 저작권과 저작인접권(이하 "저작권등"이라 한다)

③ 「식물신품종 보호법」에 따라 설정등록된 품종보호권

④ 「농산물품질관리법」 또는 「수산물품질관리법」에 따라 등록되거나 조약·협정 등에 따라 보호대상으로 지정된 지리적표시권 또는 지리적표시(이하 "지리적표시권등"이라 한다)

⑤ 「특허법」에 따라 설정등록된 특허권

⑥ 「디자인보호법」에 따라 설정등록된 디자인권

상업적 목적이 아닌 개인용도에 사용하기 위한 여행자휴대품으로서 소량으로 수출입되는 물품에 대하여는 위의 규정을 적용하지 아니한다.(시행령 제243조)

(2) 효율적 단속을 위한 지식재산권의 신고

관세청장은 지식재산권을 침해하는 물품을 효율적으로 단속하기 위하여 필요한 경우에는 해당 지식재산권을 관계 법령에 따라 등록 또는 설정등록한 자 등으로 하여금 해당 지식재산권에 관한 사항을 신고하게 할 수 있다.(관세법 제235조 2항)

(3) 지식재산권 침해에 따른 침해 사실의 통보 및 사후조치

세관장은 다음 어느 하나에 해당하는 물품에 대해 관세청장에게 지식재산권을 신고한 지식재산권이 침해되었다고 인정될 때에는 그 지식재산권을 신고한 자에게 해당 물품의 수출입, 환적, 복합환적, 보세구역 반입, 보세운송 또는 제141조 제1호에 따른 일시양륙의 신고(이하 이 조에서 "수출입신고등"이라 한다) 사실을 통보하여야 한다. 이 경우 통보를 받은 자는 세관장에게 담보를 제공하고 해당 물품의 통관 보류나 유치를 요청할 수 있다.(관세법 제235조 3항)

① 수출입신고된 물품

② 환적 또는 복합환적 신고된 물품

③ 보세구역에 반입신고된 물품

④ 보세운송신고된 물품

⑤ 제141조 제1호에 따라 일시양륙이 신고된 물품

지식재산권을 보호받으려는 자는 세관장에게 담보를 제공하고 해당 물품의 통관 보류나 유치를 요청할 수 있다.(관세법 제235조 4항)

지식재산권 침해물품에 대한 통관보류나 유치의 요청을 받은 세관장은 특별한 사유가 없으면 해당 물품의 통관을 보류하거나 유치하여야 한다. 다만, 수출입신고등을 한 자가 담보를 제공하고 통관 또는 유치 해제를 요청하는 경우에는 아래 물품을 제외하고는 해당 물품의 통관을 허용하거나 유치를 해제할 수 있다.(관세법 제235조 5항)

① 위조하거나 유사한 상표를 부착하여 「상표법」에 따라 설정등록된 상표권을 침해하는 물품

② 불법복제된 물품으로서 저작권 등을 침해하는 물품

③ 같거나 유사한 품종명칭을 사용하여 「종자산업법」에 따라 설정등록된 품종보호권을 침해하는 물품

④ 위조하거나 유사한 지리적표시를 사용하여 지리적표시권등을 침해하는 물품

⑤ 특허로 설정등록된 발명을 사용하여 「특허법」에 따라 설정등록된 특허권을 침해하는 물품

⑥ 같거나 유사한 디자인을 사용하여 「디자인보호법」에 따라 설정등록된 디자인권을 침해하는 물품

세관장은 ① 수출입신고된 물품, ② 환적 또는 복합환적 신고된 물품, ③ 보세구역에 반입신고된 물품, ④ 보세운송신고된 물품, ⑤ 제141조 제1호에 따라 일시양륙이 신고된 물품이 지식재산권을 침해하였음이 명백한 경우에는 대통령령으로 정하는 바에 따라 직권으로 해당 물품의 통관을 보류하거나 해당 물품을 유치할 수 있다. 이 경우 세관장은 해당 물품의 수출입신고등을 한 자에게 그 사실을 즉시 통보하여야 한다.(관세법 제235조 7항)

※ 참고

〈표 9-6〉 지식재산권 위반 단속실적

(단위 : 건, 억원)

구 분	2015년		2016년		2017년	
	건 수	금 액	건 수	금 액	건 수	금 액
상 표 사 범	173	4,624	162	3,192	122	1,400
저 작 권 사 범	17	25	12	128	29	84
기 타 사 범	2	4	4	3	4	1
합 계	192	4,653	178	3,323	155	1,486

자료 : 관세청, 관세연감, 2018.

3) 통관물품 및 통관절차의 제한(관세법 제236조)

관세청장이나 세관장은 감시에 필요하다고 인정될 때에는 통관역·통관장 또는 특정한 세관에서 통관할 수 있는 물품을 제한할 수 있다.

4) 통관의 보류

세관장은 다음 어느 하나에 해당하는 경우에는 해당 물품의 통관을 보류할 수 있다.(관세법 제237조)

① 수출·수입 또는 반송에 관한 신고서의 기재사항에 보완이 필요한 경우

② 관세법 제245조에 따른 제출서류 등이(수출·수입 또는 반송에 관한 신고와 입항전수입신고를 하는 자가 과세자료외에 대통령령으로 정하는 제출서류 등이) 갖추어지지 아니하여 보완이 필요한 경우

③ 이 법에 따른 의무사항을 위반하거나 국민보건 등을 해칠 우려가 있는 경우

④ 제246조의3(물품에 대한 안전성 검사) 제1항에 따른 안전성 검사가 필요한 경우

⑤ 「국세징수법」 제30조의2[13]에 따라 세관장에게 체납처분이 위탁된 해당 체

13) 제30조의2(체납처분의 위탁) ① 세무서장은 제23조에 따른 독촉과 최고에도 불구하고 납부되지 아니한 체납액에 대한 체납처분(수입하는 물품에 대한 체납처분에 한정한다)을 세관장에게 위탁할 수 있다.

납자가 수입하는 경우

⑥ 그 밖에 이 법에 따라 필요한 사항을 확인할 필요가 있다고 인정하여 대통령령으로 정하는 경우(여기서 "대통령령으로 정하는 경우"란 관세 관계 법령을 위반한 혐의로 고발되거나 조사를 받는 경우를 말한다.)(시행령 제244조)

5) 보세구역 반입명령

관세청장이나 세관장은 다음 어느 하나에 해당하는 물품으로서 이 법에 따른 의무사항을 위반하거나 국민보건 등을 해칠 우려가 있는 물품은 대통령령으로 정하는 바에 따라 이를 보세구역으로 반입할 것을 명할 수 있다.(관세법 제238조 1항)

① 수출신고가 수리되어 외국으로 반출되기 전에 있는 물품

② 수입신고가 수리되어 반출된 물품

위의 규정에 따라 반입명령을 받은 자는 해당 물품을 지정받은 보세구역으로 반입하여야 한다.(관세법 제238조 2항)

구체적으로 관세청장 또는 세관장은 수출입신고가 수리된 물품이 다음 어느 하나에 해당하는 경우에는 해당 물품을 보세구역으로 반입할 것을 명할 수 있다. 다만, 해당 물품이 수출입신고가 수리된 후 3개월이 지났거나 관련 법령에 따라 관계행정기관의 장의 시정조치가 있는 경우에는 그러하지 아니하다.(시행령 제245조 1항)

① 관세법 제227조[14]에 따른 의무를 이행하지 아니한 경우

② 관세법 제230조(원산지 허위표시물품 등의 통관 제한)에 따른 원산지 표시가 적법하게 표시되지 아니하였거나 수출입신고 수리 당시와 다르게 표시되어 있는 경우

③ 관세법 제230조의2에 따른 품질 등의 표시(표지의 부착을 포함한다. 이하 이 호에서 같다)가 적법하게 표시되지 아니하였거나 수출입신고 수리 당

---

② 제1항에 따른 체납처분의 위탁 방법, 위탁 대상 체납액의 범위 등 체납처분의 위탁에 필요한 사항은 대통령령으로 정한다.

14) 제227조(의무 이행의 요구) ① 세관장은 다른 법령에 따라 수입 후 특정한 용도로 사용하여야 하는 등의 의무가 부가되어 있는 물품에 대하여는 문서로써 해당 의무를 이행할 것을 요구할 수 있다.

② 제1항에 따라 의무의 이행을 요구받은 자는 대통령령으로 정하는 특별한 사유가 없으면 해당 물품에 대하여 부가된 의무를 이행하여야 한다.

시와 다르게 표시되어 있는 경우

④ 지식재산권을 침해한 경우

관세청장 또는 세관장이 위의 규정에 의하여 반입명령을 하는 경우에는 반입대상물품, 반입할 보세구역, 반입사유와 반입기한을 기재한 명령서를 화주 또는 수출입신고자에게 송달하여야 한다.(시행령 제245조 2항)

관세청장 또는 세관장은 명령서를 받을 자의 주소 또는 거소가 불분명한 때에는 관세청 또는 세관의 게시판 및 기타 적당한 장소에 반입명령사항을 공시할 수 있다. 이 경우 공시한 날부터 2주일이 경과한 때에는 명령서를 받을 자에게 반입명령서가 송달된 것으로 본다.(시행령 제245조 3항)

반입명령서를 받은 자는 관세청장 또는 세관장이 정한 기한 내에 명령서에 기재된 물품을 지정받은 보세구역에 반입하여야 한다. 다만, 반입기한 내에 반입하기 곤란한 사유가 있는 경우에는 관세청장 또는 세관장의 승인을 얻어 반입기한을 연장할 수 있다.(시행령 제245조 4항)

세관장은 반입명령에 따라 보세구역에 반입된 물품에 대하여 명령을 받은 자에게 그 물품을 반송 또는 폐기할 것을 명하거나 보완 또는 정정 후 반출하게 할 수 있다. 이 경우 반송 또는 폐기에 소요되는 비용은 명령을 받은 자가 이를 부담한다.(시행령 제245조 5항)

반입명령에 따라 보세구역에 반입된 물품이 반송 또는 폐기된 경우에는 당초의 수출입신고수리는 취소된 것으로 본다.(시행령 제245조 6항)

반송 또는 폐기된 물품에 대하여는 관세법 제46조(과오납금의 환급) 및 법 제48조(환급가산금)의 규정을 준용한다.(시행령 제245조 7항)

관세청장은 보세구역 반입명령의 적정한 시행을 위하여 필요한 반입보세구역, 반입기한, 반입절차, 수출입신고필증의 관리방법 등에 관한 세부기준을 정할 수 있다.(시행령 제245조 8항)

07 통관의 예외 적용

1) 수입으로 보지 아니하는 소비 또는 사용

외국물품의 소비나 사용이 다음 어느 하나에 해당하는 경우에는 이를 수입으로

보지 아니한다.(관세법 제239조)

① 선용품·기용품 또는 차량용품을 운송수단 안에서 그 용도에 따라 소비하거나 사용하는 경우

② 선용품·기용품 또는 차량용품을 세관장이 정하는 지정보세구역에서 「출입국관리법」에 따라 출국심사를 마치거나 우리나라에 입국하지 아니하고 우리나라를 경유하여 제3국으로 출발하려는 자에게 제공하여 그 용도에 따라 소비하거나 사용하는 경우

③ 여행자가 휴대품을 운송수단 또는 관세통로에서 소비하거나 사용하는 경우

④ 관세법에서 인정하는 바에 따라 소비하거나 사용하는 경우

2) 수출입의 의제

다음 어느 하나에 해당하는 외국물품은 이 법에 따라 적법하게 수입된 것으로 보고 관세 등을 따로 징수하지 아니한다.(관세법 제240조 1항)

① 체신관서가 수취인에게 내준 우편물

② 관세법에 따라 매각된 물품

③ 관세법에 따라 몰수된 물품

④ 제269조(밀수출입죄), 제272조(밀수 전용 운반기구의 몰수), 제273조(범죄에 사용된 물품의 몰수 등) 또는 제274조(밀수품의 취득죄 등) 제1항 제1호(밀수입죄에 해당하는 물품)에 해당하여 관세법에 따른 통고처분으로 납부된 물품

⑤ 법령에 따라 국고에 귀속된 물품

⑥ 제282조 제3항[15]에 따라 몰수를 갈음하여 추징된 물품

---

15) ③ 제1항과 제2항에 따라 몰수할 물품의 전부 또는 일부를 몰수할 수 없을 때에는 그 몰수할 수 없는 물품의 범칙 당시의 국내도매가격에 상당한 금액을 범인으로부터 추징한다. 다만, 제274조 제1항 제1호 중 제269조 제2항의 물품을 감정한 자는 제외한다.

* 제269조 제2항 ② 다음 각 호의 어느 하나에 해당하는 자는 3년 이하의 징역 또는 물품원가 이하에 상당하는 벌금에 처한다.

1. 제241조 제1항·제2항 또는 제244조 제1항에 따른 신고를 하지 아니하고 물품을 수입한 자. 다만, 제253조 제1항에 따른 반출신고를 한 자는 제외한다.
2. 제241조 제1항·제2항 또는 제244조 제1항에 따른 신고를 하였으나 해당 수입물품과 다른 물품으로 신고하여 수입한 자

체신관서가 외국으로 발송한 우편물은 이 법에 따라 적법하게 수출되거나 반송된 것으로 본다.(관세법 제240조 2항)

08 통관 후 유통이력 관리

1) 통관 후 유통이력 신고(관세법 제240조의2)

외국물품을 수입하는 자와 수입물품을 국내에서 거래하는 자(소비자에 대한 판매를 주된 영업으로 하는 사업자는 제외한다)는 사회안전 또는 국민보건을 해칠 우려가 현저한 물품 등으로서 관세청장이 지정하는 물품(이하 "유통이력 신고물품"이라 한다)에 대한 유통단계별 거래명세(이하 "유통이력"이라 한다)를 관세청장에게 신고하여야 한다.

유통이력 신고의 의무가 있는 자(이하 "유통이력 신고의무자"라 한다)는 유통이력을 장부에 기록(전자적 기록방식을 포함한다)하고, 그 자료를 거래일부터 1년간 보관하여야 한다.

관세청장은 유통이력 신고물품을 지정할 때 미리 관계 행정기관의 장과 협의하여야 한다.

관세청장은 유통이력 신고물품의 지정, 신고의무 존속기한 및 신고대상 범위 설정 등을 할 때 수입물품을 내국물품에 비하여 부당하게 차별하여서는 아니 되며, 이를 이행하는 유통이력 신고의무자의 부담이 최소화 되도록 하여야 한다.

유통이력 신고물품별 신고의무 존속기한, 유통이력의 범위, 신고절차, 그 밖에 유통이력 신고에 필요한 사항은 관세청장이 정한다.

2) 유통이력 조사(관세법 제240조의3)

관세청장은 필요하다고 인정할 때에는 세관공무원으로 하여금 유통이력 신고의무자의 사업장에 출입하여 영업 관계의 장부나 서류를 열람하여 조사하게 할 수 있다.

유통이력 신고의무자는 정당한 사유 없이 조사를 거부·방해 또는 기피하여서는 아니 된다.

유통이력 조사를 하는 세관공무원은 신분을 확인할 수 있는 증표를 지니고 이를 관계인에게 보여 주어야 한다.

09 통관절차 등의 국제협력

1) 무역원활화 기본계획의 수립 및 시행

기획재정부장관은 「세계무역기구 설립을 위한 마라케쉬협정」에 따라 이 법 및 관련법에서 정한 통관 등 수출입 절차의 원활화 및 이와 관련된 국제협력의 원활화(이하 "무역원활화"라 한다)를 촉진하기 위하여 다음 사항이 포함된 무역원활화 기본계획(이하 "기본계획"이라 한다)을 수립·시행하여야 한다.(관세법 제240조의4 1항)

① 무역원활화 정책의 기본 방향에 관한 사항

② 무역원활화 기반 시설의 구축과 운영에 관한 사항

③ 무역원활화의 환경조성에 관한 사항

④ 무역원활화와 관련된 국제협력에 관한 사항

⑤ 무역원활화와 관련된 통계자료의 수집·분석 및 활용방안에 관한 사항

⑥ 무역원활화 촉진을 위한 재원 확보 및 배분에 관한 사항

⑦ 그 밖에 무역원활화를 촉진하기 위하여 필요한 사항

기획재정부장관은 기본계획을 시행하기 위하여 대통령령으로 정하는 바에 따라 무역원활화에 관한 업무를 수행하는 기관 또는 단체에 필요한 지원을 할 수 있다.(관세법 제240조의4 2항)

2) 상호주의에 따른 통관절차 간소화

국제무역 및 교류를 증진하고 국가 간의 협력을 촉진하기 위하여 우리나라에 대하여 통관절차의 편익을 제공하는 국가에서 수입되는 물품에 대하여는 상호 조건에 따라 대통령령으로 정하는 바에 따라 간이한 통관절차를 적용할 수 있다.(관세법 제240조의5)

3) 국가 간 세관정보의 상호 교환 등

관세청장은 물품의 신속한 통관과 이 법을 위반한 물품의 반입을 방지하기 위하여 세계관세기구에서 정하는 수출입 신고항목 및 화물식별번호를 발급하거나 사용하게 할 수 있다.(관세법 제240조의6 1항)

관세청장은 세계관세기구에서 정하는 수출입 신고항목 및 화물식별번호 정보

를 다른 국가와 상호 조건에 따라 교환할 수 있다.(관세법 제240조의6 2항)

관세청장은 관세의 부과와 징수, 과세 불복에 대한 심리 및 형사소추를 위하여 수출입신고자료 등 대통령령으로 정하는 사항을 대한민국 정부가 다른 국가와 관세행정에 관한 협력 및 상호지원에 관하여 체결한 협정과 국제기구와 체결한 국제협약에 따라 다른 법률에 저촉되지 아니하는 범위에서 다른 국가와 교환할 수 있다.(관세법 제240조의6 3항)

위의 규정에도 불구하고 관세청장은 상호주의 원칙에 따라 상대국에 수출입신고자료 등을 제공하는 것을 제한할 수 있다.(관세법 제240조의6 4항)

관세청장은 위의 규정에 따라 다른 국가와 수출입신고자료 등을 교환하는 경우 대통령령으로 정하는 바에 따라 이를 신고인 또는 그 대리인에게 통지하여야 한다.(관세법 제240조의6 5항)

9-2 수출·수입 및 반송

01 신고

1) 수출·수입 또는 반송의 신고

물품을 수출·수입 또는 반송[16]하려면 해당 물품의 품명·규격·수량 및 가격과 그 밖에 대통령령으로 정하는 사항을 세관장에게 신고[17]하여야 한다.(관세법 제241조 1항)

---

16) 관세법 제2조(정의) 1. "수입"이란 외국물품을 우리나라에 반입(보세구역을 경유하는 것은 보세구역으로부터 반입하는 것을 말한다)하거나 우리나라에서 소비 또는 사용하는 것(우리나라의 운송수단 안에서의 소비 또는 사용을 포함하며, 제239조(수입으로 보지 아니하는 소비 또는 사용) 각 호의 어느 하나에 해당하는 소비 또는 사용은 제외한다)을 말한다.
2. "수출"이란 내국물품을 외국으로 반출하는 것을 말한다.
3. "반송"이란 국내에 도착한 외국물품이 수입통관절차를 거치지 아니하고 다시 외국으로 반출되는 것을 말한다.

여기서 "대통령령으로 정하는 사항"이란 다음 사항을 말한다.(시행령 제246조 1항)

① 포장의 종류·번호 및 개수

② 목적지·원산지 및 선적지

③ 원산지표시 대상물품인 경우에는 표시유무·방법 및 형태

④ 상표

⑤ 납세의무자 또는 화주의 상호(개인의 경우 성명을 말한다)·사업자등록번호·통관고유부호와 해외공급자부호 또는 해외구매자부호

⑥ 물품의 장치장소

⑦ 그 밖에 기획재정부령으로 정하는 참고사항

수출신고를 함에 있어 수출신고가격을 산정하기 위하여 외국통화로 표시된 가격을 내국통화로 환산하는 때에는 수출신고일이 속하는 주의 전주의 외국환매입률을 평균하여 관세청장이 정한 율로 하여야 한다.(시행령 제246조 6항)

2) 수출·수입 또는 반송 신고의 생략 또는 간소신고

다음 어느 하나에 해당하는 물품은 대통령령으로 정하는 바에 따라[18] 수출·수입 또는 반송신고를 생략하게 하거나 관세청장이 정하는 간소한 방법으로 신고하게 할 수 있다.(관세법 제241조 2항)

① 휴대품·탁송품 또는 별송품

② 우편물

③ 제91조(종교용품, 자선용품, 장애인용품 등의 면세), 제92조(정부용품 등의

---

17) 신고(申告)는 국민이 법령의 규정에 따라 행정 관청에 일정한 사실을 진술·보고하는 것으로 행정 관청에 통고함으로써 족하고 그에 대한 행정 관청의 결정을 기다릴 필요는 없다.

18) 관세법시행령 제246조(수출·수입 또는 반송의 신고) 제4항

④ 법 제241조 제2항의 규정에 의하여 신고를 생략하게 하는 물품은 다음 각호의 1과 같다. 다만, 법 제226조(허가·승인 등의 증명 및 확인)의 규정에 해당하는 물품을 제외한다.

1. 법 제96조 제1항 제1호의 규정에 따른 여행자휴대품
2. 법 제96조 제1항 제3호의 규정에 따른 승무원휴대품
3. 우편물(법 제258조 제2항에 해당하는 것을 제외한다)
4. 국제운송을 위한 컨테이너(법 별표 관세율표 중 기본세율이 무세인 것에 한한다)
5. 기타 서류·소액면세물품 등 신속한 통관을 위하여 필요하다고 인정하여 관세청장이 정하는 탁송품 또는 별송품

면세), 제93조(특정물품의 면세 등), 제94조(소액물품 등의 면세), 제96조(여행자 휴대품 및 이사물품 등의 면세) 제1항[19] 및 제97조(재수출면세) 제1항[20]에 따라 관세가 면제되는 물품[21]

④ 관세법 제135조(입항절차), 제136조(출항절차), 제149조(국경출입차량의 도착절차) 및 제150조(국경출입차량의 출발절차)에 따른 보고 또는 허가의 대상이 되는 운송수단. 다만, 다음 어느 하나에 해당하는 운송수단은 제외한다.

㉠ 우리나라에 수입할 목적으로 최초로 반입되는 운송수단

㉡ 해외에서 수리하거나 부품 등을 교체한 우리나라의 운송수단

㉢ 해외로 수출 또는 반송하는 운송수단

⑤ 국제운송을 위한 컨테이너(별표 관세율표 중 기본세율이 무세인 것으로 한정한다)

3) 수출·수입 또는 반송의 신고 기간

수입하거나 반송하려는 물품을 지정장치장 또는 보세창고에 반입하거나 보세구역이 아닌 장소에 장치한 자는 그 반입일 또는 장치일부터 30일 이내(제243조

---

19) ① 다음 각 호의 어느 하나에 해당하는 물품이 수입될 때에는 그 관세를 면제할 수 있다.
1. 여행자의 휴대품 또는 별송품으로서 여행자의 입국 사유, 체재기간, 직업, 그 밖의 사정을 고려하여 기획재정부령으로 정하는 기준에 따라 세관장이 타당하다고 인정하는 물품
2. 우리나라로 거주를 이전하기 위하여 입국하는 자가 입국할 때 수입하는 이사물품으로서 거주 이전의 사유, 거주기간, 직업, 가족 수, 그 밖의 사정을 고려하여 기획재정부령으로 정하는 기준에 따라 세관장이 타당하다고 인정하는 물품
3. 외국무역선 또는 외국무역기의 승무원이 휴대하여 수입하는 물품으로서 항행일수, 체재기간, 그 밖의 사정을 고려하여 세관장이 타당하다고 인정하는 물품. 다만, 기획재정부령으로 정하는 물품은 제외한다.

20) ① 수입신고 수리일부터 다음 각 호의 어느 하나의 기간에 다시 수출하는 물품에 대하여는 그 관세를 면제할 수 있다.
1. 기획재정부령으로 정하는 물품: 1년의 범위에서 대통령령으로 정하는 기준에 따라 세관장이 정하는 기간. 다만, 세관장은 부득이한 사유가 있다고 인정될 때에는 1년의 범위에서 그 기간을 연장할 수 있다.
2. 1년을 초과하여 수출하여야 할 부득이한 사유가 있는 물품으로서 기획재정부령으로 정하는 물품: 세관장이 정하는 기간

21) 관세법시행령 제246조(수출·수입 또는 반송의 신고) 제4항
④법 제241조 제2항의 규정에 의한 수입물품 중 관세가 면제되거나 무세인 물품에 있어서는 그 검사를 마친 때에 해당 물품에 대한 수입신고가 수리된 것으로 본다.

제1항에 해당하는 물품[22])은 관세청장이 정하는 바에 따라 반송신고를 할 수 있는 날부터 30일 이내)에 수출·수입 또는 반송신고를 하여야 한다.(관세법 제241조 3항)

4) 수입 또는 반송 신고 기간내 신고하지 않은 경우의 가산세

세관장은 대통령령으로 정하는 물품을 수입하거나 반송하는 자가 신고기간 내에 수입 또는 반송의 신고를 하지 아니한 경우에는 해당 물품 과세가격의 100분의 2에 상당하는 금액의 범위에서 대통령령으로 정하는 금액을 가산세로 징수한다.(관세법 제241조 4항)

여기서 "대통령령으로 정하는 금액의 가산세"는 다음의 율에 의하여 산출한다.(시행령 제247조 1항)

① 신고기한이 경과한 날부터 20일내에 신고를 한 때에는 해당 물품의 과세가격의 1천분의 5

② 신고기한이 경과한 날부터 50일내에 신고를 한 때에는 해당 물품의 과세가격의 1천분의 10

③ 신고기한이 경과한 날부터 80일내에 신고를 한 때에는 해당 물품의 과세가격의 1천분의 15

④ 위의 ①, ②, ③ 외의 경우에는 해당 물품의 과세가격의 1천분의 20

위의 가산세액은 500만원을 초과할 수 없다. 신고기한이 경과한 후 보세운송된 물품에 대하여는 보세운송신고를 한 때를 기준으로 위의 가산세율을 적용하며 그 세액은 수입 또는 반송신고를 하는 때에 징수한다.(시행령 제247조 2,3항)

가산세를 징수하여야 하는 물품은 물품의 신속한 유통이 긴요하다고 인정하여 보세구역의 종류와 물품의 특성을 감안하여 관세청장이 정하는 물품으로 한다.(시행령 제248조)

5) 신고 누락에 따른 가산세

세관장은 다음 어느 하나에 해당하는 경우에는 해당 물품에 대하여 납부할 세액(관세 및 내국세를 포함한다)의 100분의 20(아래 ①의 경우에는 100분의 40으로 하

22) 필요한 허가·승인·표시 또는 그 밖의 조건이 갖추어지지 아니한 것으로 세관장이 유치한 여행자 휴대품

되, 반복적으로 자진신고를 하지 아니하는 경우 등 대통령령으로 정하는 사유에 해당하는 경우에는 100분의 60)에 상당하는 금액을 가산세로 징수한다.(관세법 제241조 5항)

① 여행자나 승무원이 휴대품(관세법 제96조 제1항 제1호 및 제3호에 해당하는 물품은 제외한다)을 신고하지 아니하여 과세하는 경우

② 우리나라로 거주를 이전하기 위하여 입국하는 자가 입국할 때에 수입하는 이사물품(관세법 제96조 제1항 제2호에 해당하는 물품은 제외한다)을 신고하지 아니하여 과세하는 경우[23]

위의 "반복적으로 자진신고를 하지 아니하는 경우 등 대통령령으로 정하는 사유에 해당하는 경우"란 같은 여행자나 승무원에 대하여 그 여행자나 승무원의 입국일을 기준으로 소급하여 2년 이내에 2회 이상 위의 ①에 해당하는 사유로 가산세를 징수한 경우를 말한다.(시행령 제247조 4항)

6) 수출·수입 또는 반송의 신고 기간의 예외

전기, 가스, 유류, 용수(用水)를 그 물품의 특성으로 인하여 전선로, 배관 등 전기, 가스, 유류, 용수(用水) 중 어느 하나에 해당하는 물품을 공급하기에 적합하도록 설계·제작된 일체의 시설을 이용하여 수출·수입 또는 반송하는 자는 1개월을 단위로 하여 다음 달 10일까지 신고하여야 한다. 이 경우 기간 내에 수출·수입 또는 반송의 신고를 하지 아니하는 경우의 가산세 징수에 관하여는 신고 기간내 신고하지 않은 경우의 가산세 규정을 준용한다.(관세법 제241조 6항) (시행령 제246조 7,8항)

---

23) 제96조(여행자 휴대품 및 이사물품 등의 면세) ① 다음 각 호의 어느 하나에 해당하는 물품이 수입될 때에는 그 관세를 면제할 수 있다.

1. 여행자의 휴대품 또는 별송품으로서 여행자의 입국 사유, 체재기간, 직업, 그 밖의 사정을 고려하여 기획재정부령으로 정하는 기준에 따라 세관장이 타당하다고 인정하는 물품
2. 우리나라로 거주를 이전하기 위하여 입국하는 자가 입국할 때 수입하는 이사물품으로서 거주 이전의 사유, 거주기간, 직업, 가족 수, 그 밖의 사정을 고려하여 기획재정부령으로 정하는 기준에 따라 세관장이 타당하다고 인정하는 물품
3. 외국무역선 또는 외국무역기의 승무원이 휴대하여 수입하는 물품으로서 항행일수, 체재기간, 그 밖의 사정을 고려하여 세관장이 타당하다고 인정하는 물품. 다만, 기획재정부령으로 정하는 물품은 제외한다.

7) 해외 수리 운송수단 수입신고의 특례(관세법 제241조의2)

관세법 제241조 제2항 제3호의2 나목(해외에서 수리하거나 부품 등을 교체한 우리나라의 운송수단)에 따른 운송수단을 수입신고하는 경우 해당 운송수단의 가격은 수리 또는 부품 등이 교체된 부분의 가격으로 한다.

8) 수출·수입·반송 등의 신고인

관세법 제241조(수출·수입 또는 반송의 신고), 제244조(입항전수입신고) 또는 제253조(수입신고전의 물품 반출 ; 즉시반출신고)에 따른 신고는 화주 또는 관세사·관세법인 또는 통관취급법인의 명의로 하여야 한다. 다만, 수출신고의 경우에는 화주에게 해당 수출물품을 제조하여 공급한 자의 명의로 할 수 있다.(관세법 제242조)

9) 신고의 요건

관세법 제206조(유치 및 예치) 제1항 제1호 여행자의 휴대품 중 관세청장이 정하는 물품은 관세청장이 정하는 바에 따라 반송방법을 제한할 수 있다.(관세법 제243조 제1항)

관세법 제241조(수출·수입 또는 반송의 신고) 제1항에 따른 수입의 신고는 해당 물품을 적재한 선박이나 항공기가 입항된 후에만 할 수 있으며 반송의 신고는 해당 물품이 관세법에 따른 장치 장소에 있는 경우에만 할 수 있다.(관세법 제243조 제2,3항)

*** 특별 소비세등 부과 처분 취소**
[대법원 2011. 10. 13., 선고, 2009두22072, 판결]

【판시사항】
[1] 세법 개정에 따라 높은 세율이 적용되도록 입법예고된 물품에 대해 입항 전 수입신고를 제한하는 내용의 구 관세법 시행령 제249조 제3항 제1호가 구 관세법 제244조 제1항의 위임범위를 벗어나 무효인지 여부(소극)
[2] 액화천연가스 수입업자인 甲 공사가 2006. 1. 1. 우리나라 도착 예정인 액화천연가스에 대하여 2005. 12. 30. 입항 전 수입신고를 하였는데, 당시 2006. 1. 1.부터 액화천연가스에 대한 특별소비세율을 인상하는 내용의 구 특별소비세법 개정안이 입법예고되어 있어서 구 관세법 시행령 제249조 제3항 제1호에 따라 위 물품은 입항 전 수입신고 대상에 해당되지 않는다는 이유로 과세관청이 甲 공사에 개정된 세율에 따른 특별소비세 및 그에 대한 가산세 등을 부과하는 처분을 한 사안에서, 위 처분이 적법하다고 본 원심판단을 정당하다고 한 사례

【판결요지】
[1] 구 관세법(2010. 12. 30. 법률 제10424호로 개정되기 전의 것, 이하 '법'이라 한다) 제244조 제1항의 문언상 입항 전 수입신고의 절차와 방법만을 구 관세법 시행령(2008. 2. 22. 대통령령 제20624호로 개정되기 전의 것, 이하 '시행령'이라 한다)에서 정하도록 위임한 것이 아니므로 시행령이 입항 전 수입신고의 대상에 관하여도 필요한 경우 일정한 제한을 하는 것을 충분히 예상할 수 있는 점, 입항 전 수입신고는 신속한 통관의 편의를 위하여 법 제243조 제2항에 의한 입항 후 수입신고의 원칙에 대한 예외로서 인정된 것인 만큼 그로 인하여 법령의 개정이 예고되어 있는 상황에서 개정법령의 적용을 회피하는 결과까지 초래되는 것은 바람직하지 않으므로 이와 같은 경우에 시행령에서 입항 전 수입신고를 제한하더라도 모법의 취지에 반한다고 할 수 없는 점 등을 종합하면, 시행령 제249조 제3항 제1호 규정이 세법 개정에 따라 높은 세율의 적용이 예고되어 있는 물품에 대하여 입항 전 수입신고를 제한하더라도 이를 두고 법 제244조 제1항의 위임범위를 벗어나 무효라고 할 수 없다.
[2] 액화천연가스 수입업자인 甲 공사가 2006. 1. 1. 우리나라 도착 예정인 액화천연가스에 대하여 2005. 12. 30. 입항 전 수입신고를 하였는데, 당시 2006. 1. 1.부터 액화천연가스에 대한 특별소비세율을 인상하는 내용의 구 특별소비세법(2007. 12. 31. 법률 제8829호로 개정되기 전의 것, 이하 '구 특별소비세법'이라 한다) 개정안이 입법예고되어 있어서 구 관세법 시행령(2008. 2. 22. 대통령령 제20624호로 개정되기 전의 것, 이하 '시행령'이라 한다) 제249조 제3항 제1호에 따라 위 물품은 입항 전 수입신고 대상에 해당되지 않는다는 이유로 과세관청이 甲 공사에 개정된 세율에 따른 특별소비세 및 그에 대한 가산세 등을 부과하는 처분을 한 사안에서, 시행령 제249조 제3항 제1호의 입법 취지는 입항 전 수입신고를 할 당시에 물품이 우리나라에 도착하는 날부터 높은 세율이 적용될 것이 예고되어 있는 경우에는 이를 제한함으로써 입항 전 수입신고를 통해 높은 세율의 적용을 회피하는 것을 방지하려는 데에 있는 점, 甲 공사가 수입신고를 할 당시에 시행일이 명시되지 않았지만 구 특별소비세법 개정안에 관하여 행정절차법에 따른 입법예고가 이루어져 있었고 시행일에 관해서도 이후 국회 인터넷 홈페이지를 통해 공고가 이루어져 있었던 점 등을 종합하여 볼 때, 甲 공사가 수입신고를 할 당시 액화천연가스에 대하여 시행령에서 말하는 입법예고가 이루어졌다는 이유로 위 처분이 적법하다고 본 원심판단을 정당하다고 한 사례.

10) 입항전 수입신고

(1) 입항전 수입신고의 개념

관세법 제243조 제2항에서 규정한 바와 같이 수입의 신고는 해당 물품을 적재한 선박이나 항공기가 입항된 후에만 할 수 있으나 그럼에도 불구하고 수입하려는 물품의 신속한 통관이 필요할 때에는 대통령령으로 정하는 바에 따라 해당 물품을 적재한 선박이나 항공기가 입항하기 전에 수입신고를 할 수 있다. 이 경우 입항전 수입신고가 된 물품은 우리나라에 도착한 것으로 본다.(관세법 第244조 1항)

(2) 입항전 수입신고 시기

입항전 수입신고는 해당 물품을 적재한 선박 또는 항공기가 그 물품을 적재한 항구 또는 공항에서 출항하여 우리나라에 입항하기 5일전(항공기의 경우 1일전)부터 할 수 있다. 그럼에도 불구하고 ① 세율이 인상되거나 새로운 수입요건을 갖추도록 요구하는 법령이 적용되거나 적용될 예정인 물품이나 ② 수입신고하는 때와 우리나라에 도착하는 때의 물품의 성질과 수량이 달라지는 물품으로서 관세청장이 정하는 물품은 해당 물품을 적재한 선박 등이 우리나라에 도착된 후에 수입신고하여야 한다.(시행령 第249조 1,3항)

한편 출항부터 입항까지의 기간이 단기간인 경우 등 해당 선박 등이 출항한 후에 신고하는 것이 곤란하다고 인정되어 출항하기 전에 신고하게 할 필요가 있는 때에는 관세청장이 정하는 바에 따라 그 신고 시기를 조정할 수 있다.(시행령 第249조 2항)

(3) 입항전 수입신고 물품에 대한 검사

세관장은 입항전 수입신고를 한 물품에 대하여 관세법 제246조(수출·수입 또는 반송하려는 물품의 검사)에 따른 물품검사의 실시를 결정하였을 때에는 수입신고를 한 자에게 이를 통보하여야 한다. 이에 따라 검사대상으로 결정된 물품은 수입신고를 한 세관의 관할 보세구역(보세구역이 아닌 장소에 장치하는 경우 그 장소를 포함한다)에 반입되어야 한다. 다만, 세관장이 적재상태에서 검사가 가능하다고 인정하는 물품은 해당 물품을 적재한 선박이나 항공기에서 검사할 수 있다. 한편 검사대상으로 결정되지 아니한 물품은 입항 전에 그 수입신고를 수리할 수 있다.(관세법 第244조 2,3,4항)

(4) 입항전 수입신고 수리 후 반출되지 않은 물품의 멸실 등의 관세 환급

입항전 수입신고가 수리되고 보세구역 등으로부터 반출되지 아니한 물품에 대하여는 해당 물품이 지정보세구역에 장치되었는지 여부에 관계없이 제106조(계약내용과 다른 물품 등에 대한 관세 환급) 제4항[24]을 준용한다.(관세법 第244조 5항)

---

24) ④ 수입신고가 수리된 물품이 수입신고 수리 후에도 지정보세구역에 계속 장치되어 있는

11) 신고시 서류 제출

(1) 신고시 제출 서류

관세법 제241조(수출·수입 또는 반송의 신고) 또는 제244조(입항전수입신고)에 따른 수출·수입 또는 반송의 신고를 하는 자는 과세가격결정자료 외에 대통령령으로 정하는 서류를 제출하여야 한다.(관세법 제245조 1항)

여기서 "대통령령으로 정하는 서류"란 다음의 서류를 말한다.(시행령 제250조 1항)

① 선하증권 사본 또는 항공화물운송장 사본

② 원산지증명서(관세법 제236조(원산지증명서의 제출 등) 제1항[25])이 적용되는 경우로 한정한다)

③ 기타 참고서류

수출입신고를 하는 물품이 관세법 제226조(허가·승인 등의 증명 및 확인)의 규정에 의한 증명을 필요로 하는 것인 때에는 관련증명서류를 첨부하여 수출입신고를 하여야 한다. 다만, 세관장은 필요없다고 인정되는 때에는 이를 생략하게 할 수 있다.(시행령 제250조 2항)

(2) 관세사 등에 의한 신고시 서류 제출 생략 등

신고시 서류를 제출하여야 하는 자가 해당 서류를 관세사 등에게 제출하고, 관세사 등이 해당 서류를 확인한 후 관세법 제241조(수출·수입 또는 반송의 신고) 또는 제244조(입항전수입신고)에 따른 수출·수입 또는 반송에 관한 신고를 할 때에는 해당 서류의 제출을 생략하게 하거나 해당 서류를 수입신고 수리 후에 제출하게 할 수 있다.(관세법 제245조 2항)

서류의 제출을 생략하게 하거나 수입신고 수리 후에 서류를 제출하게 하는 경

중에 재해로 멸실되거나 변질 또는 손상되어 그 가치가 떨어졌을 때에는 대통령령으로 정하는 바에 따라 그 관세의 전부 또는 일부를 환급할 수 있다.

25) 제236조(원산지증명서의 제출 등) ① 다음 각호의 1에 해당하는 자는 해당 물품의 수입신고시에 해당 물품의 원산지를 증명하는 서류(이하 "원산지증명서"라 한다)를 세관장에게 제출하여야 한다.
 1. 법·조약·협정 등에 의하여 다른 국가의 생산(가공을 포함한다)물품에 적용되는 세율보다 낮은 세율을 적용받고자 하는 자로서 원산지확인이 필요하다고 관세청장이 정하는 자
 2. 관세율의 적용 기타의 사유로 인하여 원산지확인이 필요하다고 관세청장이 지정한 물품을 수입하는 자

우 세관장이 필요하다고 인정하여 신고인에게 관세청장이 정하는 장부나 그 밖의 관계 자료의 제시 또는 제출을 요청하면 신고인은 이에 따라야 한다.(관세법 제245조 3항)

02 물품의 검사

1) 물품의 검사

(1) 수출·수입 또는 반송하려는 물품의 검사(관세법 제246조)

세관공무원은 수출·수입 또는 반송하려는 물품에 대하여 검사를 할 수 있다.

관세청장은 검사의 효율을 거두기 위하여 검사대상, 검사범위, 검사방법 등에 관하여 필요한 기준을 정할 수 있다.

화주는 수입신고를 하려는 물품에 대하여 수입신고 전에 관세청장이 정하는 바에 따라 확인을 할 수 있다.

(2) 신고하지 않은 물품에 대한 검사

수입하거나 반송하려는 물품을 지정장치장 또는 보세창고에 반입하거나 보세구역이 아닌 장소에 장치한 자는 그 반입일 또는 장치일부터 30일 이내(제243조 제1항에 해당하는 물품[26]은 관세청장이 정하는 바에 따라 반송신고를 할 수 있는 날부터 30일 이내)에 수출·수입 또는 반송신고를 하여야 한다는 관세법 제241조 제3항의 규정에 따른 신고를 하지 아니한 물품에 대하여는 세관장은 관세청장이 정하는 바에 의하여 직권으로 이를 검사할 수 있다.(시행령 제251조 1항)

2) 물품의 검사에 따른 손실보상

관세청장 또는 세관장은 세관공무원의 적법한 물품검사로 인하여 물품에 손실이 발생한 경우 그 손실을 입은 자에게 보상(이하 "손실보상"이라 한다)하여야 한다.(관세법 제246조의2 1항)

손실보상의 기준, 보상금액에 관한 사항은 대통령령으로 정하며(관세법 제246조의2 2항) 손실보상의 지급절차 및 방법, 그 밖에 필요한 사항은 관세청장이 정한다.(관세법 제246조의2 3항)

---

26) 필요한 허가·승인·표시 또는 그 밖의 조건이 갖추어지지 아니한 것으로 세관장이 유치한 여행자 휴대품

3) 물품에 대한 안전성 검사

관세청장은 중앙행정기관의 장의 요청을 받아 세관장으로 하여금 제226조(허가·승인 등의 증명 및 확인)에 따른 세관장의 확인이 필요한 수출입물품 등 다른 법령에서 정한 물품의 성분·품질 등에 대한 안전성 검사(이하 "안전성 검사"라 한다)를 하게 할 수 있다.(관세법 제246조의3 1항)

중앙행정기관의 장은 안전성 검사를 요청하는 경우 관세청장에게 해당 물품에 대한 안전성 검사 방법 등 관련 정보를 제공하여야 한다.(관세법 제246조의3 2항)

관세청장은 중앙행정기관의 장의 안전성 검사 요청을 받은 경우 해당 안전성 검사를 위하여 필요한 인력 및 설비 등을 고려하여 안전성 검사 대상 물품을 지정하여야 하고, 그 결과를 해당 중앙행정기관의 장에게 통보하여야 한다.(관세법 제246조의3 3항)

관세청장은 세관장에게 지정된 안전성 검사 대상 물품의 안전성 검사에 필요한 자체 검사 설비를 지원하는 등 원활한 안전성 검사를 위한 조치를 취하여야 한다.(관세법 제246조의3 4항)

세관장은 안전성 검사 대상 물품으로 지정된 물품에 대하여 중앙행정기관의 장과 협력하여 안전성 검사를 실시하여야 한다.(관세법 제246조의3 5항)

관세청장은 안전성 검사 결과 불법·불량·유해 물품으로 확인된 물품의 정보를 관세청 인터넷 홈페이지를 통하여 공개할 수 있다.(관세법 제246조의3 6항)

안전성 검사에 필요한 정보교류 등 대통령령으로 정하는 사항을 협의하기 위하여 관세청에 수출입물품안전관리기관협의회를 둔다.(관세법 제246조의3 7항)

수출입물품안전관리기관협의회의 구성·운영과 그 밖에 필요한 사항은 대통령령으로 정한다.(관세법 제246조의3 8항)

위에서 규정한 사항 외에 안전성 검사의 방법·절차 등에 관하여 필요한 사항은 관세청장이 정한다.(관세법 제246조의3 9항)

4) 검사 장소(관세법 제247조)

보세공장에 반입된 물품을 그 사용 전에 세관장에게 사용신고하는 경우 세관공무원의 물품 검사(관세법 제186조 제1항) 또는 수출·수입 또는 반송하려는 물품에 대한 검사(관세법 제246조)는 관세법 제155조 제1항[27]에 따라 장치할 수 있는

27) 제155조(물품의 장치) ① 외국물품과 제221조 제1항에 따른 내국운송의 신고를 하려는 내

장소에서 한다. 다만, 수출하려는 물품은 해당 물품이 장치되어 있는 장소에서 검사한다.

세관장은 효율적인 검사를 위하여 부득이하다고 인정될 때에는 관세청장이 정하는 바에 따라 해당 물품을 보세구역에 반입하게 한 후 검사할 수 있다.

검사 장소가 지정장치장이나 세관검사장이 아닌 경우 신고인은 기획재정부령으로 정하는 바에 따라 수수료를 납부하여야 한다. 다만, 보세창고의 경우 신고인이 운영인과 다른 경우에는 수수료를 납부하지 아니한다.(관세법 제247조) 즉, 보세창고는 일반적인 수입물품이 가장 많이 장치되는 특허보세구역으로, 운영인이 자신의 물품을 검사하는 경우에만 수수료를 납부한다.

03 신고의 처리

1) 신고의 수리

(1) 신고 수리 및 신고필증 발급

세관장은 관세법 제241조(수출·수입 또는 반송의 신고) 또는 제244조(입항전수입신고)에 따른 신고가 관세법에 따라 적합하게 이루어졌을 때에는 이를 지체 없이 수리하고 신고인에게 신고필증을 발급하여야 한다. 다만, 제327조(국가관세종합정보망의 구축 및 운영) 제2항[28]에 따라 국가관세종합정보망의 전산처리설비를 이용하여 신고를 수리하는 경우에는 관세청장이 정하는 바에 따라 신고인이 직접 전산처리설비를 이용하여 신고필증을 발급받을 수 있다.(관세법 제248조 1항)

국물품은 보세구역이 아닌 장소에 장치할 수 없다. 다만, 다음 각 호의 어느 하나에 해당하는 물품은 그러하지 아니하다.

1. 제241조 제1항에 따른 수출신고가 수리된 물품
2. 크기 또는 무게의 과다나 그 밖의 사유로 보세구역에 장치하기 곤란하거나 부적당한 물품
3. 재해나 그 밖의 부득이한 사유로 임시로 장치한 물품
4. 검역물품
5. 압수물품
6. 우편물품

28) ② 세관장은 관세청장이 정하는 바에 따라 국가관세종합정보망의 전산처리설비를 이용하여 이 법에 따른 신고·신청·보고·납부 등과 법령에 따른 허가·승인 또는 그 밖의 조건을 갖출 필요가 있는 물품의 증명 및 확인신청 등(이하 "전자신고등"이라 한다)을 하게 할 수 있다.

(2) 관세 담보의 제공

세관장은 관세를 납부하여야 하는 물품에 대하여는 신고를 수리할 때에 다음 어느 하나에 해당하는 자에게 관세에 상당하는 담보의 제공을 요구할 수 있다. (관세법 제248조 2항)

① 관세법 또는 「수출용원재료에 대한 관세 등 환급에 관한 특례법」 제23조[29]를 위반하여 징역형의 실형을 선고받고 그 집행이 끝나거나(집행이 끝난 것으로 보는 경우를 포함한다) 면제된 후 2년이 지나지 아니한 자

② 관세법 또는 「수출용원재료에 대한 관세 등 환급에 관한 특례법」 제23조를 위반하여 징역형의 집행유예를 선고받고 그 유예기간 중에 있는 자

③ 관세법 제269조(밀수입죄), 제270조(관세포탈죄 등), 제271조(밀수입 및 관세포탈 등의 미수범 등), 제274조(밀수품의 취득죄 등), 제275조의2(체납처분면탈죄 등), 제275조의3(타인에 대한 명의대여죄) 또는 「수출용원재료에 대한 관세 등 환급에 관한 특례법」 제23조에 따라 벌금형 또는 통고처분을 받은 자로서 그 벌금형을 선고받거나 통고처분을 이행한 후 2년이 지나지 아니한 자

④ 관세법 제241조 또는 제244조에 따른 수입신고일을 기준으로 최근 2년간 관세 등 조세를 체납한 사실이 있는 자

⑤ 수입실적, 수입물품의 관세율 등을 고려하여 대통령령으로 정하는 관세채권의 확보가 곤란한 경우에 해당하는 자

---

29) 제23조(벌칙) ① 거짓이나 그 밖의 부정한 방법으로 관세등을 환급받은 자는 3년 이하의 징역 또는 환급받은 세액의 5배 이하에 상응하는 벌금에 처한다.
② 다음 각 호의 어느 하나에 해당하는 자는 3년 이하의 징역 또는 2천만원 이하의 벌금에 처한다.
1. 제10조 제1항에 따른 소요량계산서를 거짓으로 작성한 자
2. 거짓이나 그 밖의 부정한 방법으로 제12조 제1항 또는 제2항에 따라 세관장 또는 관세사로부터 기초원재료납세증명서 또는 수입세액분할증명서를 발급받은 자
3. 제12조 제2항에 따라 기초원재료납세증명서 또는 수입세액분할증명서를 발급하는 자로서 기초원재료납세증명서 또는 수입세액분할증명서를 거짓으로 발급한 자
③ 정당한 사유 없이 제20조 제1항을 위반한 자는 2천만원 이하의 벌금에 처한다.
④ 정당한 사유 없이 제20조 제3항에 따라 관세청장이나 세관장이 요청한 서류나 그 밖의 관계 자료를 제출하지 아니한 자는 1천만원 이하의 벌금에 처한다.
⑤ 세관장은 제1항이나 제2항에 해당하는 자에 대하여는 그가 환급받은 관세등을 즉시 징수한다.

(3) 신고수리 전 장치 장소 반출 금지

신고수리 전에는 운송수단, 관세통로, 하역통로 또는 이 법에 따른 장치 장소로부터 신고된 물품을 반출하여서는 아니 된다.(관세법 제248조 3항)

2) 신고사항의 보완(관세법 제249조)

세관장은 다음 어느 하나에 해당하는 경우에는 신고가 수리되기 전까지 갖추어지지 아니한 사항을 보완하게 할 수 있다. 다만, 해당 사항이 경미하고 신고수리 후에 보완이 가능하다고 인정되는 경우에는 관세청장이 정하는 바에 따라 신고수리 후 이를 보완하게 할 수 있다.

① 수출·수입 또는 반송에 관한 신고서의 기재사항이 갖추어지지 아니한 경우

② 신고시의 제출서류가 갖추어지지 아니한 경우

3) 신고의 취하 및 각하(관세법 제250조)

신고는 정당한 이유가 있는 경우에만 세관장의 승인을 받아 취하할 수 있다. 다만, 수입 및 반송의 신고는 운송수단, 관세통로, 하역통로 또는 관세법에 규정된 장치 장소에서 물품을 반출한 후에는 취하할 수 없다.

수출·수입 또는 반송의 신고를 수리한 후 신고의 취하를 승인한 때에는 신고수리의 효력이 상실된다.

세관장은 신고가 그 요건을 갖추지 못하였거나 부정한 방법으로 신고되었을 때에는 해당 수출·수입 또는 반송의 신고를 각하할 수 있다.

* 각하 : 요건을 갖추지 못하여 본안 심사를 거절하는 것
* 취하 : 신청하거나 제출한 것을 철회하는 것
* 취소 : 하자있는 의사표시나 법률행위의 효력을 소급하여 소멸시키는 일

4) 수출신고수리물품의 적재 등

수출신고가 수리된 물품은 수출신고가 수리된 날부터 30일 이내에 운송수단에 적재하여야 한다. 다만, 기획재정부령으로 정하는 바에 따라 1년의 범위에서 적재기간의 연장승인을 받은 것은 그러하지 아니하다.(관세법 제251조 1항)

세관장은 수출신고가 수리된 날부터 30일 이내에 운송수단에 적재하여야 한다

는 규정에 따라 기간 내에 적재되지 아니한 물품에 대하여는 대통령령으로 정하는 바에 따라 수출신고의 수리를 취소할 수 있다.(관세법 제251조 2항)

다만, 다음 어느 하나에 해당하는 경우에는 그러하지 아니하다.(시행령 제255조 1항)

① 신고취하의 승인신청이 정당한 사유가 있다고 인정되는 경우(법 제250조제1항)

② 적재기간연장승인의 신청이 정당한 사유가 있다고 인정되는 경우(법 제251조 제1항 단서)

③ 세관장이 수출신고의 수리를 취소하기 전에 해당 물품의 적재를 확인한 경우

④ 기타 세관장이 기간내에 적재하기 곤란하다고 인정하는 경우

세관장은 수출신고의 수리를 취소하는 때에는 즉시 신고인에게 그 내용을 통지하여야 한다.(시행령 제255조 2항)

04 통관절차의 특례

1) 수입신고 수리 전 반출

수입신고를 한 물품을 세관장의 신고 수리 전에 해당 물품이 장치된 장소로부터 반출하려는 자는 납부하여야 할 관세에 상당하는 담보를 제공하고 세관장의 승인을 받아야 한다. 다만, 정부 또는 지방자치단체가 수입하거나 담보를 제공하지 아니하여도 관세의 납부에 지장이 없다고 인정하여 대통령령으로 정하는 물품에 대하여는 담보의 제공을 생략할 수 있다.(관세법 제252조)

2) 수입신고전의 물품 반출

(1) 즉시반출신고

수입하려는 물품을 수입신고 전에 운송수단, 관세통로, 하역통로 또는 관세법에 따른 장치 장소로부터 즉시 반출하려는 자는 대통령령으로 정하는 바에 따라 세관장에게 즉시반출신고를 하여야 한다. 이 경우 세관장은 납부하여야 하는 관세에 상당하는 담보를 제공하게 할 수 있다.(관세법 제253조 1항)

(2) 즉시반출 가능자 및 물품의 지정

위의 규정에 따라 즉시반출을 할 수 있는 자 및 물품은 다음 어느 하나에 해당하는 것 중 관세법 제226조 제2항의 규정에 의한 허가·승인·표시 또는 그 밖의 조건을 갖춘 것임을 증명하는 구비조건의 확인에 지장이 없는 경우로서 세관장이 지정하는 것에 한한다.(시행령 제257조 2항)

① 관세 등의 체납이 없고 최근 3년 동안 수출입실적이 있는 제조업자 또는 외국인투자자가 수입하는 시설재 또는 원부자재

② 기타 관세 등의 체납우려가 없는 경우로서 관세청장이 정하는 물품

(3) 즉시반출신고 후 수입신고

즉시반출신고를 하고 반출을 하는 자는 즉시반출신고를 한 날부터 10일 이내에 수입신고를 하여야 한다.(관세법 제253조 3항)

세관장은 즉시반출신고를 하고 반출을 한 자가 즉시반출신고를 한 날부터 10일 이내에 수입신고를 하지 아니하는 경우에는 관세를 부과·징수한다. 이 경우 해당 물품에 대한 관세의 100분의 20에 상당하는 금액을 가산세로 징수하고, 세관장이 지정한 즉시반출을 할 수 있는 자 또는 물품의 지정을 취소할 수 있다.(관세법 제253조 4항)

3) 전자상거래물품 등의 특별통관

관세청장은 전자문서로 거래되는 수출입물품에 대하여 다음 사항을 따로 정할 수 있다.(관세법 제254조)(시행령 제258조)

① 특별통관 대상 거래물품 또는 업체

② 수출입신고 방법 및 절차

③ 관세 등에 대한 납부방법

④ 물품검사방법

⑤ 기타 관세청장이 필요하다고 인정하는 사항

4) 탁송품의 특별통관

제241조(수출·수입 또는 반송의 신고) 제2항 제1호에 따라 대통령령으로 정하

는 바에 따른 신고 생략 또는 간소 신고할 수 있는 탁송품으로서 기획재정부령으로 정하는 물품 즉, 자가사용물품 또는 면세되는 상용견품 중 물품가격이 미화 150달러 이하인 물품(시행규칙 제79조의2 1항)은 탁송품 운송업자[제222조(보세운송업자등의 등록) 제1항 제6호(외국무역선·외국무역기 또는 국경출입차량을 이용하여 상업서류나 그 밖의 견본품 등을 송달하는 것을 업으로 하는 자)에 따라 관세청장 또는 세관장에게 등록한 자]가 다음 사항이 적힌 목록(이하 "통관목록"이라 함)을 세관장에게 제출함으로써 제241조 제1항에 따른 수입신고를 생략할 수 있다.(관세법 제254조의2 1항)

① 물품의 송하인 및 수하인의 성명, 주소, 국가

② 물품의 품명, 수량, 중량 및 가격

③ 탁송품의 통관목록에 관한 것으로 운송업자명, 선박편명 또는 항공편명, 선하증권 번호, 그 밖에 관세청장이 정하는 사항(시행규칙 제79조의2 2항)

탁송품 운송업자는 통관목록을 사실과 다르게 제출해서는 안 된다.(관세법 제254조의2 2항)

탁송품 운송업자는 위의 규정에 따라 제출한 통관목록에 적힌 수하인의 주소지(제241조 제1항에 따른 수입신고를 한 탁송품의 경우에는 수입신고서에 적힌 납세의무자의 주소지)가 아닌 곳에 탁송품을 배송하거나 배송하게 한 경우(「우편법」 제31조 단서에 해당하는 경우는 제외한다)에는 배송한 날이 속하는 달의 다음 달 15일까지 실제 배송한 주소지를 세관장에게 제출하여야 한다.(관세법 제254조의2 3항)

세관장은 탁송품 운송업자가 위의 제2항 또는 제3항을 위반하거나 관세법에 따라 통관이 제한되는 물품을 국내에 반입하는 경우에는 수입신고의 생략이라는 통관절차의 적용을 배제할 수 있다.(관세법 제254조의2 4항)

관세청장 또는 세관장은 탁송품에 대하여 세관공무원으로 하여금 검사하게 하여야 하며, 탁송품의 통관목록의 제출시한, 실제 배송지의 제출, 물품의 검사 등에 필요한 사항은 관세청장이 정하여 고시한다.(관세법 제254조의2 5항)

세관장은 관세청장이 정하는 절차에 따라 별도로 정한 지정장치장에서 탁송품을 통관하여야 한다. 다만, 세관장은 탁송품에 대한 감시·단속에 지장이 없다고 인정하는 경우 탁송품을 해당 탁송품 운송업자가 운영하는 보세창고 또는 시설(「자유무역지역의 지정 및 운영에 관한 법률」 제11조에 따라 입주계약을 체결하여 입주한 업체가 해당 자유무역지역에서 운영하는 시설에 한정한다)에서 통관할 수 있다.(관세법 제254조의2 6항)

위의 단서규정에 따라 탁송품 운송업자가 운영하는 보세창고 또는 시설에서 통관하는 경우 그에 필요한 탁송품 검사설비 기준, 설비이용 절차, 설비이용 유효기간 등에 관하여 필요한 사항은 대통령령으로 정한다.(관세법 제254조의2 7항)

5) 수출입 안전관리 우수 공인업체

(1) 수출입 안전관리 우수업체의 안전관리 기준

관세청장은 수출입물품의 제조·운송·보관 또는 통관 등 무역과 관련된 자가 시설, 서류 관리, 직원 교육 등에서 「관세법」 또는 「자유무역협정의 이행을 위한 관세법의 특례에 관한 법률」 등 수출입에 관련된 법령에 따른 의무 또는 재정건전성 등 대통령령으로 정하는 안전관리 기준을 충족하는 경우 수출입 안전관리 우수업체로 공인할 수 있다.(관세법 제255조의2 1항)

구체적인 안전관리 기준은 다음과 같다.(시행령 제259조의2 1항)

① 「관세법」, 「자유무역협정의 이행을 위한 관세법의 특례에 관한 법률」, 「대외무역법」 등 수출입에 관련된 법령을 성실하게 준수하였을 것

② 관세 등 영업활동과 관련한 세금을 체납하지 않는 등 재무 건전성을 갖출 것

③ 수출입물품의 안전한 관리를 확보할 수 있는 운영시스템, 거래업체, 운송수단 및 직원교육체계 등을 갖출 것

④ 그 밖에 세계관세기구에서 정한 수출입 안전관리에 관한 표준 등을 반영하여 관세청장이 정하는 기준을 갖출 것

(2) 수출입 안전관리 우수업체 공인을 위한 심사

관세청장은 수출입 안전관리 우수업체로 공인받으려고 심사를 요청한 자에 대하여 대통령령으로 정하는 절차에 따라 심사하여야 한다. 이 경우 관세청장은 대통령령으로 정하는 기관이나 단체에 안전관리 기준 충족 여부를 심사하게 할 수 있다.(관세법 제255조의2 2항)

관세청장은 심사를 할 때 「국제항해선박 및 항만시설의 보안에 관한 법률」 제12조에 따른 국제선박보안증서를 교부받은 국제항해선박소유자 또는 같은 법 제27조에 따른 항만시설적합확인서를 교부받은 항만시설소유자에 대하여는 안전관리 기준 중 일부에 대하여 심사를 생략할 수 있다.(시행령 제259조의2 2항)

관세청장이 안전관리 기준 충족 여부에 대한 심사업무를 위탁할 수 있는 기관이나 단체는 다음 요건을 모두 갖춘 기관이나 단체 중에서 관세청장이 정하여 고시한다.(시행령 제259조의2 3항)

① 「민법」 제32조에 따라 설립된 비영리법인일 것

② 안전관리 기준의 심사에 필요한 전문인력 및 전산설비를 갖추고 있을 것

심사업무의 위탁절차 및 위탁받은 기관에 대한 지휘·감독에 관한 사항은 관세청장이 정한다.(시행령 제259조의2 4항)

(3) 수출입 안전관리 우수 공인업체에 대한 혜택

수출입 안전관리 우수업체로 공인된 업체, 즉, 수출입 안전관리 우수 공인업체에 대하여는 관세청장이 정하는 바에 따라 통관절차상의 혜택을 제공할 수 있다.(관세법 제255조의2 3항)

여기서 "통관절차상의 혜택"이란 수출입 물품에 대한 검사의 완화 또는 수출입 신고 및 납부 절차의 간소화를 말하며 그 세부내용은 관세청장이 정한다.(시행령 제259조의2 5항)

관세청장은 다른 국가의 수출입 안전관리 우수 공인업체에 대하여도 상호 조건에 따라 통관절차상의 혜택을 제공할 수 있다.(관세법 제255조의2 4항)

(4) 수출입 안전관리 우수 공인업체의 공인 취소

관세청장은 수출입 안전관리 우수 공인업체가 다음 어느 하나에 해당하는 경우에는 공인을 취소할 수 있다.(관세법 제255조의2 5항)

① 안전관리 기준을 충족하지 못하게 되는 경우

② 공인 심사요청을 거짓으로 한 경우

(5) 중소기업을 위한 상담·교육 등의 지원

관세청장은 「중소기업기본법」 제2조에 따른 중소기업 중 수출입물품의 제조·운송·보관 또는 통관 등 무역과 관련된 기업을 대상으로 수출입 안전관리 우수업체로 공인을 받거나 유지하는 데에 필요한 상담·교육 등의 지원사업을 할 수 있다.(관세법 제255조의2 6항)

6) 수출입 안전관리 우수 공인 기준의 공인 이외의 적용 및 활용

관세청장은 수출입 안전관리 우수 공인업체로 공인받기 위한 신청 여부에 관계없이 수출입물품의 제조·운송·보관 또는 통관 등 무역과 관련된 자를 대상으로 위의 수출입 안전관리 우수업체 공인기준을 준수하는 정도를 대통령령으로 정하는 절차에 따라 측정·평가하고, 그 결과를 대통령령으로 정하는 바에 따라 해당 업체의 지원 및 관리 등에 활용할 수 있다.(관세법 제255조의2 7항)

7) 수출입 안전관리 우수 공인업체에 대한 관리

수출입 안전관리 우수 공인업체 공인의 유효기간은 5년으로 하되, 대통령령으로 정하는 바에 따라 갱신할 수 있다.(관세법 제255조의2 8항)

관세청장은 수출입 안전관리 우수 공인업체가 안전관리 기준을 충족하는지 여부를 주기적으로 확인하여야 하며, 수출입 안전관리 우수 공인업체에게 이를 자율적으로 평가하고 그 결과를 보고하게 할 수 있다.(관세법 제255조의2 9항)

수출입 안전관리 우수 공인업체가 양도, 양수, 분할 또는 합병하거나 그 밖에 관세청장이 정하는 사유가 발생한 경우에는 그 사유가 발생한 날부터 30일 이내에 그 사실을 관세청장에게 보고하여야 한다. 다만, 그 사유가 수출입 안전관리 우수 공인업체의 유지에 중대한 영향을 미치는 경우로서 관세청장이 정하는 사유에 해당하는 경우에는 지체 없이 보고하여야 한다.(관세법 제255조의2 10항)

위에서 정한 사항 외에 보고 방법 및 절차 등 수출입 안전관리 우수 공인업체의 보고에 필요한 세부사항은 관세청장이 정한다.(관세법 제255조의2 11항)

〈표 9-7〉 수출입안전관리 우수 공인업체(AEO) 인증기업 현황(2019. 1. 1 기준)

합계	수출 업체	수입 업체	관세사	화물운송 주선업자	보세 운송업자	보세구역 운영인	선박 회사	항공사	하역 업자
837	282	145	103	206	33	51	9	2	6

자료 : 관세청 홈페이지

9-3 우편물

01 우편물의 통관

1) 통관우체국(관세법 제256조)

수출·수입 또는 반송하려는 우편물(서신은 제외한다. 이하 같다)은 통관우체국을 경유하여야 한다.

통관우체국은 체신관서 중에서 관세청장이 지정한다.

2) 우편물의 검사

통관우체국의 장이 수출·수입 또는 반송하려는 우편물을 접수하였을 때에는 세관장에게 우편물목록을 제출하고 해당 우편물에 대한 검사를 받아야 한다. 다만, 관세청장이 정하는 우편물은 검사를 생략할 수 있다.(관세법 제257조)

통관우체국장은 우편물에 대한 검사를 받는 때에는 소속공무원을 참여시켜야 한다. 또한 통관우체국은 세관공무원이 해당 우편물의 포장을 풀고 검사할 필요가 있다고 인정되는 때에는 그 우편물의 포장을 풀었다가 다시 포장하여야 한다. (시행령 제260조 1,2항)

3) 우편물통관에 대한 결정

통관우체국의 장은 세관장이 우편물에 대하여 수출·수입 또는 반송을 할 수 없다고 결정하였을 때에는 그 우편물을 발송하거나 수취인에게 내줄 수 없다.(관세법 제258조 1항)

우편물이 「대외무역법」 제11조에 따른 수출입의 승인을 받은 것이거나 그 밖에 대통령령으로 정하는 기준에 해당하는 것일 때에는 해당 우편물의 수취인이나 발송인은 관세법 제241조(수출·수입 또는 반송의 신고)에 따른 신고를 하여야 한다.(관세법 제258조 2항) 여기서 "대통령령으로 정하는 기준에 해당하는 것"이란 다음 어느

하나에 해당하는 우편물을 말한다.(시행령 제261조)

① 법령에 따라 수출입이 제한되거나 금지되는 물품

② 관세법 제226조(허가·승인 등의 증명 및 확인)에 따라 세관장의 확인이 필요한 물품

③ 판매를 목적으로 반입하는 물품 또는 대가를 지급하였거나 지급하여야 할 물품(통관허용여부 및 과세대상여부에 관하여 관세청장이 정한 기준에 해당하는 것으로 한정한다)

④ 가공무역을 위하여 우리나라와 외국간에 무상으로 수출입하는 물품 및 그 물품의 원·부자재

⑤ 그 밖에 수출입신고가 필요하다고 인정되는 물품으로서 관세청장이 정하는 금액을 초과하는 물품

4) 세관장의 통지

세관장은 우편물에 대하여 수출·수입 또는 반송을 할 수 없다고 결정하였을 때에는 그 결정사항을, 관세를 징수하려는 경우에는 그 세액을 통관우체국의 장에게 통지하여야 한다.(관세법 제259조 1항)

이러한 통지를 받은 통관우체국의 장은 우편물의 수취인이나 발송인에게 그 결정사항을 통지하여야 한다.(관세법 제259조 2항)

관세법 제258조(우편물통관에 대한 결정) 제2항에 해당하는 우편물에 있어서 세관장이 수출·수입 또는 반송을 할 수 없다고 결정하였을 때에는 그 결정사항을, 관세를 징수하려는 경우에는 그 세액을 통관우체국의 장에게 통지하는 것은 관세법 제248조의 규정에 의한 신고의 수리 또는 관세법 제252조(수입신고수리전 반출)의 규정에 의한 승인을 받은 서류를 해당 신고인이 통관우체국에 제출하는 것으로써 이에 갈음한다.(시행령 제262조 1항)

또한 이렇게 통지받은 사항을 통관우체국의 장이 우편물의 수취인이나 발송인에게 통지하는 경우 세관이 발행하는 납세고지서로써 이에 갈음한다.(시행령 제262조 2항)

5) 우편물의 납세절차

관세법 제259조 제2항에 따른 통지를 받은 자는 대통령령으로 정하는 바에 따

라 해당 관세를 수입인지 또는 금전으로 납부하여야 한다.(관세법 제260조 1항)

관세를 납부하고자 하는 자는 관세법 제258조(우편물통관에 대한 결정) 제2항에 해당하는 우편물의 경우에는 세관장에게, 기타의 경우에는 체신관서에 각각 금전으로 이를 납부하여야 한다.(시행령 제263조)

체신관서는 관세를 징수하여야 하는 우편물은 관세를 징수하기 전에 수취인에게 내줄 수 없다.(관세법 제260조 2항)

6) 우편물의 반송

우편물에 대한 관세의 납세의무는 해당 우편물이 반송되면 소멸한다.(관세법 제261조)

Note

Chapter 10

세관공무원의 자료 제출 요청 등

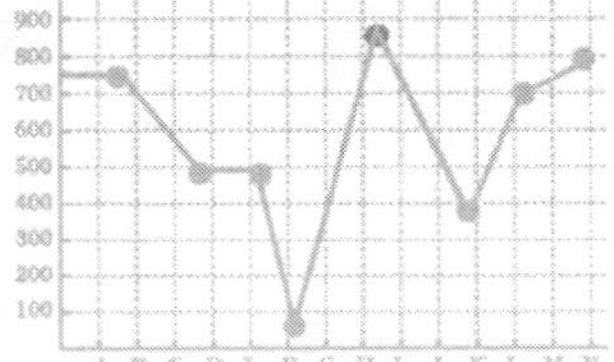

10-1 세관장 등의 과세자료 요청 등

01 세관장 등의 운송수단 출발 중지 등

1) 운송수단의 출발 중지 등

관세청장이나 세관장은 관세법 또는 관세법에 따른 명령을 집행하기 위하여 필요하다고 인정될 때에는 운송수단의 출발을 중지시키거나 그 진행을 정지시킬 수 있다.(관세법 제262조)

2) 서류의 제출 또는 보고 등의 명령

관세청장이나 세관장은 관세법(「수출용원재료에 대한 관세 등 환급에 관한 특례법」을 포함. 이하 같음.) 또는 관세법에 따른 명령을 집행하기 위하여 필요하다고 인정될 때에는 물품·운송수단 또는 장치 장소에 관한 서류의 제출·보고 또는 그 밖에 필요한 사항을 명하거나, 세관공무원으로 하여금 수출입자·판매자 또는 그 밖의 관계자에 대하여 관계 자료를 조사하게 할 수 있다.(관세법 제263조)

02 관세청장의 과세자료 제출 요청

1) 과세자료의 요청

관세청장은 국가기관 및 지방자치단체 등 관계 기관 등에 대하여 관세의 부과·징수 및 통관에 관계되는 자료 또는 통계를 요청할 수 있다.(관세법 제264조)

여기서 과세자료를 제출하여야 하는 기관 등(이하 "과세자료제출기관"이라 한다)은 다음과 같다.(관세법 제264조의 2)

① 「국가재정법」 제6조에 따른 중앙관서(중앙관서의 업무를 위임받거나 위탁받은 기관을 포함한다. 이하 같다)와 그 하급행정기관 및 보조기관

② 지방자치단체(지방자치단체의 업무를 위임받거나 위탁받은 기관과 지방자치단체조합을 포함한다. 이하 같다)

③ 공공기관, 정부의 출연·보조를 받는 기관이나 단체, 「지방공기업법」에 따른 지방공사·지방공단 및 지방자치단체의 출연·보조를 받는 기관이나 단체

④ 「민법」 외의 다른 법률에 따라 설립되거나 국가 또는 지방자치단체의 지원을 받는 기관이나 단체로서 그 업무에 관하여 위의 ①이나 ②에 따른 기관으로부터 감독 또는 감사·검사를 받는 기관이나 단체, 그 밖에 공익 목적으로 설립된 기관이나 단체 중 대통령령으로 정하는 기관이나 단체

⑤ 「여신전문금융업법」에 따른 신용카드업자와 여신전문금융업협회

⑥ 「금융실명거래 및 비밀보장에 관한 법률」 제2조 제1호에 따른 금융회사 등

2) 과세자료의 범위(관세법 제264조의 3)

과세자료제출기관이 제출하여야 하는 과세자료는 다음 어느 하나에 해당하는 자료로서 관세의 부과·징수와 통관에 직접적으로 필요한 자료로 한다.

① 수입하는 물품에 대하여 관세 또는 내국세 등을 감면받거나 낮은 세율을 적용받을 수 있도록 허가, 승인, 추천 등을 한 경우 그에 관한 자료

② 과세자료제출기관이 법률에 따라 신고·제출받거나 작성하여 보유하고 있는 자료(각종 보조금·보험급여·보험금 등의 지급 현황에 관한 자료를 포함한다) 중 제27조(가격신고), 제38조(신고납부), 제241조(수출·수입 또는 반송의 신고)에 따른 신고내용의 확인 또는 제96조(여행자 휴대품 및 이사물품 등의 면세)에 따른 관세 감면 여부의 확인을 위하여 필요한 자료

③ 제226조(허가·승인 등의 증명 및 확인)에 따라 허가·승인·표시 또는 그 밖의 조건을 증명할 필요가 있는 물품에 대하여 과세자료제출기관이 허가 등을 갖추었음을 확인하여 준 경우 그에 관한 자료

④ 관세법에 따라 체납된 관세 등의 징수를 위하여 필요한 자료

⑤ 제264조의2(과세자료제출기관의 범위) 제1호에 따른 중앙관서 중 중앙행정기관 외의 기관이 보유하고 있는 자료로서 관세청장이 관세의 부과·징수와 통관에 필요한 최소한의 범위에서 해당 기관의 장과 미리 협의하여 정하는 자료

⑥ 거주자의 「여신전문금융업법」에 따른 신용카드 등의 대외지급(물품구매 내역에 한한다) 및 외국에서의 외국통화 인출 실적

위의 규정에 따른 과세자료의 구체적인 범위는 과세자료제출기관별로 대통령령으로 정한다.

3) 과세자료의 제출방법(관세법 제264조의 4)

과세자료제출기관의 장은 분기별로 분기만료일이 속하는 달의 다음 달 말일까지 대통령령으로 정하는 바에 따라 관세청장 또는 세관장에게 과세자료를 제출하여야 한다. 다만, 과세자료의 발생빈도와 활용시기 등을 고려하여 대통령령으로 정하는 바에 따라 그 과세자료의 제출시기를 달리 정할 수 있다.

과세자료제출기관의 장이 과세자료를 제출하는 경우에는 그 기관이 접수하거나 작성한 자료의 목록을 함께 제출하여야 한다.

과세자료의 목록을 제출받은 관세청장 또는 세관장은 이를 확인한 후 제출받은 과세자료에 누락이 있거나 보완이 필요한 경우 그 과세자료를 제출한 기관에 대하여 추가하거나 보완하여 제출할 것을 요청할 수 있다.

과세자료의 제출서식 등 제출방법에 관하여 그 밖에 필요한 사항은 기획재정부령으로 정한다.

4) 과세자료의 수집에 관한 협조(관세법 제264조의 5)

관세청장 또는 세관장으로부터 과세자료의 제출을 요청받은 기관 등의 장은 다른 법령에 특별한 제한이 있는 경우 등 정당한 사유가 없으면 이에 협조하여야 한다.

관세청장 또는 세관장은 제264조의3(과세자료의 범위)에 따른 자료 외의 자료로서 관세의 부과·징수 및 통관을 위하여 필요한 경우에는 해당 자료를 보유하고 있는 과세자료제출기관의 장에게 그 자료의 수집에 협조하여 줄 것을 요청할 수 있다.

5) 과세자료의 관리 및 활용 등(관세법 제264조의 6)

관세청장은 이 법에 따른 과세자료의 효율적인 관리와 활용을 위한 전산관리 체계를 구축하는 등 필요한 조치를 마련하여야 한다.

관세청장은 이 법에 따른 과세자료의 제출·관리 및 활용 상황을 수시로 점검하여야 한다.

6) 과세자료제출기관의 책임 등(관세법 제264조의 7)

과세자료제출기관의 장은 그 소속 공무원이나 임직원이 관세법에 따른 과세자료의 제출 의무를 성실하게 이행하는지를 수시로 점검하여야 한다.

관세청장은 과세자료제출기관 또는 그 소속 공무원이나 임직원이 이 법에 따른 과세자료의 제출 의무를 이행하지 아니하는 경우 그 기관을 감독 또는 감사·검사하는 기관의 장에게 그 사실을 통보하여야 한다.

7) 비밀유지의무

관세청 및 세관 소속 공무원은 제264조(과세자료의 요청), 제264조의2부터 제264조의5까지의 규정(과세자료제출기관의 범위, 과세자료의 범위, 과세자료의 제출방법, 과세자료의 수집에 관한 협조)에 따라 제출받은 과세자료를 타인에게 제공 또는 누설하거나 목적 외의 용도로 사용하여서는 아니 된다. 다만, 제116조(비밀유지) 제1항 단서 및 같은 조 제2항[1]에 따라 제공하는 경우에는 그러하지 아니하다.(관세법 제264조의 8 제1항)

관세청 및 세관 소속 공무원은 위의 규정을 위반하는 과세자료의 제공을 요구받으면 이를 거부하여야 한다.(관세법 제264조의 8 제2항)

위의 단서 규정에 따라 과세자료를 제공받은 자는 이를 타인에게 제공 또는 누설하거나 목적 외의 용도로 사용하여서는 아니 된다.(관세법 제264조의 8 제3항)

---

1) 제116조(비밀유지) ① 세관공무원은 납세자가 이 법에서 정한 납세의무를 이행하기 위하여 제출한 자료나 관세의 부과·징수 또는 통관을 목적으로 업무상 취득한 자료 등(이하 "과세정보"라 한다)을 타인에게 제공하거나 누설하여서는 아니 되며, 사용 목적 외의 용도로 사용하여서도 아니 된다. 다만, 다음 각 호의 어느 하나에 해당하는 경우에는 그 사용 목적에 맞는 범위에서 납세자의 과세정보를 제공할 수 있다.

1. 국가기관이 관세에 관한 쟁송이나 관세범에 대한 소추(訴追)를 목적으로 과세정보를 요구하는 경우
2. 법원의 제출명령이나 법관이 발부한 영장에 따라 과세정보를 요구하는 경우
3. 세관공무원 상호간에 관세를 부과·징수, 통관 또는 질문·검사하는 데에 필요하여 과세정보를 요구하는 경우
4. 다른 법률에 따라 과세정보를 요구하는 경우

② 제1항 제1호 및 제4호에 따라 과세정보의 제공을 요구하는 자는 문서로 해당 세관장에게 요구하여야 한다.

8) 과세자료 비밀유지의무 위반에 대한 처벌(관세법 제264조의 9)

제264조의8 제1항 또는 제3항을 위반하여 과세자료를 타인에게 제공 또는 누설하거나 목적 외의 용도로 사용한 자는 3년 이하의 징역 또는 1천만원 이하의 벌금에 처한다.

위의 규정에 따른 징역과 벌금은 병과할 수 있다.

세관공무원의 물품검사 등

01 세관공무원의 물품검사 등

1) 물품 또는 운송수단 등에 대한 검사 등

세관공무원은 관세법 또는 관세법에 따른 명령(대한민국이 체결한 조약 및 일반적으로 승인된 국제법규에 따른 의무를 포함한다)을 위반한 행위를 방지하기 위하여 필요하다고 인정될 때에는 물품, 운송수단, 장치 장소 및 관계 장부·서류를 검사 또는 봉쇄하거나 그 밖에 필요한 조치를 할 수 있다.(관세법 제265조)

2) 물품분석(관세법 제265조의2)

세관공무원은 다음의 물품에 대한 품명, 규격, 성분, 용도, 원산지 등을 확인하거나 품목분류를 결정할 필요가 있을 때에는 해당 물품에 대하여 물리적·화학적 분석을 할 수 있다.

① 제246조 제1항(*세관공무원은 수출·수입 또는 반송하려는 물품에 대하여 검사를 할 수 있다.*)에 따른 검사의 대상인 수출·수입 또는 반송하려는 물품

② 제265조(물품 또는 운송수단 등에 대한 검사 등)에 따라 검사하는 물품

③ 「사법경찰관리의 직무를 수행할 자와 그 직무범위에 관한 법률」 제6조 제14호[2]에 따른 범죄와 관련된 물품

3) 장부 또는 자료의 제출 등

세관공무원은 관세법에 따른 직무를 집행하기 위하여 필요하다고 인정될 때에는 수출입업자·판매업자 또는 그 밖의 관계자에 대하여 질문하거나 문서화·전산화된 장부, 서류 등 관계 자료를 조사하거나, 그 제시 또는 제출을 요구할 수 있다.(관세법 제266조 1항)

상설영업장을 갖추고 외국에서 생산된 물품을 판매하는 자로서 기획재정부령으로 정하는 기준에 해당하는 자는 해당 물품에 관하여 「부가가치세법」 제32조

---

2) 14. 제5조제17호에 규정된 자의 경우에는 다음 각 목의 범죄
가. 소속 관서 관할 구역에서 발생하는 「관세법」, 「관세사법」, 「수출용 원재료에 대한 관세 등 환급에 관한 특례법」, 「자유무역협정의 이행을 위한 관세법의 특례에 관한 법률」, 「자유무역지역의 지정 및 운영에 관한 법률」, 「대한민국과 아메리카합중국 간의 상호방위조약 제4조에 의한 시설과 구역 및 대한민국에서의 합중국군대의 지위에 관한 협정의 실시에 따른 관세법 등의 임시특례에 관한 법률」, 「대외무역법」에 규정된 범죄, 「불공정무역행위 조사 및 산업피해구제에 관한 법률」 제4조제1항제2호를 위반한 범죄, 수출입 물품의 통관 및 환적과 관련된 지식재산권을 침해하는 범죄, 「외국환거래법」에 규정된 지급수단·증권의 수출입에 관한 범죄, 「외국환거래법」에 규정된 수출입거래에 관한 범죄, 수출입거래와 관련되거나 대체송금을 목적으로 「외국환거래법」 제16조제3호·제4호의 방법으로 지급 또는 수령하는 경우의 용역거래·자본거래에 관하여 「외국환거래법」에 규정된 범죄, 「외국환거래법」제8조제3항을 위반한 범죄, 「외국환거래법」 제8조제3항제1호의 외국환업무를 한 자와 그 거래 당사자·관계인에 관하여 「외국환거래법」에 규정된 범죄
나. 소속 관서 관할 구역에서 발생하는 가목에 규정된 범죄에 대한 「특정경제범죄 가중처벌 등에 관한 법률」 제4조에 규정된 재산국외도피사범
다. 소속 관서 관할 구역에서 발생하는 가목 및 나목에 규정된 범죄에 대한 「범죄수익은닉의 규제 및 처벌 등에 관한 법률」 위반사범
라. 소속 관서 관할 구역 중 우리나라와 외국을 왕래하는 항공기 또는 선박이 입·출항하는 공항·항만과 보세구역에서 발생하는 마약·향정신성의약품 및 대마사범
마. 소속 관서 관할 구역에서 발생하는 가목에 규정된 범죄와 경합범 관계에 있는 「형법」 제2편제20장 문서에 관한 죄 및 같은 편 제21장 인장에 관한 죄에 해당하는 범죄
바. 소속 관서 관할 구역에서 발생하는 수출입물품 및 그 가공품(「대외무역법」 제33조에 따른 원산지표시대상물품)과 관련된 「농수산물의 원산지 표시에 관한 법률」에 규정된 범죄, 수입물품에 대한 「식품위생법」 제4조부터 제7조까지, 제8조부터 제10조까지 및 제12조의2, 「건강기능식품에 관한 법률」 제17조의2 및 제23조부터 제25조까지, 「수입식품안전관리 특별법」 제20조, 「약사법」 제42조, 제43조, 제56조부터 제58조까지, 제61조(「약사법」 제56조부터 제58조까지의 규정에 한정한다), 제62조부터 제65조까지, 제65조의2, 제65조의3 및 제66조, 「화장품법」 제7조, 제9조, 제10조, 제15조 및 제16조제1항제1호, 「의료기기법」 제20조부터 제23조까지 및 제26조를 위반한 범죄

및 제35조에 따른 세금계산서나 수입 사실 등을 증명하는 자료를 영업장에 갖춰 두어야 한다.(관세법 제266조 2항)

여기서 "기획재정부령으로 정하는 기준에 해당하는 자"란 다음 어느 하나에 해당하는 상설영업장을 갖추고 외국에서 생산된 물품을 판매하는 자를 말한다.(시행규칙 제80조)

① 백화점

② 최근 1년간 수입물품의 매출액이 5억원 이상인 수입물품만을 취급하거나 수입물품을 할인판매하는 상설영업장

③ 통신판매하는 자로서 최근 1년간 수입물품의 매출액이 10억원 이상인 상설영업장

④ 관세청장이 정하는 물품을 판매하는 자로서 최근 1년간 수입물품의 매출액이 전체 매출액의 30퍼센트를 초과하는 상설영업장

⑤ 상설영업장의 판매자 또는 그 대리인이 최근 3년 이내에 「관세법」 또는 「관세사법」 위반으로 처벌받은 사실이 있는 경우 그 상설영업장

관세청장이나 세관장은 관세법 또는 관세법에 따른 명령을 집행하기 위하여 필요하다고 인정될 때에는 위의 상설영업장의 판매자나 그 밖의 관계인으로 하여금 대통령령으로 정하는 바에 따라 영업에 관한 보고를 하게 할 수 있다.(관세법 제266조 3항)

관세청장 또는 세관장은 상설영업장을 갖추고 외국에서 생산된 물품을 판매하는 자, 그 대리인 기타 관계인에 대하여 판매물품에 관한 다음 사항에 관한 보고서의 제출을 명할 수 있다.(시행령 제264조)

① 판매물품의 품명·규격 및 수량

② 수입대상국과 생산국 또는 원산지

③ 수입가격 또는 구입가격

④ 수입자 또는 구입처

⑤ 구입일자, 해당 영업장에의 반입일자

⑥ 판매일자

4) 총기의 휴대 및 사용(관세법 제267조)

관세청장이나 세관장은 직무를 집행하기 위하여 필요하다고 인정될 때에는 그 소속 공무원에게 무기를 휴대하게 할 수 있다.

여기서 "무기"란 「총포·도검·화약류 등의 안전관리에 관한 법률」에 따른 총포(권총 또는 소총에 한정한다), 도검, 분사기 또는 전자충격기를 말한다.

세관공무원은 그 직무를 집행할 때 특히 자기나 다른 사람의 생명 또는 신체를 보호하고 공무집행에 대한 방해 또는 저항을 억제하기 위하여 필요한 상당한 이유가 있는 경우 그 사태에 응하여 부득이하다고 판단될 때에는 무기를 사용할 수 있다.

5) 관계 기관의 장에 대한 원조 요구(관세법 제267조의2)

세관공무원은 해상에서 직무를 집행하기 위하여 필요하다고 인정될 때에는 다음 어느 하나에 해당하는 자에게 협조를 요청할 수 있다.

① 육군·해군·공군의 각 부대장

② 국가경찰관서의 장

③ 해양경찰관서의 장

위의 규정에 따라 협조 요청을 받은 자는 밀수 관련 혐의가 있는 선박에 대하여 추적감시 또는 진행정지명령을 하거나 세관공무원과 협조하여 해당 선박에 대하여 검문·검색을 할 수 있으며, 이에 따르지 아니하는 경우 강제로 그 선박을 정지시키거나 검문·검색을 할 수 있다.

6) 명예세관원

(1) 명예세관원의 위촉

관세청장은 밀수감시단속 활동의 효율적인 수행을 위하여 필요한 경우에는 수출입 관련 분야의 민간종사자 등을 명예세관원으로 위촉하여 다음의 활동을 하게 할 수 있다.(관세법 제268조 1항)

① 공항·항만에서의 밀수 감시

② 정보 제공과 밀수 방지의 홍보

(2) 명예세관원의 자격요건

명예세관원은 다음 어느 하나에 해당하는 자 중에서 위촉한다.(시행규칙 제80조의 2 1항)

① 수출입물품과 같은 종류의 물품을 생산·유통·보관 및 판매하는 등의 업무에 종사하는 자 및 관련단체의 임직원

② 소비자 관련단체의 임직원

③ 관세행정 발전에 기여한 공로가 있는 자

④ 수출입물품의 유통에 관심이 있고 명예세관원의 임무를 성실히 수행할 수 있는 사람

(3) 명예세관원의 임무 등

명예세관원의 임무는 다음과 같다.(시행규칙 제80조의 2 2항)

① 세관의 조사·감시 등 관세행정과 관련한 정보제공

② 밀수방지 등을 위한 홍보 활동 지원 및 개선 건의

③ 세관직원을 보조하여 공항, 항만 또는 유통단계의 감시 등 밀수단속 활동 지원

④ 세관직원을 보조하여 원산지 표시 위반, 지식재산권 침해 등에 대한 단속 활동 지원

관세청장은 필요한 경우 명예세관원에게 활동경비 등을 지급할 수 있다. 그리고 관세청장은 명예세관원의 위촉·해촉, 그 밖에 필요한 사항을 정한다.(시행규칙 제80조의 2 3,4항)

Note

Chapter 11

벌칙

01 징역 또는 벌금

1) 전자문서 위조·변조죄 등

(1) 1년 이상 10년 이하의 징역 또는 1억원 이하의 벌금

관세법 제327조의4(전자문서 등 관련 정보에 관한 보안) 제1항[1)]을 위반하여 국가관세종합정보망이나 전자문서중계사업자의 전산처리설비에 기록된 전자문서 등 관련 정보를 위조 또는 변조하거나 위조 또는 변조된 정보를 행사한 자는 1년 이상 10년 이하의 징역 또는 1억원 이하의 벌금에 처한다.(관세법 제268조의2 1항)

(2) 5년 이하의 징역 또는 5천만원 이하의 벌금

다음 어느 하나에 해당하는 자는 5년 이하의 징역 또는 5천만원 이하의 벌금에 처한다.(관세법 제268조의2 2항)

① 관세법 제327조의2(국가관세종합정보망 운영사업자의 지정 등) 제1항에 따른 지정을 받지 아니하고 국가관세종합정보망을 운영하거나 제327조의3(전자문서중계사업자의 지정 등) 제1항을 위반하여 관세청장의 지정을 받지 아니하고 전자문서중계업무를 행한 자

② 제327조의4(전자문서 등 관련 정보에 관한 보안) 제2항을 위반하여 국가관세종합정보망 또는 전자문서중계사업자의 전산처리설비에 기록된 전자문서 등 관련 정보를 훼손하거나 그 비밀을 침해한 자

③ 제327조의4(전자문서 등 관련 정보에 관한 보안) 제3항을 위반하여 업무상 알게 된 전자문서 등 관련 정보에 관한 비밀을 누설하거나 도용한 국가관

---

1) ① 누구든지 국가관세종합정보망 또는 전자문서중계사업자의 전산처리설비에 기록된 전자문서 등 관련 정보를 위조 또는 변조하거나 위조 또는 변조된 정보를 행사하여서는 아니 된다.

세종합정보망 운영사업자 또는 전자문서중계사업자의 임직원 또는 임직원이었던 사람

2) 밀수출입죄

(1) 7년 이하의 징역 또는 7천만원 이하의 벌금

관세법 제234조(수출입의 금지) 각호의 물품을 수출하거나 수입한 자는 7년 이하의 징역 또는 7천만원 이하의 벌금에 처한다.(관세법 제269조 1항)

다음 어느 하나에 해당하는 자는 5년 이하의 징역 또는 관세액의 10배와 물품원가 중 높은 금액 이하에 상당하는 벌금에 처한다.(관세법 제269조 2항)

① 관세법 제241조(수출·수입 또는 반송의 신고) 제1항·제2항 또는 제244조(입항전수입신고) 제1항에 따른 신고를 하지 아니하고 물품을 수입한 자. 다만, 제253조(수입신고전의 물품 반출) 제1항에 따른 반출신고를 한 자는 제외한다.

② 관세법 제241조(수출·수입 또는 반송의 신고) 제1항·제2항 또는 제244조(입항전수입신고) 제1항에 따른 신고를 하였으나 해당 수입물품과 다른 물품으로 신고하여 수입한 자

(2) 3년 이하의 징역 또는 물품원가 이하에 상당하는 벌금

다음 어느 하나에 해당하는 자는 3년 이하의 징역 또는 물품원가 이하에 상당하는 벌금에 처한다.(관세법 제269조 3항)

① 관세법 제241조(수출·수입 또는 반송의 신고) 제1항 및 제2항에 따른 신고를 하지 아니하고 물품을 수출하거나 반송한 자

② 관세법 제241조(수출·수입 또는 반송의 신고) 제1항 및 제2항에 따른 신고를 하였으나 해당 수출물품 또는 반송물품과 다른 물품으로 신고하여 수출하거나 반송한 자

3) 관세포탈죄 등

(1) 관세포탈죄 등

관세법 제241조(수출·수입 또는 반송의 신고) 제1항·제2항 또는 제244조(입항

전수입신고) 제1항에 따른 수입신고를 한 자 중 다음 어느 하나에 해당하는 자는 3년 이하의 징역 또는 포탈한 관세액의 5배와 물품원가 중 높은 금액 이하에 상당하는 벌금에 처한다. 이 경우 아래 ①의 물품원가는 전체 물품 중 포탈한 세액의 전체 세액에 대한 비율에 해당하는 물품만의 원가로 한다.(관세법 제270조 1항)

① 세액결정에 영향을 미치기 위하여 과세가격 또는 관세율 등을 거짓으로 신고하거나 신고하지 아니하고 수입한 자

② 세액결정에 영향을 미치기 위하여 거짓으로 서류를 갖추어 관세법 제86조(특정물품에 적용될 품목분류의 사전심사) 제1항·제3항에 따른 사전심사·재심사 및 제87조 제3항에 따른 재심사를 신청한 자

③ 법령에 따라 수입이 제한된 사항을 회피할 목적으로 부분품으로 수입하거나 주요 특성을 갖춘 미완성·불완전한 물품이나 완제품을 부분품으로 분할하여 수입한 자

(2) 수입에 필요한 허가 등 조건 불비 및 부정 구비

관세법 제241조(수출·수입 또는 반송의 신고) 제1항·제2항 또는 제244조(입항전수입신고) 제1항에 따른 수입신고를 한 자 중 법령에 따라 수입에 필요한 허가·승인·추천·증명 또는 그 밖의 조건을 갖추지 아니하거나 부정한 방법으로 갖추어 수입한 자는 3년 이하의 징역 또는 3천만원 이하의 벌금에 처한다.(관세법 제270조 2항)

(3) 수출에 필요한 허가 등 조건 불비 및 부정 구비

관세법 제241조(수출·수입 또는 반송의 신고) 제1항 및 제2항에 따른 수출신고를 한 자 중 법령에 따라 수출에 필요한 허가·승인·추천·증명 또는 그 밖의 조건을 갖추지 아니하거나 부정한 방법으로 갖추어 수출한 자는 1년 이하의 징역 또는 2천만원 이하의 벌금에 처한다.(관세법 제270조 3항)

(4) 부정감면 및 부정환급

부정한 방법으로 관세를 감면받거나 관세를 감면받은 물품에 대한 관세의 징수를 면탈한 자는 3년 이하의 징역에 처하거나, 감면받거나 면탈한 관세액의 5배 이하에 상당하는 벌금에 처한다.(관세법 제270조 4항)

부정한 방법으로 관세를 환급받은 자는 3년 이하의 징역 또는 환급받은 세액의

5배 이하에 상당하는 벌금에 처한다. 이 경우 세관장은 부정한 방법으로 환급받은 세액을 즉시 징수한다.(관세법 제270조 5항)

(5) 가격조작죄

다음의 신청 또는 신고를 할 때 부당하게 재물이나 재산상 이득을 취득하거나 제3자로 하여금 이를 취득하게 할 목적으로 물품의 가격을 조작하여 신청 또는 신고한 자는 2년 이하의 징역 또는 물품원가와 5천만원 중 높은 금액 이하의 벌금에 처한다.(관세법 제270조의 2)

① 제38조의2 제1항·제2항에 따른 보정신청

② 제38조의3 제1항에 따른 수정신고

③ 제241조(수출·수입 또는 반송의 신고) 제1항·제2항에 따른 신고

④ 제244조(입항전수입신고) 제1항에 따른 신고

4) 미수범 등

그 정황을 알면서 관세법 제269조(밀수출입죄) 및 제270조(관세포탈죄 등)에 따른 행위를 교사하거나 방조한 자는 정범(正犯)에 준하여 처벌한다.(관세법 제271조 1항)

또한 관세법 제268조의2(전자문서 위조·변조죄 등), 제269조(밀수출입죄) 및 제270조(관세포탈죄 등)의 미수범은 본죄에 준하여 처벌한다.(관세법 제271조 2항)

관세법 제268조의2(전자문서 위조·변조죄 등), 제269조(밀수출입죄) 및 제270조(관세포탈죄 등)의 죄를 범할 목적으로 그 예비를 한 자는 본죄의 2분의 1을 감경하여 처벌한다.(관세법 제271조 3항)

5) 밀수품의 취득죄 등

다음 어느 하나에 해당되는 물품을 취득·양도·운반·보관 또는 알선하거나 감정한 자는 3년 이하의 징역 또는 물품원가 이하에 상당하는 벌금에 처한다.(관세법 제274조 1항)

① 관세법 제269조(밀수출입죄)에 해당되는 물품

② 관세법 제270조(관세포탈죄 등) 제1항 제3호, 같은 조 제2항 및 제3항에 해당되는 물품

위에 규정된 죄의 미수범은 본죄에 준하여 처벌하며(관세법 제274조 2항) 위에 규정된 죄를 범할 목적으로 그 예비를 한 자는 본죄의 2분의 1을 감경하여 처벌한다.(관세법 제274조 3항)

6) 체납처분면탈죄 등

납세의무자 또는 납세의무자의 재산을 점유하는 자가 체납처분의 집행을 면탈할 목적 또는 면탈하게 할 목적으로 그 재산을 은닉·탈루하거나 거짓 계약을 하였을 때에는 3년 이하의 징역 또는 3천만원 이하의 벌금에 처한다.(관세법 제275조의2 1항)

관세법 제303조(압수와 보관) 제2항에 따른 압수물건의 보관자 또는 「국세징수법」 제38조에 따른 압류물건의 보관자가 그 보관한 물건을 은닉·탈루, 손괴 또는 소비하였을 때에도 3년 이하의 징역 또는 3천만원 이하의 벌금에 처한다.(관세법 제275조의2 2항)

위의 내용에 대한 사정을 알고도 이를 방조하거나 거짓 계약을 승낙한 자는 2년 이하의 징역 또는 2천만원 이하의 벌금에 처한다.(관세법 제275조의2 3항)

7) 타인에 대한 명의대여죄

관세(세관장이 징수하는 내국세등을 포함한다)의 회피 또는 강제집행의 면탈을 목적으로 타인에게 자신의 명의를 사용하여 관세법 제38조(신고납부)에 따른 납세신고를 할 것을 허락한 자는 1년 이하의 징역 또는 1천만원 이하의 벌금에 처한다.(관세법 제275조의3)

8) 허위신고죄 등

(1) 물품원가 또는 2천만원 중 높은 금액 이하의 벌금

다음 어느 하나에 해당하는 자는 물품원가 또는 2천만원 중 높은 금액 이하의 벌금에 처한다.(관세법 제276조 2항)

① 관세법 제198조(종합보세사업장의 설치·운영에 관한 신고 등) 제1항에 따른 종합보세사업장의 설치·운영에 관한 신고를 하지 아니하고 종합보세기능을 수행한 자

② 관세법 제204조(종합보세구역지정의 취소 등) 제2항에 따른 세관장의 중지조치 또는 같은 조 제3항에 따른 세관장의 폐쇄 명령을 위반하여 종합보세기능을 수행한 자

③ 관세법 제238조(보세구역 반입명령)에 따른 보세구역 반입명령에 대하여 반입대상 물품의 전부 또는 일부를 반입하지 아니한 자

④ 관세법 제241조(수출·수입 또는 반송의 신고) 제1항·제2항 또는 제244조(입항전수입신고) 제1항에 따른 신고를 할 때 제241조 제1항[2]에 따른 사항을 신고하지 아니하거나 허위신고를 한 자

⑤ 제38조의2 제1항 및 제2항, 제38조의3제 1항에 따른 보정신청 또는 수정신고를 할 때 제241조(수출·수입 또는 반송의 신고) 제1항에 따른 사항을 허위로 신청하거나 신고한 자

⑥ 관세법 제248조(신고의 수리) 제3항[3]을 위반한 자

(2) 2천만원 이하의 벌금

다음 어느 하나에 해당되는 자는 2천만원 이하의 벌금에 처한다. 다만, 과실로 아래 ②부터 ④에 해당하게 된 경우에는 300만원 이하의 벌금에 처한다.(관세법 제276조 3항)

① 부정한 방법으로 적하목록을 작성하였거나 제출한 자

② 관세법 제12조*[제277조(과태료) 제5항 제2호(제12조(신고서류의 보관기간)를 위반하여 신고필증을 보관하지 아니한 자)에 해당하는 경우는 제외한다]*, 제98조(재수출감면세) 제2항[4], 제109조(다른 법령 등에 따른 감면물품의 관세징수) 제

---

2) 제241조(수출·수입 또는 반송의 신고) ① 물품을 수출·수입 또는 반송하려면 해당 물품의 품명·규격·수량 및 가격과 그 밖에 대통령령으로 정하는 사항을 세관장에게 신고하여야 한다.

3) 제248조(신고의 수리) ③ 제1항에 따른 신고수리 전에는 운송수단, 관세통로, 하역통로 또는 이 법에 따른 장치 장소로부터 신고된 물품을 반출하여서는 아니 된다.

4) 제98조(재수출감면세) ② 제1항에 따라 관세를 감면한 물품에 대하여는 제97조 제2항부터 제4항까지의 규정을 준용한다.
[제97조(재수출면세) ② 제1항에 따라 관세를 면제받은 물품은 같은 항의 기간에 같은 항에서 정한 용도 외의 다른 용도로 사용되거나 양도될 수 없다. 다만, 대통령령으로 정하는 바에 따라 미리 세관장의 승인을 받았을 때에는 그러하지 아니하다.
③ 다음 각 호의 어느 하나에 해당하는 경우에는 수출하지 아니한 자, 용도 외로 사용한 자 또는 양도를 한 자로부터 면제된 관세를 즉시 징수하며, 양도인으로부터 해당 관세를 징수할 수 없을 때에는 양수인으로부터 면제된 관세를 즉시 징수한다. 다만, 재해나 그 밖의 부득이한 사유로 멸실되었거나 미리 세관장의 승인을 받아 폐기하였을 때에는 그러하지 아니하다. 1. 제1항에 따라 관세를 면제받은 물품을 같은 항에 규정된 기간 내에 수출하지 아니한 경우, 2. 제1항에서 정한 용도 외의 다른 용도로 사용하거나 해당 용도 외의 다른 용도로 사용하려는 자에게 양도한 경우
④ 세관장은 제1항에 따라 관세를 면제받은 물품 중 기획재정부령으로 정하는 물품이 같

1항[5)]*[제277조(과태료) 제4항 제3호[6)]에 해당하는 경우는 제외한다]*, 제134조(개항 등에의 출입) 제1항[7)]*[제146조(그 밖의 선박 또는 항공기) 제1항[8)]에서 준용하는 경우를 포함한다]* , 제136조(출항절차) 제2항[9)], 제148조(관세통로) 제1항[10)], 제149조(국경출입차량의 도착절차), 제222조(보세운송업자등의 등록) 제1항[11)]*[제146조(그 밖의 선박 또는 항공기) 제1항에서 준용하는 경우를 포함한다]* 또는 제225조(보세화물운송 주선 등) 제1항[12)] 전단을 위반한 자

은 항에 규정된 기간 내에 수출되지 아니한 경우에는 500만원을 넘지 아니하는 범위에서 그 물품의 종류와 과세가격을 고려하여 대통령령으로 정하는 금액을 가산세로 징수한다.]

5) 제109조(다른 법령 등에 따른 감면물품의 관세징수) ① 이 법 외의 법령이나 조약·협정 등에 따라 관세가 감면된 물품을 그 수입신고 수리일부터 5년 내에 해당 법령이나 조약·협정 등에 규정된 용도 외의 다른 용도로 사용하거나 해당 용도 외의 다른 용도로 사용하려는 자에게 양도하려는 경우에는 세관장의 확인을 받아야 한다. 다만, 해당 법령이나 조약·협정 등에 다른 용도로 사용하거나 다른 용도로 사용하려는 자에게 양도한 경우에 해당 관세의 징수를 면제하는 규정이 있을 때에는 그러하지 아니하다.

6) 제83조(용도세율의 적용) 제2항, 제88조(외교관용 물품 등의 면세)제2항, 제97조(재수출면세)제2항, 제102조(관세감면물품의 사후관리)제1항 및 제109조(다른 법령 등에 따른 감면물품의 관세징수) 제1항을 위반한 자 중 해당 물품을 직접 수입한 경우 관세를 감면받을 수 있고 수입자와 동일한 용도에 사용하려는 자에게 양도한 자

7) 제134조(개항 등에의 출입) ① 외국무역선이나 외국무역기는 개항에 한정하여 운항할 수 있다. 다만, 대통령령으로 정하는 바에 따라 개항이 아닌 지역에 대한 출입의 허가를 받은 경우에는 그러하지 아니하다.

8) 제146조(그 밖의 선박 또는 항공기) ① 다음 각 호의 어느 하나에 해당하는 선박이나 항공기는 외국무역선이나 외국무역기에 관한 규정을 준용한다. 다만, 대통령령으로 정하는 선박 및 항공기에 대하여는 그러하지 아니하다.
1. 외국무역선 또는 외국무역기 외의 선박이나 항공기로서 외국에 운항하는 선박 또는 항공기, 2. 외국을 왕래하는 여행자와 제241조 제2항 제1호의 물품을 전용으로 운송하기 위하여 국내에서만 운항하는 항공기(이하 "환승전용내항기"라 한다)

9) 제136조(출항절차) ② 선장이나 기장은 제1항에 따른 출항허가를 받으려면 그 개항에서 적재한 물품의 목록을 제출하여야 한다. 다만, 세관장이 출항절차를 신속하게 진행하기 위하여 필요하다고 인정하여 출항허가 후 7일의 범위에서 따로 기간을 정하는 경우에는 그 기간 내에 그 목록을 제출할 수 있다.

10) 제148조(관세통로) ① 국경을 출입하는 차량(이하 "국경출입차량"이라 한다)은 관세통로를 경유하여야 하며, 통관역이나 통관장에 정차하여야 한다.

11) 제222조(보세운송업자등의 등록) ① 다음 각 호의 어느 하나에 해당하는 자(이하 "보세운송업자등"이라 한다)는 대통령령으로 정하는 바에 따라 관세청장이나 세관장에게 등록하여야 한다. 1. 보세운송업자, 2. 외국무역선·외국무역기 또는 국경출입차량에 물품을 하역하는 것을 업으로 하는 자, 3. 외국무역선·외국무역기 또는 국경출입차량에 다음 각 목의 어느 하나에 해당하는 물품 등을 공급하는 것을 업으로 하는 자, 가. 선용품, 나. 기용품, 다. 차량용품, 라. 선박·항공기 또는 철도차량 안에서 판매할 물품, 마. 용역, 4. 개항 안에 있는 보세구역에서 물품이나 용역을 제공하는 것을 업으로 하는 자, 5. 외국무역선·외국무역기 또는 국경출입차량을 이용하여 상업서류나 그 밖의 견본품 등을 송달하는 것을 업으로 하는 자

③ 관세법 제83조(용도세율의 적용) 제2항[13], 제88조(외교관용 물품 등의 면세) 제2항[14], 제97조(재수출면세) 제2항[15] 및 제102조(관세감면물품의 사후관리) 제1항[16]을 위반한 자. 다만, 제277조(과태료) 제4항 제3호에 해당하는 자는 제외한다.

④ 관세법 제174조(특허보세구역의 설치·운영에 관한 특허) 제1항에 따른 특허보세구역의 설치·운영에 관한 특허를 받지 아니하고 특허보세구역을 운영한 자

⑤ 관세법 제227조(과태료)에 따른 세관장의 의무이행 요구를 이행하지 아니한 자

⑥ 관세법 제38조(신고납부) 제3항 후단에 따른 자율심사 결과를 거짓으로 작성하여 제출한 자

⑦ 관세법 제178조(반입정지 등과 특허의 취소) 제2항 제1호(거짓이나 그 밖의 부정한 방법으로 특허를 받은 경우) ·제5호*(제177조의2(특허보세구역 운영인의 명의대여 금지)를 위반하여 명의를 대여한 경우)* 및 제224조(보세운송업

---

12) 제225조(보세화물운송 주선 등) ① 다른 법령에 따라 화물운송의 주선을 업으로 하는 자(이하 "화물운송주선업자"라 한다)가 보세화물을 취급하려면 대통령령으로 정하는 바에 따라 세관장에게 신고하여야 한다. 신고인의 주소 등 대통령령으로 정하는 중요한 사항을 변경한 경우에도 또한 같다.

13) 제83조(용도세율의 적용) ② 제1항에 따라 낮은 세율(이하 "용도세율"이라 한다)이 적용된 물품은 그 수입신고의 수리일부터 3년의 범위에서 대통령령으로 정하는 기준에 따라 관세청장이 정하는 기간에는 해당 용도 외의 다른 용도에 사용하거나 양도할 수 없다. 다만, 다음 각 호의 어느 하나에 해당하는 경우에는 그러하지 아니하다.
1. 대통령령으로 정하는 바에 따라 미리 세관장의 승인을 받은 경우
2. 제1항 단서에 해당하는 경우

14) 제88조(외교관용 물품 등의 면세)② 제1항에 따라 관세를 면제받은 물품 중 기획재정부령으로 정하는 물품은 수입신고 수리일부터 3년의 범위에서 대통령령으로 정하는 기준에 따라 관세청장이 정하는 기간에 제1항의 용도 외의 다른 용도로 사용하기 위하여 양수할 수 없다. 다만, 대통령령으로 정하는 바에 따라 미리 세관장의 승인을 받았을 때에는 그러하지 아니하다.

15) 제97조(재수출면세) ② 제1항에 따라 관세를 면제받은 물품은 같은 항의 기간에 같은 항에서 정한 용도 외의 다른 용도로 사용되거나 양도될 수 없다. 다만, 대통령령으로 정하는 바에 따라 미리 세관장의 승인을 받았을 때에는 그러하지 아니하다.

16) 제102조(관세감면물품의 사후관리) ① 제89조부터 제91조까지와 제93조 및 제95조에 따라 관세를 감면받은 물품은 수입신고 수리일부터 3년의 범위에서 대통령령으로 정하는 기준에 따라 관세청장이 정하는 기간에는 그 감면받은 용도 외의 다른 용도로 사용하거나 양도(임대를 포함한다. 이하 같다)할 수 없다. 다만, 기획재정부령으로 정하는 물품과 대통령령으로 정하는 바에 따라 미리 세관장의 승인을 받은 물품의 경우에는 그러하지 아니하다.

자등의 행정제재) 제1항 제1호*(거짓이나 그 밖의 부정한 방법으로 등록을 한 경우)*에 해당하는 자

(3) 1천만원 이하의 벌금

다음 어느 하나에 해당하는 자는 1천만원 이하의 벌금에 처한다. 다만, 과실로 아래 ②, ③, ④에 해당하게 된 경우에는 200만원 이하의 벌금에 처한다.(관세법 제276조 4항)

① 세관공무원의 질문에 대하여 거짓의 진술을 하거나 그 직무의 집행을 거부 또는 기피한 자

② 관세법 제135조(입항절차) 제1항*[제146조(그 밖의 선박 또는 항공기) 제1항에서 준용하는 경우를 포함한다]*에 따른 입항보고를 거짓으로 하거나 제136조 제1항*(제146조 제1항에서 준용하는 경우를 포함한다)*에 따른 출항허가를 거짓으로 받은 자

③ 관세법 제135조(입항절차) 제1항[17]*[제146조(그 밖의 선박 또는 항공기) 제1항에서 준용하는 경우를 포함하며 제277조 제4항 제4호에 해당하는 자는 제외한다]*, 제136조(출항절차) 제1항[18]*(제146조 제1항에서 준용하는 경우를 포함한다)*, 제137조의2(승객예약자료의 요청) 제1항[19] 각 호 외의 부분 후단*(제277조 제4*

17) 제135조(입항절차) ① 외국무역선이나 외국무역기가 개항(제134조제1항 단서에 따라 출입허가를 받은 지역을 포함한다. 이하 같다)에 입항하였을 때에는 선장이나 기장은 대통령령으로 정하는 사항이 적힌 선용품 또는 기용품의 목록, 여객명부, 승무원명부, 승무원 휴대품목록과 적하목록을 첨부하여 지체 없이 세관장에게 입항보고를 하여야 하며, 외국무역선은 선박국적증서와 최종 출발항의 출항면장(出港免狀)이나 이를 갈음할 서류를 제시하여야 한다. 다만, 세관장은 감시·단속에 지장이 없다고 인정될 때에는 선용품 또는 기용품의 목록이나 승무원 휴대품목록의 첨부를 생략하게 할 수 있다.

18) 제136조(출항절차) ① 외국무역선이나 외국무역기가 개항을 출항하려면 선장이나 기장은 출항하기 전에 세관장에게 출항허가를 받아야 한다.

19) 제137조의2(승객예약자료의 요청) ① 세관장은 다음 각 호의 어느 하나에 해당하는 업무를 수행하기 위하여 필요한 경우 제135조에 따라 입항하거나 제136조에 따라 출항하는 선박 또는 항공기가 소속된 선박회사 또는 항공사가 운영하는 예약정보시스템의 승객예약자료(이하 이 조에서 "승객예약자료"라 한다)를 정보통신망을 통하여 열람하거나 기획재정부령으로 정하는 시한 내에 제출하여 줄 것을 선박회사 또는 항공사에 요청할 수 있다. 이 경우 해당 선박회사 또는 항공사는 이에 따라야 한다.
1. 제234조에 따른 수출입금지물품을 수출입한 자 또는 수출입하려는 자에 대한 검사업무, 2. 제241조 제1항·제2항을 위반한 자 또는 제241조 제1항·제2항을 위반하여 다음 각 목의 어느 하나의 물품을 수출입하거나 반송하려는 자에 대한 검사업무, 가. 「마약류관리에 관한 법률」에 따른 마약류, 나. 「총포·도검·화약류 등 단속법」에 따른 총포·도검·화약류·분사기·전자충격기 및 석궁

항 제4호에 해당하는 자는 제외한다), 제140조(물품의 하역) 제1항·제4항·제6항[20]*(제146조 제1항에서 준용하는 경우를 포함한다)*, 제141조(외국물품의 일시양륙 등) 제1호·제3호[21]*(제146조 제1항에서 준용하는 경우를 포함한다)*, 제142조(항외하역) 제1항[22]*(제146조 제1항에서 준용하는 경우를 포함한다)*, 제144조(외국무역선의 내항선으로의 전환 등)*(제146조 제1항에서 준용하는 경우를 포함한다)*, 제150조(국경출입차량의 출발절차), 제151조(물품의 하역 등) 또는 제213조(보세운송의 신고) 제2항[23]을 위반한 자

④ 관세법 제135조(입항절차) 제2항[24]*(제146조 제1항에서 준용하는 경우를 포함하며 제277조 제4항 제4호에 해당하는 자는 제외한다)*, 제200조(반출입물품의 범위 등) 제3항[25], 제203조(종합보세구역에 대한 세관의 관리 등) 제1항[26]

---

20) 제140조(물품의 하역) ① 외국무역선이나 외국무역기는 제135조에 따른 입항절차를 마친 후가 아니면 물품을 하역하거나 환적할 수 없다. 다만, 세관장의 허가를 받은 경우에는 그러하지 아니하다.
④ 외국무역선이나 외국무역기에 물품을 하역하거나 환적하려면 세관장에게 신고하고 현장에서 세관공무원의 확인을 받아야 한다. 다만, 세관공무원이 확인할 필요가 없다고 인정하는 경우에는 그러하지 아니하다.
⑥ 외국무역선이나 외국무역기에는 내국물품을 적재할 수 없으며, 내항선이나 내항기에는 외국물품을 적재할 수 없다. 다만, 세관장의 허가를 받았을 때에는 그러하지 아니하다.

21) 제141조(외국물품의 일시양륙 등) 다음 각 호의 어느 하나에 해당하는 행위를 하려면 세관장에게 신고를 하고, 현장에서 세관공무원의 확인을 받아야 한다. 다만, 관세청장이 감시·단속에 지장이 없다고 인정하여 따로 정하는 경우에는 간소한 방법으로 신고 또는 확인하거나 이를 생략하게 할 수 있다.
1. 외국물품을 운송수단으로부터 일시적으로 육지에 내려 놓으려는 경우
3. 외국물품을 적재한 운송수단에서 다른 운송수단으로 물품을 환적 또는 복합환적하거나 사람을 이동시키는 경우

22) 제142조(항외 하역) ① 외국무역선이 개항의 바깥에서 물품을 하역하거나 환적하려는 경우에는 선장은 세관장의 허가를 받아야 한다.

23) 제213조(보세운송의 신고) ② 제1항에 따라 보세운송을 하려는 자는 관세청장이 정하는 바에 따라 세관장에게 보세운송의 신고를 하여야 한다. 다만, 물품의 감시 등을 위하여 필요하다고 인정하여 대통령령으로 정하는 경우에는 세관장의 승인을 받아야 한다.

24) 제135조(입항절차) ② 세관장은 신속한 입항 및 통관절차의 이행과 효율적인 감시·단속을 위하여 필요할 때에는 관세청장이 정하는 바에 따라 입항하는 해당 선박 또는 항공기가 소속된 선박회사 또는 항공사(그 업무를 대행하는 자를 포함한다. 이하 같다)로 하여금 제1항에 따른 여객명부·적하목록 등을 입항하기 전에 제출하게 할 수 있다.

25) 제200조(반출입물품의 범위 등) ③ 세관장은 종합보세구역에 반입·반출되는 물품으로 인하여 국가안전, 공공질서, 국민보건 또는 환경보전 등에 지장이 초래되거나 종합보세구역의 지정 목적에 부합되지 아니하는 물품이 반입·반출되고 있다고 인정될 때에는 해당 물품의 반입·반출을 제한할 수 있다.

26) 제203조(종합보세구역에 대한 세관의 관리 등) ① 세관장은 관세채권의 확보, 감시·단속 등 종합보세구역을 효율적으로 운영하기 위하여 종합보세구역에 출입하는 인원과 차량 등

또는 제262조(운송수단의 출발중지 등)[27]에 따른 관세청장 또는 세관장의 조치를 위반하거나 검사를 거부·방해 또는 기피한 자

⑤ 부정한 방법으로 관세법 제248조(신고의 수리) 제1항 단서[28]에 따른 신고필증을 발급받은 자

⑥ 관세법 제263조(서류의 제출 또는 보고 등의 명령)[29]를 위반하여 서류의 제출· 보고 또는 그 밖에 필요한 사항에 관한 명령을 이행하지 아니하거나 거짓의 보고를 한 자

⑦ 관세법 제265조(물품 또는 운송수단 등에 대한 검사 등)[30]에 따른 세관장 또는 세관공무원의 조치를 거부 또는 방해한 자

⑧ 관세법 제266조(장부 또는 자료의 제출 등) 제1항[31]에 따른 세관공무원의 장부 또는 자료의 제시요구 또는 제출요구를 거부한 자

(4) 500만원 이하의 벌금

관세법 제165조 제2항*(보세사의 자격을 갖춘 사람이 보세사로 근무하려면 해당 보세구역을 관할하는 세관장에게 등록하여야 한다.)*을 위반한 자는 500만원 이하의 벌금에

의 출입을 통제하거나 휴대 또는 운송하는 물품을 검사할 수 있다.

27) 제262조(운송수단의 출발 중지 등) 관세청장이나 세관장은 이 법 또는 이 법에 따른 명령을 집행하기 위하여 필요하다고 인정될 때에는 운송수단의 출발을 중지시키거나 그 진행을 정지시킬 수 있다.

28) 제248조(신고의 수리) ① 세관장은 제241조 또는 제244조에 따른 신고가 이 법에 따라 적합하게 이루어졌을 때에는 이를 지체 없이 수리하고 신고인에게 신고필증을 발급하여야 한다. 다만, 제327조 제2항에 따라 국가관세종합정보망의 전산처리설비를 이용하여 신고를 수리하는 경우에는 관세청장이 정하는 바에 따라 신고인이 직접 전산처리설비를 이용하여 신고필증을 발급받을 수 있다.

29) 제263조(서류의 제출 또는 보고 등의 명령) 관세청장이나 세관장은 이 법(「수출용원재료에 대한 관세 등 환급에 관한 특례법」을 포함한다. 이하 이 조에서 같다) 또는 이 법에 따른 명령을 집행하기 위하여 필요하다고 인정될 때에는 물품·운송수단 또는 장치 장소에 관한 서류의 제출·보고 또는 그 밖에 필요한 사항을 명하거나, 세관공무원으로 하여금 수출입자·판매자 또는 그 밖의 관계자에 대하여 관계 자료를 조사하게 할 수 있다.

30) 제265조(물품 또는 운송수단 등에 대한 검사 등) 세관공무원은 이 법 또는 이 법에 따른 명령을 위반한 행위를 방지하기 위하여 필요하다고 인정될 때에는 물품, 운송수단, 장치 장소 및 관계 장부·서류를 검사 또는 봉쇄하거나 그 밖에 필요한 조치를 할 수 있다.

31) 제266조(장부 또는 자료의 제출 등) ① 세관공무원은 이 법에 따른 직무를 집행하기 위하여 필요하다고 인정될 때에는 수출입업자·판매업자 또는 그 밖의 관계자에 대하여 문서화되거나 전산화된 장부·서류 등 관계 자료를 조사하거나, 그 제시 또는 제출을 요구할 수 있다.

처한다.(관세법 제276조 5항)

9) 징역과 벌금의 병과

관세법 제269조(밀수출입죄)부터 제271조(미수범 등)까지 및 제274조(밀수품의 취득죄 등)의 죄를 범한 자는 정상(情狀)에 따라 징역과 벌금을 병과할 수 있다.(관세법 제275조)

02 몰수 및 추징

1) 몰수·추징

관세법 제269조(밀수출입죄) 제1항[32]의 경우에는 그 물품을 몰수한다.(관세법 제282조 1항)

관세법 제269조(밀수출입죄) 제2항·제3항[33] 또는 제274조(밀수품의 취득죄 등) 제1항 제1호[34]의 경우에는 범인이 소유하거나 점유하는 그 물품을 몰수한다. 다만, 제269조 제2항의 경우로서 다음 어느 하나에 해당하는 물품은 몰수하지 아니할 수 있다.(관세법 제282조 2항)

① 보세구역에 관세법 제157조(물품의 반입·반출)에 따라 신고를 한 후 반입한 외국물품

---

32) 제269조(밀수출입죄) ① 제234조(수출입의 금지) 각 호의 물품을 수출하거나 수입한 자는 10년 이하의 징역 또는 2천만원 이하의 벌금에 처한다.

33) 제269조(밀수출입죄) ② 다음 각 호의 어느 하나에 해당하는 자는 5년 이하의 징역 또는 관세액의 10배와 물품원가 중 높은 금액 이하에 상당하는 벌금에 처한다.

1. 관세법 제241조(수출·수입 또는 반송의 신고) 제1항·제2항 또는 제244조(입항전수입신고) 제1항에 따른 신고를 하지 아니하고 물품을 수입한 자. 다만, 제253조(수입신고전의 물품 반출) 제1항에 따른 반출신고를 한 자는 제외한다.
2. 관세법 제241조(수출·수입 또는 반송의 신고) 제1항·제2항 또는 제244조(입항전수입신고) 제1항에 따른 신고를 하였으나 해당 수입물품과 다른 물품으로 신고하여 수입한 자

③ 다음 각 호의 어느 하나에 해당하는 자는 3년 이하의 징역 또는 물품원가 이하에 상당하는 벌금에 처한다.

1. 관세법 제241조(수출·수입 또는 반송의 신고) 제1항 및 제2항에 따른 신고를 하지 아니하고 물품을 수출하거나 반송한 자
2. 관세법 제241조(수출·수입 또는 반송의 신고) 제1항 및 제2항에 따른 신고를 하였으나 해당 수출물품 또는 반송물품과 다른 물품으로 신고하여 수출하거나 반송한 자

34) 제274조(밀수품의 취득죄 등) ① 다음 각 호의 어느 하나에 해당되는 물품을 취득·양도·운반·보관 또는 알선하거나 감정한 자는 3년 이하의 징역 또는 물품원가 이하에 상당하는 벌금에 처한다. 1. 제269조(밀수출입죄)에 해당되는 물품

② 관세법 제156조(보세구역외 장치의 허가)에 따라 세관장의 허가를 받아 보세구역이 아닌 장소에 장치한 외국물품

위의 규정에 따라 몰수할 물품의 전부 또는 일부를 몰수할 수 없는 때에는 그 몰수할 수 없는 물품의 범칙 당시의 국내도매가격에 상당한 금액을 범인으로부터 추징한다. 다만, 제274조(밀수품의 취득죄 등) 제1항 제1호 중 제269조(밀수출입죄) 제2항의 물품을 감정한 자는 제외한다.(관세법 제282조 3항)

관세법 제279조(양벌규정)의 개인 및 법인은 위의 제1항부터 제3항까지의 규정을 적용할 때에는 이를 범인으로 본다.(관세법 제282조 4항)

2) 밀수전용 운반기구 몰수

관세법 제269조(밀수출입죄)조의 죄에 전용(專用)되는 선박·자동차나 그 밖의 운반기구는 그 소유자가 범죄에 사용된다는 정황을 알고 있고, 다음 어느 하나에 해당하는 경우에는 몰수한다.(관세법 제272조)

① 범죄물품을 적재하거나 적재하려고 한 경우

② 검거를 기피하기 위하여 권한 있는 공무원의 정지명령을 받고도 정지하지 아니하거나 적재된 범죄물품을 해상에서 투기·파괴 또는 훼손한 경우

③ 범죄물품을 해상에서 인수 또는 취득하거나 인수 또는 취득하려고 한 경우

④ 범죄물품을 운반한 경우

3) 범죄에 사용된 물품의 몰수 등

관세법 제269조(밀수출입죄)에 사용하기 위하여 특수한 가공을 한 물품은 누구의 소유이든지 몰수하거나 그 효용을 소멸시킨다.(관세법 제273조 1항)

또한 관세법 제269조(밀수출입죄)에 해당되는 물품이 다른 물품 중에 포함되어 있는 경우 그 물품이 범인의 소유일 때에는 그 다른 물품도 몰수할 수 있다.(관세법 제273조 2항)

11-2 행정질서벌

01 과태료

1) 1억원 이하의 과태료

관세법 제37조의4(특수관계자 수입물품 과세자료 제출) 제1항[35]에 따라 자료제출을 요구받은 특수관계에 있는 자가 제10조(천재지변 등으로 인한 기한의 연장)에서 정하는 정당한 사유 없이 제37조의4 제3항[36]에서 정한 기한까지 자료를 제출하지 아니하거나 거짓의 자료를 제출하는 경우에는 1억원 이하의 과태료를 부과한다. 이 경우 제276조(허위신고죄 등)는 적용되지 아니한다.(관세법 제277조 1항)

2) 1,000만원 이하의 과태료

다음 어느 하나에 해당하는 자에게는 1,000만원 이하의 과태료를 부과한다.(관세법 제277조 2항)

① 관세법 제139조(외국 기착의 보고)[37]*(제146조(그 밖의 선박 또는 항공기) 제1항에서 준용하는 경우를 포함한다)*, 제143조(선용품 및 기용품의 하역 등) 제1항[38]*(제146조그 밖의 선박 또는 항공기) 제1항에서 준용하는 경우를 포함한다)*, 제

35) ① 세관장은 제38조 제2항에 따른 세액심사시 특수관계에 있는 자가 수입하는 물품의 과세가격의 적정성을 심사하기 위하여 해당 특수관계자에게 과세자료를 제출할 것을 요구할 수 있다. 이 경우 자료의 제출범위, 제출방법 등은 대통령령으로 정한다.

36) ③ 제1항 또는 제2항에 따라 자료제출을 요구받은 자는 자료제출을 요구받은 날부터 60일 이내에 해당 자료를 제출하여야 한다. 다만, 대통령령으로 정하는 부득이한 사유로 제출기한의 연장을 신청하는 경우에는 세관장은 한 차례만 60일까지 연장할 수 있다.

37) 제139조(외국 기착의 보고) 재해나 그 밖의 부득이한 사유로 내항선이나 내항기가 외국에 기착(寄着)하고 우리나라로 되돌아왔을 때에는 선장이나 기장은 지체 없이 그 사실을 세관장에게 보고하여야 하며, 외국에서 적재한 물품이 있을 때에는 그 목록을 제출하여야 한다.

38) 제143조(선용품 및 기용품의 하역 등) ① 다음 각 호의 어느 하나에 해당하는 물품을 외국무역선 또는 외국무역기에 하역하거나 환적하려면 세관장의 허가를 받아야 한다.
1. 선용품 또는 기용품, 2. 외국무역선 또는 외국무역기 안에서 판매하는 물품

152조(도로차량의 국경출입) 제1항[39], 제155조(물품의 장치) 제1항[40], 제156조(보세구역 외 장치의 허가) 제1항[41], 제159조(해체·절단 등의 작업) 제2항[42], 제160조(장치물품의 폐기) 제1항[43], 제161조(견본품 반출) 제1항[44], 제186조(사용신고 등) 제1항[45]*[제205조(준용규정)에서 준용하는 경우를 포함한다]*, 제192조(사용 전 수입신고)[46]*(제205조(준용규정)에서 준용하는 경우를 포함한다)*, 제200조(반출입물품의 범위 등) 제1항[47], 제201조(운영인의 물품관리) 제1항·제3항[48], 제219조(조난물품의 운송) 제2항[49] 또는 제266조(장부 또는 자료의 제출 등) 제2항[50]을 위반한 자

---

39) 제152조(도로차량의 국경출입) ① 국경을 출입하려는 도로차량의 운전자는 해당 도로차량이 국경을 출입할 수 있음을 증명하는 서류를 세관장으로부터 발급받아야 한다.

40) 제155조(물품의 장치) ① 외국물품과 제221조 제1항에 따른 내국운송의 신고를 하려는 내국물품은 보세구역이 아닌 장소에 장치할 수 없다. 다만, 다음 각 호의 어느 하나에 해당하는 물품은 그러하지 아니하다.
1. 제241조 제1항에 따른 수출신고가 수리된 물품, 2. 크기 또는 무게의 과다나 그 밖의 사유로 보세구역에 장치하기 곤란하거나 부적당한 물품, 3. 재해나 그 밖의 부득이한 사유로 임시로 장치한 물품, 4. 검역물품, 5. 압수물품, 6. 우편물품

41) 제156조(보세구역 외 장치의 허가) ① 제155조 제1항 제2호에 해당하는 물품을 보세구역이 아닌 장소에 장치하려는 자는 세관장의 허가를 받아야 한다.

42) 제159조(해체·절단 등의 작업) ① 보세구역에 장치된 물품에 대하여는 그 원형을 변경하거나 해체·절단 등의 작업을 할 수 있다.
② 제1항에 따른 작업을 하려는 자는 세관장의 허가를 받아야 한다.

43) 제160조(장치물품의 폐기) ① 부패·손상되거나 그 밖의 사유로 보세구역에 장치된 물품을 폐기하려는 자는 세관장의 승인을 받아야 한다.

44) 제161조(견본품 반출) ① 보세구역에 장치된 외국물품의 전부 또는 일부를 견본품으로 반출하려는 자는 세관장의 허가를 받아야 한다.

45) 제186조(사용신고 등) ① 운영인은 보세공장에 반입된 물품을 그 사용 전에 세관장에게 사용신고를 하여야 한다. 이 경우 세관공무원은 그 물품을 검사할 수 있다.

46) 제192조(사용 전 수입신고) 운영인은 보세건설장에 외국물품을 반입하였을 때에는 사용 전에 해당 물품에 대하여 수입신고를 하고 세관공무원의 검사를 받아야 한다. 다만, 세관공무원이 검사가 필요 없다고 인정하는 경우에는 검사를 하지 아니할 수 있다.

47) 제200조(반출입물품의 범위 등) ① 종합보세구역에서 소비하거나 사용되는 물품으로서 기획재정부령으로 정하는 물품은 수입통관 후 이를 소비하거나 사용하여야 한다.

48) 제201조(운영인의 물품관리) ① 운영인은 종합보세구역에 반입된 물품을 종합보세기능별로 구분하여 관리하여야 한다.
③ 운영인은 종합보세구역에 반입된 물품을 종합보세구역 안에서 이동·사용 또는 처분을 할 때에는 장부 또는 전산처리장치를 이용하여 그 기록을 유지하여야 한다. 이 경우 기획재정부령으로 정하는 물품은 미리 세관장에게 신고하여야 한다.

49) 제219조(조난물품의 운송) ① 재해나 그 밖의 부득이한 사유로 선박 또는 항공기로부터 내려진 외국물품은 그 물품이 있는 장소로부터 제213조 제1항 각 호의 장소로 운송될 수 있다.
② 제1항에 따라 외국물품을 운송하려는 자는 제213조 제2항에 따른 승인을 받아야 한다. 다만, 긴급한 경우에는 세관공무원이나 국가경찰공무원(세관공무원이 없는 경우로 한정한다)에게 신고하여야 한다.

② 관세법 제187조(보세공장 외 작업 허가) 제1항[51]*(제89조 제4항에서 준용하는 경우를 포함한다)* 또는 제195조(보세건설장 외 작업 허가) 제1항[52]에 따른 허가를 받지 아니하거나 제202조(설비의 유지의무 등) 제2항[53]에 따른 신고를 하지 아니하고 보세공장·보세건설장·종합보세구역 또는 지정공장 외의 장소에서 작업을 한 자

3) 500만원 이하의 과태료

다음 어느 하나에 해당하는 자에게는 500만원 이하의 과태료를 부과한다.(관세법 제277조 3항)

① 관세법 제240조의2(통관 후 유통이력 신고) 제1항을 위반하여 유통이력을 신고하지 아니하거나 거짓으로 신고한 자

② 관세법 제240조의2(통관 후 유통이력 신고) 제2항을 위반하여 장부기록 자료를 보관하지 아니한 자

③ 관세법 제243조(신고의 요건) 제4항을 위반하여 관세청장이 정하는 장소에 반입하지 아니하고 제241조(수출·수입 또는 반송의 신고) 제1항에 따른 수출의 신고를 한 자

4) 200만원 이하의 과태료

다음 하나에 해당하는 자에게는 200만원 이하의 과태료를 부과한다.(관세법 제277조 4항)

① 특허보세구역의 특허사항을 위반한 운영인

---

50) 제266조(장부 또는 자료의 제출 등) ② 상설영업장을 갖추고 외국에서 생산된 물품을 판매하는 자로서 기획재정부령으로 정하는 기준에 해당하는 자는 해당 물품에 관하여 「부가가치세법」 제16조에 따른 세금계산서나 수입 사실 등을 증명하는 자료를 영업장에 갖춰 두어야 한다.

51) 제187조(보세공장 외 작업 허가) ① 세관장은 가공무역이나 국내산업의 진흥을 위하여 필요한 경우에는 대통령령으로 정하는 바에 따라 기간, 장소, 물품 등을 정하여 해당 보세공장 외에서 제185조 제1항에 따른 작업을 허가할 수 있다.

52) 제195조(보세건설장 외 작업 허가) ① 세관장은 보세작업상 필요하다고 인정될 때에는 대통령령으로 정하는 바에 따라 기간, 장소, 물품 등을 정하여 해당 보세건설장 외에서의 보세작업을 허가할 수 있다.

53) 제202조(설비의 유지의무 등) ② 종합보세구역에 장치된 물품에 대하여 보수작업을 하거나 종합보세구역 밖에서 보세작업을 하려는 자는 대통령령으로 정하는 바에 따라 세관장에게 신고하여야 한다.

② 관세법 제38조(신고납부) 제3항[54], 제83조(용도세율의 적용) 제1항[55], 제107조(관세의 분할납부) 제3항[56], 제140조(물품의 하역) 제5항[57], 제157조(물품의 반입·반출) 제1항[58], 제158조(보수작업) 제2항·제6항[59], 제172조(물품에 대한 보관책임) 제3항[60], 제194조(보세건설물품의 가동 제한) [61] *(제205조에서 준용하는 경우를 포함한다)*, 제198조(종합보세사업장의 설치·운영에 관한 신고 등) 제3항[62], 제199조(종합보세구역에의 물품의 반입·반출 등) 제1항[63], 제202조(설비의 유지의무 등) 제1항[64], 제214조(보세운송의 신고인)[65], 제215조(보세운송 보고)[66]*(제219조 제4항 및 제221조 제2항에*

---

54) 제38조(신고납부) ③ 세관장은 제2항 본문에도 불구하고 납세실적과 수입규모 등을 고려하여 관세청장이 정하는 요건을 갖춘 자가 신청할 때에는 납세신고한 세액을 자체적으로 심사(이하 "자율심사"라 한다)하게 할 수 있다. 이 경우 해당 납세의무자는 자율심사한 결과를 세관장에게 제출하여야 한다.

55) 제83조(용도세율의 적용) ① 별표 관세율표나 제50조 제4항, 제65조, 제67조의2, 제68조, 제70조부터 제73조까지 및 제76조에 따른 대통령령 또는 기획재정부령으로 용도에 따라 세율을 다르게 정하는 물품을 세율이 낮은 용도에 사용하려는 자는 대통령령으로 정하는 바에 따라 세관장의 승인을 받아야 한다. 다만, 물품의 성질과 형태가 그 용도 외의 다른 용도에 사용할 수 없는 경우에는 그러하지 아니하다.

56) 제107조(관세의 분할납부) ③ 제2항에 따라 관세의 분할납부를 승인받은 자가 해당 물품의 용도를 변경하거나 그 물품을 양도하려는 경우에는 미리 세관장의 승인을 받아야 한다.

57) 제140조(물품의 하역) ⑤ 세관장은 감시·단속을 위하여 필요할 때에는 제4항에 따라 물품을 하역하는 장소 및 통로(이하 "하역통로"라 한다)와 기간을 제한할 수 있다.

58) 제157조(물품의 반입·반출) ① 보세구역에 물품을 반입하거나 반출하려는 자는 대통령령으로 정하는 바에 따라 세관장에게 신고하여야 한다.

59) 제158조(보수작업) ① 보세구역에 장치된 물품은 그 현상을 유지하기 위하여 필요한 보수작업과 그 성질을 변하지 아니하게 하는 범위에서 포장을 바꾸거나 구분·분할·합병을 하거나 그 밖의 비슷한 보수작업을 할 수 있다. 이 경우 보세구역에서의 보수작업이 곤란하다고 세관장이 인정할 때에는 기간과 장소를 지정받아 보세구역 밖에서 보수작업을 할 수 있다. ② 제1항에 따른 보수작업을 하려는 자는 세관장의 승인을 받아야 한다. ⑥ 외국물품은 수입될 물품의 보수작업의 재료로 사용할 수 없다.

60) 제172조(물품에 대한 보관책임) ③ 지정장치장의 화물관리인은 화물관리에 필요한 비용(제323조에 따른 세관설비 사용료를 포함한다)을 화주로부터 징수할 수 있다. 다만, 그 요율에 대하여는 세관장의 승인을 받아야 한다.

61) 제194조(보세건설물품의 가동 제한) 운영인은 보세건설장에서 건설된 시설을 제248조에 따른 수입신고가 수리되기 전에 가동하여서는 아니 된다.

62) 제198조(종합보세사업장의 설치·운영에 관한 신고 등) ③ 종합보세사업장의 운영인은 그가 수행하는 종합보세기능을 변경하려면 세관장에게 이를 신고하여야 한다.

63) 제199조(종합보세구역에의 물품의 반입·반출 등) ① 종합보세구역에 물품을 반입하거나 반출하려는 자는 대통령령으로 정하는 바에 따라 세관장에게 신고하여야 한다.

64) 제202조(설비의 유지의무 등) ① 운영인은 대통령령으로 정하는 바에 따라 종합보세기능의 수행에 필요한 시설 및 장비 등을 유지하여야 한다.

65) 제214조(보세운송의 신고인) 제213조제2항에 따른 신고 또는 승인신청은 다음 각 호의 어

서 준용하는 경우를 포함한다), 제216조(보세운송통로) 제2항[67]*(제219조 제4항 및 제221조 제2항에서 준용하는 경우를 포함한다)*, 제221조(내국운송의 신고) 제1항[68], 제222조(보세운송업자등의 등록) 제3항[69], 제225조(보세화물운송 주선 등) 제1항 후단[70] 또는 제251조(수출신고수리물품의 적재 등) 제1항[71]을 위반한 자

③ 관세법 제83조(용도세율의 적용) 제2항[72], 제88조(외교관용 물품 등의 면세) 제2항[73], 제97조(재수출면세) 제2항[74], 제102조(관세감면물품의 사후관리) 제1항[75] 및 제109조(다른 법령 등에 따른 감면물품의 관세징수) 제1

느 하나에 해당하는 자의 명의로 하여야 한다. 1. 화주, 2. 관세사등, 3. 보세운송을 업(業)으로 하는 자(이하 "보세운송업자"라 한다)

66) 제215조(보세운송 보고) 제213조제2항에 따라 보세운송의 신고를 하거나 승인을 받은 자는 해당 물품이 운송 목적지에 도착하였을 때에는 관세청장이 정하는 바에 따라 도착지의 세관장에게 보고하여야 한다.

67) 제216조(보세운송통로) ② 보세운송은 관세청장이 정하는 기간 내에 끝내야 한다. 다만, 세관장은 재해나 그 밖의 부득이한 사유로 필요하다고 인정될 때에는 그 기간을 연장할 수 있다.

68) 제221조(내국운송의 신고) ① 내국물품을 외국무역선이나 외국무역기로 운송하려는 자는 대통령령으로 정하는 바에 따라 세관장에게 내국운송의 신고를 하여야 한다.

69) 제222조(보세운송업자등의 등록) ③ 관세청장이나 세관장은 필요하다고 인정할 때는 보세운송업자등에게 그 영업에 관하여 보고를 하게 하거나 장부 또는 그 밖의 서류를 제출하도록 명할 수 있다.

70) 제225조(보세화물운송 주선 등) ① 다른 법령에 따라 화물운송의 주선을 업으로 하는 자(이하 "화물운송주선업자"라 한다)가 보세화물을 취급하려면 대통령령으로 정하는 바에 따라 세관장에게 신고하여야 한다. 신고인의 주소 등 대통령령으로 정하는 중요한 사항을 변경한 경우에도 또한 같다.

71) 제251조(수출신고수리물품의 적재 등) ① 수출신고가 수리된 물품은 수출신고가 수리된 날부터 30일 이내에 운송수단에 적재하여야 한다. 다만, 기획재정부령으로 정하는 바에 따라 1년의 범위에서 적재기간의 연장승인을 받은 것은 그러하지 아니하다.

72) 제83조(용도세율의 적용) ② 제1항에 따라 낮은 세율(이하 "용도세율"이라 한다)이 적용된 물품은 그 수입신고의 수리일부터 3년의 범위에서 대통령령으로 정하는 기준에 따라 관세청장이 정하는 기간에는 해당 용도 외의 다른 용도에 사용하거나 양도할 수 없다. 다만, 다음 각 호의 어느 하나에 해당하는 경우에는 그러하지 아니하다. 1. 대통령령으로 정하는 바에 따라 미리 세관장의 승인을 받은 경우, 2. 제1항 단서에 해당하는 경우

73) 제88조(외교관용 물품 등의 면세) ② 제1항에 따라 관세를 면제받은 물품 중 기획재정부령으로 정하는 물품은 수입신고 수리일부터 3년의 범위에서 대통령령으로 정하는 기준에 따라 관세청장이 정하는 기간에 제1항의 용도 외의 다른 용도로 사용하기 위하여 양수할 수 없다. 다만, 대통령령으로 정하는 바에 따라 미리 세관장의 승인을 받았을 때에는 그러하지 아니하다.

74) 제97조(재수출면세) ② 제1항에 따라 관세를 면제받은 물품은 같은 항의 기간에 같은 항에서 정한 용도 외의 다른 용도로 사용되거나 양도될 수 없다. 다만, 대통령령으로 정하는 바에 따라 미리 세관장의 승인을 받았을 때에는 그러하지 아니하다.

항[76])을 위반한 자 중 해당 물품을 직접 수입한 경우 관세를 감면받을 수 있고 수입자와 동일한 용도에 사용하려는 자에게 양도한 자

④ 관세법 제135조(입항절차) 제1항·제2항[77]) 또는 제137조의2(승객예약자료의 요청) 제1항[78]) 각 호 외의 부분 후단을 위반한 자 중 과실로 여객명부 또는 승객예약자료를 제출하지 아니한 자

⑤ 관세법 제159조(해체·절단 등의 작업) 제6항[79]), 제180조(특허보세구역의

---

75) 제102조(관세감면물품의 사후관리) ① 제89조부터 제91조까지와 제93조 및 제95조에 따라 관세를 감면받은 물품은 수입신고 수리일부터 3년의 범위에서 대통령령으로 정하는 기준에 따라 관세청장이 정하는 기간에는 그 감면받은 용도 외의 다른 용도로 사용하거나 양도(임대를 포함한다. 이하 같다)할 수 없다. 다만, 기획재정부령으로 정하는 물품과 대통령령으로 정하는 바에 따라 미리 세관장의 승인을 받은 물품의 경우에는 그러하지 아니하다.

76) 제109조(다른 법령 등에 따른 감면물품의 관세징수) ① 이 법 외의 법령이나 조약·협정 등에 따라 관세가 감면된 물품을 그 수입신고 수리일부터 3년 내에 해당 법령이나 조약·협정 등에 규정된 용도 외의 다른 용도로 사용하거나 양도하려는 경우에는 세관장의 확인을 받아야 한다. 다만, 해당 법령이나 조약·협정 등에 다른 용도로 사용하거나 양도한 경우에 해당 관세의 징수를 면제하는 규정이 있을 때에는 그러하지 아니하다.

77) 제135조(입항절차) ① 외국무역선이나 외국무역기가 개항(제134조제1항 단서에 따라 출입허가를 받은 지역을 포함한다. 이하 같다)에 입항하였을 때에는 선장이나 기장은 대통령령으로 정하는 사항이 적힌 선용품 또는 기용품의 목록, 여객명부, 승무원명부, 승무원 휴대품목록과 적하목록을 첨부하여 지체 없이 세관장에게 입항보고를 하여야 하며, 외국무역선은 선박국적증서와 최종 출발항의 출항면장(出港免狀)이나 이를 갈음할 서류를 제시하여야 한다. 다만, 세관장은 감시·단속에 지장이 없다고 인정될 때에는 선용품 또는 기용품의 목록이나 승무원 휴대품목록의 첨부를 생략하게 할 수 있다. ② 세관장은 신속한 입항 및 통관절차의 이행과 효율적인 감시·단속을 위하여 필요할 때에는 관세청장이 정하는 바에 따라 입항하는 해당 선박 또는 항공기가 소속된 선박회사 또는 항공사(그 업무를 대행하는 자를 포함한다. 이하 같다)로 하여금 제1항에 따른 여객명부·적하목록 등을 입항하기 전에 제출하게 할 수 있다.

78) 제137조의2(승객예약자료의 요청) ① 세관장은 다음 각 호의 어느 하나에 해당하는 업무를 수행하기 위하여 필요한 경우 제135조에 따라 입항하거나 제136조에 따라 출항하는 선박 또는 항공기가 소속된 선박회사 또는 항공사가 운영하는 예약정보시스템의 승객예약자료(이하 이 조에서 "승객예약자료"라 한다)를 정보통신망을 통하여 열람하거나 기획재정부령으로 정하는 시한 내에 제출하여 줄 것을 선박회사 또는 항공사에 요청할 수 있다. 이 경우 해당 선박회사 또는 항공사는 이에 따라야 한다.
1. 제234조에 따른 수출입금지물품을 수출입한 자 또는 수출입하려는 자에 대한 검사업무
2. 제241조 제1항·제2항을 위반한 자 또는 제241조 제1항·제2항을 위반하여 다음 각 목의 어느 하나의 물품을 수출입하거나 반송하려는 자에 대한 검사업무
   가. 「마약류관리에 관한 법률」에 따른 마약류
   나. 「총포·도검·화약류 등 단속법」에 따른 총포·도검·화약류·분사기·전자충격기 및 석궁

79) 제159조(해체·절단 등의 작업) ① 보세구역에 장치된 물품에 대하여는 그 원형을 변경하거나 해체·절단 등의 작업을 할 수 있다. ⑥ 세관장은 수입신고한 물품에 대하여 필요하

설치·운영에 관한 감독 등) 제3항[80]*(제205조에서 준용하는 경우를 포함한다)*, 제196조(보세판매장) 제4항[81], 제216조(보세운송통로) 제1항[82]*[제219조(조난물품의 운송) 제4항 및 제221조(내국운송의 신고) 제2항에서 준용하는 경우를 포함한다]*, 제222조(보세운송업자등의 등록 및 보고) 제4항[83], 제225조(보세화물운송주선 등) 제2항[84], 제228조(통관표지)[85] 또는 제266조(장부 또는 자료의 제출 등) 제3항[86]에 따른 관세청장 또는 세관장의 조치를 위반한 자

⑥ 관세법 제321조(세관의 업무시간·물품취급시간) 제2항 제2호[87]를 위반하여 운송수단에서 물품을 취급한 자

5) 100만원 이하의 과태료

다음 어느 하나에 해당하는 자에게는 100만원 이하의 과태료를 부과한다. (관세법 제277조 5항)

① 적재물품과 일치하지 아니하는 적하목록을 작성하였거나 제출한 자. 다만, 다음 어느 하나에 해당하는 자가 투입 및 봉인한 것이어서 적하목록을 제출한 자가 해당 적재물품의 내용을 확인하는 것이 불가능한 경우에는 해

다고 인정될 때에는 화주 또는 그 위임을 받은 자에게 제1항에 따른 작업을 명할 수 있다.

80) 제180조(특허보세구역의 설치·운영에 관한 감독 등)③ 세관장은 특허보세구역의 운영에 필요한 시설·기계 및 기구의 설치를 명할 수 있다.

81) 제196조(보세판매장) ④ 세관장은 보세판매장에서 판매할 수 있는 물품의 수량, 장치장소 등을 제한할 수 있다. 다만, 보세판매장에서 판매할 수 있는 물품의 종류, 판매한도는 기획재정부령으로 정한다.

82) 제216조(보세운송통로) ① 세관장은 보세운송물품의 감시·단속을 위하여 필요하다고 인정될 때에는 관세청장이 정하는 바에 따라 운송통로를 제한할 수 있다.

83) 제222조(보세운송업자등의 등록 및 보고) ④ 관세청장이나 세관장은 화물운송주선업자에게 제225조 제2항에 따라 해당 업무에 관하여 보고하게 할 수 있다.

84) 제225조(보세화물운송 주선 등) ② 세관장은 통관의 신속을 기하고 보세화물의 관리절차를 간소화하기 위하여 필요하다고 인정될 때에는 대통령령으로 정하는 바에 따라 화물운송주선업자로 하여금 해당 업무에 관하여 보고하게 할 수 있다.

85) 제228조(통관표지) 세관장은 관세 보전을 위하여 필요하다고 인정할 때에는 대통령령으로 정하는 바에 따라 수입하는 물품에 통관표지를 첨부할 것을 명할 수 있다.

86) 제266조(장부 또는 자료의 제출 등) ③ 관세청장이나 세관장은 이 법 또는 이 법에 따른 명령을 집행하기 위하여 필요하다고 인정될 때에는 제2항에 따른 상설영업장의 판매자나 그 밖의 관계인으로 하여금 대통령령으로 정하는 바에 따라 영업에 관한 보고를 하게 할 수 있다.

87) 321조(세관의 업무시간·물품취급시간) ② 다음 각 호의 어느 하나에 해당하는 자는 대통령령으로 정하는 바에 따라 세관장에게 미리 통보하여야 한다. 2. 운송수단의 물품취급시간이 아닌 때에 물품을 취급하려는 자

당 적하목록을 제출한 자는 제외한다.

㉠ 제276조(허위신고죄 등) 제3항 제1호[88]에 해당하는 자

㉡ 적재물품을 수출한 자

㉢ 다른 선박회사·항공사 및 화물운송주선업자

② 관세법 제12조(신고 서류의 보관기간)[89]를 위반하여 신고필증을 보관하지 아니한 자

③ 관세법 제28조(잠정가격의 신고 등) 제2항[90]에 따른 신고를 하지 아니한 자

④ 관세법 제107조(관세의 분할납부) 제4항[91], 제108조(담보 제공 및 사후관리) 제2항[92], 제138조(재해나 그 밖의 부득이한 사유로 인한 면책) 제2항·제4항[93], 제141조(외국물품의 일시양륙 등) 제2호[94], 제157조의2(수입신고수리물품의 반출)[95], 제162조(물품취급자에 대한 단속)[96], 제179조(특허

---

88) 부정한 방법으로 적하목록을 작성하였거나 제출한 자

89) 제12조(신고 서류의 보관기간) 이 법에 따라 가격신고, 납세신고, 수출입신고, 반송신고, 보세화물반출입신고, 보세운송신고를 하거나 적하목록을 제출한 자는 신고 또는 제출한 자료(신고필증을 포함한다)를 신고 또는 제출한 날부터 5년의 범위에서 대통령령으로 정하는 기간 동안 보관하여야 한다.

90) 제28조(잠정가격의 신고 등) ② 납세의무자는 제1항에 따른 잠정가격으로 가격신고를 하였을 때에는 대통령령으로 정하는 기간 내에 해당 물품의 확정된 가격을 세관장에게 신고하여야 한다.

91) 제107조(관세의 분할납부) ④ 관세의 분할납부를 승인받은 법인이 합병·분할·분할합병 또는 해산을 하거나 파산선고를 받은 경우 또는 관세의 분할납부를 승인받은 자가 파산선고를 받은 경우에는 제6항부터 제8항까지의 규정에 따라 그 관세를 납부하여야 하는 자는 지체 없이 그 사유를 세관장에게 신고하여야 한다.

92) 제108조(담보 제공 및 사후관리) ② 이 법이나 그 밖의 법률·조약·협정 등에 따라 용도세율을 적용받거나 관세의 감면 또는 분할납부를 승인받은 자는 대통령령으로 정하는 바에 따라 해당 조건의 이행 여부를 확인하는 데에 필요한 서류를 세관장에게 제출하여야 한다.

93) 제138조(재해나 그 밖의 부득이한 사유로 인한 면책) ② 제1항의 경우 선장이나 기장은 지체 없이 그 이유를 세관공무원이나 국가경찰공무원(세관공무원이 없는 경우로 한정한다)에게 신고하여야 한다. ④ 선장이나 기장은 재해나 그 밖의 부득이한 사유가 종료되었을 때에는 지체 없이 세관장에게 그 경과를 보고하여야 한다.

94) 제141조(외국물품의 일시양륙 등) 다음 각 호의 어느 하나에 해당하는 행위를 하려면 세관장에게 신고를 하고, 현장에서 세관공무원의 확인을 받아야 한다. 다만, 관세청장이 감시·단속에 지장이 없다고 인정하여 따로 정하는 경우에는 간소한 방법으로 신고 또는 확인하거나 이를 생략하게 할 수 있다. 2. 해당 운송수단의 여객·승무원 또는 운전자가 아닌 자가 타려는 경우

95) 제157조의2(수입신고수리물품의 반출) 관세청장이 정하는 보세구역에 반입되어 수입신고가 수리된 물품의 화주 또는 반입자는 제177조에도 불구하고 그 수입신고 수리일부터 15일 이내에 해당 물품을 보세구역으로부터 반출하여야 한다. 다만, 외국물품을 장치하는 데에

의 효력상실 및 승계) 제2항[97], 제182조(특허의 효력상실시 조치 등) 제1항[98]*(제205조에서 준용하는 경우를 포함한다)*, 제183조(보세창고) 제2항·제3항[99], 제184조(장치기간이 지난 내국물품)[100]*(제205조에서 준용하는 경우를 포함한다)*, 제185조(보세공장) 제2항[101]*(제205조에서 준용하는 경우를 포함한다)*, 제245조(신고 시의 제출서류) 제3항[102] 또는 제254조의2(탁송품의 특별통관) 제2항 및 제3항[103]을 위반한 자

⑤ 관세법 제160조(장치물품의 폐기) 제4항[104]*[제207조(유치 및 예치물품의 보관)*

방해가 되지 아니하는 것으로 인정되어 세관장으로부터 해당 반출기간의 연장승인을 받았을 때에는 그러하지 아니하다.

96) 제162조(물품취급자에 대한 단속) 다음 각 호의 어느 하나에 해당하는 자는 물품 및 보세구역감시에 관한 세관장의 명령을 준수하고 세관공무원의 지휘를 받아야 한다. 1. 제155조 제1항 각 호의 물품을 취급하는 자, 2. 보세구역에 출입하는 자

97) 제179조(특허의 효력상실 및 승계) ② 제1항제1호(운영인이 특허보세구역을 운영하지 아니하게 된 경우) 및 제2호(운영인이 해산하거나 사망한 경우)의 경우에는 운영인, 그 상속인, 청산법인 또는 합병·분할·분할합병 후 존속하거나 합병·분할·분할합병으로 설립된 법인(이하 "승계법인"이라 한다)은 지체 없이 세관장에게 그 사실을 보고하여야 한다.

98) 제182조(특허의 효력상실 시 조치 등) ① 특허보세구역의 설치·운영에 관한 특허의 효력이 상실되었을 때에는 운영인이나 그 상속인은 해당 특허보세구역에 있는 외국물품을 지체 없이 다른 보세구역으로 반출하여야 한다.

99) 제183조(보세창고) ② 운영인은 미리 세관장에게 신고를 하고 제1항에 따른 물품의 장치에 방해되지 아니하는 범위에서 보세창고에 내국물품을 장치할 수 있다. 다만, 동일한 보세창고에 장치되어 있는 동안 수입신고가 수리된 물품은 신고 없이 계속하여 장치할 수 있다. ③ 운영인은 보세창고에 1년(제2항 단서에 따른 물품은 6개월) 이상 계속하여 제2항에서 규정한 내국물품만을 장치하려면 세관장의 승인을 받아야 한다.

100) 제184조(장치기간이 지난 내국물품) ① 제183조 제2항에 따른 내국물품으로서 장치기간이 지난 물품은 그 기간이 지난 후 10일 내에 그 운영인의 책임으로 반출하여야 한다. ② 제183조 제3항에 따라 승인받은 내국물품도 그 승인기간이 지난 경우에는 제1항과 같다.

101) 제185조(보세공장) ② 보세공장에서는 세관장의 허가를 받지 아니하고는 내국물품만을 원료로 하거나 재료로 하여 제조·가공하거나 그 밖에 이와 비슷한 작업을 할 수 없다.

102) 제245조(신고 시의 제출서류) ③ 제2항에 따라 서류의 제출을 생략하게 하거나 수입신고 수리 후에 서류를 제출하게 하는 경우 세관장이 필요하다고 인정하여 신고인에게 관세청장이 정하는 장부나 그 밖의 관계 자료의 제시 또는 제출을 요청하면 신고인은 이에 따라야 한다.

103) 제254조의2(탁송품의 특별통관) ② 탁송품 운송업자는 통관목록을 사실과 다르게 제출하여서는 아니 된다. ③ 탁송품 운송업자는 제1항에 따라 제출한 통관목록에 적힌 수하인의 주소지가 아닌 곳에 탁송품을 배송하거나 배송하게 한 경우(「우편법」 제31조 단서에 해당하는 경우는 제외한다)에는 배송한 날이 속하는 달의 다음달 15일까지 실제 배송한 주소지를 세관장에게 제출하여야 한다.

104) 제160조(장치물품의 폐기)④ 세관장은 제1항에도 불구하고 보세구역에 장치된 물품 중 다음 각 호의 어느 하나에 해당하는 것은 화주, 반입자, 화주 또는 반입자의 위임을 받은 자나 「국세기본법」 제38조부터 제41조까지의 규정에 따른 제2차 납세의무자(이하 "화주등"이라 한다)에게 이를 반송 또는 폐기할 것을 명하거나 화주등에게 통고한 후 폐기할

*제2항에서 준용하는 경우를 포함한다]*에 따른 세관장의 명령을 이행하지 아니한 자

⑥ 관세법 제177조(장치기간) 제2항[105]*(제205조에서 준용하는 경우를 포함한다)*, 제180조(특허보세구역의 설치·운영에 관한 감독 등) 제4항[106]*(제205조에서 준용하는 경우를 포함한다)* 또는 제249조(신고사항의 보완)[107]에 따른 세관장의 명령이나 보완조치를 이행하지 아니한 자

⑦ 관세법 제180조(특허보세구역의 설치·운영에 관한 감독 등) 제1항(제205조에서 준용하는 경우를 포함한다)·제2항[108]*[제89조(세율불균형물품의 감면세) 제5항에서 준용하는 경우를 포함한다]*, 제193조(반입물품의 장치제한)[109]*(제205조에서 준용하는 경우를 포함한다)* 또는 제203조(종합보세구역에 대한 세관의 관리 등) 제2항[110]에 따른 세관장의 감독·검사·보고지시 등에 응하지 아니한 자

수 있다. 다만, 급박하여 통고할 여유가 없는 경우에는 폐기한 후 즉시 통고하여야 한다. 1. 사람의 생명이나 재산에 해를 끼칠 우려가 있는 물품, 2. 부패하거나 변질된 물품, 3. 유효기간이 지난 물품, 4. 상품가치가 없어진 물품, 5. 제1호부터 제4호까지에 준하는 물품으로서 관세청장이 정하는 물품

105) 제177조(장치기간) ② 세관장은 물품관리에 필요하다고 인정될 때에는 제1항 제1호의 기간에도 운영인에게 그 물품의 반출을 명할 수 있다.

106) 제180조(특허보세구역의 설치·운영에 관한 감독 등) ④ 제157조(물품의 반입·반출)에 따라 특허보세구역에 반입된 물품이 해당 특허보세구역의 설치 목적에 합당하지 아니한 경우에는 세관장은 해당 물품을 다른 보세구역으로 반출할 것을 명할 수 있다.

107) 제249조(신고사항의 보완) 세관장은 다음 각 호의 어느 하나에 해당하는 경우에는 제241조 또는 제244조에 따른 신고가 수리되기 전까지 갖추어지지 아니한 사항을 보완하게 할 수 있다. 다만, 해당 사항이 경미하고 신고수리 후에 보완이 가능하다고 인정되는 경우에는 관세청장이 정하는 바에 따라 신고수리 후 이를 보완하게 할 수 있다. 1. 제241조 또는 제244조에 따른 수출·수입 또는 반송에 관한 신고서의 기재사항이 갖추어지지 아니한 경우, 2. 제245조에 따른 제출서류가 갖추어지지 아니한 경우

108) 제180조(특허보세구역의 설치·운영에 관한 감독 등) ① 세관장은 특허보세구역의 운영인을 감독한다. ② 세관장은 특허보세구역의 운영인에게 그 설치·운영에 관한 보고를 명하거나 세관공무원에게 특허보세구역의 운영상황을 검사하게 할 수 있다.

109) 제193조(반입물품의 장치 제한) 세관장은 보세건설장에 반입된 외국물품에 대하여 필요하다고 인정될 때에는 보세건설장 안에서 그 물품을 장치할 장소를 제한하거나 그 사용상황에 관하여 운영인으로 하여금 보고하게 할 수 있다.

110) 제203조(종합보세구역에 대한 세관의 관리 등) ② 세관장은 종합보세구역에 반입·반출되는 물품의 반입·반출 상황, 그 사용 또는 처분 내용 등을 확인하기 위하여 제201조 제3항에 따른 장부나 전산처리장치를 이용한 기록을 검사 또는 조사할 수 있으며, 운영인으로 하여금 업무실적 등 필요한 사항을 보고하게 할 수 있다.

6) 과태료의 부과·징수

위의 과태료는 대통령령으로 정하는 바에 따라 세관장이 부과·징수한다.(관세법 제277조 6항)

02 금품 수수 및 공여

세관공무원이 그 직무와 관련하여 금품을 수수(收受)하였을 때에는 「국가공무원법」 제82조(징계 등 절차)에 따른 징계절차에서 그 금품 수수액의 5배 내의 징계부가금 부과 의결을 징계위원회에 요구하여야 한다.(관세법 제277조의2 1항)

징계대상 세관공무원이 징계부가금 부과 의결 전후에 금품 수수를 이유로 다른 법률에 따라 형사처벌을 받거나 변상책임 등을 이행한 경우(몰수나 추징을 당한 경우를 포함한다)에는 징계위원회에 감경된 징계부가금 부과 의결 또는 징계부가금 감면을 요구하여야 한다.(관세법 제277조의2 2항)

징계부가금 부과 의결 요구에 관하여는 「국가공무원법」 제78조(징계 사유) 제4항[111]을 준용한다. 이 경우 "징계 의결 요구"를 "징계부가금 부과 의결 요구"로 본다.(관세법 제277조의2 3항)

징계부가금 부과처분을 받은 자가 납부기간 내에 그 부가금을 납부하지 아니한 때에는 징계권자는 국세체납처분의 예에 따라 징수할 수 있다.(관세법 제277조의2 4항)

세관장은 세관공무원에게 금품을 공여한 자에 대해서는 그 금품 상당액의 2배 이상 5배 내의 과태료를 부과한다. 다만, 「형법」 등 다른 법률에 따라 형사처벌을 받은 경우에는 과태료를 부과하지 아니하고, 과태료를 부과한 후 형사처벌을 받은 경우에는 과태료 부과를 취소한다.(관세법 제277조의2 5항)

---

111) ④ 제1항의 징계 의결 요구는 5급 이상 공무원 및 고위공무원단에 속하는 일반직공무원은 소속 장관이, 6급 이하의 공무원은 소속 기관의 장 또는 소속 상급기관의 장이 한다. 다만, 국무총리·인사혁신처장 및 대통령령등으로 정하는 각급 기관의 장은 다른 기관 소속 공무원이 징계 사유가 있다고 인정하면 관계 공무원에 대하여 관할 징계위원회에 직접 징계를 요구할 수 있다.

11-3 벌칙관련 기타 사항

01 「형법」적용의 일부 배제

관세법에 따른 벌칙에 위반되는 행위를 한 자에게는 「형법」 제38조 제1항 제2호[112) 중 벌금경합에 관한 제한가중규정을 적용하지 아니한다.(관세법 제278조)

02 양벌규정

법인의 대표자나 법인 또는 개인의 대리인, 사용인, 그 밖의 종업원이 그 법인 또는 개인의 업무에 관하여 관세법 제11장(벌칙)에서 규정한 벌칙(제277조의 과태료는 제외한다)에 해당하는 위반행위를 하면 그 행위자를 벌하는 외에 그 법인 또는 개인에게도 해당 조문의 벌금형을 과(科)한다. 다만, 법인 또는 개인이 그 위반행위를 방지하기 위하여 해당 업무에 관하여 상당한 주의와 감독을 게을리하지 아니한 경우에는 그러하지 아니하다.(관세법 제279조 1항)

위에서 개인은 다음 어느 하나에 해당하는 사람으로 한정한다.(관세법 제279조 2항)

① 특허보세구역 또는 종합보세사업장의 운영인

② 수출(「수출용원재료에 대한 관세 등 환급에 관한 특례법」 제4조에 따른 수출등을 포함한다)·수입 또는 운송을 업으로 하는 사람

③ 관세사

---

112) 제38조(경합범과 처벌례) ① 경합범을 동시에 판결할 때에는 다음의 구별에 의하여 처벌한다.

2. 각 죄에 정한 형이 사형 또는 무기징역이나 무기금고이외의 동종의 형인 때에는 가장 중한 죄에 정한 장기 또는 다액에 그 2분의 1까지 가중하되 각 죄에 정한 형의 장기 또는 다액을 합산한 형기 또는 액수를 초과할 수 없다. 단 과료와 과료, 몰수와 몰수는 병과할 수 있다.

④ 개항 안에서 물품 및 용역의 공급을 업으로 하는 사람

⑤ 관세법 제327조의2(국가관세종합정보망 운영사업자의 지정 등) 제1항에 따른 국가관세종합정보망 운영사업자 및 제327조의3(전자문서중계사업자의 지정 등) 제3항에 따른 전자문서중계사업자

Chapter 12

조사와 처분

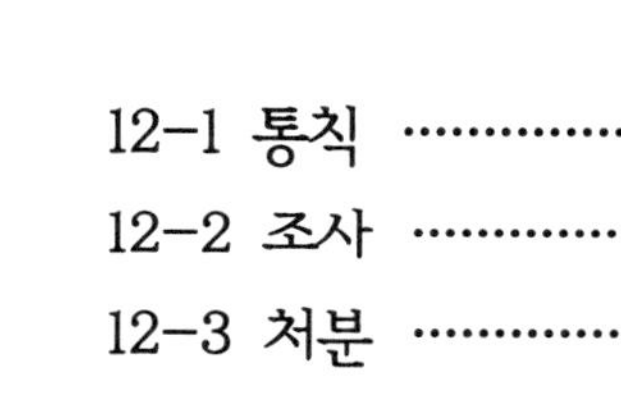

01 개요

1) 관세범

관세법에서 "관세범"이란 동 법 또는 동 법에 따른 명령을 위반하는 행위로서 동 법에 따라 형사처벌되거나 통고처분되는 것을 말한다.(관세법 제283조 1항)

관세범에 관한 조사·처분은 세관공무원이 한다.(관세법 제283조 2항)

2) 공소의 요건

관세범에 관한 사건에 대하여는 관세청장이나 세관장의 고발이 없으면 검사는 공소를 제기할 수 없다.(관세법 제284조 1항)

다른 기관이 관세범에 관한 사건을 발견하거나 피의자를 체포하였을 때에는 즉시 관세청이나 세관에 인계하여야 한다.(관세법 제284조 2항)

3) 관세범에 관한 서류

관세범에 관한 서류에는 연월일을 적고 서명날인하여야 한다.(관세법 제285조)

4) 조사처분에 관한 서류(관세법 제286조)

관세범의 조사와 처분에 관한 서류에는 장마다 간인(間印)하여야 한다. 문자를 추가하거나 삭제할 때와 난의 바깥에 기입할 때에는 날인(捺印)하여야 한다. 문자를 삭제할 때에는 그 문자 자체를 그대로 두고 그 글자수를 적어야 한다.

5) 조서의 서명(관세법 제287조)

관세범에 관한 서류에 서명날인하는 경우 본인이 서명할 수 없을 때에는 다른 사람에게 대서하게 하고 도장을 찍어야 한다. 이 경우 도장을 지니지 아니하였을 때에는 손도장을 찍어야 한다.

다른 사람에게 대서하게 한 경우에는 대서자가 그 사유를 적고 서명날인하여야 한다.

6) 서류의 송달

관세범에 관한 서류는 인편이나 등기우편으로 송달한다.(관세법 제288조)

관세범에 관한 서류를 송달하였을 때에는 수령증을 받아야 한다.(관세법 제289조)

01 관세범의 조사

1) 관세범의 조사 등

세관공무원은 관세범이 있다고 인정할 때에는 범인, 범죄사실 및 증거를 조사하여야 한다.(관세법 제290조)

세관공무원은 관세범 조사에 필요하다고 인정할 때에는 피의자·증인 또는 참고인을 조사할 수 있다.(관세법 제291조)

2) 조서 작성(관세법 제292조)

세관공무원이 피의자·증인 또는 참고인을 조사하였을 때에는 조서를 작성하여야 한다.

조서는 세관공무원이 진술자에게 읽어 주거나 열람하게 하여 기재 사실에 서로 다른 점이 있는지 물어보아야 한다.

진술자가 조서 내용의 증감 변경을 청구한 경우에는 그 진술을 조서에 적어야 한다.

조서에는 연월일과 장소를 적고 다음 ① 조사를 한 사람, ② 진술자, ③ 참여자가 함께 서명날인하여야 한다.

3) 조서의 대용(관세법 제293조)

현행범인에 대한 조사로서 긴급히 처리할 필요가 있을 때에는 그 주요 내용을 적은 서면으로 조서를 대신할 수 있다. 이러한 서면에는 연월일시와 장소를 적고 조사를 한 사람과 피의자가 이에 서명날인하여야 한다.

4) 출석 요구(관세법 제294조)

세관공무원이 관세범 조사에 필요하다고 인정할 때에는 피의자·증인 또는 참고인의 출석을 요구할 수 있다.

세관공무원이 관세범 조사에 필요하다고 인정할 때에는 지정한 장소에 피의자·증인 또는 참고인의 출석이나 동행을 명할 수 있다.

피의자·증인 또는 참고인에게 출석 요구를 할 때에는 출석요구서를 발급하여야 한다.

02 세관공무원의 조사 업무

1) 세관공무원의 사법경찰권 직무 수행(관세법 제295조)

세관공무원은 관세범에 관하여 「사법경찰관리의 직무를 수행할 자와 그 직무범위에 관한 법률」에서 정하는 바에 따라 사법경찰관리의 직무를 수행한다.

2) 수색·압수영장(관세법 제296조)

관세법에 따라 수색·압수를 할 때에는 관할 지방법원 판사의 영장을 받아야 한다. 다만, 긴급한 경우에는 사후에 영장을 발급받아야 한다.

소유자·점유자 또는 보관자가 임의로 제출한 물품이나 남겨 둔 물품은 영장 없이 압수할 수 있다.

3) 현행범의 체포 및 인도

세관공무원이 관세범의 현행범인을 발견하였을 때에는 즉시 체포하여야 한다.(관세법 제297조)

관세범의 현행범인이 그 장소에 있을 때에는 누구든지 체포할 수 있으며 범인을 체포한 자는 지체 없이 세관공무원에게 범인을 인도하여야 한다.(관세법 제298조)

4) 검증수색(관세법 제300조)

세관공무원은 관세범 조사에 필요하다고 인정할 때에는 선박·차량·항공기·창고 또는 그 밖의 장소를 검증하거나 수색할 수 있다.

5) 신변 수색 등(관세법 제301조)

세관공무원은 범죄사실을 증명하기에 충분한 물품을 피의자가 신변(身邊)에 은닉하였다고 인정될 때에는 이를 내보이도록 요구하고, 이에 따르지 아니하는 경우에는 신변을 수색할 수 있다.

여성의 신변을 수색할 때에는 성년의 여성을 참여시켜야 한다.

6) 참여(관세법 제302조)

세관공무원이 수색을 할 때에는 다음 어느 하나에 해당하는 사람을 참여시켜야 한다. 다만, 이들이 모두 부재중일 때에는 공무원을 참여시켜야 한다.

① 선박·차량·항공기·창고 또는 그 밖의 장소의 소지인·관리인

② 동거하는 친척이나 고용된 사람

③ 이웃에 거주하는 사람

위의 ②, ③에 해당하는 사람은 성년자이어야 한다.

7) 야간집행의 제한(관세법 제306조)

해 진 후부터 해 뜨기 전까지는 검증·수색 또는 압수를 할 수 없다. 다만, 현행범인 경우에는 그러하지 아니하다.

이미 시작한 검증·수색 또는 압수는 위의 규정에도 불구하고 계속할 수 있다.

8) 조사 중 출입금지(관세법 제307조)

세관공무원은 피의자·증인 또는 참고인에 대한 조사·검증·수색 또는 압수 중에는 누구를 막론하고 그 장소에의 출입을 금할 수 있다.

9) 신분 증명(관세법 제308조)

세관공무원은 조사·검증·수색 또는 압수를 할 때에는 제복을 착용하거나 그 신분을 증명할 증표를 지니고 그 처분을 받을 자가 요구하면 이를 보여 주어야 한다.

세관공무원이 제복을 착용하지 아니한 경우로서 그 신분을 증명하는 증표제시 요구에 응하지 아니하는 경우에는 처분을 받을 자는 그 처분을 거부할 수 있다.

10) 경찰관의 원조(관세법 제309조)

세관공무원은 조사·검증·수색 또는 압수를 할 때 필요하다고 인정하는 경우에는 국가경찰공무원의 원조를 요구할 수 있다.

11) 조사 결과의 보고(관세법 제310조)

세관공무원은 조사를 종료하였을 때에는 관세청장이나 세관장에게 서면으로 그 결과를 보고하여야 한다.

세관공무원은 이러한 보고를 할 때에는 관계 서류를 함께 제출하여야 한다.

03 압수물품의 관리

1) 압수물품의 국고귀속(관세법 제299조)

세관장은 관세법 제269조(밀수출입죄), 제270조(관세포탈죄 등) 제1항부터 제3항까지 및 제272조(밀수 전용 운반기구의 몰수), 제273조(범죄에 사용된 물품의 몰수 등), 제274조(밀수품의 취득죄 등)의 규정에 해당되어 압수된 물품에 대하여 그 압수일부터 6개월 이내에 해당 물품의 소유자 및 범인을 알 수 없는 경우에는 해당 물품을 유실물로 간주하여 유실물 공고를 하여야 한다.

이 같은 유실물 공고일부터 1년이 지나도 소유자 및 범인을 알 수 없는 경우에는 해당 물품은 국고에 귀속된다.

2) 압수와 보관(관세법 제303조)

세관공무원은 관세범 조사에 의하여 발견한 물품이 범죄의 사실을 증명하기에 충분하거나 몰수하여야 하는 것으로 인정될 때에는 이를 압수할 수 있다.

압수물품은 편의에 따라 소지자나 시·군·읍·면사무소에 보관시킬 수 있다.

관세청장이나 세관장은 압수물품이 다음 어느 하나에 해당하는 경우에는 피의자나 관계인에게 통고한 후 매각하여 그 대금을 보관하거나 공탁할 수 있다. 다만, 통고할 여유가 없을 때에는 매각한 후 통고하여야 한다.

① 부패 또는 손상되거나 그 밖에 사용할 수 있는 기간이 지날 우려가 있는 경우

② 보관하기가 극히 불편하다고 인정되는 경우

③ 처분이 지연되면 상품가치가 크게 떨어질 우려가 있는 경우

④ 피의자나 관계인이 매각을 요청하는 경우

위의 규정에 따른 통고 및 매각에 관하여는 관세법 제160조(장치물품의 폐기) 제5항[1] 및 제326조(몰수품 등의 처분)를 준용한다.

3) 압수물품의 폐기(관세법 제304조)

관세청장이나 세관장은 압수물품 중 다음 어느 하나에 해당하는 것은 피의자나 관계인에게 통고한 후 폐기할 수 있다. 다만, 통고할 여유가 없을 때에는 폐기한 후 즉시 통고하여야 한다.

① 사람의 생명이나 재산을 해칠 우려가 있는 것

② 부패하거나 변질된 것

---

1) 제160조(장치물품의 폐기) ⑤ 제4항에 따른 통고를 할 때 화주등의 주소나 거소를 알 수 없거나 그 밖의 사유로 통고할 수 없는 경우에는 공고로써 이를 갈음할 수 있다.

③ 유효기간이 지난 것

④ 상품가치가 없어진 것

위의 통고에 관하여는 관세법 제160조(장치물품의 폐기) 제5항을 준용한다.

4) 압수조서 등의 작성(관세법 제305조)

검증·수색 또는 압수를 하였을 때에는 조서를 작성하여야 한다. 검증·수색 또는 압수조서에 관하여는 관세법 제292조(조서 작성) 제2항 및 제3항을 준용한다. 현행범인에 대한 수색이나 압수로서 긴급한 경우의 조서작성에 관하여는 관세법 제293조를 준용한다.

01 처분

1) 통고처분

관세청장이나 세관장은 관세법을 조사한 결과 범죄의 확증을 얻었을 때에는 대통령령으로 정하는 바에 따라 그 대상이 되는 자에게 그 이유를 구체적으로 밝히고 다음에 해당하는 금액이나 물품을 납부할 것을 통고할 수 있다.(관세법 제311조 1항)

① 벌금에 상당하는 금액

② 몰수에 해당하는 물품

③ 추징금에 해당하는 금액

관세청장이나 세관장은 위의 규정에 따른 통고처분을 받는 자가 벌금이나 추징금에 상당한 금액을 예납(豫納)하려는 경우에는 이를 예납시킬 수 있다.(관세법 제311조 2항)

위와 같은 통고가 있는 때에는 공소의 시효는 정지된다.(관세법 제311조 3항)

위의 규정에 따른 벌금에 상당하는 금액의 부과기준은 대통령령으로 정한다.(관세법 제311조 4항)

위의 규정에 따라 통고처분을 받은 자는 납부하여야 할 금액을 대통령령으로 정하는 통고처분납부대행기관을 통하여 신용카드, 직불카드 등(이하 이 조에서 "신용카드등"이라 한다)으로 납부할 수 있다.(관세법 제311조 5항)

신용카드등으로 납부하는 경우에는 통고처분납부대행기관의 승인일을 납부일로 본다.(관세법 제311조 6항)

위에서 정한 사항 외에 통고처분납부대행기관의 지정 및 운영, 납부대행 수수료 등 통고처분에 따른 금액을 신용카드등으로 납부하는 경우에 필요한 세부사항은 대통령령으로 정한다.(관세법 제311조 7항)

2) 즉시 고발(관세법 제312조)

관세청장이나 세관장은 범죄의 정상이 징역형에 처해질 것으로 인정될 때에는 관세법 제311조(통고처분) 제1항에도 불구하고 즉시 고발하여야 한다.

3) 압수물품의 반환(관세법 제313조)

관세청장이나 세관장은 압수물품을 몰수하지 아니할 때에는 그 압수물품이나 그 물품의 환가대금(換價代金)을 반환하여야 한다.

위의 물품이나 그 환가대금을 반환받을 자의 주소 및 거소가 분명하지 아니하거나 그 밖의 사유로 반환할 수 없을 때에는 그 요지를 공고하여야 한다.

이러한 공고를 한 날부터 6개월이 지날 때까지 반환의 청구가 없는 경우에는 그 물품이나 그 환가대금을 국고에 귀속시킬 수 있다.

관세청장이나 세관장은 압수물품을 몰수하지 아니할 때에는 그 압수물품에 대하여 관세가 미납된 경우에는 반환받을 자로부터 해당 관세를 징수한 후 그 물품이나 그 환가대금을 반환하여야 한다.

4) 통고서의 작성(관세법 제314조)

통고처분을 할 때에는 통고서를 작성하여야 한다. 이러한 통고서에는 다음 사항을 적고 처분을 한 자가 서명날인하여야 한다.

① 처분을 받을 자의 성명, 나이, 성별, 직업 및 주소

② 벌금에 상당한 금액, 몰수에 해당하는 물품 또는 추징금에 상당한 금액

③ 범죄사실

④ 적용 법조문

⑤ 이행 장소

⑥ 통고처분 연월일

5) 통고서의 송달(관세법 제315조)

통고처분의 고지는 통고서를 송달하는 방법으로 하여야 한다.

6) 통고의 불이행과 고발(관세법 제316조)

관세범인이 통고서의 송달을 받았을 때에는 그 날부터 15일 이내에 이를 이행하여야 하며, 이 기간 내에 이행하지 아니하였을 때에는 관세청장이나 세관장은 즉시 고발하여야 한다. 다만, 15일이 지난 후 고발이 되기 전에 관세범인이 통고처분을 이행한 경우에는 그러하지 아니하다.

7) 일사부재리(관세법 제317조)

관세범인이 통고의 요지를 이행하였을 때에는 동일사건에 대하여 다시 처벌을 받지 아니한다.

8) 무자력 고발(관세법 제318조)

관세청장이나 세관장은 다음 어느 하나의 경우에는 관세법 제311조(통고처분) 제1항에도 불구하고 즉시 고발하여야 한다.

① 관세범인이 통고를 이행할 수 있는 자금능력이 없다고 인정되는 경우

② 관세범인의 주소 및 거소가 분명하지 아니하거나 그 밖의 사유로 통고를 하기 곤란하다고 인정되는 경우

9) 준용(관세법 제319조)

관세법에 관하여는 이 법에 특별한 규정이 있는 것을 제외하고는 「형사소송법」을 준용한다.

Chapter 13

보칙

01 보칙

1) 가산세의 세목(관세법 제320조)

관세법에 따른 가산세는 관세의 세목으로 한다.(제42조 가산세 관련)

2) 몰수품 등의 처분(관세법 제11장 벌칙, 제282조(몰수·추징) 관련)

세관장은 관세법에 따라 몰수되거나 국고에 귀속된 물품(이하 "몰수품등"이라 한다)을 공매 또는 그 밖의 방법으로 처분할 수 있다.(관세법 제326조 1항)

몰수품등의 공매에 관하여는 관세법 제210조(매각방법)를 준용한다. 다만, 관세청장이 정하는 물품은 경쟁입찰에 의하지 아니하고 수의계약이나 위탁판매의 방법으로 매각할 수 있다.(관세법 제326조 2항)

세관장은 관세청장이 정하는 기준에 해당하는 몰수품등을 처분하려면 관세청장의 지시를 받아야 한다.(관세법 제326조 3항)

세관장은 몰수품등에 대하여 대통령령으로 정하는 금액의 범위에서 몰수 또는 국고귀속 전에 발생한 보관료 및 관리비를 지급할 수 있다.(관세법 제326조 4항)

세관장은 몰수품등의 매각대금에서 매각에 든 비용과 위의 보관료 및 관리비를 직접 지급할 수 있다.(관세법 제326조 5항)

세관장은 관세법에 따라 "몰수품등"을 공매 또는 그 밖의 방법으로 처분할 수 있다는 위의 규정에도 불구하고 몰수품등이 농산물인 경우로서 국내시장의 수급조절과 가격안정을 도모하기 위하여 농림축산식품부장관이 요청할 때에는 대통령령으로 정하는 바에 따라 몰수품등을 농림축산식품부장관에게 이관할 수 있다.(관세법 제326조 6항)

관세청장 또는 세관장은 제2항에 따른 위탁판매 물품에 대한 적정한 관리를 위하여 필요한 경우에는 수탁판매기관에게 물품의 판매 현황, 재고 현황 등 관리 현황을 관세청장 또는 세관장에게 보고하게 하거나 관련 장부 및 서류의 제출을 명할 수 있다. 이 경우 보고의 방법 및 절차 등 필요한 사항은 관세청장이 정한다. (관세법 제326조 7항)

3) 청문(관세법 제328조) (관세법 제5장 납세자의 권리 및 불복절차 관련)

세관장은 다음 어느 하나에 해당하는 처분을 하려면 청문을 하여야 한다.

① 관세법 제164조(보세구역의 자율관리) 제6항에 따른 자율관리보세구역 지정의 취소

② 관세법 제165조(보세사의 자격 등) 제4항에 따른 보세사 등록의 취소 및 업무정지

③ 관세법 제167조(지정보세구역 지정의 취소)에 따른 지정보세구역 지정의 취소

④ 관세법 제172조(물품에 대한 보관책임) 제6항에 따른 화물관리인 지정의 취소

⑤ 관세법 제178조(반입정지 등과 특허의 취소) 제1항 및 제2항에 따른 물품반입 등의 정지 및 운영인 특허의 취소

⑥ 관세법 제204조(종합보세구역 지정의 취소 등) 제1항에 따른 종합보세구역 지정의 취소

⑦ 관세법 제204조(종합보세구역 지정의 취소 등) 제2항에 따른 종합보세기능의 수행 중지

⑧ 관세법 제204조(종합보세구역 지정의 취소 등) 제3항에 따른 종합보세사업장의 폐쇄

⑨ 관세법 제224조(보세운송업자등의 행정제재) 제1항에 따른 보세운송업자등의 등록 취소 및 업무정지

⑩ 관세법 제255조의2(수출입 안전관리 우수 공인업체) 제5항에 따른 수출입 안전관리 우수업체 공인의 취소

⑪ 관세법 제327조의2(국가관세종합정보망 운영사업자의 지정 등) 제4항 및 제327조의3(전자문서중계사업자의 지정 등) 제3항에 따른 국가관세종합정

보망 운영사업자 및 전자문서중계사업자 지정의 취소 및 사업·업무의 전부 또는 일부의 정지

4) 포상

관세청장은 다음 어느 하나에 해당하는 사람에게는 대통령령으로 정하는 바에 따라 포상할 수 있다.(관세법 제324조 1항)

① 관세법 제269조(밀수출입죄), 제270조(관세포탈죄 등), 제271조(미수범 등), 제274조(밀수품의 취득죄 등), 제275조의2(체납처분면탈죄 등), 제275조의3(타인에 대한 명의대여죄)에 해당되는 관세범을 세관이나 그 밖의 수사기관에 통보하거나 체포한 자로서 공로가 있는 사람

② 관세법 제269조(밀수출입죄), 제270조(관세포탈죄 등), 제271조(미수범 등), 제272조(밀수 전용 운반기구의 몰수), 제273조(범죄에 사용된 물품의 몰수 등), 제274조(밀수품의 취득죄 등)까지의 규정에 해당되는 범죄물품을 압수한 사람으로서 공로가 있는 사람

③ 관세법이나 다른 법률에 따라 세관장이 관세 및 내국세 등을 추가 징수하는 데에 공로가 있는 사람

④ 관세행정의 개선이나 발전에 특별히 공로가 있는 사람

관세청장은 체납자의 은닉재산을 신고한 사람에게 대통령령으로 정하는 바에 따라 1억원의 범위에서 포상금을 지급할 수 있다. 다만, 은닉재산의 신고를 통하여 징수된 금액이 2천만원 미만인 경우 또는 공무원이 그 직무와 관련하여 은닉재산을 신고한 경우에는 포상금을 지급하지 아니한다.(관세법 제324조 2항) (시행령 제277조 5항)

여기서 “은닉재산”이란 체납자가 은닉한 현금·예금·주식이나 그 밖에 재산적 가치가 있는 유형·무형의 재산을 말한다. 다만, 다음 어느 하나에 해당하는 재산은 제외한다.(관세법 제324조 3항)

① 「국세징수법」 제30조[1]에 따른 사해행위 취소소송의 대상이 되어 있는 재산

② 세관공무원이 은닉 사실을 알고 조사를 시작하거나 체납처분 절차를 진행

---

1) 제30조(사해행위의 취소) 세무공무원은 체납처분을 집행할 때 체납자가 국세의 징수를 면탈(免脫)하려고 재산권을 목적으로 한 법률행위를 한 경우에는 「민법」 제406조 및 제407조를 준용하여 사해행위(詐害行爲)의 취소를 법원에 청구할 수 있다.

하기 시작한 재산

③ 그 밖에 체납자의 은닉재산을 신고받을 필요가 없다고 인정되는 재산으로서 대통령령으로 정하는 것(체납자 본인의 명의로 등기된 국내소재 부동산)(시행령 제277조 6항)

은닉재산의 신고는 신고자의 성명과 주소를 적고 서명하거나 날인한 문서로 하여야 한다.(관세법 제324조 4항)

13-2 세관 및 세관원에 관한 보칙

01 세관 및 세관원에 관한 보칙

1) 세관의 업무시간·물품취급시간(관세법 제321조)

세관의 업무시간, 보세구역과 운송수단에 있어서의 물품의 취급시간은 대통령령으로 정하는 바에 따른다.(관세법 제321조 1항) 여기서 "대통령령으로 정하는 세관의 개청시간과 보세구역 및 운수수단의 물품취급시간"은 다음의 구분에 의한다. (시행령 제274조)

① 세관의 개청시간 및 운송수단의 물품취급시간 : 「국가공무원 복무규정」에 의한 공무원의 근무시간. 다만, 항공기·선박 등이 상시 입·출항하는 등 세관의 업무특성상 필요한 경우에 세관장은 관세청장의 승인을 얻어 부서별로 근무시간을 달리 정할 수 있다.

② 보세구역의 물품취급시간 : 24시간. 다만, 감시·단속을 위하여 필요한 경우 세관장은 그 시간을 제한할 수 있다.

다음 어느 하나에 해당하는 자는 대통령령으로 정하는 바에 따라 세관장에게 미리 통보하여야 한다.(관세법 제321조 2항)

① 세관의 업무시간이 아닌 때에 통관절차·보세운송절차 또는 입출항절차를 밟으려는 자

② 운송수단의 물품취급시간이 아닌 때에 물품을 취급하려는 자

위에 따라 사전통보를 한 자는 기획재정부령으로 정하는 바에 따라 수수료를 납부하여야 한다.(관세법 제321조 3항)

2) 세관설비의 사용(관세법 제323조)

물품장치나 통관을 위한 세관설비를 사용하려는 자는 기획재정부령으로 정하는 사용료를 납부하여야 한다.

3) 편의 제공(관세법 제325조)

관세법에 따라 물품의 운송·장치 또는 그 밖의 취급을 하는 자는 세관공무원의 직무집행에 대하여 편의를 제공하여야 한다.

4) 통계 및 증명서의 작성 및 교부(관세법 제322조)

관세청장은 다음 각 사항에 관한 통계를 작성하고 그 열람이나 교부를 신청하는 자가 있으면 이를 열람하게 하거나 교부하여야 한다.(관세법 제322조 1항)

① 수출하거나 수입한 화물에 관한 사항

②입항하거나 출항한 외국무역선 및 외국무역기에 관한 사항

③ 그 밖에 외국무역과 관련하여 관세청장이 필요하다고 인정하는 사항

관세청장은 위의 규정에 따라 통계를 집계하고 대통령령으로 정하는 바에 따라 정기적으로(연 1회 이상) 그 내용을 공표할 수 있다.(관세법 제322조 2항) (시행령 제276조 2항)

위에서 규정한 통계 외 통관 관련 세부 통계자료를 열람하거나 교부받으려는 자는 사용 용도 및 내용을 구체적으로 밝혀 관세청장에게 신청할 수 있다. 이 경우 관세청장은 대통령령으로 정하는 경우를 제외하고는 이를 열람하게 하거나 교

부하여야 한다.(관세법 제322조 3항)

관세청장은 위에서 규정한 통계 및 통계자료를 전산처리가 가능한 전달매체에 기록하여 교부하거나 전산처리설비를 이용하여 교부할 수 있다. 이 경우 교부할 수 있는 통계의 범위와 그 절차는 관세청장이 정한다.(관세법 제322조 4항)

관세청장은 위에서 규정한 통계, 통계자료 및 통계의 작성 및 교부 업무를 대행할 자(이하 "대행기관"이라 한다)를 지정하여 그 업무를 대행하게 할 수 있다. 이 경우 관세청장은 통계작성을 위한 기초자료를 대행기관에 제공하여야 한다.(관세법 제322조 5항)

세관사무에 관한 증명서와 위에서 규정한 통계, 통계자료 및 통계를 교부받으려는 자는 기획재정부령으로 정하는 바에 따라 관세청장에게 수수료를 납부하여야 한다. 다만, 대행기관이 업무를 대행하는 경우에는 대행기관이 정하는 수수료를 해당 대행기관에 납부하여야 한다.(관세법 제322조 6항)

대행기관은 위의 규정에 따라 수수료를 정할 때에는 기획재정부령으로 정하는 바에 따라 관세청장의 승인을 받아야 한다. 승인을 받은 사항을 변경하려는 경우에도 또한 같다. 대행기관이 수수료를 징수한 경우 그 수입은 해당 대행기관의 수입으로 한다.(관세법 제322조 7,8항)

세관사무에 관한 증명서 중 수출·수입 또는 반송에 관한 증명서는 해당 물품의 수출·수입 또는 반송 신고의 수리일부터 5년 내의 것에 관하여 발급한다.(관세법 제322조 9항)

전자통관 관련 보칙

01 국가관세종합정보망의 구축 및 운영 등

1) 국가관세종합정보망의 구축 및 운영

관세청장은 전자통관의 편의를 증진하고, 외국세관과의 세관정보 교환을 통하여 수출입의 원활화와 교역안전을 도모하기 위하여 전산처리설비와 데이터베이스에 관한 국가관세종합정보망(이하 "국가관세종합정보망"이라 한다)을 구축·운영할 수 있다.(관세법 제327조 1항)

2) 국가관세종합정보망 운영사업자의 지정 등

(1) 국가관세종합정보망 운영사업자의 지정

관세청장은 국가관세종합정보망을 효율적으로 운영하기 위하여 대통령령으로 정하는 기준과 절차에 따라 국가관세종합정보망의 전부 또는 일부를 운영하는 자(이하 "국가관세종합정보망 운영사업자"라 한다)를 지정할 수 있다.(관세법 제327조의2 1항)

(2) 국가관세종합정보망 운영사업자의 결격사유

다음 어느 하나에 해당하는 자는 국가관세종합정보망 운영사업자로 지정을 받을 수 없다.(관세법 제327조의2 2항)

① 관세법 제175조(운영인의 결격사유) 제2호부터 제5호[2]까지의 어느 하나에 해당하는 자

---

2) 제175조(운영인의 결격사유) 다음 각 호의 어느 하나에 해당하는 자는 특허보세구역을 설치·운영할 수 없다. 1. 미성년자, 2. 금치산자와 한정치산자, 3. 파산선고를 받고 복권되지 아니한 자, 4. 이 법을 위반하여 징역형의 실형을 선고받고 그 집행이 끝나거나(집행이 끝난 것으로 보는 경우를 포함한다) 면제된 후 2년이 지나지 아니한 자, 5. 이 법을 위반하여 징역형의 집행유예를 선고받고 그 유예기간 중에 있는 자

② 국가관세종합정보망 운영사업자의 지정이 취소(제175조 제2호 또는 제3호에 해당하여 지정이 취소된 경우는 제외한다)된 날부터 2년이 지나지 아니한 자

③ ①, ②에 해당하는 사람이 임원으로 재직하는 법인

(3) 국가관세종합정보망 운영사업자에 대한 지원

관세청장은 국가관세종합정보망을 효율적으로 운영하기 위하여 필요한 경우 국가관세종합정보망 운영사업자에게 그 운영에 필요한 재원을 지원할 수 있다.(관세법 제327조의2 3항)

(4) 국가관세종합정보망 운영사업자의 지정 취소 등

관세청장은 지정을 받은 국가관세종합정보망 운영사업자가 다음 어느 하나에 해당하는 경우에는 그 지정을 취소하거나 1년 이내의 기간을 정하여 국가관세종합정보망 운영사업의 전부 또는 일부의 정지를 명할 수 있다. 다만, 아래 ①, ②에 해당하는 경우에는 그 지정을 취소하여야 한다.(관세법 제327조의2 4항)

① 국가관세종합정보망 운영사업자의 결격사유에 해당한 경우. 다만, 위의 관세법 제327조의2 제2항 제3호에 해당하는 경우로서 제175조 제2호 또는 제3호에 해당하는 사람을 임원으로 하는 법인이 3개월 이내에 해당 임원을 변경한 경우에는 그러하지 아니하다.

② 거짓이나 그 밖의 부정한 방법으로 지정을 받은 경우

③ 국가관세종합정보망 운영사업자 지정 기준에 미달하게 된 경우

④ 관세청장의 지도·감독을 위반한 경우

⑤ 관세법 제327조의4 제3항(국가관세종합정보망 운영사업자 또는 전자문서중계사업자의 임직원이거나, 임직원이었던 자는 업무상 알게 된 전자문서상의 비밀과 관련 정보에 관한 비밀을 누설하거나 도용하여서는 아니 된다.)을 위반하여 업무상 알게 된 전자문서상의 비밀과 관련 정보에 관한 비밀을 누설하거나 도용한 경우

관세청장은 위의 규정에 따른 업무정지가 그 이용자에게 심한 불편을 주거나 공익을 해칠 우려가 있는 경우에는 업무정지처분을 갈음하여 1억원 이하의 과징금을

부과할 수 있다. 이 경우 과징금을 부과하는 위반행위의 종류와 위반 정도 등에 따른 과징금의 금액 등에 관하여 필요한 사항은 대통령령으로 정한다.(관세법 第327조의2 5항)

위의 규정에 따라 과징금을 납부하여야 할 자가 납부기한까지 이를 납부하지 아니한 경우에는 관세법 제26조(담보 등이 없는 경우의 관세징수)를 준용한다.(관세법 第327조의2 6항)

(5) 국가관세종합정보망 운영사업자에 대한 관리

관세청장은 국가관세종합정보망의 안정적인 운영을 위하여 국가관세종합정보망 운영사업자에게 사업실적 등 운영사업과 관련한 주요 내용을 매년 보고하도록 하거나 관련 장부 및 서류를 제출하도록 명할 수 있다. 이 경우 보고의 방법 및 절차 등 필요한 사항은 관세청장이 정한다.(관세법 第327조의2 7항)

3) 전자신고 등

세관장은 관세청장이 정하는 바에 따라 국가관세종합정보망의 전산처리설비를 이용하여 관세법에 따른 신고·신청·보고·납부 등과 법령에 따른 허가·승인 또는 그 밖의 조건을 갖출 필요가 있는 물품의 증명 및 확인신청 등(이하 "전자신고등"이라 한다)을 하게 할 수 있다.(관세법 第327조 2항)

전자신고등을 할 때에는 관세청장이 정하는 바에 따라 관계 서류를 국가관세종합정보망의 전산처리설비를 이용하여 제출하게 하거나, 그 제출을 생략하게 하거나 간소한 방법으로 하게 할 수 있다.(관세법 第327조 4항)

전자신고등은 관세청장이 정하는 국가관세종합정보망의 전산처리설비에 저장된 때에 세관에 접수된 것으로 보고, 전자송달은 송달받을 자가 지정한 컴퓨터에 입력된 때(관세청장이 정하는 국가관세종합정보망의 전산처리설비에 저장하는 경우에는 저장된 때)에 그 송달을 받아야 할 자에게 도달된 것으로 본다.(관세법 第327조 5항)

4) 전자송달

세관장은 관세청장이 정하는 바에 따라 국가관세종합정보망의 전산처리설비를 이용하여 전자신고등의 승인·허가·수리 등에 대한 교부·통지·통고 등(이하 "전자송달"이라 한다)을 할 수 있다.(관세법 第327조 3항)

전자송달은 대통령령으로 정하는 바에 따라 송달을 받아야 할 자가 신청하는

경우에만 한다.(관세법 제327조 6항)

국가관세종합정보망의 전산처리설비의 장애로 전자송달이 불가능한 경우, 그 밖에 대통령령으로 정하는 사유가 있는 경우에는 교부·인편 또는 우편의 방법으로 송달할 수 있다.(관세법 제327조 7항)

전자송달할 수 있는 대상의 구체적 범위·송달방법 등에 관하여 필요한 사항은 대통령령으로 정한다.(관세법 제327조 8항)

02 전자문서중계사업자의 지정 등

1) 전자문서중계사업자의 지정 등

(1) 전자문서중계사업자의 지정

「전기통신사업법」 제2조 제8호에 따른 전기통신사업자로서 전자신고등 및 전자송달을 중계하는 업무(이하 "전자문서중계업무"라 한다)를 수행하려는 자는 대통령령으로 정하는 기준과 절차에 따라 관세청장의 지정을 받아야 한다.(관세법 제327조의3 1항)

(2) 전자문서중계사업자의 결격사유

다음 어느 하나에 해당하는 자는 전자문서중계사업자로 지정을 받을 수 없다.(관세법 제327조의3 2항)

① 관세법 제175조(운영인의 결격사유) 제2호부터 제5호까지의 어느 하나에 해당하는 자

② 전자문서중계사업자의 지정이 취소(제175조 제2호 또는 제3호에 해당하여 지정이 취소된 경우는 제외한다)된 날부터 2년이 지나지 아니한 자

③ ①, ②에 해당하는 자를 임원으로 하는 법인

(3) 전자문서중계사업자의 지정 취소 등

관세청장의 지정을 받은 전자문서중계사업자가 다음 어느 하나에 해당하는 경우에는 그 지정을 취소하거나 1년 이내의 기간을 정하여 전자문서중계업무의 전부 또는 일부의 정지를 명할 수 있다. 다만, 아래 ①, ②에 해당하는 경우에는 그 지정을 취소하여야 한다.(관세법 제327조의3 3항)

① 전자문서중계사업자의 결격사유의 어느 하나에 해당한 경우. 다만, 위의 관세법 제327조의3 제2항 제3호에 해당하는 경우로서 제175조 제2호 또는 제3호에 해당하는 사람을 임원으로 하는 법인이 3개월 이내에 해당 임원을 변경한 경우에는 그러하지 아니하다.

② 거짓이나 그 밖의 부정한 방법으로 전자문서중계사업자로 지정을 받은 경우

③ 전자문서중계사업자 지정 기준을 충족하지 못하게 된 경우

④ 관세청장의 지도·감독을 위반한 경우

⑤ 관세법 제327조의4 제3항(국가관세종합정보망 운영사업자 또는 전자문서중계사업자의 임직원이거나, 임직원이었던 자는 업무상 알게 된 전자문서상의 비밀과 관련 정보에 관한 비밀을 누설하거나 도용하여서는 아니 된다.)을 위반하여 업무상 알게 된 전자문서상의 비밀과 관련 정보에 관한 비밀을 누설하거나 도용한 경우

관세청장은 위의 규정에 따른 업무정지가 그 이용자에게 심한 불편을 주거나 그 밖에 공익을 해칠 우려가 있는 경우에는 업무정지처분을 갈음하여 1억원 이하의 과징금을 부과할 수 있다. 이 경우 과징금을 부과하는 위반행위의 종류와 위반 정도 등에 따른 과징금의 금액 등에 관하여 필요한 사항은 대통령령으로 정한다. (관세법 제327조의3 4항)

위의 규정에 따른 과징금을 납부하여야 할 자가 납부기한까지 이를 납부하지 아니한 경우에는 관세법 제26조(담보 등이 없는 경우의 관세징수)를 준용한다. (관세법 제327조의3 5항)

전자문서중계사업자는 전자문서중계업무를 제공받는 자에게 기획재정부령으로 정하는 바에 따라 수수료 등 필요한 요금을 부과할 수 있다.(관세법 제327조의3 6항)

(4) 전자문서중계사업자에 대한 지도·감독

관세청장의 전자문서중계사업자에 대한 지도·감독과 관련한 보고 등 필요한 사항에 관하여는 제327조의2(국가관세종합정보망 운영사업자의 지정 등) 제7항을 준용한다. 이 경우 "국가관세종합정보망"은 "전자문서중계사업"으로, "국가관세종합정보망 운영사업자"는 "전자문서중계사업자"로 본다.(관세법 제327조의3 7항)

03 전자문서 등 관련 정보에 관한 보안 및 전자문서의 표준

1) 전자문서 등 관련 정보에 관한 보안

누구든지 국가관세종합정보망 또는 전자문서중계사업자의 전산처리설비에 기록된 전자문서 등 관련 정보를 위조 또는 변조하거나 위조 또는 변조된 정보를 행사하여서는 아니 된다.(관세법 제327조의4 1항)

누구든지 국가관세종합정보망 또는 전자문서중계사업자의 전산처리설비에 기록된 전자문서 등 관련 정보를 훼손하거나 그 비밀을 침해하여서는 아니 된다.(관세법 제327조의4 2항)

국가관세종합정보망 운영사업자 또는 전자문서중계사업자의 임직원이거나, 임직원이었던 자는 업무상 알게 된 전자문서상의 비밀과 관련 정보에 관한 비밀을 누설하거나 도용하여서는 아니 된다.(관세법 제327조의4 3항)

2) 전자문서의 표준

관세청장은 관세법 제240조의6(국가 간 세관정보의 상호 교환 등)에 따른 국가 간 세관정보의 원활한 상호 교환을 위하여 세계관세기구 등 국제기구에서 정하는 사항을 고려하여 전자신고 등 및 전자송달에 관한 전자문서의 표준을 정할 수 있다.(관세법 제327조의5)

04 권한의 위임 및 위탁 등

1) 세관장이나 그 밖의 소속 기관의 장에게 위임

관세법에 따른 관세청장이나 세관장의 권한은 대통령령으로 정하는 바에 그 권한의 일부를 세관장이나 그 밖의 소속 기관의 장에게 위임할 수 있다.(관세법 제329조 1항)

(1) 세관장에게 위임

관세청장은 관세법 제324조(포상)의 규정에 의한 포상에 관한 권한을 세관장에게 위임할 수 있다.(시행령 제288조 1항)

(2) 관세평가분류원장에게 위임

관세청장은 다음의 권한을 관세평가분류원장에게 위임한다.(시행령 제288조 2항)

① 관세법 제18조(과세환율)에 따른 과세환율의 결정

② 관세법 제30조(과세가격 결정의 원칙)에 따라 가산 또는 공제하는 금액의 결정

③ 관세법 제33조(국내판매가격을 기초로 한 과세가격의 결정) 제1항 제1호 및 제2호에 따른 금액의 결정

④ 관세법 제37조(과세가격 결정방법의 사전심사)에 따른 과세가격 결정방법의 사전심사

⑤ 관세법 제86조(특정물품에 적용될 품목분류의 사전심사)에 따른 품목분류 사전심사

⑥ 관세법 제246조(물품의 검사) 제5항에 따른 환율의 결정

(3) 세관장 또는 관세평가분류원장에게 위임

관세청장은 수출입 안전관리 우수 공인업체 심사에 관한 권한을 세관장 또는 관세평가분류원장에게 위임할 수 있다.(시행령 제288조 3항)

2) 체신관서의 장에게 위탁

세관장은 대통령령으로 정하는 바에 따라 관세법 제257조(우편물의 검사), 제258조(우편물통관에 대한 결정), 제259조(세관장의 통지)의 규정에 따른 권한을 체신관서의 장에게 위탁할 수 있다.(관세법 제329조 2항)

3) 보세구역의 운영인 또는 화물관리인에게 위탁

세관장은 관세법 제209조(통고) 제1항[3]의 규정에 의한 통고(자가용보세구역에서의 통고를 제외한다)의 권한, 제215조(보세운송 보고)의 규정에 의한 보세운송의 도착보고의 수리에 관한 권한을 보세구역의 운영인 또는 화물관리인에게 위탁한다.(시행령 제288조 5, 6항)

---

3) 제209조(통고) ① 세관장은 제208조제1항에 따라 장치기간경과물품을 매각하려면 그 화주등에게 통고일부터 1개월 내에 해당 물품을 수출·수입 또는 반송할 것을 통고하여야 한다.

4) 한국관세물류협회의 장에게 위탁

세관장은 관세법 제165조(보세사의 자격 등) 제2항에 따른 보세사의 등록과 제222조(보세운송업자등의 등록) 제1항 제1호에 따른 보세운송업자의 등록에 관한 권한을 「민법」 제32조[4]에 따라 설립된 사단법인 중 관세청장이 지정하여 고시[5]하는 법인의 장, 즉, 한국관세물류협회의 장에게 위탁한다.(시행령 제288조 7항)

5) 무역관련지식재산권보호협회의 장에게 위탁

관세청장은 대통령령으로 정하는 바에 따라 제235조제2항에 따른 지식재산권의 신고에 관한 업무의 일부(신고서의 접수 및 보완 요구만 해당한다)를 지식재산권 보호업무와 관련된 단체에 위탁할 수 있다. 이 경우 관세청장은 예산의 범위에서 위탁업무의 수행에 필요한 경비를 지원할 수 있다.(관세법 제329조 4항)

관세청장은 관세법 제235조(지식재산권 보호) 제2항에 따른 지식재산권의 신고에 관한 업무(신고서의 접수 및 보완요구만 해당한다)를 「민법」 제32조에 따라 설립된 사단법인 중 지식재산권 보호업무에 전문성이 있다고 인정되어 관세청장이 지정·고시[6]하는 법인, 즉, 무역관련지식재산권보호협회의장에게 위탁한다.(시행령 제288조 8항) (관세법 제329조 4항)

관세청장은 예산의 범위에서 위탁업무의 수행에 필요한 경비를 지원할 수 있다.(관세법 제329조 4항)

6) 개항을 통한 휴대품 및 운송수단에 대한 검사 업무

관세청장 또는 세관장은 대통령령으로 정하는 바에 따라 제265조(물품 또는 운송수단 등에 대한 검사 등)에 따른 물품 또는 운송수단 등에 대한 검사 등에 관한 업무의 일부(개항을 출입하는 자가 휴대하는 물품 및 개항을 출입하는 자가 사용하는 운송수단에 대한 검사에 관한 업무에 한정한다) 즉, 개항(보세구역을 포함한다)으로부터 나오는 사람의 휴대품 및 운송수단에 대한 검사 업무를 관세청장이 정하는 기준에 따라 검사 업무에 전문성이 있다고 인정되어 관세청장이 지정·고

---

4) 제32조(비영리법인의 설립과 허가) 학술, 종교, 자선, 기예, 사교 기타 영리 아닌 사업을 목적으로 하는 사단 또는 재단은 주무관청의 허가를 얻어 이를 법인으로 할 수 있다.
5) 보세운송에 관한 고시[20100813 관세청고시 제 2010-111호] 제2-1-1조(등록업무의 위탁), 보세사제도 운영에 관한 고시[20100610 관세청고시 제 2010-55호]
6) 지식재산권 보호를 위한 수출입통관 사무처리에 관한 고시[20100322 관세청고시 제 2010-033호] 제2-1조 (상표권 또는 저작권등의 신고)

시하는 법인 또는 단체에 위탁할 수 있다.(시행령 제288조 9항) 이 경우 관세청장 또는 세관장은 예산의 범위에서 위탁업무의 수행에 필요한 경비를 지원할 수 있다.(관세법 제329조 5항)

7) 벌칙 적용에서 공무원 의제

다음 각 호에 해당하는 사람은 「형법」 제127조 및 제129조부터 제132조까지의 규정을 적용할 때에는 공무원으로 본다.(관세법 제330조)

① 제208조(매각대상 및 매각절차) 제4항에 따라 대행 업무에 종사하는 사람

② 제233조의2(수출입물품의 원산지정보 수집·분석) 제2항에 따라 위탁받은 업무에 종사하는 사람

③ 제255조의2(수출입 안전관리 우수 공인업체 등) 제2항 후단에 따라 안전관리 기준 충족 여부를 심사하는 사람

④ 제322조(통계 및 증명서의 작성 및 교부) 제5항에 따라 대행 업무에 종사하는 사람

⑤ 제327조의2(국가관세종합정보망 운영사업자의 지정 등) 제1항에 따른 국가관세종합정보망 운영사업자

⑥ 제327조의3(전자문서중계사업자의 지정 등) 제3항에 따른 전자문서중계사업자

⑦ 제329조(권한의 위임 및 위탁 등) 제2항부터 제5항까지의 규정에 따라 위탁받은 업무에 종사하는 사람

⑧ 다음 각 위원회의 위원 중 공무원이 아닌 사람

㉠ 제45조 제1항에 따른 관세체납정리위원회

㉡ 제85조 제2항에 따른 관세품목분류위원회

㉢ 제116조의2 제2항에 따른 관세정보공개심의위원회

㉣ 제124조 제1항에 따른 관세심사위원회

㉤ 제165조의3에 따른 보세사징계위원회

㉥ 제176조의3 제1항에 따른 보세판매장 특허심사위원회

㉦ 제176조의4에 따른 보세판매장 제도운영위원회

㉧ 제232조의3 제1항에 따른 원산지확인위원회

Note

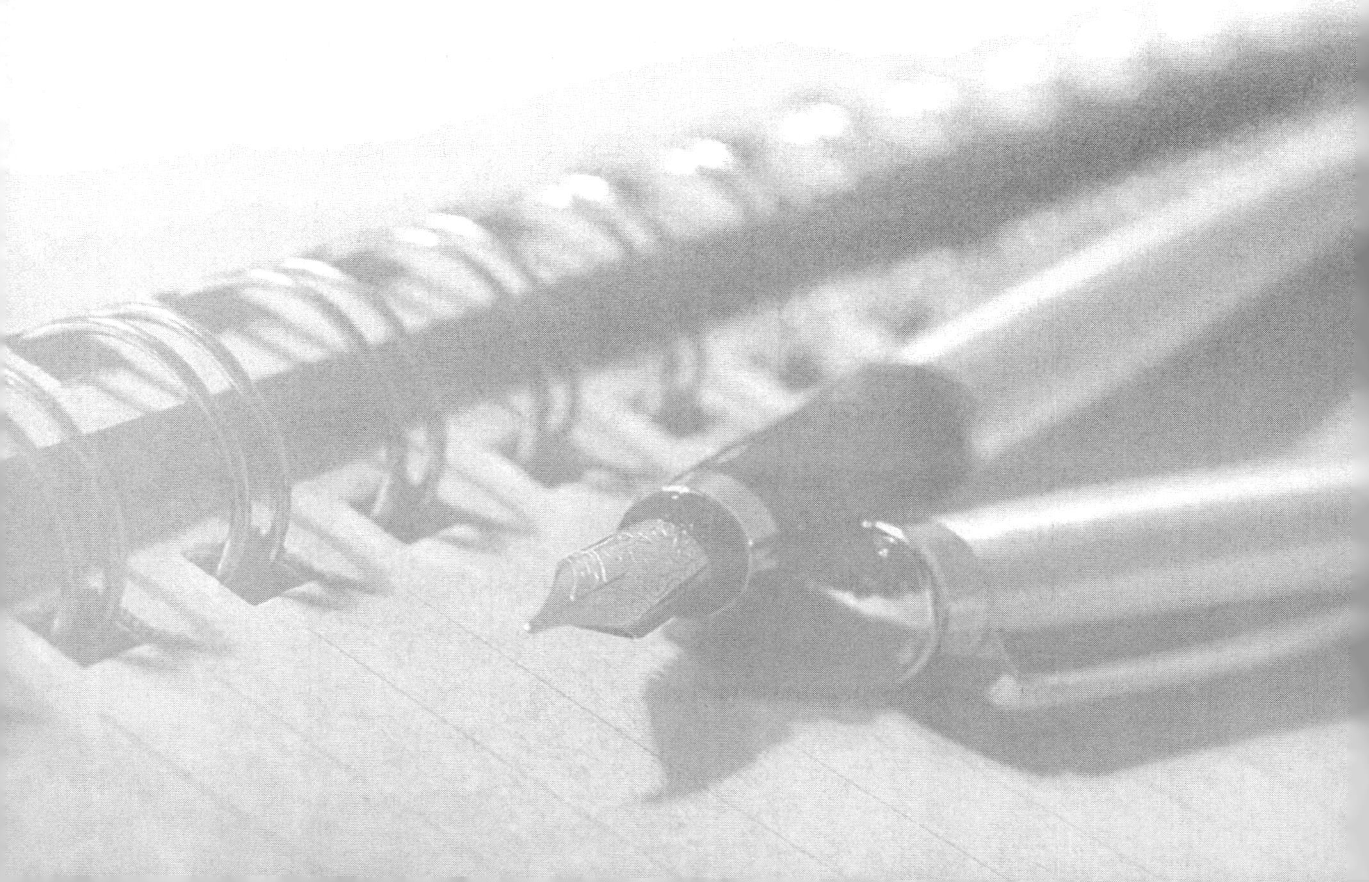

제2편

자유무역협정의 이행을 위한 관세법의 특례에 관한 법률

Chapter 14

자유무역협정과 관세법의 특례에 관한 법률

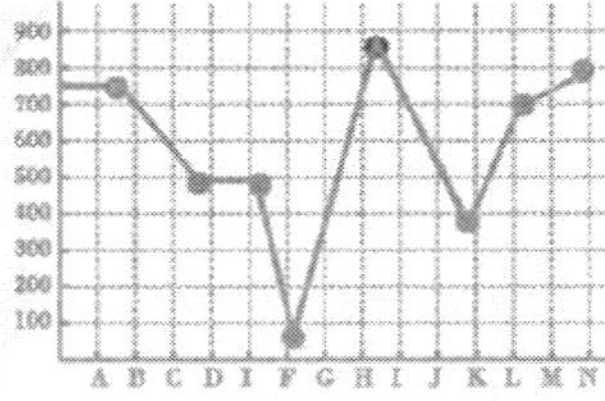

14-1 자유무역협정의 개념과 체결 현황

01 자유무역협정의 종류와 포괄범위

1) 지역무역협정의 종류

자유무역협정(FTA: Free Trade Agreement)은 특정국가간에 배타적인 무역특혜를 서로 부여하는 협정으로서 가장 느슨한 형태의 지역 경제통합 형태이며, 지역무역협정 (RTA: Regional Trade Agreement)의 대종을 이루고 있다.

자유무역협정의 이행을 위한 관세법의 특례에 관한 법률 제2조 제1항 1호에서는 "「자유무역협정」이란 우리나라가 체약상대국(締約相對國)[1]과 관세의 철폐, 세율의 연차적인 인하 등 무역의 자유화를 내용으로 하여 체결한 「1994년도 관세 및 무역에 관한 일반협정」 제24조에 따른 국제협정과 이에 준하는 관세의 철폐 또는 인하에 관한 조약·협정을 말한다."라고 정의하고 있다.

지역경제통합은 <표 14-1>에서 보는 바와 같이 자유무역협정(FTA; Free Trade Agreement), 관세동맹(CU ; Customs Union), 공동시장(Common Market), 단일시장(Single Market)으로 경제통합의 범위와 수준이 확대, 발전하게 된다. 이러한 지역경제통합 중 자유무역협정(FTA)은 가장 초기 단계의 지역경제 통합 형태로, 2008년 3월 현재 발효된 FTA는 115건으로 전체 지역무역협정의 57.8%를 차지하고 있다.

2008년 3월말 현재 GATT/WTO에 통보 또는 등록된 국제협정 및 협약은 모두 364건이며 이 중 199건이 발효되었다. 현재 발효 중인 지역협정을 체결시기별로 살펴보면 70년 이전 3건, 70년대 3건, 80년대 10건에 불과하던 것이 90년대 37건, 2000년 이후 146건이 체결되어 최근 지역주의의 광범위한 영향을 여실히 보여주고 있다. 자유무역협정체결은 특히 WTO출범(1995.1)이후 매년 급속히 확대되어, 2005년 기준

1) "체약상대국"이란 우리나라와 자유무역협정(이하 "협정"이라 한다)을 체결한 국가(국가연합·경제공동체 또는 독립된 관세영역을 포함한다. 이하 같다)를 말한다.

세계 교역량의 50%이상이 지역무역협정 내 교역에 포함되는 것으로 추정된다.[2)]

〈표 14-1〉 지역무역협정의 종류와 포괄범위

<table>
<tr><th>역내관세철폐</th><th>역외공동
관세부과</th><th>역내생산요소
자유이동보장</th><th>역내공동
경제정책수행</th><th>초국가적기구
설치, 운영</th></tr>
<tr><td>① 자유무역협정
(NAFTA, EFTA 등)</td><td></td><td></td><td></td><td></td></tr>
<tr><td colspan="2">② 관세동맹(베네룩스 관세동맹)</td><td></td><td></td><td></td></tr>
<tr><td colspan="3">③ 공동시장(EEC, CACM, CCM, ANCOM 등)</td><td></td><td></td></tr>
<tr><td colspan="5">④ 완전경제통합(마스트리히트조약 발효 이후의 EU)</td></tr>
</table>

주: 1) 회원국간 관세철폐를 중심으로 하는 자유무역협정
2) 회원국간 자유무역 외에 역외국에 대해 공동관세율을 적용하는 관세동맹(Customs Union : MERCOSUR)
3) 관세동맹에 추가해서 회원국간에 생산요소의 자유로운 이동이 가능한 공동시장(Common Market)
4) 단일통화, 회원국의 공동의회 설치와 같은 정치, 경제적 통합수준의 단일시장(Single Market)

자료 : 산업통상자원부(www.fta.go.kr)

02 자유무역협정 체결 현황 및 특혜관세 적용 현황

1) 자유무역협정 체결 현황

한국은 2004년 4월 한-칠레 FTA를 시작으로 2016년 7월 발효된 한-콜롬비아 FTA까지 현재 총15건에 54개국과 FTA가 체결된 상태이다.

〈표 14-2〉 FTA 체결 현황

<table>
<tr><th colspan="2">대상국가</th><th>추진현황</th><th>의의</th></tr>
<tr><td rowspan="3">발효
(14건)</td><td>칠레</td><td>2004.4.1. 발효</td><td>최초의 FTA 중남미
시장의 교두보</td></tr>
<tr><td>싱가포르</td><td>2006.3.2. 발효</td><td>ASEAN 시장의 교두보</td></tr>
<tr><td>EFTA</td><td>2006.9.1. 발효 (스위스, 노르웨이, 아이슬란드, 리히텐슈타인 4개국)</td><td>유럽시장 교두보</td></tr>
</table>

2) 김범중 외, 세계 물류 환경변화와 대응방안(V), 한국해양수산개발원, 2008.12, pp.229-230.

대상국가		추진현황	의의
	아세안 (10개국)	말레이시아, 싱가포르(2007.6.1), 베트남(2007.6.29), 미얀마(2007.11.27), 인도네시아(2007.12.7), 필리핀(2008.1.1), 브루나이(2008.7.1), 라오스(200810.1), 캄보디아(2008.11.1), 태국(2010.1) 발효	거대경제권과 체결한 최초의 FTA
	인도	2010.1. 발효	BRICs 국가, 거대시장
	EU (28개국)	2015. 12. 13. 전체 발효 (2011.7.1.이래 만 4년 5개월 간 잠정 적용) (*EU 28개국: 오스트리아, 벨기에, 영국, 체코, 키프로스, 덴마크, 에스토니아, 핀란드, 프랑스, 독일, 그리스, 헝가리, 아일랜드, 이탈리아, 라트비아, 리투아니아, 룩셈부르크, 몰타, 네덜란드, 폴란드, 포르투갈, 슬로바키아, 슬로베니아, 스페인, 스웨덴, 불가리아, 루마니아, 크로아티아)	세계 최대경제권 (GDP 기준)
	페루	2011.8.1. 발효	자원부국, 중남미 진출 교두보
	미국	2012.3.15. 발효 2019.1.1. 개정의정서 발효	거대 선진경제권
	터키	2013.5.1 발효(기본협정·상품무역협정) 2018.8.1. 발효(서비스무역협정 및 투자협정)	유럽·중앙아시아 진출 교두보
	호주	2014. 12. 12. 발효	자원 부국 및 오세아니아 주요시장
	캐나다	2015. 1. 1. 발효	북미 선진시장
	중국	2015. 1. 20. 발효	우리의 제1위 교역대상('15년 기준)
	뉴질랜드	2015. 12.20. 발효	오세아니아 주요시장
	베트남	2015. 12. 20. 발효	우리의 제3위 투자대상국 ('15.9월 기준)
	콜롬비아	2016.7.15. 발효	자원부국, 중남미 신흥시장
서명 타결 (1건)	중미 (5개국)	2018.02.21 정식서명, 2018.05 국회보고 (*중미 5개국: 파나마, 코스타리카, 온두라스, 엘살바도르, 나카라과)	중미 신시장 창출

자료 : 산업통상자원부(www.fta.go.kr)

2) 특혜관세 적용 현황

자유무역협정이 급속하게 체결, 발효됨에 따라 특혜관세의 적용을 받는 품목건수와 금액이 늘어나고 있는 추세에 있다.

〈표 14-3〉 특혜관세 적용건수

특혜관세종류	2007		2008		2009	
	품목건수	금액(천$)	품목건수	금액(천$)	품목건수	금액(천$)
WTO-GATT개도국양허(D)	9	7,874	10	8,208	8	11,055
ESCAP-APTA 양허(E)	143,945	3,755,070	161,320	4,722,855	155,490	3,938,287
UNCTAD GSTP 양허(G)	5	30393	22	25,013	13	13,413
최빈개도국 일반양허(R)	781	700,506	580	169,106	1,349	460,160
한-칠레 FTA(Y)	8,799	1,792,087	7,432	1,459,663	10,182	1,754,424
한-싱가폴 FTA(Z)	3,603	297,946	1,720	161,813	1,853	153,139
한-EFTA FTA(FTE)	29,521	1,463,490	23,353	1,013,574	34,348	1,252,516
한-아세안 FTA(FTA)	24,786	1,206,972	55,021	10,213,938	102,833	9,872,479
북한산 통관(U=Y,G)	44,269	770,046	70,273	940,741	47,429	464,439
합 계	255,718	9,997,384	319,731	18,894,912	353,505	17,919,912

주 : (D), (E), (G), (R) 등은 관세율(code)임.
자료 : 관세청, 관세연감, 2010.

<표 14-3>에서 보는 바와 같이 WTO 개발도상국간 양허관세제도(TNDC)[3], ESCAP 개발도상국간 양허관세제도(APTA)[4], UNCTAD 개발동상국간 양허관세제도(GSTP)[5], 최빈개발도국에 대한 양허관세[6], 자유무역협정(FTA) 관련 특혜관세 등

3) 개발도상국가간의 통상확대 및 경제협력 및 경제통합을 목적으로 GATT 체제하에서 체결한 개발도상국간의 무역협상에 관한 의정서(Protocal Relating to Trade Negotiations among Developing Countries ; TNDC)

4) 방콕협정이 아시아·태평양 무역협정(Asia-Pacific Trade Agreement; APTA)으로 개정되어 2006년 9월 1일 발효됨. 방콕협정은 유엔 아시아·태평양 경제사회위원회(The United Nations Economic and Social Commission for Asia and the Pacific ; ESCAP) 산하 개도국간 특혜무역에 관한 협정으로 한국 등 6개국 서명, 가입하여 1976년도에 발효되었으나 회원국간 무역확대를 통한 유대관계 강화를 위하여 APTA로 개정 발효하게 됨.

5) 개도국간 특혜무역제도(Global System of Trade Preferences Among Developing Countries ; GSTP)

을 통해 특혜관세가 적용되고 있다.

〈표 14-4〉 연도별 FTA국 수입 대비 협정관세 적용 수입실적

(단위 : 억불, %)

구 분	2010년	2015년	2016년	2017년
FTA 총 수 입	596	4,365	4,061	4,784
FTA 특혜 적용	189	772	998	1,174
FTA 적용 비율	31.8	17.7	24.6	24.5

자료 : 관세청, 관세연감, 2018.

자유무역협정의 이행을 위한 관세법의 특례에 관한 법률

01 법의 제정 목적 및 적용 우선 순위

1) 자유무역협정의 이행을 위한 관세법의 특례에 관한 법률의 제정목적

자유무역협정의 이행을 위한 관세법의 특례에 관한 법률(이하 “특례법”이라 함)은 우리나라가 체약상대국과 체결한 자유무역협정의 이행을 위하여 필요한 관세의 부과·징수 및 감면, 수출입물품의 통관 등 「관세법」의 특례에 관한 사항과 자유무역협정에 규정된 체약상대국과의 관세행정(關稅行政) 협조에 필요한 사항을 규정함으로써 자유무역협정의 원활한 이행과 국민경제의 발전에 이바지함을 목적으로 한다.(특례법 제1조)

6) 관세법 제76조 제3항, 최빈개발도상국에 대한 특혜관세공여규정(대통령령 제16553호 1999.12.31) 제5조(원산지규정) 및 별지서식(원산지증명서) 등

2) 다른 법률과의 관계

특례법은 「관세법」에 우선하여 적용한다. 다만, 이 법에서 정하지 아니한 사항에 대해서는 「관세법」에서 정하는 바에 따른다.(특례법 제3조 1항)

특례법 또는 「관세법」이 협정과 상충되는 경우에는 협정을 우선하여 적용한다.(특례법 제3조 2항)

02 협정관세의 적용

1) 협정관세

협정에 따라 체약상대국을 원산지[7]로 하는 수입물품에 대하여 관세를 철폐하거나 세율을 연차적으로 인하하여 부과하여야 할 관세(이하 "협정관세"라 한다)의(특례법 제2조 1항 6호) 연도별 세율, 적용기간, 적용수량 등은 협정에서 정하는 관세의 철폐비율, 인하비율, 수량기준 등에 따라 대통령령으로 정한다.(특례법 제4조 1항)

협정관세에 관하여는 「관세법」 제83조(용도세율의 적용) 및 제84조(품목분류체계의 수정)를 준용한다.(특례법 제4조 2항)

2) 세율 적용의 우선순위

협정관세의 세율이 「관세법」 제50조(세율 적용의 우선순위)에 따른 적용세율과 같거나 그보다 높은 경우에는 「관세법」 제50조에 따른 적용세율을 우선하여 적용한다.(특례법 제5조 1항)

위의 규정에도 불구하고 「관세법」 제51조(덤핑방지관세의 부과대상), 제57조(상계관세의 부과대상), 제63조(보복관세의 부과대상), 제65조(긴급관세의 부과대상 등), 제67조의2(특정국물품 긴급관세의 부과) 및 제68조(농림축산물에 대한 특별긴급관세)에 따른 세율은 협정관세의 세율보다 우선하여 적용한다.(특례법 제5조 2항)

3) 협정관세의 적용요건

협정관세는 다음 요건을 모두 충족하는 수입물품에 대하여 적용한다.(특례법 제6조)

---

7) 4. "원산지"란 관세의 부과·징수 및 감면, 수출입물품의 통관 등을 할 때 협정에서 정하는 기준에 따라 물품의 생산, 가공, 제조 등이 이루어진 것으로 보는 국가를 말한다.(특례법 제2조 1항 4호)

① 해당 수입물품이 협정에 따른 협정관세의 적용대상일 것

② 특례법 제7조(원산지결정기준)에 따라 결정된 해당 수입물품의 원산지가 해당 체약상대국일 것

③ 해당 수입물품에 대하여 특례법 제8조(협정관세의 적용신청 등) 또는 제9조(협정관세 사후적용의 신청)에 따라 협정관세의 적용을 신청할 것

4) 원산지결정기준

협정 및 특례법에 따른 협정관세의 적용, 수출입물품의 통관 등을 위하여 물품의 원산지를 결정할 때에는 협정에서 정하는 바에 따라 다음 어느 하나에 해당하는 국가를 원산지로 한다.(특례법 제7조 1항)

① 해당 물품의 전부를 생산·가공 또는 제조한 국가

② 해당 물품이 둘 이상의 국가에 걸쳐 생산·가공 또는 제조된 경우에는 다음 어느 하나에 해당하는 국가

㉠ 해당 물품의 품목번호(「통일상품명 및 부호체계에 관한 국제협약」에 따른 품목분류표상의 품목번호를 말한다. 이하 같다)가 그 물품의 생산·가공 또는 제조에 사용되는 재료 또는 구성물품의 품목번호와 일정 단위 이상 다른 경우 해당 물품을 최종적으로 생산·가공 또는 제조한 국가

㉡ 해당 물품에 대하여 일정 수준 이상의 부가가치를 창출한 국가

㉢ 해당 물품의 생산·가공 또는 제조의 주요 공정을 수행한 국가

③ 그 밖에 해당 물품이 협정에서 정한 원산지 인정 요건을 충족시킨 국가

위의 규정에 따라 원산지로 결정된 경우에도 해당 물품이 생산·가공 또는 제조된 이후에 원산지가 아닌 국가를 경유하여 운송되거나 원산지가 아닌 국가에서 선적(船積)된 경우에는 그 물품의 원산지로 인정하지 아니한다.(직접운송원칙) 다만, 해당 물품이 원산지가 아닌 국가의 보세구역에서 운송 목적으로 환적(換積)되었거나 일시적으로 보관되었다고 인정되는 경우에는 그러하지 아니하다.(특례법 제7조 2항)

위의 직접운송원칙 규정에도 불구하고 협정에서 직접 운송의 요건 등에 관하여 다르게 규정한 경우에는 협정에서 정하는 바에 따른다.(특례법 제7조 3항)

위의 원산지결정기준과 관련한 물품의 범위, 적용 방법 및 품목별 원산지결정기준과 그 밖에 필요한 사항은 기획재정부령으로 정한다.(특례법 제7조 4항)

5) 협정관세의 적용신청 등

협정관세를 적용받으려는 자(이하 "수입자"라 한다)는 수입신고의 수리 전까지 대통령령으로 정하는 바에 따라 세관장에게 협정관세의 적용을 신청하여야 한다.(특례법 제8조 1항)

협정관세의 적용을 신청할 때에 수입자는 원산지증빙서류를 갖추고 있어야 하며, 세관장이 요구하면 제출하여야 한다. 다만, 세관장은 대통령령으로 정하는 물품에 대해서는 원산지증빙서류 제출을 요구할 수 없다.(특례법 제8조 2항)

세관장은 수입자가 요구받은 원산지증빙서류를 제출하지 아니하거나 수입자가 제출한 원산지증빙서류만으로 해당 물품의 원산지를 인정하기가 곤란한 경우에는 제35조(협정관세의 적용제한)에 따라 협정관세를 적용하지 아니할 수 있다.(특례법 제8조 3항)

세관장은 협정관세의 적용신청을 받은 경우에는 수입신고를 수리한 후에 심사한다. 다만, 관세채권을 확보하기가 곤란하거나 수입신고를 수리한 후 원산지 및 협정관세 적용의 적정 여부를 심사하는 것이 부적당하다고 인정하여 기획재정부령으로 정하는 물품은 수입신고를 수리하기 전에 심사한다.(특례법 제8조 4항)

6) 협정관세 사후적용의 신청

수입신고의 수리 전까지 협정관세의 적용신청을 하지 못한 수입자는 해당 물품의 수입신고 수리일부터 1년 이내에 대통령령으로 정하는 바에 따라 협정관세의 적용을 신청할 수 있다.(특례법 제9조 1항)

수입자는 협정관세 사후적용의 신청을 할 때에 원산지증빙서류를 제출하여야 한다.(특례법 제9조 2항)

협정관세 사후적용의 신청을 한 수입자는 대통령령으로 정하는 바에 따라 해당 물품에 대하여 이미 납부한 세액의 보정(補正)을 신청하거나 경정(更正)을 청구할 수 있다. 이 경우 보정신청이나 경정청구를 받은 세관장은 그 신청이나 청구를 받은 날부터 2개월 이내에 협정관세의 적용 및 세액의 보정이나 경정 여부를 신청인 또는 청구인에게 통지하여야 한다.(특례법 제9조 3항)

세관장은 위의 규정에 따라 보정을 신청하거나 경정을 청구한 세액을 심사한 결과 타당하다고 인정하면 대통령령으로 정하는 바에 따라 그 세액을 보정하거나 경정하고 납부한 세액과 납부하여야 할 세액의 차액을 환급하여야 한다.(특례법 제9조 4항)

위의 규정에 따른 세액의 보정·경정 및 환급에 관하여는 「관세법」 제38조의2(보정) 제1항·제2항, 제38조의3(수정 및 경정) 제2항 후단, 같은 조 제3항·제4항, 제46조(관세환급금의 환급), 제47조(과다환급관세의 징수) 및 제48조(관세환급가산금)를 준용한다.(특례법 제9조 5항)

03 원산지증명

1) 원산지증명

수입자는 협정관세를 적용받으려는 수입물품에 대하여 협정 및 특례법에서 정하는 바에 따라 원산지를 증명하여야 한다.(특례법 제10조 1항)

수출자 및 생산자는 체약상대국에서 협정관세를 적용받으려는 수출물품에 대하여 협정 및 특례법에서 정하는 바에 따라 원산지증빙서류를 작성하거나 발급받아야 한다.(특례법 제10조 2항)

2) 원산지증명서 작성·발급 등

원산지증명서는 다음 어느 하나에 따라 작성·발급하여야 한다.(특례법 제11조 1항)

① 협정에서 정하는 방법과 절차에 따라 기획재정부령으로 정하는 기관이 해당 물품에 대하여 원산지를 확인하여 발급할 것

② 협정에서 정하는 방법과 절차에 따라 수출자·생산자 또는 수입자가 자율적으로 해당 물품에 대한 원산지를 확인하여 작성·서명할 것

위의 ①에 따른 원산지증명서를 발급받으려는 자는 기획재정부령으로 정하는 금액과 방법 등에 따라 수수료를 납부하여야 한다.(특례법 제11조 2항)

관세청장은 원산지증명서 발급의 적정성 확인 또는 효율적 관리를 위하여 필요한 경우에는 위의 ①에 따라 원산지증명서를 발급하는 기관에 대하여 기획재정부령으로 정하는 바에 따라 자료제출 요구를 하거나 지도·감독(원산지증명서 발급

을 담당하는 직원에 대한 교육을 포함한다)을 할 수 있다.(특례법 제11조 3항)

원산지증명서의 기재사항, 기재방법, 유효기간, 그 밖에 필요한 사항은 대통령령으로 정한다.(특례법 제11조 4항)

3) 원산지인증수출자 인증

관세청장 또는 세관장은 수출물품에 대한 원산지증명능력 등 대통령령으로 정하는 요건을 충족하는 수출자를 원산지인증수출자로 인증할 수 있다.(특례법 제12조 1항)

인증을 받은 수출자(이하 "원산지인증수출자"라 한다)는 협정에서 정하는 범위에서 제11조(원산지증명서 작성·발급 등) 제1항 제2호에 따라 해당 물품에 대하여 자율적으로 원산지를 증명할 수 있으며, 기획재정부령으로 정하는 바에 따라 원산지증명에 관하여 간소한 절차를 적용받을 수 있다.(특례법 제12조 2항)

관세청장 또는 세관장은 원산지인증수출자가 인증 요건을 충족하지 못하는 경우에는 그 인증을 취소할 수 있다.(특례법 제12조 3항)

원산지인증수출자 인증 및 그 취소의 절차, 인증유효기간과 그 밖에 필요한 사항은 기획재정부령으로 정한다.(특례법 제12조 4항)

4) 중소기업의 원산지증명 지원

관세청장은 「중소기업기본법」 제2조[8]에 따른 중소기업에 해당하는 수출자, 생

---

8) 제2조(중소기업자의 범위) ① 중소기업을 육성하기 위한 시책(이하 "중소기업시책"이라 한다)의 대상이 되는 중소기업자는 다음 각 호의 어느 하나에 해당하는 기업(이하 "중소기업"이라 한다)을 영위하는 자로 한다.
1. 다음 각 목의 요건을 모두 갖추고 영리를 목적으로 사업을 하는 기업
가. 업종별로 매출액 또는 자산총액 등이 대통령령으로 정하는 기준에 맞을 것
나. 지분 소유나 출자 관계 등 소유와 경영의 실질적인 독립성이 대통령령으로 정하는 기준에 맞을 것
2. 「사회적기업 육성법」 제2조제1호에 따른 사회적기업 중에서 대통령령으로 정하는 사회적기업
3. 「협동조합 기본법」 제2조에 따른 협동조합, 협동조합연합회, 사회적협동조합, 사회적협동조합연합회 중 대통령령으로 정하는 자
4. 삭제 <2016.1.27.>
② 중소기업은 대통령령으로 정하는 구분기준에 따라 소기업(小企業)과 중기업(中企業)으로 구분한다.
③ 제1항을 적용할 때 중소기업이 그 규모의 확대 등으로 중소기업에 해당하지 아니하게 된 경우 그 사유가 발생한 연도의 다음 연도부터 3년간은 중소기업으로 본다. 다만, 중소기업 외의 기업과 합병하거나 그 밖에 대통령령으로 정하는 사유로 중소기업에 해당하지 아

산자 또는 수출물품이나 수출물품의 생산에 사용되는 재료를 공급하는 자를 대상으로 다음 사항에 관한 지원사업을 할 수 있다.(특례법 제13조)

① 원산지결정기준에 관한 상담 및 교육

② 원산지증명서의 작성 및 발급 등 원산지증명 절차에 관한 상담 및 교육

③ 그 밖에 원산지증명의 지원에 관한 사항으로서 대통령령으로 정하는 사항

5) 원산지증빙서류의 수정 통보

수출자 또는 생산자가 체약상대국의 협정관세를 적용받을 목적으로 원산지증빙서류를 작성·제출한 후 해당 물품의 원산지에 관한 내용에 오류가 있음을 알았을 때에는 협정에서 정하는 바에 따라 기획재정부령으로 정하는 기간 이내에 그 사실을 세관장 및 원산지증빙서류를 제출받은 체약상대국의 수입자에게 각각 통보하여야 한다. 이 경우 세관장은 그 사실을 관세청장이 정하는 바에 따라 체약상대국의 관세당국에 통보하여야 한다.(특례법 제14조 1항)

수입자는 체약상대국의 물품에 대한 원산지증빙서류를 작성한 자나 해당 물품에 대한 수입신고를 수리한 세관장으로부터 원산지증빙서류의 내용에 오류가 있음을 통보받은 경우로서 그 오류로 인하여 납세신고한 세액 또는 신고납부한 세액에 과부족(過不足)이 있을 때에는 기획재정부령으로 정하는 기간 이내에 세액정정·세액보정 신청, 수정신고 또는 경정청구를 하여야 한다. 이 경우 세액정정, 세액보정, 수정신고 또는 경정에 관하여는 「관세법」 제38조(신고납부), 제38조의2(보정) 및 제38조의3(수정 및 경정)을 준용한다.(특례법 제14조 2항)

6) 원산지증빙서류 등의 보관

수입자·수출자 및 생산자는 협정 및 이 법에 따른 원산지의 확인, 협정관세의 적용 등에 필요한 것으로서 원산지증빙서류 등 대통령령으로 정하는 서류를 5년의 범위에서 대통령령으로 정하는 기간(협정에서 정한 기간이 5년을 초과하는 경우에는 그 기간) 동안 보관하여야 한다.(특례법 제15조)

니하게 된 경우에는 그러하지 아니하다.

④ 중소기업시책별 특성에 따라 특히 필요하다고 인정하면 「중소기업협동조합법」이나 그 밖의 법률에서 정하는 바에 따라 중소기업협동조합이나 그 밖의 법인·단체 등을 중소기업자로 할 수 있다.

7) 원산지증빙서류 등의 제출

관세청장 또는 세관장은 협정에서 정하는 범위에서 원산지의 확인, 협정관세의 적용 등에 관한 심사를 하는 데 필요하다고 인정하는 경우에는 다음 어느 하나에 해당하는 자에게 제15조(원산지증빙서류 등의 보관)에 따른 서류의 제출을 요구할 수 있다.(특례법 제16조 1항)

① 수입자

② 수출자 또는 생산자(체약상대국에 거주하는 수출자 및 생산자를 포함한다)

③ 그 밖에 원산지 또는 협정관세 적용의 적정 여부 등을 확인하기 위하여 필요한 자로서 기획재정부령으로 정하는 자

위의 규정에 따라 서류 제출을 요구받은 자는 20일 이상의 기간으로서 기획재정부령으로 정하는 기간 이내에 이를 제출하여야 한다.(특례법 제16조 2항)

04 원산지 조사

1) 원산지에 관한 조사

관세청장 또는 세관장은 수출입물품의 원산지 또는 협정관세 적용의 적정 여부 등에 대한 확인이 필요하다고 인정하는 경우에는 협정에서 정하는 범위에서 대통령령으로 정하는 바에 따라 다음 어느 하나에 해당하는 자를 대상으로 필요한 서면조사 또는 현지조사를 할 수 있다.(특례법 제17조 1항)

① 수입자

② 수출자 또는 생산자(체약상대국에 거주하는 수출자 및 생산자를 포함한다)

③ 원산지증빙서류 발급기관

④ 제16조 제1항 제3호의 자(그 밖에 원산지 또는 협정관세 적용의 적정 여부 등을 확인하기 위하여 필요한 자로서 기획재정부령으로 정하는 자)

관세청장 또는 세관장은 위의 규정에 따라 체약상대국에 거주하는 수출자·생산자 또는 위의 ④에 해당하는 자 중 체약상대국에 거주하는 자(이하 이 조에서 "체약상대국의 조사대상자"라 한다)를 대상으로 현지조사를 하는 경우에는 그 조

사를 시작하기 전에 체약상대국의 조사대상자에게 조사 사유, 조사 예정기간 등을 통지하여 동의를 받아야 한다.(특례법 제17조 2항)

현지조사 통지를 받은 체약상대국의 조사대상자는 관세청장 또는 세관장이 통지한 예정 조사기간에 조사를 받기가 곤란한 경우에는 대통령령으로 정하는 바에 따라 그 통지를 한 관세청장 또는 세관장에게 조사의 연기를 신청할 수 있다.(특례법 제17조 3항)

관세청장 또는 세관장은 현지조사 통지를 받은 체약상대국의 조사대상자가 20일 이상의 기간으로서 기획재정부령으로 정하는 기간 이내에 그 동의 여부를 통보하지 아니하거나 동의하지 아니한 경우에는 현지조사를 할 수 없다.(특례법 제17조 4항)

관세청장 또는 세관장은 체약상대국의 조사대상자를 대상으로 서면조사 또는 현지조사를 할 때에는 수입자 및 체약상대국의 관세당국에 그 사실을 서면으로 통지하여야 한다. 이 경우 체약상대국의 관세당국에 대한 통지는 협정에서 정하는 경우에만 한다.(특례법 제17조 5항)

관세청장 또는 세관장은 서면조사 또는 현지조사를 마치면 조사 결과와 그에 따른 결정 내용을 기획재정부령으로 정하는 기간 이내에 조사대상자(체약상대국의 조사대상자가 생산 또는 수출한 물품을 수입한 자를 포함한다) 및 체약상대국의 관세당국에 서면으로 통지하여야 한다. 이 경우 체약상대국의 관세당국에 대한 통지는 협정에서 정하는 경우에만 한다.(특례법 제17조 6항)

통지 내용에 이의가 있는 조사대상자(체약상대국의 조사대상자가 생산 또는 수출한 물품을 수입한 자를 포함한다)는 조사 결과를 통지받은 날부터 30일 이내에 대통령령으로 정하는 바에 따라 관세청장 또는 세관장에게 이의를 제기할 수 있다.(특례법 제17조 7항)

서면조사 또는 현지조사를 받는 조사대상자의 조력을 받을 권리에 관하여는 「관세법」 제112조(관세조사의 경우 조력을 받을 권리)[9]를 준용한다.(특례법 제17조 8항)

세관공무원은 서면조사 또는 현지조사를 하는 때에는 필요한 최소한의 범위에서 조사를 하여야 하며, 다른 목적을 위하여 조사권을 남용해서는 아니 된다.(특례법 제17조 9항)

---

9) 납세자는 제110조(납세자권리헌장의 제정 및 교부) 제2항 각 호의 어느 하나에 해당하여 세관공무원에게 조사를 받는 경우에 변호사, 관세사로 하여금 조사에 참여하게 하거나 의견을 진술하게 할 수 있다.

2) 체약상대국의 요청에 따른 원산지 조사

관세청장 또는 세관장은 체약상대국의 관세당국으로부터 우리나라의 수출물품에 대한 원산지증빙서류의 진위 여부와 그 정확성 등에 관한 확인을 요청받은 경우에는 협정에서 정하는 범위에서 대통령령으로 정하는 바에 따라 다음 어느 하나에 해당하는 자를 대상으로 원산지 확인에 필요한 서면조사 또는 현지조사를 할 수 있다.(특례법 제18조 1항)

① 수출자 또는 생산자

② 원산지증빙서류 발급기관

③ 제16조 제1항 제3호의 자(그 밖에 원산지 또는 협정관세 적용의 적정 여부 등을 확인하기 위하여 필요한 자로서 기획재정부령으로 정하는 자)

위의 규정에 따른 조사에 관하여는 제17조(원산지에 관한 조사) 제6항부터 제9항까지를 준용한다.(특례법 제18조 2항)

3) 체약상대국에 대한 원산지 확인 요청

관세청장 또는 세관장은 체약상대국에서 수입된 물품과 관련하여 협정에서 정하는 범위에서 원산지 또는 협정관세 적용의 적정 여부 등에 대한 확인에 필요하다고 인정하는 경우에는 원산지증빙서류의 진위 여부와 그 정확성 등에 관한 확인을 체약상대국의 관세당국에 요청할 수 있다.(특례법 제19조 1항)

관세청장 또는 세관장은 위의 규정에 따라 확인을 요청한 사실을 수입자에게 알려야 하며, 체약상대국의 관세당국으로부터 확인 결과를 통보받은 때에는 그 회신 내용과 그에 따른 결정 내용을 수입자에게 알려야 한다.(특례법 제19조 2항)

체약상대국에 대한 원산지 확인 요청에 대한 원산지 확인 요청의 방법·절차와 그 밖에 필요한 사항은 대통령령으로 정한다.(특례법 제19조 3항)

4) 원산지에 관한 체약상대국의 조사

체약상대국의 관세당국은 협정에서 정하는 범위에서 수출자·생산자를 대상으로 수출물품에 대한 원산지 확인에 필요한 현지조사를 하는 경우에는 그 조사를 시작하기 전에 조사대상자에게 조사 사유, 조사 예정기간 등을 통지하여 조사대

상자의 동의를 받아야 한다.(특례법 제20조 1항)

위의 규정에 따라 조사를 받는 조사대상자의 조력을 받을 권리에 관하여는 「관세법」 제112조(관세조사의 경우 조력을 받을 권리)를 준용한다.(특례법 제20조 2항)

5) 원산지 조사 기간 중 협정관세의 적용 보류

세관장은 제17조(원산지에 관한 조사)에 따른 원산지 조사를 하는 경우 또는 제19조(체약상대국에 대한 원산지 확인 요청)에 따른 원산지 확인 요청을 한 경우에는 기획재정부령으로 정하는 기간 동안 조사대상자가 추가로 수입하는 동종동질(同種同質)의 물품에 대하여 대통령령으로 정하는 바에 따라 협정관세의 적용을 보류할 수 있다. 이 경우 그 보류 대상은 해당 조사대상 물품의 동일한 수출자 또는 생산자로부터 수입하는 물품으로 한정한다.(특례법 제21조 1항)

세관장은 원산지 조사를 한 결과 수입자가 신고한 내용이 제7조의 원산지결정기준을 충족한 것으로 확인되는 경우에는 위의 규정에 따라 협정관세를 적용받지 못한 물품에 대한 세액을 경정하고 납부한 세액과 납부하여야 할 세액의 차액을 환급하여야 한다. 이 경우 세액의 경정 및 환급에 관하여는 「관세법」 제38조의3(수정 및 경정), 제46조(관세환급금의 환급) 및 제48조(관세환급가산금)를 준용한다.(특례법 제21조 2항)

세관장은 수입자가 담보를 제공하고 위의 규정에 따른 협정관세 적용 보류의 해제를 요청하는 경우에는 이를 해제할 수 있다.(특례법 제21조 3항)

위의 규정에 따른 협정관세의 적용 보류 및 그 해제의 절차·방법, 담보제공과 그 밖에 필요한 사항은 대통령령으로 정한다.(특례법 제21조 4항)

05 무역피해 구제를 위한 관세조치

1) 긴급관세조치

기획재정부장관은 협정에서 정하는 범위에서 체약상대국을 원산지로 하는 특정 물품의 수입증가로 인하여 같은 종류의 물품 또는 직접적인 경쟁관계에 있는 물품을 생산하는 국내 산업의 심각한 피해 또는 국내 시장의 교란이 발생하거나 발생할 우려(이하 "심각한 피해등"이라 한다)가 있다고 대통령령으로 정하는 조사를 통하여 확인한 경우에는 그 심각한 피해등을 구제하기 위하여 필요한 범위에서 해당 물품에 대하여 대통령령으로 정하는 바에 따라 협정관세의 연차적인 인하 적용을 중지하거나 세율을 인상하는 등의 조치(이하 "긴급관세조치"라 한다)를 할 수 있다.(특례법 第22조 1항)

긴급관세조치에 관하여는 「관세법」 제65조(긴급관세의 부과대상 등) 제2항부터 제4항까지 및 제7항과 제67조(긴급관세에 대한 재심사 등)를 준용한다.(특례법 第22조 2항)

기획재정부장관은 협정에서 정하는 바에 따라 체약상대국을 원산지로 하는 동일 물품에 대하여 위의 규정에 따른 긴급관세조치와 「관세법」 제65조에 따른 긴급관세를 부과하는 조치를 동시에 적용할 수 없다.(특례법 第22조 3항)

기획재정부장관은 긴급관세조치를 1년을 초과하여 적용하는 경우에는 일정한 기간의 간격을 두고 점진적으로 완화하는 조치를 취하여야 한다. 다만, 대통령령으로 정하는 체약상대국 외의 국가에 대해서는 예외로 할 수 있다.(특례법 第22조 4항)

긴급관세조치의 대상 물품, 세율, 적용기간, 적용수량과 그 밖에 필요한 사항은 협정에서 정하는 범위에서 기획재정부령으로 정한다.(특례법 第22조 5항)

2) 잠정긴급관세조치

기획재정부장관은 第22조(긴급관세조치) 제1항에 따른 조사가 시작된 물품에 대하여 그 조사기간에 발생하는 심각한 피해등을 방지하지 아니하는 경우 회복하기 어려운 피해가 발생하거나 발생할 우려가 있다고 판단하면 조사가 끝나기 전에 심각한 피해등을 구제하거나 방지하기 위하여 협정에서 정하는 범위에서 대통령령으로 정하는 바에 따라 잠정적으로 긴급관세조치(이하 "잠정긴급관세조치"라 한다)를 할 수 있다.(특례법 第23조 1항)

잠정긴급관세조치에 관하여는 「관세법」 제65조(긴급관세의 부과대상 등) 제4항·제7항 및 제66조(잠정긴급관세의 부과 등) 제2항·제3항을 준용한다.(특례법 第23조 2항)

잠정긴급관세조치의 대상 물품, 세율, 적용기간, 적용수량과 그 밖에 필요한 사항은 협정에서 정하는 범위에서 기획재정부령으로 정한다.(특례법 第23조 3항)

3) 특정 농림축산물에 대한 특별긴급관세조치

기획재정부장관은 체약상대국과의 협정에 따라 양허(讓許)한 특정 농림축산물의 수입물량이 일정한 물량(이하 이 조에서 "기준발동물량"이라 한다)을 초과하면 그 농림축산물에 대하여 대통령령으로 정하는 바에 따라 양허한 세율을 초과하여 관세를 부과하는 조치(이하 "특정 농림축산물에 대한 특별긴급관세조치"라 한다)를 할 수 있다.(특례법 제24조 1항)

특정 농림축산물에 대한 특별긴급관세조치의 대상물품, 기준발동물량, 세율, 적용기간 및 적용방법 등은 협정에서 정하는 범위에서 대통령령으로 정한다.(특례법 제24조 2항)

4) 「관세법」의 긴급관세 부과특례 등

기획재정부장관은 「관세법」 제65조(긴급관세의 부과대상 등) 제1항[10]에도 불구하고 대통령령으로 정하는 체약상대국을 원산지로 하는 물품의 수입증가가 같은 종류의 물품이나 직접적인 경쟁관계에 있는 물품을 생산하는 국내 산업이 받는 심각한 피해 또는 심각한 피해를 받을 우려의 실질적인 원인이 아닌 것으로 조사를 통하여 확인되면 협정에서 정하는 범위에서 그 물품을 「관세법」 제65조 제1항에 따른 긴급관세의 부과대상물품에서 제외할 수 있다.(특례법 제25조 1항)

기획재정부장관은 「관세법」 제68조(농림축산물에 대한 특별긴급관세)에도 불구하고 대통령령으로 정하는 체약상대국을 원산지로 하는 농림축산물에 대해서는 협정에서 정하는 범위에서 「관세법」 제68조에 따른 농림축산물에 대한 특별긴급관세 부과대상에서 제외할 수 있다.(특례법 제25조 2항)

5) 체약상대국의 조치에 대한 대항조치

정부는 우리나라를 원산지로 하는 특정 물품에 대하여 체약상대국 정부가 다음 각 호의 어느 하나에 해당하는 조치(이하 "체약상대국의 조치"라 한다)를 하는 경우에는 체약상대국 정부와 해당 조치에 대한 체약상대국의 적절한 보상방법 등에 관하여 협의를 할 수 있다.(특례법 제26조 1항)

① 협정에 따라 긴급관세조치 또는 잠정긴급관세에 해당하는 조치를 하는 경우

② 협정에 따른 관세철폐 또는 관세인하 등 관세양허 의무를 이행하지 아니하거나 지연하는 경우

---

10) ① 특정물품의 수입증가로 인하여 동종물품 또는 직접적인 경쟁관계에 있는 물품을 생산하는 국내산업(이하 이 조에서 "국내산업"이라 한다)이 심각한 피해를 받거나 받을 우려(이하 이 조에서 "심각한 피해등"이라 한다)가 있음이 조사를 통하여 확인되고 해당 국내산업을 보호할 필요가 있다고 인정되는 경우에는 해당 물품에 대하여 심각한 피해등을 방지하거나 치유하고 조정을 촉진(이하 "피해의 구제등"이라 한다)하기 위하여 필요한 범위에서 관세(이하 "긴급관세"라 한다)를 추가하여 부과할 수 있다.

위의 규정에 따른 보상방법 등에 관하여 협정에서 다르게 규정하지 아니하는 한 협의가 이루어지지 아니하거나 협의 개시일부터 30일 이내에 합의가 이루어지지 아니하는 경우에는 협정에서 정하는 바에 따라 체약상대국의 조치에 상응하는 수준의 대항조치를 할 수 있다.(특례법 제26조 2항)

위의 규정에 따른 대항조치는 체약상대국의 조치에 대응하는 것으로서 필요한 범위로 한정하며, 그 시기·내용과 그 밖에 필요한 사항은 대통령령으로 정한다.(특례법 제26조 3항)

6) 덤핑방지관세 협의 등

정부는 체약상대국으로부터 수입된 물품에 대하여 「관세법」 제51조에 따른 덤핑방지관세의 부과 요청을 받으면 국내 산업의 피해를 조사하기 전에 체약상대국 정부에 그 사실을 통보하고 협의할 수 있다.(특례법 제27조 1항)

위의 규정에 따른 국내 산업의 피해조사, 통보·협의 및 그 밖에 필요한 사항은 협정에서 정하는 범위에서 대통령령으로 정한다.(특례법 제27조 2항)

7) 상계관세 협의 등

정부는 체약상대국으로부터 수입된 물품에 대하여 「관세법」 제57조(상계관세의 부과대상)에 따른 상계관세의 부과 요청을 받으면 국내 산업의 피해를 조사하기 전에 체약상대국 정부에 그 사실을 통보하고 협의할 수 있다.(특례법 제28조 1항)

위의 규정에 따른 국내 산업의 피해조사, 통보·협의 및 그 밖에 필요한 사항은 협정에서 정하는 범위에서 대통령령으로 정한다.(특례법 제28조 2항)

06 통관특례 및 관세상호협력

1) 통관 절차의 특례

관세청장은 협정에서 정하는 범위에서 대통령령으로 정하는 바에 따라 체약상대국으로부터 수입되는 물품에 관하여 신속하고 간이한 통관 절차를 적용할 수 있다.(특례법 제29조)

2) 일시수입물품 등에 대한 관세의 면제

체약상대국에서 수입되는 것으로서 다음 어느 하나에 해당하는 물품은 협정에서 정하는 범위에서 그 원산지에 관계없이 관세를 면제할 수 있다.(특례법 제30조 1항)

① 수입신고의 수리일부터 2년의 범위에서 대통령령으로 정하는 기간 이내에 다시 수출하기 위하여 일시적으로 수입하는 물품으로서 협정에서 정하는 바에 따라 기획재정부령으로 정하는 물품

② 수리 또는 개조 등을 할 목적으로 체약상대국으로 수출하였다가 다시 수입하는 물품으로서 기획재정부령으로 정하는 물품

③ 일정 금액 이하의 상용견품(商用見品)·광고용품 등 기획재정부령으로 정하는 물품

위의 ②에 해당하는 물품에 대한 관세 면제 규정에도 불구하고 다음 어느 하나에 해당하는 경우에는 관세를 면제하지 아니한다.(특례법 제30조 2항)

①「관세법」 또는「수출용 원재료에 대한 관세 등 환급에 관한 특례법」에 따른 환급을 받은 경우

② 보세가공물품 또는 장치기간(藏置期間) 경과물품을 재수출 조건으로 매각함에 따라 관세가 부과되지 아니한 경우

제1항 제1호(수입신고의 수리일부터 2년의 범위에서 대통령령으로 정하는 기간 이내에 다시 수출하기 위하여 일시적으로 수입하는 물품으로서 협정에서 정하는 바에 따라 기획재정부령으로 정하는 물품)에 따라 관세를 면제받은 물품에 대한 용도 외 사용의 제한 등에 관하여는「관세법」 제97조(재수출면세) 제2항부터 제4항까지의 규정을 준용한다.(특례법 제30조 3항)

위의 일시수입물품 등에 대한 관세의 면제 규정에 따른 관세의 면제 절차와 그 밖에 필요한 사항은 대통령령으로 정한다.(특례법 제30조 4항)

3) 원산지 등에 대한 사전심사

협정관세의 적용에 대한 기초가 되는 사항으로서 제7조(원산지결정기준)에 따른 원산지결정기준의 충족 여부 등 대통령령으로 정하는 사항에 대하여 의문이 있는 자(체약상대국의 수출자 및 생산자와 그 대리인을 포함한다)는 해당 물품의

수입신고를 하기 전에 관세청장에게 대통령령으로 정하는 서류를 갖추어 그 의문사항을 미리 심사(이하 "사전심사"라 한다)하여 줄 것을 신청할 수 있다. 다만, 협정에서 사전심사에 관한 사항을 정하지 아니한 경우에는 그러하지 아니하다.(특례법 제31조 1항)

관세청장은 위의 제1항 본문에 따른 사전심사의 신청을 받으면 대통령령으로 정하는 기간 이내에 이를 심사하여 그 결과를 기재한 서류(이하 "사전심사서"라 한다)를 신청인에게 통지하여야 한다. 다만, 제출 자료의 미비 등으로 사전심사가 곤란한 경우에는 그 사유를 신청인에게 통지하여야 한다.(특례법 제31조 2항)

세관장은 수입자가 사전심사서에 따라 협정관세의 적용 등을 신청하는 경우 수입신고된 물품의 내용이 사전심사서의 내용과 같다고 인정하는 경우에는 대통령령으로 정하는 특별한 사유가 없으면 사전심사서의 내용에 따라 협정관세를 적용하여야 한다.(특례법 제31조 3항)

사전심사를 신청하는 자는 기획재정부령으로 정하는 수수료를 내야 한다.(특례법 제31조 4항)

사전심사의 결과에 이의가 있는 자[제32조(사전심사서 내용의 변경) 제2항에 따른 사전심사서의 내용변경 통지를 받은 자를 포함한다]는 그 결과를 통지받은 날부터 30일 이내에 대통령령으로 정하는 바에 따라 관세청장에게 이의를 제기할 수 있다.(특례법 제31조 5항)

사전심사의 절차·방법과 그 밖에 필요한 사항은 기획재정부령으로 정한다.(특례법 제31조 6항)

4) 사전심사서 내용의 변경

관세청장은 협정에서 정하는 바에 따라 사전심사서의 근거가 되는 사실관계 또는 상황의 변경 등 대통령령으로 정하는 사유가 있는 경우에는 사전심사서의 내용을 변경할 수 있다.(특례법 제32조 1항)

관세청장은 위의 규정에 따라 사전심사서의 내용을 변경할 때에는 제31조(원산지 등에 대한 사전심사) 제2항에 따른 신청인에게 그 변경 내용을 통지하여야 한다.(특례법 제32조 2항)

사전심사서의 내용을 변경한 경우에는 그 변경일 후에 수입신고되는 물품에 대하여 변경된 내용을 적용한다. 다만, 협정에서 다르게 정하는 경우에는 협정에서 정하는 범위에서 대통령령으로 정하는 바에 따른다.(특례법 제32조 3항)

위의 규정에도 불구하고 사전심사서의 내용 변경이 자료제출 누락 또는 거짓자료 제출 등 신청인에게 책임이 있는 사유로 인한 것인 경우에는 사전심사와 관련하여 그 변경일 전에 수입신고된 물품에 대해서도 소급하여 변경된 내용을 적용한다.(특례법 제32조 4항)

5) 상호협력

기획재정부장관은 협정(관세 분야만 해당한다)의 운용에 관한 사항을 협의하기 위하여 협정에서 정하는 바에 따라 체약상대국 정부와 공동으로 협의기구를 구성하여 운영할 수 있다. 이 경우 기획재정부장관은 미리 산업통상자원부장관과 협의하여야 한다.(특례법 제33조 1항)

관세청장은 협정을 통일적이고 효율적으로 시행하기 위하여 필요한 통관 절차의 간소화, 다른 법률에 저촉되지 아니하는 범위에서의 정보 교환, 세관기술의 지원, 그 밖에 대통령령으로 정하는 사항에 관하여 협정에서 정하는 바에 따라 체약상대국의 관세당국과 협력할 수 있다.(특례법 제33조 2항)

관세청장은 체약상대국에서 수입된 물품에 대한 원산지 또는 협정관세 적용의 적정 여부를 확인하기 위하여 필요한 경우에는 협정에서 정하는 범위에서 다음의 행위를 할 수 있다.(특례법 제33조 3항)

① 체약상대국의 관세당국에 필요한 자료의 제공을 요청하는 행위

② 체약상대국과 동시에 원산지 조사를 하는 행위

③ 체약상대국에 세관공무원을 파견하여 직접 원산지 조사를 하게 하거나 체약상대국의 원산지 조사에 참여하게 하는 행위

④ 체약상대국의 관세당국이 협정에 따라 원산지 조사에 협력하여 줄 것을 요청하는 경우 이를 수락하는 행위

관세청장은 제2항 및 제3항에 따라 체약상대국의 관세당국과 협력활동을 하거나 필요한 조치를 한 경우에는 30일 이내에 기획재정부장관에게 그 결과를 보고하여야 한다.(특례법 제33조 4항)

6) 관세상호협의의 신청 등

수출자 또는 생산자는 체약상대국의 관세당국으로부터 수출물품에 대하여 협정에 부합하지 아니하는 원산지결정 또는 과세처분을 받았거나 받을 우려가 있는

경우에는 기획재정부장관에게 대통령령으로 정하는 바에 따라 체약상대국의 관세당국과의 관세상호협의를 신청할 수 있다.(특례법 제34조 1항)

기획재정부장관은 위의 규정에 따른 관세상호협의의 신청을 받았을 때에는 다음 어느 하나에 해당하는 경우를 제외하고는 체약상대국의 관세당국에 관세상호협의를 요청하여야 한다. 이 경우 기획재정부장관은 미리 산업통상자원부장관과 협의하여야 한다.(특례법 제34조 2항)

① 원산지결정 또는 과세처분과 관련하여 국내 또는 국외에서 법원의 확정판결이 있은 경우

② 신청인이 관세회피를 목적으로 관세상호협의 절차를 이용하려고 하는 사실이 인정되는 경우

③ 원산지결정 또는 과세처분이 있은 날부터 3년이 지난 후 신청한 경우

기획재정부장관은 신속한 관세상호협의를 위하여 필요하다고 판단하는 경우에는 협정에서 정하는 바에 따라 제33조(상호협력) 제1항 전단에 따른 협의기구의 개최를 요청할 수 있다. 이 경우 기획재정부장관은 미리 산업통상자원부장관과 협의하여야 한다.(특례법 제34조 3항)

관세상호협의에 관하여 필요한 그 밖의 사항은 대통령령으로 정한다.(특례법 제34조 4항)

07 협정관세의 적용제한

1) 협정관세의 적용제한

협정에서 다르게 규정한 경우를 제외하고 세관장은 다음 어느 하나에 해당하는 경우에는 해당 수입물품에 대하여 협정관세를 적용하지 아니할 수 있다. 이 경우 세관장은 「관세법」 제38조의3(수정 및 경정) 제4항 및 제39조(부과고지) 제2항에 따라 납부하여야 할 세액 또는 납부하여야 할 세액과 납부한 세액의 차액을 부과·징수하여야 한다.(특례법 제35조 1항)

① 정당한 사유 없이 수입자, 체약상대국의 수출자 또는 생산자(이하 이 조 및 제37조에서 "체약상대국수출자등"이라 한다)가 관세청장 또는 세관장이 요구한 자료를 제16조(원산지증빙서류 등의 제출) 제2항에 따른 기간 이내에 제출하지 아니하거나 거짓으로 또는 사실과 다르게 제출한 경우.

다만, 원산지증빙서류의 기재사항을 단순한 착오로 잘못 기재한 것으로서 원산지결정에 실질적인 영향을 미치지 아니하는 경우는 제외한다.

② 체약상대국수출자등이 제17조(원산지에 관한 조사) 제1항에 따른 관세청장 또는 세관장의 서면조사에 대하여 기획재정부령으로 정하는 기간 이내에 회신하지 아니한 경우 또는 제17조 제2항에 따른 관세청장 또는 세관장의 현지조사에 대한 동의 요청에 대하여 제17조 제4항에 따른 기간 이내에 동의 여부에 대한 통보를 하지 아니하거나 특별한 사유 없이 동의하지 아니하는 경우

③ 제17조 제1항에 따라 현지조사를 할 때 체약상대국수출자등이 정당한 사유 없이 원산지증빙서류의 확인에 필요한 장부 또는 관련 자료에 대한 세관공무원의 접근을 거부하거나 협정에서 정한 원산지증빙서류를 보관하지 아니한 경우

④ 제17조에 따른 서면조사 또는 현지조사 결과 세관장에게 신고한 원산지가 실제 원산지와 다른 것으로 확인되거나 수입자 또는 체약상대국수출자등이 제출한 자료에 제7조에 따른 원산지의 정확성을 확인하는 데 필요한 정보가 포함되지 아니한 경우

⑤ 제19조(체약상대국에 대한 원산지 확인 요청) 제1항에 따라 관세청장 또는 세관장이 체약상대국의 관세당국에 원산지의 확인을 요청한 사항에 대하여 체약상대국의 관세당국이 기획재정부령으로 정하는 기간 이내에 그 결과를 회신하지 아니한 경우 또는 세관장에게 신고한 원산지가 실제 원산지와 다른 것으로 확인되거나 회신 내용에 제7조에 따른 원산지의 정확성을 확인하는 데 필요한 정보가 포함되지 아니한 경우

⑥ 제31조(원산지 등에 대한 사전심사) 제1항에 따른 사전심사를 신청한 수입자가 사전심사의 결과에 영향을 미칠 수 있는 자료를 고의로 제출하지 아니하였거나 거짓으로 제출한 경우 또는 사전심사서에 기재된 조건을 이행하지 아니한 경우

⑦ 협정에 따른 협정관세 적용의 거부·제한 사유에 해당하는 경우

⑧ 그 밖에 관세청장 또는 세관장이 원산지의 정확성 여부를 확인할 수 없는 경우로서 대통령령으로 정하는 사유에 해당되는 경우

위의 규정 각 호 외의 부분 후단에 따른 납부하여야 할 세액 또는 납부하여야 할 세액과 납부한 세액과의 차액은 대통령령으로 정하는 날부터 5년이 지나면 부과할 수 없다. 이 경우 「관세법」 제21조(관세부과의 제척기간) 제2항 각 호에 해당하는 경우 그 해당하는 각각의 기간 내에는 경정 등 필요한 처분을 할 수 있다. (특례법 제35조 2항)

위의 규정에 따른 협정관세 적용제한의 절차·방법과 그 밖에 필요한 사항은 대통령령으로 정한다.(특례법 제35조 3항)

2) 가산세

세관장은 협정관세를 적용받은 물품에 대하여 「관세법」 제38조의3(수정 및 경정)제1항 또는 제4항에 따라 부족한 관세액(이하 "부족세액"이라 한다)을 징수할 때에는 다음 각 호의 금액을 합한 금액을 가산세로 징수한다.(특례법 제36조 1항)

① 부족세액의 100분의 10에 상당하는 금액. 다만, 수입자가 원산지증명서를 위조 또는 변조하는 등 대통령령으로 정하는 부당한 방법으로 협정관세의 적용을 신청하여 부족세액이 발생한 경우에는 해당 부족세액의 100분의 40에 상당하는 금액으로 한다.

② 부족세액에 ㉠에 따른 일수와 ㉡에 따른 이자율을 곱하여 계산한 금액

㉠ 「관세법」에 따른 당초 납부기한(제9조 제1항에 따라 협정관세 사후적용을 신청한 수입자에 대하여 가산세를 징수하는 경우에는 제9조 제4항에 따라 관세를 환급한 날을 말한다)의 다음 날부터 다음의 어느 하나에 해당하는 날까지의 일수

- 「관세법」 제38조의3 제1항에 따른 수정신고일
- 「관세법」 제38조의3 제4항에 따른 납세고지일

㉡ 금융회사 등이 연체대출금에 대하여 적용하는 이자율 등을 고려하여 대통령령으로 정하는 이자율

위의 규정에도 불구하고 수입자가 제14조 제2항에 따라 수정신고를 하는 경우로서 제17조 제1항에 따른 원산지 조사의 통지를 받기 전에 수정신고를 하는 경우 등 대통령령으로 정하는 경우(제1항 제1호 단서에 해당하는 경우는 제외한다)에는 가산세의 전부 또는 일부를 징수하지 아니한다.(특례법 제36조 2항)

위의 규정에 따라 가산세의 전부 또는 일부를 징수하지 아니하는 경우 그 징수하지 아니하는 비율 및 방법 등은 대통령령으로 정한다.(특례법 제36조 3항)

3) 협정관세 적용제한자의 지정 및 지정해제

세관장은 협정에서 정하는 바에 따라 최근 5년간 2회 이상 반복적으로 원산지증빙서류의 주요 내용을 거짓으로 작성하거나 잘못 작성한 체약상대국수출자등을 대통령령으로 정하는 바에 따라 협정관세 적용제한자(이하 이 조에서 "적용제한자"라 한다)로 지정할 수 있다.(특례법 제37조 1항)

세관장은 위의 규정에 따라 적용제한자로 지정된 자가 수출 또는 생산하는 동종동질의 물품 전체에 대하여 대통령령으로 정하는 바에 따라 5년(협정에서 정한 기간이 5년을 초과하는 경우에는 그 기간)의 범위에서 협정관세를 적용하지 아니할 수 있다.(특례법 제37조 2항)

위의 규정에도 불구하고 세관장은 수입신고되는 물품별로 원산지 등 협정관세의 적용요건을 심사하여 그 요건을 충족하는 경우에는 협정관세를 적용할 수 있다.(특례법 제37조 3항)

세관장은 적용제한자로 지정된 자가 대통령령으로 정하는 바에 따라 원산지증빙서류를 성실하게 작성하였음을 입증하는 경우에는 그 지정을 해제할 수 있다.(특례법 제37조 4항)

협정관세 적용제한자의 지정 및 지정해제의 규정에 따른 적용제한자의 지정 및 그 해제의 절차·방법과 그 밖에 필요한 사항은 대통령령으로 정한다.(특례법 제37조 5항)

08 보칙

1) 비밀유지 의무

세관공무원과 대통령령으로 정하는 원산지증빙서류 발급자는 수입자·수출자·생산자(체약상대국에 거주하는 수출자·생산자와 그 밖의 이해관계인을 포함한다) 또는 체약상대국의 권한 있는 기관이 협정 및 특례법에서 정하는 바에 따라 원산지의 결정, 관세의 부과·징수 또는 통관을 목적으로 제출한 자료로서 대통령령으로 정하는 바에 따라 비밀취급자료로 지정된 자료(이하 "비밀취급자료"라 한다)를 자료제출자의 동의 없이 타인(체약상대국의 관세당국을 포함한다)에게 제공 또는 누설하거나 사용 목적 외의 용도로 사용해서는 아니 된다. 다만, 다음 어느 하나에 해당하는 경우에는 그 사용 목적에 맞는 범위에서 비밀취급자료를 제공할 수 있다.(특례법 제38조 1항)

① 국가기관이 관세에 관한 쟁송 또는 관세범의 소추(訴追)를 목적으로 비밀취급자료를 요구하는 경우

② 법원의 제출명령 또는 법관이 발부한 영장에 따라 비밀취급자료를 요구하는 경우

③ 세관공무원 상호 간에 관세의 부과·징수, 통관 또는 질문·검사상의 필요에 따라 제공하는 경우

④ 다른 법률에 따라 비밀취급자료를 요구하는 경우

비밀취급자료의 보관기간, 보관 방법 및 제공·사용 절차는 대통령령으로 정한다.(특례법 제38조 2항)

2) 불복의 신청

대통령령으로 정하는 체약상대국의 수출자 또는 생산자는 다음 각 호의 어느 하나에 관련되는 처분에 대하여 위법 또는 부당한 처분을 받거나 필요한 처분을 받지 못함으로써 권리 또는 이익의 침해를 당한 경우에는 「관세법」 제119조(불복의 신청)에 따라 심사청구 또는 심판청구를 할 수 있다.(특례법 제39조)

① 제17조에 따른 원산지에 관한 조사

② 제31조에 따른 원산지 등에 대한 사전심사

3) 불복 증거서류 및 증거물의 제출 등

「관세법」 제119조에 따른 심사청구 또는 심판청구의 재결청(이하 이 조에서 "재결청"이라 한다)은 청구인이 제기한 심사청구 또는 심판청구를 심의하는 데 필요하다고 인정하면 체약상대국의 수출자 또는 생산자에게 증거서류나 증거물을 재결청에 직접 제출하게 할 수 있다.(특례법 제40조 1항)

재결청은 청구인이나 위의 규정에 따른 체약상대국의 수출자 또는 생산자가 제출한 자료 중 비밀로 취급하여 줄 것을 요청받은 자료에 대해서는 자료제출자의

동의 없이 타인(체약상대국의 관세당국을 포함한다)에게 제공 또는 누설하거나 사용 목적 외의 용도로 사용해서는 아니 된다. 이 경우 해당 자료의 보관·제공·사용 등에 관하여는 제38조(비밀유지의 의무)를 준용한다.(특례법 제40조 2항)

4) 관계 자료의 제출요청

기획재정부장관은 이 법의 운영 및 협정의 후속조치를 위하여 필요하다고 인정하면 국가기관, 지방자치단체, 주요 경제단체 및 업종별 협회·조합 등 이해관계인에게 관세의 부과·징수 및 통관에 관련된 자료, 무역통계, 관련 산업의 현황자료나 그 밖에 필요한 자료의 제출을 요청할 수 있다.(특례법 제41조 1항)

위의 규정에 따른 요청을 받은 기관·단체·협회 및 조합의 장은 다른 법령에 특별한 규정이 있는 경우 외에는 정당한 사유가 없으면 요청에 협조하여야 한다.(특례법 제41조 2항)

5) 권한의 위임

특례법에 따른 기획재정부장관, 관세청장 또는 세관장의 권한은 그 일부를 대통령령으로 정하는 바에 따라 관세청장, 세관장, 그 밖의 소속 기관의 장에게 위임할 수 있다.(특례법 제42조)

6) 협정의 시행

협정의 시행을 위하여 필요한 사항에 관하여는 대통령령으로 정한다.(특례법 제43조)

09 벌칙

1) 벌칙

(1) 3년 이하의 징역 또는 3천만원 이하의 벌금

제38조[비밀유지 의무(제40조 제2항에서 준용하는 경우를 포함한다)]를 위반하여 비밀취급자료를 타인에게 제공 또는 누설하거나 목적 외의 용도로 사용한 자는 3년 이하의 징역 또는 3천만원 이하의 벌금에 처한다.(특례법 제44조 1항)

(2) 2천만원 이하의 벌금

다음 어느 하나에 해당하는 자는 2천만원 이하의 벌금에 처한다. 다만, 과실(過失)로 ② 및 ⑤에 해당하게 된 경우에는 300만원 이하의 벌금에 처한다.(특례법 제44조 2항)

① 협정 및 특례법에 따른 원산지증빙서류를 속임수 또는 그 밖의 부정한 방법으로 신청하여 발급받았거나 작성·발급한 자

② 제4조(협정관세) 제2항에서 준용하는 「관세법」 제83조(용도세율의 적용) 제2항을 위반하여 용도세율 적용 물품을 해당 용도 외의 다른 용도에 사용하거나 양도한 자(제46조(과태료) 제2항 제2호에 해당하는 자는 제외한다)

③ 정당한 사유 없이 제15조(원산지증빙서류 등의 보관)를 위반하여 관련 서류를 보관하지 아니한 자

④ 제16조(원산지증빙서류 등의 제출) 제1항에 따라 관세청장 또는 세관장이 요청한 서류를 거짓으로 제출한 자

⑤ 제30조(일시수입물품 등에 대한 관세의 면제) 제3항에서 준용하는 「관세법」 제97조(재수출면세) 제2항을 위반하여 관세 면제 물품을 해당 용도 외의 다른 용도에 사용하거나 양도한 자(제46조(과태료) 제2항 제4호에 해당하는 자는 제외한다)

⑥ 제31조(원산지 등에 대한 사전심사)에 따른 사전심사에 필요한 자료를 거짓으로 제출하거나 고의로 제출하지 아니한 자

⑦ 협정 및 특례법에 따른 원산지증빙서류를 속임수나 그 밖의 부정한 방법으로 발급한 세관공무원과 대통령령으로 정하는 원산지증빙서류 발급자

(3) 300만원 이하의 벌금

협정 및 특례법에 따른 원산지증빙서류를 사실과 다르게 신청하여 발급받았거나 작성·발급한 자는 300만원 이하의 벌금에 처한다. 다만, 제14조(원산지증빙서류의 수정 통보) 제1항에 따라 원산지증빙서류의 수정 통보를 한 자는 그러하지 아니하다.(특례법 제44조 3항)

(4) 벌칙에 대한 관세법 준용 규정

위의 특례법 제44조 제2항 및 제3항에 규정한 벌칙에 위반되는 행위를 한 자에 관하여는 「관세법」 제278조278조(「형법」 적용의 일부 배제) 및 제283조부터 제319조까지의 규정(제12장 조사와 처분)을 준용한다.(특례법 제44조 4항)

2) 양벌규정

법인의 대표자나 법인 또는 개인의 대리인, 임직원, 사용인, 그 밖의 종업원이 그 법인 또는 개인의 업무에 관하여 제44조 제2항 및 제3항의 위반행위를 하면 그 행위자를 벌하는 외에 그 법인 또는 개인에게도 해당 조문의 벌금형을 과(科)한다. 다만, 법인 또는 개인이 그 위반행위를 방지하기 위하여 해당 업무에 관하여 상당한 주의와 감독을 게을리하지 아니한 경우에는 그러하지 아니하다.(특례법 제45조)

3) 과태료

(1) 1천만원 이하의 과태료

다음 어느 하나에 해당하는 자(체약상대국의 수출자 및 생산자는 제외한다)에게는 1천만원 이하의 과태료를 부과한다.(특례법 제46조 1항)

① 정당한 사유 없이 제16조(원산지증빙서류 등의 제출) 제2항에 따른 기간 이내에 서류를 제출하지 아니한 자

② 제17조(원산지에 관한 조사) 제1항 및 제18조(체약상대국의 요청에 따른 원산지 조사) 제1항에 따른 관세청장 또는 세관장의 서면조사 또는 현지조사를 거부·방해 또는 기피한 자

(2) 500만원 이하의 과태료

다음 어느 하나에 해당하는 자에게는 500만원 이하의 과태료를 부과한다.(특례법 제46조 2항)

① 제4조(협정관세) 제2항에서 준용하는 「관세법」 제83조(용도세율의 적용) 제1항을 위반하여 승인을 받지 아니하고 용도에 따라 세율을 다르게 정하는 물품을 세율이 낮은 용도에 사용한 자

② 제4조(협정관세) 제2항에서 준용하는 「관세법」 제83조(용도세율의 적용) 제2항을 위반한 자 중 세율이 낮은 용도와 동일한 용도에 사용하려는 자

에게 양도한 자

③ 제14조(원산지증빙서류의 수정 통보) 제2항에 따라 원산지증빙서류의 오류 내용을 통보받고도 이를 세관장에게 세액정정·세액보정 신청, 수정신고 또는 경정청구를 하지 아니한 자

④ 제30조(일시수입물품 등에 대한 관세의 면제) 제3항에서 준용하는「관세법」제97조(재수출면세) 제2항을 위반한 자 중 해당 물품을 직접 수입한 경우에는 관세의 감면을 받을 수 있는 자에게 양도한 자

(3) 과태료 부과·징수

특례법 제46조 제1항 및 제2항에 따른 과태료는 대통령령으로 정하는 바에 따라 세관장이 부과·징수한다.(특례법 제46조 3항)

▌참고 법규▐

관세법 [시행 2019. 1. 1] [법률 제16093호, 2018. 12. 31, 일부개정]
관세법 시행령[시행 2018. 7. 1] [대통령령 제28642호, 2018. 2. 13, 일부개정]
관세법 시행규칙[시행 2019. 1. 1] [기획재정부령 제705호, 2018. 12. 31, 일부개정]
자유무역협정의 이행을 위한 관세법의 특례에 관한 법률[시행 2016.7.1.] [법률 제13625호, 2015.12.29., 전부개정]

※ 본 책은 위의 관련법령을 근거로 작성되었으며 관련법령은 지속적으로 개정되므로 이후에 개정된 법령이 있을 경우 개정된 법령을 확인해야 함을 알려드립니다.

▌참고문헌▐

남풍우, 무역실무, 도서출판 두남, 2008.
라공우, 대외무역법, 도서출판 두남, 2003.
류수현, 관세법론, 무역경영사, 2008.
송선욱, 대외무역법, 도서출판 두남, 2004.
송선욱, 무역관계법규, 도서출판 두남, 2015.
이명호, 관세법, INTO WORLD, 2003.
한국관세포럼, 관세법 강의, 삼일인포마인, 2004.
이종익·최천식·박병목, 관세법 해설, 도서출판 협동문고, 2015.

찾아보기

◎ 저자 약력

■ **송 선 욱 (宋善旭)**

- 건국대학교 무역학과 졸업(상학사)
- 건국대학교 대학원 무역학과 수료 (경제학석사)
- 건국대학교 대학원 무역학과 수료 (경제학박사)
- 경영지도사(중소기업청)
- 국제무역사(한국무역협회)
- 롯데칠성주식회사 해외영업부 근무
- 국립세무대학 근무
- 국세공무원교육원 근무
- 한국관세사회 상임연구위원
- 건국대학교, 강남대학교, 한국방송통신대학교 강사
- 경원전문대학 무역학과 겸임교수
- 관세국경관리연수원 강사
- 관세사 일반전형 및 특별전형 출제위원
- 물류관리사 출제위원
- 공무원시험 출제위원
- 관세청 관세사자격심의위원회 위원

(현) 백석대학교 경상학부 교수
한국관세학회 부회장
한국통상정보학회 부회장
한국무역학회 감사

관세법 – 개정3판

초　판 1쇄 발행 —— 2011년 8월 30일
개정판 1쇄 발행 —— 2014년 3월 2일
개정2판 1쇄 발행 —— 2016년 3월 2일
개정2판 2쇄 발행 —— 2017년 8월 10일
개정3판 1쇄 발행 —— 2019년 3월 2일
지은이 —— 송 선 욱
펴낸이 —— 전 두 표
펴낸곳 —— 도서출판 두남
서울시 강동구 성내로6길 34-16 두남빌딩
신 고 : 제25100-1988-9호
TEL : 02) 478-2065~7, 2311
FAX : 02) 478-2068
E-mail : dunam1@unitel.co.kr
http://www.dunam.co.kr

정가 28,000원

ISBN 978-89-6414-830-3 93320